國學經典譯注叢書

尚書

译注

李民 王健 撰

上海古籍出版社

图书在版编目（CIP）数据

尚书译注/李民，王健撰．—上海：上海古籍出版社，2012.8（2023.10重印）
（国学经典译注丛书）
ISBN 978-7-5325-6388-3

Ⅰ．①尚…　Ⅱ．①李…　②王…　Ⅲ．①中国历史—商周时代②尚书—译文③尚书—注释　Ⅳ．①K221.04

中国版本图书馆CIP数据核字（2012）第047130号

国学经典译注丛书
尚书译注
李民　王健　撰
上海古籍出版社出版发行
（上海市闵行区号景路159弄1-5号A座5F　邮政编码201101）
（1）网址：www.guji.com.cn
（2）E-mail：gujil@guji.com.cn
（3）易文网网址：www.ewen.co
常熟市人民印刷有限公司印刷
开本700×1000　1/16　印张23　插页2　字数320,000
2012年8月第1版　2023年10月第7次印刷
印数：10,101-11,150
ISBN 978-7-5325-6388-3
K·1550　定价：48.00元
如有质量问题，请与承印公司联系

前言

在中国浩如烟海的古代典籍中,《尚书》是流传至今历史最为久远的一部历史文献汇编,其中保存了大量弥足珍贵的先秦政治、思想、历史、文化诸方面的资料,成为研究中国原始社会、奴隶社会乃至封建社会的一部重要古籍。著名经史学家金景芳先生称《尚书》是记载尧以来历史的"中国自有史以来的第一部信史"(《〈尚书·虞夏书〉新解·序》,辽宁古籍出版社 1996 年版)。然而,这部古籍内容博大精深,文字佶屈聱牙,加之流传过程中的几多劫难,自然或人为的影响造成的阙佚错简,特别是今古文《尚书》的版本、真伪问题错综复杂,许多基本问题争论不止,难以定论。今就其中的一些重要问题略述如下。

一、《尚书》名称的嬗变

书在古代是简策的泛称,《说文解字·叙》:"著于竹帛谓之书。"根据文献记载,至迟在商周时期就已有写在竹木片上的书了。《尚书·多士》:"惟殷先人有册有典。"又《礼记·中庸》说:"文武之政,布在方策。"方策就是用竹木片写成的书,周文王、武王的政令写在上面。《论衡·量知篇》记载了简策的制作方法:"截竹为筒,破以为牒,加笔墨之迹,乃成文字。大者为经,小者为传记。断木为椠,梢之为板,力加刮削,乃成奏牍。"椠是木版,也叫牍,是制成一块块木片,然后在上面写字。一根简写一行,或二三行。字少的写在竹木片上;字多不过百,写在木板上,称为方;字数过百,分写几简,然后用编绳编连成册(策),用熟牛皮编连的叫"韦编",用丝带编连的叫"丝编"。据说孔子有过"读易,韦编三绝"的经历。这就是古代的书。此外,还有写在缣帛上的帛书,至少在春秋战国已流行于世,故《墨子·鲁问》说:"书之于竹帛,镂之于金石。"后者指青铜器、石碑、石鼓之类。

《尚书》最早单叫作《书》。在古代典籍中，常出现"《书》曰"、"《书》"，大多指后来的《尚书》，有时也可在"书"前冠以朝代名，如《虞书》、《夏书》、《商书》、《周书》等，也指的《尚书》。但也有把《国语》称为《书》的，《大学》云："《楚书》曰'楚国无以为宝，惟善以为宝'。"朱熹《四书集注》："《楚书》，《楚语》。"《诗》在当时也曾被称为《书》，《墨子·尚同中》："是以先王之书《周颂》之道之曰：'载来见辟王，聿求厥章。'"今《诗·周颂·载见》作"载见辟王，曰求厥章"。《易》、《春秋》也可以叫作《书》。可见，在使用简帛作书的时代，用于书写，记言记事的简策都可以称"书"，故"书"本由简策引申而来，泛指书籍。《尚书》也是其中的一种。后来，由于书籍的发展，因内容、体裁的不同，书名也发生了变化，出现了诸如《易》、《书》、《诗》、《礼》、《春秋》等名称。《书》逐步成为专门记载帝王言论及活动的政事性书籍。

我国自古以来，逐步形成了较为完善的史官制度，商代的贞卜祭祀人员实际上就是早期的史官，"惟殷先人，有册有典"，除甲骨文外，商代还有简策之书。周代已经形成了较为完备的史官制度，并一直流传下来，当时的史官主要是为统治集团，特别是君王服务的，君王的一言一行都在史官的记录中，《礼记·玉藻》有："动则左史书之，言则右史书之。"《汉书·艺文志》则说："左史记言，右史记事。"左、右史官们随时记录君王的活动，真正做到了《左传·庄公二十三年》所云："君举必书，书而不法，后嗣何观？"这样就形成了《汉书·艺文志》所说的"事为《春秋》，言为《尚书》"的不同书名，即记事之书成为后来的编年体类《春秋》，记言之书成为后来的政事性《书》。故《荀子·劝学篇》云："故《书》者，政事之纪也。"《庄子·天下篇》："《书》以道事。"吴澄《书纂言》："书者，史之所纪录也。从聿、从者。聿，古笔字，以笔画成文字，载之简册曰书。者，谐声。"清人在《四库全书总目提要·经部书类叙》中说："《书》以道政事，儒者不能异说也。"总之，至迟在春秋战国书籍发展到一定阶段以后，人们逐步把那些专门记录君王言论（如讲话、文告、誓词）的书叫做《书》，在此之前的类似典籍，也逐步冠以《书》或某《书》，先秦典籍中广泛出现的《书》，一般都属于这一类。

《尚书》的名称，目前来看至迟出现在西汉中期，司马迁《史记·五帝本纪》云："学者多称五帝，尚矣。然《尚书》独载尧以来。"司马迁《史记》最早给《书》定名为《尚书》。他说《尚书》只记载尧以后君王的事迹。他又说："而百家言黄帝，其文不雅驯，荐绅先生难言之。孔子所传宰予问《五帝德》及《帝系姓》，儒者或不传。""予观《春秋》、《国语》，其发明《五帝德》、《帝系姓》章矣，顾弟弗深考,其所表见皆不虚。《书》缺有间矣,其轶乃时时见于他说。非好学深思,心知其意,固难为浅见寡闻道也。余并论次,择其言尤雅者,故著为本纪书首。”《正义》云:“言《古文尚书》缺失其间多矣,而无说黄帝之语。”由于记言的《书》没有黄帝等言论,而《大戴礼》、《春秋》、《国语》、诸子百家有许多黄帝的传载,所以为了贯通历史,身为儒家的司马迁打破门户观念,从其他记事类史书中补充了黄帝的内容,完成了《五帝本纪》。可见,《尚书》名称的出现与春秋战国以后的儒家有很大的关系,他们传载的是尧以后的君王言论,这些记载言论的书,被专称为《尚书》,其“尚”字,成为“书”名变化的关键。关于这个问题,我们将在下面交代。《史记·儒林列传》谈到了汉初儒家传《尚书》的情况:“汉定,伏生求其书,亡数十篇,独得二十九篇,即以教于齐、鲁之间,学者由是颇能言《尚书》。诸山东大师无不涉《尚书》以教矣。”可见至少在汉初,《尚书》已在东方齐鲁一带广为流传,这里正是儒家最集中的活动区域。

《尚书》又被称为《书经》,这是更晚的事情。“经”作为书名,起于春秋战国。《国语·吴语》几处提到“挟经秉枹”,韦昭注:“经,兵书也。”清人俞樾不以为然,认为“挟经”是掖着剑把手,“秉枹”是拿着鼓槌。可见,此经究为何物难定。《庄子·天下篇》云:“墨者……俱诵《墨经》。”今存世有《墨子》的《经上》、《经下》两篇。可见以书名加经连称的,战国时已有。《荀子·解蔽篇》有“道经”。《韩非子》的《内储说》、《外储说》也有“经”和“说”之分。杨伯峻先生说:“‘经’是提纲,‘说’是解释或用故事来作证和说明。”(《经书浅谈》,中华书局1984年7月版)这里的经和前面的书都是指书的某种体裁,没有后来的儒家经典的尊贵意义。因为经本是丝织之名,由于可以用来把竹木典籍编连成册(策),——这在考古发掘中屡有发现,——故而引申为书籍,进而专指某种提纲型的书籍。《庄子·天运篇》:“孔子谓老聃曰:‘丘治《诗》、《书》、《礼》、《乐》、《易》、《春秋》六经,自以为久矣。’”这本是寓言故事,时代不好定。《荀子·劝学篇》云:“学恶乎始,恶乎终?曰:其数则始乎诵经,……《礼》之敬文也,《乐》之中和也,《诗》、《书》之博也,《春秋》之微也,在天地之间者毕矣。”荀子是把所有儒家的经典都说成是经,《书》也在其中,我们认为这里的经似乎也没有超出“墨者俱诵《墨经》”的意思。所以蒋善国先生说:不过周、秦间只是把《礼》、《乐》、《诗》、《书》、《春秋》混称“经”,而实际未把“经”字加于《礼》、《乐》、《诗》、《书》、《春秋》下(《尚书综述》,上海古籍出版社1988年版)。到了西汉初期,多把儒家的“六艺”叫做“六经”(贾谊《新书·六术篇》)。汉武帝立五经博士,儒家的经书已开始具有经典的尊贵地位,但当时还是称《书》或《尚书》。直到隋唐亦然。蒋善国先生说:"'书经'二字连称,当起于赵宋以后。"此时程朱理学为代表的新儒学完全成为封建统治阶级的指导思想,《尚书》等儒家经典的地位达到了"会当凌绝顶"的崇高地位,《书经》名称的出现,是其合理的结果。总之,经过千百年的发展,《尚书》完成了由泛指的书,到专门记录君王言论的《书》,再到儒家传授的专门记录尧以来君王言论的《尚书》,最后成为地位至高无上的《书经》的嬗变过程。这一过程和中国古代典籍的发展,特别是和儒家传载的孔子整理、编次、删定过《尚书》密切相关,和儒家思想逐步发展成为封建统治思想密切相关,它直接导致了《尚书》这部原本尘封的故档的价值被重新发现,最终登上"书经"的圣殿。

二、《尚书》名称的涵义

那么,为什么儒家把《书》改称为《尚书》呢?在古代,"尚"和"上"是同义通用字,尚即上。其解释大致有三种:第一种说法认为尚是上古的意思,表示远古以前的书,《史记索隐》:"尚,上也,言久远也。"《尚书》就是"上古之书"。《孔传》云:"以其上古之书,谓之《尚书》。"《尚书序·孔疏》引马融说:"上古有虞氏之书,故曰《尚书》。"《释名·释典艺》:"《尚书》,尚,上也,以尧为上始,而书其事也。"现在学者大多持此观点,刘起釪先生说:"'尚'只是上古的意思。用今天语言来说,《尚书》就是'上古的史书'。"我们认为此说值得商榷:其一,既然是上古之久远以前的书,那么中国古代的历史远不止从尧开始,尧以前还有三皇及五帝中的黄帝、颛顼、帝喾等,司马迁已发现这个疑点:"学者多称五帝,尚矣。然《尚书》独载尧以来,而百家言黄帝。"《尚书》斩去了尧以前的历史,称不上是最古老的史书。《易》所记,相传从伏羲氏开始,在尧之前,为什么不称《尚书》?《春秋》、《国语》载有五帝事,也不称尚。可见,上古之说不准确。其二,检阅现存的今文《尚书》,许多篇如《文侯之命》、《费誓》、《秦誓》等已经是春秋时代的事了,在孔子以下的儒家眼光中,更算不上是上古之书。《尚书》只不过是今存最古的典籍,当时没有流传下来的,比《尚书》更早的典籍还有,不然诸子百家所津津乐道的三皇五帝就成子虚乌有了。所以称《尚书》为"上古之书"不是尚的本义。第二种说法认为《尚书》就是人们所尊崇的书。《史通·六家》引《尚书璇玑钤》:"尚者上也,上天垂文,以布节度,如天行也。"把《尚书》说成是天书,神圣中自然包含尊崇的意思。《尚书正义》引郑玄《书赞》说:"尚者上也,尊而重之,若天书然,故曰《尚书》。"这种说法充满神秘的谶纬思想,没有任何根据。古代受尊崇的书很多,为什么单称

《书》为《尚书》,《诗》、《易》等不加尚呢？第三种说法认为“上”,代表“君上”,即古代帝王、君王。王充《论衡·正说篇》云:“《尚书》者,以为上古帝王之书,或以为上所为,下所书。”《须颂篇》云:“或问《尚书》曰:尚者上也;上所为,下所书也。下者谁也,曰臣子也。”这种说法是从《尚书》的体例、内容绝大多数是记载君王与臣下的对话言论,如诰、命、誓、谟、典,以及君王的活动为根据,所以叫做《尚书》,这是很有道理的。《汉书·艺文志》所谓:“左史记言,右史记事,事为《春秋》,言为《尚书》,帝王靡不同之。”问题是古代帝王很多,为什么《尚书》独载尧以来,且主要是尧、舜、禹、启、汤、伊尹、文、武、周公、康、穆的事迹呢？为什么“百家言黄帝,其文不雅驯,荐绅先生难言之”,其间的阙佚何其多多呢？可见,简单地认为《尚书》是古代帝王之书也不完全正确。

上述三种说法都不完全正确,但都有一定道理,笔者认为,如果把这三种说法结合起来考虑,有助于我们弄清“《尚书》”名称的真正含义。解铃还须系铃人,最早称《尚书》的司马迁已经透露了一些信息:其一,“学者多称五帝,尚矣”。五帝,是黄帝、颛顼、帝喾、唐尧、虞舜(《世本》、《大戴礼记》)或少昊、颛顼、高辛、唐、虞;伏羲、神农、黄帝为三皇(《帝王世纪》、孔安国《尚书序》)《索隐》:“尚,上也,言久远也。然‘尚矣’文出《大戴礼》。”学者可能指春秋战国至西汉的诸子百家是把三皇五帝统统称为尚的,如果《尚书》之尚是上古、远古的意思,理所当然包括三皇五帝在内。“然《尚书》独载尧以来”,可见《尚书》排除了尧以前传说的帝王,独取尧、舜。因而称“尚”为上古,不符合司马迁的意思。其二,司马迁看到的《尚书》是记载尧以后的事,但诸子之书大量记载了黄帝的事迹,《五帝德》和《帝系姓》也有黄帝的记载。但是“其文不雅驯,荐绅先生难言之”,《正义》:“驯,训也。谓百家之言皆非典雅之训。”故而排斥不论。连相传为“孔子所传宰予问《五帝德》及《帝系姓》”,儒家也或“不传”。荐绅先生当是包括孔子在内的儒家学者,特别是西汉以后的儒家,正是由于儒家的道德标准和价值取向,造成“《书》缺有间矣,其轶乃时时见于他说”。这里,司马迁说《书》缺有间矣,而不说《尚书》缺有间矣。可见,司马迁知道,《书》和《尚书》已有区别,前者多,是上古流传下来的《书》;后者少,是儒家传下来的叫做《尚书》的《书》。《汉书·艺文志》:“《易》曰:‘河出图,雒出书,圣人则之。’故《书》之所起远矣,至孔子纂焉,上断于尧,下讫于秦,凡百篇,而为之序,言其作意。”孔子晚年整理过《尚书》已是不争的事实,问题是孔子是否删过书,照司马迁的说法:“孔子之时,周室微而礼乐废,《诗》、《书》缺。追迹三代之礼,序《书传》,上纪唐虞之际,下至秦缪,编次其事。……故《书传》、《礼传》自孔氏。”(《孔子世家》)由于上古传下来的《书》本来就阙佚很多,史书不足征,孔子整理《尚书》,没有怎么删书。然《史记·老子伯夷列传·索隐》:“又《书纬》称孔子求得黄帝玄孙帝魁之书,迄秦穆公,凡三千三百三十篇,乃删以一百篇为《尚书》,十八篇为《中候》。今百篇之内见亡四十二篇,是《诗》、《书》又有缺亡者也。”认为孔子曾删过书,《书纬》即《尚书璇玑钤》,郑玄《书论》亦引,郑玄《书论》说有三千二百四十篇不可全信。上古之书本来就少,孔子哀叹文献不足,怎么能删掉三千多篇呢?《墨子·贵义》云:“昔者周公旦朝读《书》百篇。”有人以为是周公每天都读商代的《书》百篇,实在有点望文生义,古代的竹木简那么多、那么重,周公一早上怎么能读百篇呢,今天留下来的今文二十八篇,即使印刷在一本书上,谁敢说一天就能读完呢?当年东方朔上汉武帝的奏章,竟用了三千片竹简,要两个大力士才抬得动。可见这里的百篇或是虚数,多的意思,或是专用书名,像今天的诗三百篇、唐诗三百首之属。但也不可全不信,孔子以儒家学说评判是非道德,在整理《书》的过程中,删去了尧以前半神半人的君王,《孔子世家》云:“古者《诗》三千余篇,及至孔子,去其重,取可施于礼义……三百五篇,孔子皆弦歌之,以求合《韶》、《武》、《雅》、《颂》之音。”既能删《诗》,当然也能删《书》,只是以档案形式保存下来的《书》太少,删去的不多罢了。其三,作为一位公正的史学家,司马迁摒弃学派门户之见,从其他史籍,特别是诸子中补充了《尚书》的缺佚,并实地访古调查,“余并论次,择其言尤雅者,故著为本纪书首”,撰成了《五帝本纪》。这对完成从黄帝到汉武帝数千年的通史著作有极为重要的意义。

司马迁的说法与《大戴礼记》基本相符。宰予(又名宰我),是孔子早年的弟子,也是最不喜欢的弟子。他曾多次受到孔子的严厉批评,被斥责为“朽木不可雕也,粪土之墙不可圬也”。但宰予“利口善辨”,甚至有点离经叛道,曾公开反对老师的观点,他不断追问连孔子也难言的事迹来难为老师。《大戴礼·五帝德》载:“宰我问孔子曰:‘昔者予闻诸荣伊令,黄帝三百年。请问黄帝者人邪?抑非人邪?何以至于三百年乎?’孔子曰:‘予!禹、汤、文、武、成王、周公可胜观也,夫黄帝尚矣,女何以为?先生难言之。’宰我曰:‘上世之传,隐微之说,卒业之辨,暗昏忽之意,非君子之道也,则予之问也固矣。’孔子曰:‘黄帝,少典之子也,曰轩辕。生而神灵,……生而民得其利百年,死而民畏其神百年,亡而民用其教百年,故曰三百年。’宰我请问帝颛顼。孔子曰:‘五帝用记,三王用度,女欲一日辨闻古昔之说,躁哉予也!’”孔子被问得不耐烦,反而斥责宰予浮躁不踏实。但下面还记有宰予问颛顼、帝喾、帝尧、帝舜、禹,以及孔子的详尽的回答。从这段被后世儒家添油加醋加以描绘的资料看,孔子并非完全不了解黄帝的事迹,只是不愿意多说罢了,在被刨根问底的宰予死追不放时,还是逐一回答,故《史记·仲尼弟子列传》云:“宰我问五帝之德,子曰:‘予非其人也。’”这位循循善诱、诲人不倦的夫子,以宰予“不足明五帝之德也”(王肃语)搪塞过去,正反映了孔子及儒家对黄帝的鲜明态度,不但自己不愿意讨论,也不喜欢弟子论及。所以到了后来,黄帝从儒家典籍中基本消失了。《大戴礼记》也不是最受尊崇的经书。

从《论语》中孔子的褒贬评判我们也可清楚地看出这一点。《尚书》所传载的是以尧为首,按儒家的道德评价标准称得上是贤君明王以及他们的贤臣,只有他们的言论和事迹才有资格入档这部经典文献汇编。下面兹举几段《论语》为证:

1.《论语·为政》:“或谓孔子曰:‘子奚不为政?’子曰:‘《书》云:“孝乎惟孝,友于兄弟,施于有政。”是亦为政,奚其为政?’”这是《论语》直接引用《尚书》的话,后被纳于伪《古文尚书·君陈》之中。

2.《论语·八佾》:“子曰:‘夏礼吾能言之,杞不足征也。殷礼吾能言之,宋不足征也。文献不足故也,足则吾能征之矣。’”又:“子曰:‘周监于二代,郁郁乎文哉,吾从周。’”这里论述夏、商、周三代,以西周为尊,《尚书》亦以西周为主。

3.《论语·述而》:“子曰:‘甚矣吾衰也!久矣吾不复梦见周公。’”崇尚周礼,赞美周公。

4.《论语·述而》:“子所雅言,《诗》、《书》、执礼,皆雅言也。”以《尚书》为符合儒家思想的雅言,符合司马迁的说法。

5.《论语·泰伯》是孔子盛赞古代人物最多的一篇。“子曰:‘大哉尧之为君也!巍巍乎,唯天为大,唯尧则之。荡荡乎,民无能名焉!巍巍乎其有成功也!焕乎,其有文章!’”这里,孔子这位以批评见长的政治家、思想家,把完满的溢美之词,都加在尧的身上。故《汉书·儒林传》云孔子“究观古今之篇籍,乃称曰……(即上引《泰伯》内容,引者省略)于是叙《书》则断《尧典》”。

6.“巍巍乎!舜、禹之有天下也,而不与焉。”

7.“舜有臣五人而天下治。”这五位名臣是禹、稷、契、皋陶、伯益,在《尚书》中都有言论和事迹,且多是君王或比较重要的部落首领。

8.“武王曰:‘予有乱臣十人。’”这十位能臣是周公旦、召公奭、太公望、毕公、荣公、大颠、闳夭、散宜生、南宫适、文母(或说邑姜)。今文《尚书》中周公、召公是主要人物。其余也进了今文或伪古文《尚书》。

9.“孔子曰:‘才难,不其然乎?唐虞之际,于斯为盛。有妇人焉,九人而已。’”

10.“子曰:‘禹,吾无间然矣。菲饮食,而致孝乎鬼神;恶衣服,而致美乎黻冕;卑宫室,而尽力乎沟洫。禹,吾无间然矣。’”

11.“子曰:‘如有周公之才之美,使骄且吝,其余不足观也已。’”对禹、周公极力称颂。只有泰伯的事迹在《尚书》中没有论及,其余人物,或有专篇,或间接涉及。

12. 又《论语·子罕》赞颂周文王:“文王既没,文不在兹乎?天之将丧斯文也,后死者不得与于斯文也;天之未丧斯文也,匡人其如予何?”

13.《论语·先进》:“季氏富于周公,而求也为之聚敛而附益之。子曰:‘非吾徒也。小子鸣鼓而攻之可也。’”间接赞扬周公以王室至亲,功大位高,却节廉自律。孔子赞扬最多的是周公,《尚书》中周公的篇章也最多,这绝不是偶然的巧合,正反映了儒家与《尚书》的关系。

14.《论语·颜渊》:“子夏曰:‘富哉言乎!舜有天下,选于众,举皋陶,不仁者远矣。汤有天下,选于众,举伊尹,不仁者远矣。’”

15.《论语·宪问》:“南宫适问于孔子曰:‘羿善射,奡荡舟,俱不得其死然;禹稷躬稼,而有天下。’夫子不答。南宫适出,子曰:‘君子哉若人!尚德哉若人!’”可见孔子十分赞同南宫适的评价,背后夸奖他。

16.《论语·宪问》:“子张曰:‘《书》云:“高宗谅阴,三年不言。”何谓也?’子曰:‘何必高宗,古之人皆然。君薨,百官总已以听于冢宰三年。’”此处直接提到《尚书》,殷高宗即商王武丁,《尚书》多有涉及。

17.《论语·微子》:“微子去之,箕子为奴,比干谏而死。孔子曰:‘殷有三仁焉。’”受孔子赞扬的殷商三位仁人,尽管命运各不相同,但都反对纣王暴政,《尚书》有专篇。同时还赞扬伯夷、叔齐。“子曰:‘不降其志,不辱其身,伯夷、叔齐与!’”

18.《论语·子张》:“卫公孙朝问于子贡曰:‘仲尼焉学?’子贡曰:‘文武之道未坠于地,在人。贤者识其大者,不贤者识其小者,莫不有文武之道焉。夫子焉不学?而亦何常师之有?’”文武之道,即指周文王、周武王的谟训功烈与周代的礼乐文章。这些都是《尚书》中屡屡提及的。

《论语·尧曰》中还涉及了尧禅位舜,商汤放桀而告天下诸侯,武王克商大赉四海等历史上的重大事件,这多见于今文《尚书》或伪古文《尚书》。

综观《论语》,凡是孔子赞誉过的古代人物,特别是君王及著名大臣,在《尚书》中绝大多数都能找到。在诸如《中庸》、《孟子》之类后代儒家的经典中,也都有这些君王的记载,并且还增加了太甲、大戊、祖乙、盘庚等。

顾颉刚师很早就注意到《尚书》等古籍和儒家的关系。他在研究了《诗》、《书》、《论语》之后说:“我便把这三部书中的古史观念比较看着,忽然发现了一个大疑窦,——尧、舜、禹的地位的问题!《尧典》和《皋陶谟》我是向来不信的,但我总以为是春秋时的东西;哪知和《论语》中的古史观念一比较之下,竟觉得还在《论语》之后。”由此,顾先生提出了轰动学术界的“古史是层累地造成的,发生的次序和排列的系统恰是一个反背”的疑古观念。他又说:“我便温了几遍《尚书》,把里面关于古史的话摘出比较,由此知道西周人的古史观念实在只是神道观念,这种神道观念和后出的《尧典》等篇的人治观念是迥不相同的。又知道那时所说的‘帝’都指上帝,《吕刑》中的‘皇帝’即是‘上帝’的互文;《尧典》等篇以‘帝’为活人的阶位之称,是一个最显明的漏洞。……这种变迁,很可以看出古人的政治观念:在做《吕刑》的时候,他们决想不到有这样精微的德化;在做《大禹谟》的时候,他们也忘却了那个威灵显赫的上帝了。这种政治观念的变迁,就是政治现象从神权移到人治的进步。拿了这个变迁的例来看古史的结构的层次,便可以得到一个亲切的理解。我们何以感到一班圣君贤相竟会好到这般地步?只为现在承认的古史,在它凝结的时候恰是德化观念最有力的当儿。”(《古史辨》第一册《自序》)虽然我们不同意“古史是层累地造成的”疑古观点,但《尚书》一类古籍的许多篇,如《尧典》、《皋陶谟》等为后人,特别是儒家学者整理、加工乃至重新编写已是不争的事实。顾颉刚师天才的发现,给《尚书》研究开辟了新天地,也使我们可以正确理解其名称的真正含义,那个半人半神的黄帝被摒弃在《尚书》之外,也就顺理成章了。顾颉刚师对儒家创造的“道统”也进行了研究:“道统是伦理的偶像。有了道统说,使得最有名的古人都成了一个模型里制出来的人物,而且成为一个集团,彼此有互相维护的局势。”他认为:“最早的道统说,似乎是《论语》的末篇‘尧曰’……但《论语》末篇本有问题。”《论语·尧曰》推出了尧、舜、禹、汤、武的道统。“推测原始,当在《孟子》。《尽心篇》的末章说,尧舜后五百余岁,汤闻而知之;汤后五百余岁,文王闻而知之;文王后五百余岁,孔子闻而知之:见得孔子的道即是尧舜的道,相去千五百余年没有变过。”孟子自称“私淑诸人”,“乃所愿则学孔子”,也是继承孔子的,这样《孟子》推出了尧、舜、汤、文王、孔子、孟子的道统。“司马迁说,‘自周公卒,五百岁而有孔子,孔子卒后，至于今五百岁，……小子何敢让焉。'"这里司马迁似乎推出了周公、孔子、司马迁本人的道统。"其后扬雄、王通、韩愈等各欲负荷这道统，不幸没有得到世人的公认。到宋代理学兴起，要想把自己一派直接孟子，以徒党鼓吹之盛，竟得成功，而得濂洛关闽诸家就成了儒教的正统，至今一个个牌位配享在孔庙。这个统，自尧、舜至禹、汤，至文、武、周公，至孔、孟，又至周、程们，把古代与近代紧紧联起。"(《古史辨》第四册《顾序》)可见，到司马迁时，儒学的道统已经基本形成，并在《尚书》中显示出来，逐步成为儒家安身立命的基础，司马迁把《书》称为《尚书》，正反映了汉代儒学体系的发展和成熟以及开始在中国封建社会中占据了统治地位。

综上所述，关于《尚书》名称，我们的结论是：一，在西汉，《尚书》早已不是完整的、最古老的典籍，而是一部阙佚很多的、断自尧的典籍。这种状况的出现，除了《书》本身流传的自然和人为损失，与孔子的整理、略微删定有关。二，《尚书》是传载古代君王及其臣下的典籍，而这些君王大多是得到孔子以下儒家肯定和尊崇的贤君明王，半人半神的黄帝一类是不包括在内的，这些君王的选择体现了儒家的道统观念。而非道统之内的君王之书，逐步被排斥掉。三，儒家学派在自己的发展过程中，把这些贤君明王纳入自己的道统中，我们不排除这些君王的言论事迹糅杂了儒家的思想，但现存《今文尚书》的主要篇章，是古代保存下来的，甚至包括《尧典》、《皋陶谟》等成书较晚的篇章，其中的基本素材确实是上古流传下来的，具有极高的史料价值。现存《十三经注疏》中的《古文尚书》，则是后代(晋代及其以前)的儒家根据自己的道统观念，糅杂古代典籍中的佚书材料及儒家的传载人物及事迹编制而成的，是伪《古文尚书》。四，最后我们概括《尚书》名称的真涵义是：上古流传下来的，受到儒家尊崇的贤君明王之书。

三、关于《尚书》的源流

由于《尚书》是先秦漫长历史时期的文献，曾经有过很多篇数，具体篇数无法确定。以夏商周三代计，近二千年，九十余王，包括夏代十七王十四世(《史记·夏本纪·索隐》)，商代三十一世三十余王(《史记·殷本纪·集解》)，周代三十七王(《史记·周本纪·集解》)，加上各诸侯国君难以计数，还有三代的重要大臣，即使是每个王或国君有过一篇言论，其数量也是相当可观的。何况在古代史官制度逐步建立、日趋完善的情况下，"君举必书"，理应有许多记载言论的《书》留下，所以纬书《尚书璇玑钤》所说的孔子时代，《书》

有三千二百余篇的话，虽不可信，但至少表示曾有相当多的篇目。问题是到春秋末期，孔子整理《书》时，到底还残存有多少篇《书》，三千篇是肯定没有的，否则孔子就是中华文化的罪人，因为他“断远取近”，删去了占绝大部分的三千一百多篇《书》，仅留下一一八篇编定为《尚书》、《中候》两书。这样大砍大杀地对待古籍，绝非孔子所为。事实也没有这种可能性，因为上古的《书》虽然很多，但是损失也很多，除了一些简单、易于记忆、琅琅上口的经常为人们所引用，以及一些贤君明王的重要言论易于留传下来外，其余都佚失了。蒋善国先生在《尚书综述》中归纳了佚失的八种原因，其中至春秋末的主要有：1. 竹木简笨重，收藏不易，且容易自然损毁；2. 周时学在官府，传者少，人死了，书也就亡佚；3. 一般诵习的《书》也就是有限的几篇；4. 凡《书》触犯忌讳的，多被各国君王禁毁；5. 战争的破坏巨大，周初千余国，皆小国，国亡，文献也就亡佚了。另外，周朝衰微，王室动荡，原藏于周时的《书》损失更大，这样，到孔子时代，《书》的数量不会太多，因为孔子时时叹息文献不足，怎么可以随便将这些宝贵的典籍删掉呢？前引《史记·孔子世家》就说：“孔子之时，周室微而礼乐废，《诗》、《书》缺。”当时《书》缺佚太多，几乎百不存一，尤其是夏、商的《书》，这与今存今文《尚书》的情况相吻合。当然，孔子可能删掉尧以前黄帝之类传说中的神话人物以及无教育意义的君王的言论，以避免对后世产生不良影响，但这种篇目也不会太多。总之，到孔子时代，《书》大约残存百多篇，经孔子整理删除确定了一一八篇。

进入战国时代，群雄并立，思想文化上出现了百家争鸣的局面，诸子，主要是儒墨两家，从各自的立场出发，著书立说，游说鼓吹于诸侯之间，提出自己的政治主张，并千方百计从古代文献中搜取证据，引经据典，支持自己的观点。这样，作为古代君王之书的《书》，自然成了他们引证的首选对象，所以战国以后的诸子著作中，引用了不少《书》，这其中有见于汉代所传《尚书》的，也有不见而被称为“逸书”的。清代以来的学者，在这方面做了许多工作，搜集了许多《尚书》文字，至今，还有人在不断增补，刘起釪先生《尚书学史》汇集诸家所辑，再补充从诸子中搜集所得，另增清代诸人所未见之书，共据文献二十种，归纳了五项分别辑录，基本上廓清了先秦《尚书》的流传情况。

根据刘起釪先生的研究，《尚书》在先秦广为流传，今存二十余种文献都引用过，总次数有三百三十多次，其中，有篇名的五十多篇，见于汉代者约 26 篇，不见于汉代、可知篇名者 32 篇，其余《逸书》数十则，其中约可为篇的 19 篇。如果加上《书序》百篇的其余六十余篇和《逸周书》中的七篇以及至春秋战国加工三十余篇(《尚书学史》第62页),可推断战国时可以见到有篇名的《尚书》也就一百二三十篇。这与纬书所说孔子删定《尚书》为一百篇,加上《中候》十八篇的数字基本吻合。可见,孔子时代的《尚书》一百多篇,经孔子整理、删定,基本上流传下来,直到秦统一。这是《尚书》编定后的第一个本子,其篇数和内容已不可确考。在这一百多篇中,汉代今文二十九篇,这可能是流传最为广泛的《尚书》篇目。在先秦称引最频繁、被引用较多的篇目,如《康诰》、《洪範》、《吕刑》、《太誓》、《尧典》等,都与统治者的施政方针有关,反映了以史为鉴的实用主义精神,这也是孔子及儒家编定传载《尚书》的根本目的。《尚书》以西周为主,特别是与武王、成王及周公有关,反映了西周初期政治制度创设以及对后世的深远影响。先秦所引用的《尚书》文句,都是一些平易好读的句子。各家引用的文句虽有差异,但大同小异,战国以后称引《尚书》的主要是儒墨两家,以及《左传》。战国初期,儒墨都是显学,在传载《尚书》方面平分秋色,他们强烈的经世致用的态度,是《尚书》流传的重要原因。后来,儒家逐步取代墨家,成为《书》的主要传载者,《尚书》也就成为儒家的最重要的经典。这种情况至少在西汉已经确定。故司马迁在《孔子世家》中说:"孔子布衣,传十余世,学者宗之。自天子王侯,中国言《六艺》者折中于夫子,可谓至圣矣!"

秦统一以后不久,便开始了大规模的焚书坑儒活动,包括《尚书》在内的文化典籍遭到了空前的浩劫。《史记·儒林列传》:"及至秦之季世,焚《诗》、《书》,坑术士,《六艺》从此缺焉。"由孔子编定的《尚书》百余篇,到秦朝受到重创,除了国家收藏外,民间的《书》基本被焚毁,而秦皇宫里所藏的"尚书"在秦末又遭项羽焚毁。这样,到汉初《尚书》似乎已被焚烧殆尽。然而,《尚书》没有绝迹,在儒学发达的东方齐鲁地区,仍然有流传的迹象,《史记·儒林列传》云:"及高皇帝诛项籍,举兵围鲁,鲁中诸儒尚讲诵习礼乐,弦歌之音不绝。"这一带有孔子及儒家文化的深厚传统,"夫齐鲁之间于文学,自古以来,其天性也。故汉兴,然后诸儒始得修其经艺,讲习大射、乡饮之礼"。既然礼乐经艺能顽强地保存下来,这其中可能也包括《尚书》,所以到汉文帝时,《尚书》终于浮出世面,这就是《今文尚书》的出现。《史记·儒林列传》:"伏生者,济南人也。故为秦博士。孝文帝时,欲求能治《尚书》者,天下无有,乃闻伏生能治,欲召之。是时伏生年九十余,老,不能行,于是乃诏太常使掌故晁错往受之。秦时焚书,伏生壁藏之。其后,兵大起,流亡,汉定,伏生求其书,亡数十篇,独得二十九篇,即以教于齐鲁之间。学者由是颇能言《尚书》,诸山东大师无不涉《尚书》以教矣。"孔子时的百篇《尚书》,到伏生时,仅剩下二十九篇(后考定实际上只有二十八篇),伏生所传的《尚书》并非春秋时的原本,而是秦汉民间通行的隶书录写的。因此,后来被称为《今文尚书》。这是《尚书》编定后的第二个传本,实际上是第一个可以有篇数和内容的本子,但劫后余生,仅是孔子传本的四分之一强。伏生,经考证,是孔子弟子子贱的后代,颜子推的《颜氏家训·书证》中有详细论证。

《史记·仲尼弟子列传》:"宓不齐字子贱,少孔子四十九岁。"《集解》引孔安国曰鲁人。《论语·公冶长》记孔子赞扬子贱:"君子哉若人!鲁无君子者,斯焉取斯?"可见,子贱在孔子眼中,是真正的君子,是鲁国君子的代表。这说明他有可能成为儒家在鲁国的传人。《韩诗外传》有关于他活动的记录,但他是否传习《尚书》没有记载。

清皮锡瑞在《经学通论》中指出:"孔子弟子漆雕开传《尚书》。其后,接受源流,皆不可考。汉初传《尚书》者,始自伏生。"这个说法来自《史记·仲尼弟子列传·索隐》。对于漆雕开,《集解》引郑玄曰鲁人,《正义》则引《家语》云:"蔡人,字子若,少孔子十一岁。"又云:"习《尚书》,不乐仕。"作为孔门弟子,传习《尚书》是可能的。

《韩非子·显学篇》记载,孔子死后,儒家分为八派。"漆雕氏之儒"便是八派之一。孔子弟子中有三漆雕:漆雕开、漆雕哆、漆雕徒父。郭沫若认为:"从能构成一个独立的学派来看,当时以漆雕开为合格。"(《郭沫若全集·历史编》第2卷,第148页)漆雕开与宓不齐虽同为孔门弟子,但年龄却相差甚远,漆雕开少孔子11岁,宓不齐却少孔子49岁(《家语》则说少30岁,与《史记·仲尼弟子列传》不同)。据郭沫若考证:"两人不仅学说相同,遭遇亦颇近似。"《墨子·非儒篇》言"漆雕刑残",而《韩非子·非儒篇》言"宓子贱不斗而死人手"。因而认为"两人之间可能是义兼师友的"(《郭沫若全集·历史编》第2卷,第149页)。我们认为这个结论难以成立。

王充《论衡·本性篇》说:"周人世硕,以为人性有善有恶,举人之善性,养而致之则善长,性恶,养而致之则恶长。如此,则情性各有阴阳,善恶在所养焉。故世子作《养书》一篇。宓子贱、漆雕开、公孙尼子之徒亦论情性,与世子相出入,皆言性有善恶。"宓子贱、漆雕开在学问上的确有些共同之处,但在许多方面并不一致。高专诚说:"照王充之说,宓子贱与漆雕开在学问上颇有相似之处。但从现有的其他材料来看,在别的方面,却看不到二人更多的相似之点。"(《孔子、孔子弟子》,山西人民出版社1991年版)而宓子贱乐于仕,更接近于孔子的思想。孔子整理《尚书》已是晚年，他作为得到孔子高度赞扬的晚年弟子完全可以从孔子那里传习到《尚书》，不必硬拉上漆雕开。因此我们认为如果追溯伏生《尚书》的渊源，径可以溯至宓子贱。

汉武帝时设五经博士，《今文尚书》取得了正统地位。西汉传《今文尚书》的有三家，一是欧阳家，伏生传授给张生和欧阳生（名和伯）。欧阳生再授兒（倪）宽，兒宽又授欧阳和伯子世，再传至其曾孙欧阳高，汉武帝所立学官，所置博士便是欧阳氏所传《今文尚书》。二是"大夏侯家"，张生授夏侯都尉，传夏侯始昌，始昌传夏侯胜，胜受业于兒宽门人兰卿，又从欧阳氏间为学，于汉宣帝时立于学官为博士，此即《今文尚书》大夏侯氏学。三是"小夏侯家"，大夏侯传其从子夏侯建，建又事欧阳高，汉宣帝时立于学官为博士，此即《今文尚书》小夏侯氏学。

到了汉宣帝时，三家大师各立门户，自成一派，汉宣帝把三家都立于学官，各置博士一员。但又以欧阳氏为主，汉石经的《尚书》就是用的欧阳氏本。

孔安国传《古文尚书》。汉博士孔安国是孔子第十一世孙，他原本也可能治《今文尚书》，欧阳生的学生兒宽也曾受业于他。汉武帝末年，又发现了《古文尚书》，这是《尚书》的第三个本子。

古文一般是指秦以小篆统一全国文字以前所用的文字，以及大篆、籀文等，实际上在汉代先秦文字都可以被叫作古文，而秦小篆和秦汉流行的隶书，则是当时的今文。小篆和隶书先秦时就已经存在，伏生是秦博士，他的本子是用今文写的。

《史记·儒林列传》："而伏生孙以治《尚书》征，不能明也。自此之后，鲁周霸、孔安国，洛阳贾嘉，颇能言《尚书》事，孔氏有古文《尚书》，而安国以今文读之，因以起其家逸《书》，得十余篇，盖《尚书》滋多于是矣。"这个本子实际上就是孔氏家传本《古文尚书》，孔安国用今文释读后，用隶书笔法重新摹写，传之，这种方法叫隶古定。

在《汉书·艺文志》里，把孔安国的《古文尚书》和汉武帝末年鲁共王毁孔子宅所发现的《古文尚书》联系起来（参见《汉书·楚元王传》、《鲁共王传》记载），虽然没有直接证据，但还是说得通的，《汉书·艺文志》："《古文尚书》者，出孔子壁中。武帝末，鲁共王坏孔子宅，欲以广其宫，而得《古文尚书》及《礼记》、《论语》、《孝经》凡数十篇，皆古字也。""孔安国者，孔子后也，悉得其书，以考二十九篇，得多十六篇。安国献之。遭巫蛊事，未列于学官。"后来，刘向用这个本子校定今文三家本子，发现大致相同，不同之处在于，一是多十六篇逸书；二是《酒诰》脱简一、《召诰》脱简二，每简字数在22—25字之间，共计70字左右；三是文字相异者七百有余。这个本子虽是古文，但为了区别伏生的《尚书》，后人将孔壁（或家传）本叫做《古文尚书》，伏生本叫《今文尚书》，这就有了今古文《尚书》之别。故蒋善国说：“今文名称大约在魏晋以后才出现。起先伏生尚书径称为《尚书》。实际上两者主体部分还是相同的。由于没有立官，《古文尚书》只能习于民间，影响较小。两个都是今文，区别在于一个是秦朝传下来的今文，一个是汉代由古文改过来的今文。司马迁曾从孔安国学过《古文尚书》，他在《史记》中关于《尚书》的记载是今古文并用。”

西汉哀帝时，刘歆偏好古文学，有意提高古文《尚书》的地位，他写了《移让太常博士书》一文，阐述了《古文尚书》的来源，强调今古文并重，此文后成为研究西汉《古文尚书》的重要资料，但是由于当权的今文学家极力反对，刘歆失败了。王莽专权以后，搞复古改制，刘歆时来运转，《古文尚书》地位上升，一下子立为官学，刘歆也做了国师。

但好景不长，王莽政权覆灭，取而代之的东汉，恢复了西汉旧制，取消了《古文尚书》的官学地位，一直到东汉灭亡。但是，《古文尚书》的传习较西汉发生了很大变化，马雍先生说：“在西汉时期《今文尚书》在学术界是风靡一时的，《古文尚书》只是在民间私学，势力很小。而到了东汉以后，《古文尚书》虽然一直没有立于学官，却在学术界愈来愈占优势，最后竟战胜了《今文尚书》。”（《尚书史话》中华书局1982年版，第26页）汉灵帝熹平年间，在石碑上用隶书分刻经书，《尚书》一经采用的还是欧阳、大小夏侯三家，而以欧阳为主。立碑于洛阳太子讲堂前，史称“汉石经”，又称“一体石经”。

河间献王本《尚书》是《尚书》的第四个本子。《汉书·景十三王传》记载汉景帝儿子河间献王刘德，在汉武帝时以“修学好古，实事求是。从民得善书……献王所得书，皆古文先秦旧书，《周官》、《尚书》、《礼》、《礼记》、《孟子》、《老子》之属，皆经、传、说、记，七十子之徒所论”。这个《尚书》本子也是从儒家门徒后代手中传过来的，是民间《古文尚书》的又一个本子。但很快佚失，现在已不可考。

张霸百两篇本《尚书》，这是《尚书》的第五个本子。《汉书·儒林传》：“世所传《百两篇》者，出东莱张霸，分析合二十九篇以为数十，又采《左氏传》、《书序》为作首尾，凡百二篇。篇或数简，文意浅陋。”百两篇，即《尚书》百篇，另外把百篇《书序》分置前后，是凑合分析二十九篇而成，价值不大，一开始就受到人们的怀疑。“成帝时求其古文者，霸以能为《百两》征，以中书校之，非是。”加上政治方面的原因，这部《尚书》被废黜了。但是所编写百篇《书序》却保存下来，后来人们说《书序》是孔子写的，这是曲解了《孔子世家》上的话。

直到宋代人们才怀疑此事，后来搞清楚《书序》只是后人用《左传》、《史记》上的有关材料编辑而成的。

杜林漆书本古文《尚书》，这是《尚书》的第六个本子。

漆书，是用漆墨写在纸帛上的。《后汉书·杜林传》说，杜林，扶风茂陵人也，博学达闻，西汉末年流落四川，受隗嚣敬待，后亡归。“林前于西州得漆书《古文尚书》一卷，常宝爱之，虽遭难困，握持不离身。”杜林是古文学的大师，传给卫宏、徐生的是《古文尚书》，后来又在西州得到漆书一卷，这是两件事，他所得的本子只有一卷了，并非《尚书》全书，也可能就是其中的一篇。流亡回来后，出示给卫宏等人看，并进行研究。《后汉书·儒林传》：“扶风杜林传《古文尚书》，林同郡贾逵为之作训，马融作传，郑玄注释，由是《古文尚书》遂显于世。”

这样在东汉末年，经贾、马、郑三大师的训、传、注，《古文尚书》才成为显学。这里，杜林传《古文尚书》是什么本子没交待，估计就是孔壁本，后来他又发现了一卷《古文尚书》真本，可能属于二十九篇之一，印证了自己从父亲那里所学的《古文尚书》的价值，所以名声更加显赫，所以三位大师才给他的本子作注。

东汉许慎作《说文解字》，著录的《古文尚书》约一百六十余处，用的是杜林的《古文尚书》，许的引录没有超出今文二十九篇范围。

这可见是当时人们只改了与今文相同的《古文尚书》，以便于传播，逸出十六篇，仍然秘藏宫中，很少为人所知。总之，东汉流传的《古文尚书》与西汉《今文尚书》的篇目是相同的。三国时期魏国的文化是正统所在，由于《古文尚书》地位的上升，立于学官。魏正始年间刻的三体石经（古文、篆文、隶书）中的《尚书》就是用《古文尚书》为样本，此时，《古文尚书》已经完全取代了《今文尚书》。西晋时，《古文尚书》独领风骚。今古文之争让位于郑玄《古文尚书》与王肃《古文尚书》之争。西晋末年，永嘉之乱，西晋所藏图书遭到严重损失。“永嘉历乱，众家之书并亡。”（《经典释文·叙录》）欧阳高、大小夏侯三家的《今文尚书》全部丧失，甚至民间也没人学习它，伏生流传下来的《今文尚书》就这样失传了。与此同时，原藏于宫中的今文二十九篇外的十六篇逸书，也损失了，从此剩下来的就只有二十九篇《古文尚书》。在南北朝仍然盛行。

东晋梅赜所献《孔传古文尚书》,这是《尚书》的第七个本子。东晋元帝时(317—322),豫章内史梅赜(一作梅颐)向元帝献《孔传古文尚书》。据梅赜说,这部书是魏末晋初的学者郑冲传下来的。郑冲怎样得到它,梅赜没有说明。这部《尚书》假托为汉代孔安国在汉武帝时所献《尚书》,并有序和注。

这部书的经文五十八篇,其中二十九篇的名称和当时流行的《古文尚书》郑注本相同,除《舜典》无注外,其余都有注。书前有孔安国写的序,说明他得书和作传的情况。又把《书序》分别列在各篇经文的前面。孔颖达《尚书正义·虞书》所引为现已失传的《晋书》材料。

这个本子从梁朝开始流行,经北朝大学者刘炫、刘焯替它作《疏》,经学大师陆德明《经典释文》替它作《音义》,在学术界逐渐占了优势,终于压倒了郑玄的注本。唐太宗初年,命颜师古考订《五经》,用刘炫所编定的《孔传古文尚书》为底本,编定了新的《尚书》本子,使梅赜《尚书》又一次取得了正统地位。

后来,唐太宗又命孔颖达领衔编纂《五经义疏》,其中的《尚书义疏》仍然以这部《孔传古文尚书》为标准本,从此,梅赜《孔传古文尚书》成为《尚书》的唯一传本,东汉以来流行的郑玄注《古文尚书》竟然被压倒,终失传了。

这个本子有许多假的古字体,十分难读,晋代范宁曾将其改成隶书(隶古定)的本子,又改成当时的"今字"(楷书)本,到唐时失传,唐玄宗命卫包用楷书再次改写,由于卫包不太懂古文字,所以改错了不少。但《尚书》终于定型了,我们今天所看到的《尚书》就是唐代卫包改隶为楷的本子,唐开成二年(837),分刻石经,开成石经《尚书》用的就是卫包本,这可算是《尚书》的第八个本子。这也是我们今天在《十三经注疏》中见到的《尚书》本子。

综上所述,我们看到,自先秦到唐朝,《尚书》的源流十分复杂,大致经历了四次大的变化,出现了八个本子,其中的四个本子极为重要。

第一次,春秋末期,原本难以计数的《尚书》所剩无几,经过孔子整理、删定,当时大概有一百二十篇,早已失传,无法考证。

第二次,西汉文帝时,伏生传今文《尚书》。经历秦火、项羽焚咸阳后,《尚书》仅剩下二十九篇,后来刻为汉石经本的,流传于两汉成为官学。

第三次,汉武帝时,孔壁《古文尚书》发现,两汉流行于民间,魏晋时成为官学。《尚书》增加了十六篇逸书,但民间流传的还是与今文相同的二十八篇《古文尚书》,后来刻为"魏石经"。

第四次,东晋梅赜所献《孔传古文尚书》,这个本子包括孔传、孔序和五十八篇《尚书》,到唐时正式定为官学经典,玄宗时卫包改隶书为楷后成型,刻为

“唐石经”,为后来一切版刻本之祖。

四、关于《尚书》的篇目及中心内容

《尚书》的篇目,我们前面已经提到,先秦时的篇目已经无法统计,《纬书》所说的:“三千三百三十篇”或“三千二百四十篇”并不可信。大概从上古开始,到夏商周三代是一个由少到多的发展过程。但是,由于各种原因,保存下来的《尚书》篇目则有一个由多到少的过程。到孔子整理删定《尚书》时,还有一百二三十篇。经过战国及秦朝焚书,项羽火烧咸阳宫,《尚书》损失惨重,到西汉初期,只剩伏生所传的《今文尚书》二十九篇。其后《尚书》的篇目又有一个由少到多的过程。到了东晋时定为五十八篇。《今文尚书》二十九篇是《史记》和《汉书》的说法,但是现在人们都认为是二十八篇,其中有一篇《泰誓》和先秦所引用过的《泰誓》完全不同。被证明不是伏生所传,为后人伪作,应排除掉,这样一般都认为《今文尚书》二十八篇。《泰誓》后得,但何时得到,有景帝时说,武帝时说,宣帝时说三种,难以定论。刘歆《移让太常博士书》说:“孝武时,《泰誓》后得,博士集而读之。”而王充《论衡·正说篇》认为是汉宣帝时河内女子起老屋得到的。由于《汉书·董仲舒传》记载,董仲舒在武帝初期的对策中曾引过《泰誓》的话,说明这篇《泰誓》至少应发现在景帝时或武帝初期,后被掺进了今文之中。

后来诸家在如何解释司马迁所说《尚书》二十九篇时难以自圆其说,有的说加《书序》。有的说是《顾命》一篇析出《康王之诰》等。我们暂且仍按《史记》和《汉书》的说法,称《今文尚书》二十九篇。其中的《泰誓》为伪作,是《泰誓》佚后补上的。到汉武帝时,孔壁发现了《古文尚书》,孔安国所献的这个本子中二十九篇为今文所有,十六篇为《逸书》,共计四十五篇。汉成帝时,张霸献《古文尚书》“百两篇”,这个本子是离析二十九篇,加上《书序》凑成。张霸的“百两篇”本子遂被否定了。虽然如此,但其“百篇《书序》”却流传下来,到东汉马融、郑玄认定为孔子所作。其根据是《史记·孔子世家》上的“孔子序《书传》”记载,很明显这里的序是作动词,有按秩序整理的意思。张霸的《书序》则是从《左传》、《史记》等书中摘录有关材料编录而成的。

根据孔颖达的考证,“检此百篇,凡有六十三序,序其九十六篇。《明居》、《咸有一德》、《立政》、《无逸》不序所由”。(《尧典·序·正义》)即号称“百篇《书序》”,但其中有四篇实无序,而只简单提某人作某篇,其余九十六篇以六十三个序尽之。这是因为其中有多篇共序的缘故。百篇包括《虞夏书》二十篇,《商书》四十篇,《周书》四十篇。

东汉时马融、郑玄都给《书序》作注。他们把百篇中当时传习的二十九篇篇文都做了注,而对当时不传习的逸书十六篇则注明为“逸篇”,存其目于古文本中。西汉末年,在刘歆的《七略》中,《今文尚书》中的欧阳《尚书》是三十一篇,是由于《盘庚》分为上、中、下三篇的缘故。《古文尚书》则把《盘庚》、《泰誓》都分为三篇,《顾问》析出一篇《康王之诰》,成为三十四篇。加《逸书》十六篇中析《九共》为九篇,共计二十四篇,所以合为五十八篇,这就是东汉时《古文尚书》的篇数。

但无论篇目数怎样变化,今文二十九篇则是《尚书》的主体。其余逸书的分合情况,因为没有流传无法考证。

到了东晋梅赜所献古文《尚书》,其总篇数仍然是五十八篇,但其中只有三十四篇的篇名完全与郑注本相同,另二十四篇则是新多出来的,其中的《舜典》是从《尧典》中分出来的,《益稷》是从《皋陶谟》中分出来的,仅仅增加了一些字数。换掉了郑注中的《泰誓》三篇。这个本子除了《舜典》外,其余五十七篇都有注。署名为孔安国传,故称《孔传古文尚书》。这样就成为今古文《尚书》的五十八篇,成为后来《十三经注疏》中的《尚书正义》的底本。

兹将今古文《尚书》篇目列出如下:

1. 伏生今文二十九篇篇目

尧典　皋陶谟　禹贡　甘誓　汤誓　盘庚　高宗肜日　西伯戡黎　微子　太誓　牧誓　洪範　金縢　大诰　康诰　酒诰　梓材　召诰　雒诰　多士　毋劮　君奭　多方　立政　顾命　粊誓　吕刑　文侯之命　秦誓

2. 郑玄注古文五十八篇篇名

尧典　舜典　汩作　九共(共8篇)　大禹谟　皋陶谟　弃稷　禹贡　甘誓　五子之歌　胤征　汤誓　典宝　汤诰　咸有一德　伊训　肆命　原命　盘庚(共3篇)　高宗肜日　西伯戡黎　微子　太誓(共3篇)　牧誓　武成　洪範　旅獒　金縢　大诰　康诰　酒诰　梓材　召诰　雒诰　多士　无逸　君奭　多方　立政　顾命　康王之诰　羿命　粊誓　吕刑　文侯之命　秦誓　书序一篇

3. 梅赜伪《孔传古文尚书》五十八篇篇目

尧典　舜典　(伪)大禹谟　皋陶谟　益稷　禹贡　甘誓　(伪)五子之歌　(伪)胤征　汤誓　(伪)仲虺之诰　(伪)汤诰　(伪)咸有一德

(伪)伊训　(伪)太甲(共3篇)　盘庚(共3篇)　(伪)说命(共3篇)　高宗肜日　西伯戡黎　微子　(伪)太誓(共3篇)　牧誓　(伪)武成　洪範　(伪)旅獒　金縢　大诰　(伪)微子之命　康诰　酒诰　梓材　召诰　洛诰　多士　无逸　君奭　多方　立政　(伪)周官　(伪)君陈　顾命　康王之诰　(伪)毕命　(伪)君牙　(伪)冏命　(伪)蔡仲之命　费誓　吕刑　文侯之命　秦誓

4. 伪《孔传古文尚书》中仅存篇目的有四十篇

汩作　九共(共8篇)　槀饫　帝告　釐沃　汤征　汝鸠　汝方　夏社　疑至　臣扈　典宝　明居　肆命　徂后　沃丁　咸沃(共3篇)　伊陟　原命　仲丁　河亶甲　祖乙　高宗之训　分器　旅巢命　归禾　嘉禾　成王政　将薄姑　贿肃慎之命　亳姑

关于《尚书》的中心内容,在《尧典正义》中,孔颖达根据篇目,把《尚书》分为典、谟、贡、歌、誓、诰、训、命、征、範十种文体和内容。虽面面俱到,但并不十分准确。而伪孔安国《尚书序》云:"典谟训诰誓命之文凡百篇",把《尚书》分为典、谟、训、诰、誓、命六种文体,则比较简明。由于《尚书》的内容大都是历代君王的言论或活动的记录,虽有的是典章制度、法律之类也假托君王之手夹杂在其中,只有《禹贡》特别,是地理专著,没有言论事迹,因此,我们仍按六种文体划分为典、谟、诰、训、誓、命:

① 典,记载被后世所尊奉为君王的言论和事迹,如《尧典》、《舜典》之类,记载尧舜言论及治水禅让等大事。

② 谟,以记载君臣之间谈话、策划、谋议大事为内容。如《皋陶谟》、《大禹谟》、《洪範》。

③ 诰,君王对臣下的诰谕,商盘周诰均属于这一类。多为商周最高统治者对臣民封王、大臣的劝告诫教之辞。这是《尚书》的主要内容,而且多为历史档案汇编,史料价值较高。

④ 训,是臣下对君王的劝教之辞,总结历史教训,劝导当今君王以史为鉴,改善统治。如《伊训》、《高宗肜日》之类。

⑤ 誓,是君王诸侯在征伐交战前夕率队誓师之词,如《甘誓》、《汤誓》、《泰誓》、《牧誓》之类。

⑥ 命,是君王任命官员或赏赐诸侯时的册命之词。如《毕命》、《冏命》、《文侯之命》,《君陈》、《君牙》也属于这一类。

还有一些篇章,如《禹贡》,不在六类中。但上述六类基本包括了《尚书》

的绝大部分篇目。

总之,《尚书》是我国古代国家文明发展历史的见证,记录了大约两千年间包括虞、夏、商、西周、春秋时期的一些重大历史内容。其内容涉及政治、宗教、哲学、思想、历法、典章、法律、语言文字、文学、地理、军事学等历史文化各个方面的珍贵文献资料,历来是研究中国古代历史文化的首选典籍之一,特别是近百年来考古学的发展,甲骨文、青铜铭文、帛文、书简及其他考古材料的问世,从各方面印证了《今文尚书》的价值。同时人们对《古文尚书》的看法也开始产生变化,其中的价值也在逐步发掘。可以说当今的古史研究离开考古发掘不行,脱离文献也不行,只有实现两者的有机结合,才能取得较高的研究成就。所以作为文献之祖的《尚书》,其价值仍然是巨大且影响深远的。

五、关于《尚书》的辨伪

《尚书》作为流传至今最古的重要典籍,经历十分复杂。梁启超在《古书真伪及其年代》一书中指出:“关于他的问题最为复杂,自古到今,造伪辨伪的工作,再没有比他费力的。”(中华书局1962年版)《尚书》的辨伪工作由来已久。首先是张霸的百两篇《尚书》出现后,即被认为是把二十九篇析成许多篇凑成的,判定为伪作而不传,仅将其《书序》百篇传下来。唐孔颖达也指出张霸作伪书。《泰誓》,原本不在伏生所传《今文尚书》之中,大概是汉景帝(一说宣帝)时,河内女子所得。因为也是用隶书写成的,所以被归入《今文尚书》,后来《史记》、《汉书》便把《泰誓》算作伏生传《尚书》之内,构成《今文尚书》二十九篇。由于此篇和先秦人所引用的《泰誓》不一样,马融曾指出《泰誓》的伪迹。

宋代学者开始对今古文中的一些篇目提出了疑议。而真正辨伪工作还是从两宋之际的吴棫开始的。刘起釪说:“对《尚书》的疑辨,是宋学对《尚书》学的根本性的发展。”(《尚书学史》,第285页)明梅鷟《尚书考异》引吴棫所著《书裨传》云:“而安国所增多之《书》今书目俱在,皆文从字顺,非若伏生之书屈曲聱牙,至有不可读者。”指出《尚书》原有的三十三篇和多出的二十五篇,在文体上有明显的差别。他因此怀疑后者的真实性。“夫四代之《书》,作者不一,乃至二人之手而定为二体乎?其亦难言之矣。”郑樵、洪迈、晁公武等也曾多有疑问见于所著。

稍晚的大学者朱熹十分赞同吴棫的看法,在《朱子全书》、《朱子语类》中继续伸张文体对比的辨析方法,具体辨析了古文的许多篇目,他又从书出时代上辨析："某尝疑孔安国《书》是假书。""况孔书是东晋方出，前此诸儒皆不曾记，可疑之甚。"朱熹还对《书序》质疑："《小序》不可信。""《书序》本是无证据。"认为不是孔子自作，"只是周秦间低手人作"。又进一步对《孔安国传》及《大序》质疑，以为《孔安国传》，"此恐是魏、晋间人所作，托安国为名"。《大序》疑"恐不是孔安国做，汉文粗枝大叶，今《书序》细腻，只是魏晋六朝文字"。其学生蔡沈，奉朱熹命作《书集传》，已在体例上区分今古文，继承了老师的辨伪成果。

元明时期辨伪工作进一步深入，元代赵孟頫的《书今古文集注》，已把今文、古文分开来编。他对今古文进行了深入考察。吴澄撰《书纂言》四卷，将《古文尚书》摒去，只释今文二十八篇，反映了对伪古文的鲜明态度，开专释《今文尚书》的先河。但他也认为《古文尚书》是后人采集补缀，无一字无所本，肯定了《古文尚书》作伪者有一定的根据，给后人研究伪古文的来源指明了方向。他的"先汉今文古，后晋古文今，若论伏氏功，遗像当铸金"（《草庐全集·题伏生授书图诗》）成为辨伪名句。

明代的梅鷟将《尚书》辨伪工作发展到一个新阶段。他的《读书谱》和《尚书考异》二书代表了他的成就。他在充分肯定今文二十八篇的基础上，认为《孔传》是伪的，汉代人从没提到孔安国替《尚书》作传的事。东汉以来，《古文尚书》的传授十分清楚，是贾逵、马融、郑玄的古文本子，不会冒出个东晋的《古文尚书》。且汉古文只逸十六篇，非二十五篇，汉人从没引用过二十五篇的内容。二十五篇的文体与今文不同，因此明确指出东晋皇甫谧造古文二十五篇、大序及传，冒充孔安国古文，并由梅赜献上。为了证明自己的观点，他开始搜集各种证据从文献和历史事实两个方面进行辨伪。在文献方面，他认定二十五篇都是杂取先秦文献中的语句拼凑而成。"出孔壁者尽后儒伪作，大抵依约诸经《论语》、《孟子》中语，并窃其字句而得缘饰之。"在历史事实方面，他举了《孔传》的失误，以证其伪。刘起釪说："梅氏之疑辨，其科学性大大提高了，这两项研究方法，给清代阎若璩、惠栋的科学考辨起了'导夫先路'的作用。"（《尚书学史》，第392页）

宋明以来的《尚书》辨伪工作，给清朝的全面科学的辨伪准备了条件。清康熙时大学者阎若璩，经过二三十年的努力，完成了名著《古文尚书疏证》八卷，给《孔传古文尚书》盖棺论定，判了死刑。

阎氏在书中指出《孔传古文尚书》的128条作伪证据，从文献、历史事实、古文内容自身的矛盾等方面进行辨析，论证其为伪书，旁征博引，证据确凿，条理分明,辨析详实。同时还引述了宋以来历代学者对《尚书》的辨伪成果。阎若璩终于将《孔传古文尚书》从官定圣经的宝座上拉了下来,牢牢地戴上了伪书的帽子。此后,乾嘉吴学领军人惠栋作《古文尚书考》二卷,广泛收集资料,专门对伪《古文尚书》的二十五篇进行排比,寻出其文句在古籍中的出处,以完善阎说。彻底端掉了伪《古文尚书》的老窝。使其作伪的真迹昭然于世。其后的程延祚、崔述(东壁)、丁晏等学者在辨伪方面仍在补充论证,取得了一定成绩。然而,直到今天,东晋梅赜所献伪《孔传古文尚书》的作者到底是谁,争讼不休,有皇甫谧、王肃、梅赜、孔安国、束皙、郑冲等多种推测。由于没有直接证据,终究难以定论。

由于《孔传古文尚书》被判定为伪书,此后的学者们主要致力于对其中三十三篇《今文尚书》的研究,到清代,绝大多数学者对今文坚信不移。在这一点上,他们信守汉学,不如宋代学者大胆。

民国以后,顾颉刚师把《尚书》的辨伪工作推到一个新的阶段,超过了清代学者的认识水平。顾先生二十年代"古史是层累地造成的,发生的次序和排列的系统恰恰是一个反背"的古史观念在史学界引起了一场革命。由此而展开了激烈的争论。随着讨论的深入,顾先生的观点日趋成熟,他在大胆怀疑的基础上,对《今文尚书》二十八篇的真伪及价值作了一个大致估计。他把二十八篇分成三组:

第一组(十三篇):《盘庚》、《大诰》、《康诰》、《酒诰》、《梓材》、《召诰》、《雒诰》、《多士》、《多方》、《吕刑》、《文侯之命》、《费誓》、《秦誓》。

这一组,在思想上,在文字上,都可信为真。

第二组(十二篇):《甘誓》、《汤誓》、《高宗肜日》、《西伯戡黎》、《微子》、《牧誓》、《金縢》、《无逸》、《君奭》、《立政》、《顾命》。(按,此处少一篇名,应为《洪範》。)

这一组,有的是文体平顺,不似古文,有的是人治观念很重,不似那时的思想。这或者是后世的伪作,或者是史官的追记,或者是真古文经过翻译,均说不定。不过决是东周间的作品。

第三组(三篇):《尧典》、《皋陶谟》、《禹贡》。

这一组决是战国到秦汉间的伪作,那时诸子学说有相连的关系。那时拟《书》的很多,这三篇是其中最好的;那些陋劣的(如《孟子》所引"舜浚井"一节)都失传了(《古史辨》第一册,第201—202页)。他还对许多篇考订了具体的年代。顾颉刚师创造性的工作,基本为学术界肯定,人们开始进一步研究二十八篇的成书时代,今天这一工作还在继续深入,由于考古材料的发现,印证这方面的成果不断涌现。

六、关于《十三经注疏》的《尚书注疏》

现在的《十三经注疏》是宋代最后确定的,到清朝,由阮元主持校刻,其中的《尚书》就是东晋梅赜所献的《孔传古文尚书》。这部书共分五部分,第一部分(卷一),是孔安国所作的《尚书序》。主要讲《尚书》的起源和时代,得书经过和作传的情况,一般称为"传序"或"大序"。第二部分是经文五十八篇。第三部分是书序百篇,其中四十二篇有序无经文,凡是有经文的序都分别列在各篇的前面,没有经文的序则按照次序分插在各篇之间,又称"书小序"。第四部分是孔安国对《尚书》的注解,简称《孔传》;第五部分是孔颖达的疏(正义)。

现在经过清以来学者考证,确认《孔安国尚书序》(大序)是后人伪作。五十八篇中的三十三篇属于《今文尚书》,由二十八篇分析而来,应是汉伏生所传《今文尚书》,基本可靠。另外二十五篇则是东晋所献的伪书,即非孔壁《古文尚书》,可能是东晋或之前的学者根据《论语》、《孟子》、《左传》、《史记》等材料编辑创作而成的,这和百篇书序的性质相似,只是时代晚几百年。由于清代以后定为伪古文,此后,学者多摈弃不用,不予研究,但这本书由于有一定的史料基础,还是有相当价值的,特别是新的考古材料的出现,学术界对伪书的看法也发生了一定变化,对《古文尚书》要重新甄别和研究。

《书序》百篇(小序)是汉代人根据《左传》、《史记》上有关资料编辑创作而成的伪作,但有很高的历史价值,基本可信。《孔安国传》是东晋献书时的伪作。非孔安国作,但是可视作魏晋学者对《尚书》研究的重要成果,许多解说是准确的。人们在译注中常常引用,择善而从,所以,完全否定它是不对的。另外,在搜集先秦《尚书》逸文方面十分丰富,给后人研究提供了线索。实际上在许多方面,它超过了郑传,仍然是我们研究《尚书》的首选参考书,这次译注《尚书》,就是以《十三经注疏》中的《尚书正义》为底本,舍弃了孔安国《尚书序》,在题注中保留了《书序》。对今古文《尚书》五十八篇都进行了注释,参考了《孔传》。孔颖达的疏,是唐朝研究《尚书》的集大成之作,价值很高,也是我们研究《尚书》的主要参考书。

七、关于《尚书》的研究与译注

古往今来,《尚书》研究一直是中国古史研究的一个热门,取得的成就也十分重大,大体说来,集中在以下三个方面:一是《尚书》辨伪工作,已见上述。二是研究《尚书》的学术史总结和研究,像蒋善国《尚书综述》、刘起釪《尚书学史》都是集大成者,可资参考。三是《尚书》的整理、注疏、考证工作。这方面的学者及其成果非常多,我们想着重述及《尚书》整理和注释方面的成果。从汉代开始,贾逵、马融、郑玄的传疏是汉代《尚书》研究的集大成之作。唐孔颖达的《尚书正义》是唐代研究《尚书》的集大成之作,还有陆德明的《经典释文》涉及《尚书》也很多。宋蔡沈的《书集传》是宋代注释《尚书》的代表作。该书言简义赅,解说精到,体现了宋学的特色。以上著作包括今古文《尚书》。清代以后,《尚书》研究达到一个新的高度,但成就主要集中在今文,他们从语言、字形、训诂、语汇、语法等诸方面对《尚书》进行了综合研究,如江声的《尚书集注音疏》,注释汉代的《尚书》,专门研究《尚书》的师承流传。王鸣盛的《尚书后案》力倡汉郑玄之说,资料十分丰富。段玉裁的《古文尚书撰异》,集合异文异说,根据早期字书,逐篇逐句分析今古文,着重解决了两汉时《尚书》的文字、句读问题。王引之父子的《经义述闻》、《经传释词》,从小学入手,运用因声求义的训诂方法,并用语法比较的方法,释读经书(包括《尚书》)的虚字,他们的成果,成为释读《尚书》的最重要的成果之一。

孙星衍的《尚书今古文注疏》是清代学者研究《尚书》的集大成之作,几乎搜罗了历代有关《尚书》的文献材料,并进行考疏,是今天研究《尚书》的必读书,稍后的学者,有刘逢禄《尚书今古文集解》,发挥今文学派的学说。皮锡瑞在《经学通论》之《尚书通论》及《今古文尚书考证》中,对西汉《今文尚书》作了简明概要的总结,吸收了大量汉碑资料,是研究汉代《今文尚书》的重要参考书。清末俞樾的《群经平议》在《尚书》方面多有创见。

有关单篇的如胡渭《禹贡锥指》是集大成之作。吴大澂、孙诒让是承清代朴学,开近代《尚书》研究新方向的学者。在利用金文、石碑材料方面,吴大澂在《字说》、《说文古籀补》中运用金文研究《尚书》,根据古籀形体探索字义,考订《尚书》成就很大。孙诒让最早运用甲骨文研究《尚书》,他的《尚书骈枝》对《尚书》文义的新解释达七十余条,令人耳目一新。

近现代学者对《尚书》的研究在手段和方法上超过了清人,王国维创立二重证据法,运用金、甲文研究《尚书》,成就巨大,其成就表现在《观堂集林》之中。

于省吾先生在考证《尚书》方面,成就很大,他的《双剑誃尚书新证》、《甲骨文字释林》等著作,考订文字最多,且多为不移之论。

杨树达的《积微居小学金石论丛》、《积微居金文说》、《积微居读书记·尚书说》等书同样运用了金、甲文字研究《尚书》,取得颇多成绩。此外,郭沫若、陈梦家、唐兰、胡厚宣等学者也有许多发明。在现代学者中,顾颉刚先生无疑是研究《尚书》用力最多、取得成就最大的学者。他的许多《尚书》方面的著作,是我们今天学习和研究《尚书》的重要的参考书。如《古史辨》中的有关论著、《尚书研究讲义》、《尚书文字合编》、《〈尚书大诰〉今释(摘要)》等。详见刘起釪《顾颉刚先生学术学著述》。其他著作如杨筠如的《尚书覈诂》,曾运乾的《尚书正读》也是重要的研究和通释性著作。

近年来,出现的屈万里《尚书今注今译》、周秉钧《尚书易解》、《白话尚书》,王世舜《尚书译注》等撰著,江灏、钱宗武《今古文尚书全译》,金景芳、吕绍纲的《〈尚书·虞夏书〉新解》都各有特色,便于初学者学习以及研究者参考。

总之,《尚书》的形成过程,长达一千多年,其传授、研究、注释以至今译,则历经了两千余年,足见这部书在中国历史上的重要价值和作用。"长江后浪推前浪",相信随着历史的前进,随着考古学、古文字学以及其他相关学科的日益交汇融合,时代必将为《尚书》的研究提供一个更好的氛围,必将使《尚书》的研究和整理走向一个更新的历史时期。

李民　王健

译注说明

一，我们这部《尚书译注》是在学习和吸收前人或今人对《尚书》研究和诠释的基础上完成的，我们在书的后面附有主要参考书目，以供参考。书中也吸收了我们自己研究《尚书》的一些阶段性成果，一并列入参考书，以备查找。

二，《尚书译注》是以中华书局影印《十三经注疏》本《尚书正义》为底本（凡遇有校改处则提出依据），按原书顺序分为五十八篇，每篇包括四个部分即原文、题注、注释、译文。

（一）原文，以中华书局影印《十三经注疏》本为顺序，根据历代学者考订后可以确定的成果为基础，分段标点。为了阅读上的方便，原文使用的繁体字尽可能改用为简体字，若改用简体字妨碍原义时，则仍使用繁体字；（二）题解，介绍《尚书》各篇的篇名由来、内容要略以及背景资料，并将每篇的《小序》列入其中，附有适当的考证。题注部分放在了每篇的正文第一段之后，以便与正文的注释相互衔接。（三）注释，参考古今注释，适当罗列，择善而从。尤其注重尽量吸收最新成果，以便使注释更加贴切、得当。对一些重要的典章制度、历史事件和专有名词，在注释中尽可能注明引书出处，对难字用汉语拼音或直音注音。（四）译文，基本上采取直译方法，力求不离开原义，保持原文的语言风貌，在此基础上力争做到译文流畅明了。遇有实在不加说明不能表达完整意思的情况，多采用在译文的句前或句后加（　）号的方式加以说明。

三，在注释中采用了《孔传古文尚书》，或可称《尚书孔氏传》，又简称《孔传》，实际上是伪《孔传》，我们在注释中，为了阅读上的方便，并未加“伪”字，直接写成了《孔传》，特此说明。

四，在注释中，常出现“参见”字样。按一般规律应是前者出现某一词的注释，后面又重复出现时，后者不再作注释，而是参见前者。但由于《尚书》有今古文之分，凡《今文尚书》中之注，皆较详细，因此，伪《古文尚书》之篇中的注与今文相参见时，则以伪《古文尚书》之注参见《今文尚书》之注。例如：商书《太甲》篇中有“昧爽”、《说命》篇中有“亮阴”等词，因《太甲》、《说命》为伪古文，故在此我们未对其作注，而是“昧爽”参见《周书》的《牧誓》（今文）中有关“昧爽”的注；“亮阴”参见《周书》的《无逸》（今文）中有关“亮阴”的注。这样就产生了某词在前边出现时未作注释，而参见再次出现时所作的注释的现象，在此特作说明。

五，在《尚书译注》中，未采用每节“小结”的办法。因为《尚书》本身有些地方确实是残片断简，无法贯通，又有些地方歧说太多，至今尚难通读，由此种种原因，在分段、断节分歧较大的情况下未强用“小结”的办法。

六，在本书的编撰过程中得到了多方面的支持和帮助，在此不再一一列出。特别要提出的是郑州大学的何宏波、岳红琴同志为本书的编写和定稿付出了辛勤劳动，南京师专的薛同琦等同志为本书的誊写也做了大量工作。上海古籍出版社的张晓敏、王维堤等先生为本书的出版付出了大量心血，在此一并表示深深的谢意！

由于我们的学识水平和学术视野的局限，编撰过程中，在文字的诠释和译文方面难免出现一些缺陷，恳盼大家给予指正。

目　录

虞　夏　书

商　书

周　书

附录

虞夏书

尧　典

【题解】

尧，相传是我国原始社会后期部落联盟的首领。名放勋，属陶唐氏，又称唐尧，传说中著名的"五帝"之一。典，《尔雅·释诂》云："常也。"《释言》云："经也。"《国语·楚语》："教之训典。"韦昭注云："训典，五帝之书也。"《说文解字》云："典，五帝之书也。从册在丌上。尊阁之也。庄都说：典，大册也。"以为是"五帝之书也"。可见，典是记述古代典制的一种体式。

《书序》云："昔在帝尧，聪明文思，光宅天下。将逊于位，让于虞舜，作《尧典》。"《尧典》主要记载尧时的情况，包括尧的品德、政绩等。篇中所记述的一些制度和社会状况，比较真实地反映了氏族社会及其解体阶段的情况，是一篇有较高史料价值的古代文献。

由于文首有"曰若稽古"，表明这是后人追记之作，而非当时作品，但具体成书年代已不可考，一般认为在周初至秦汉间的漫长时期逐步成书。

西汉伏生传今文本《尧典》包括《舜典》在内，兹依《古文尚书》分为两篇。

曰若稽古①，帝尧曰放勋②，钦明文思安安③，允恭克让④，光被四表，格于上下⑤。克明俊德⑥，以亲九族⑦。九族既睦，平章百姓⑧。百姓昭明，协和万邦，黎民于变时雍⑨。

【注释】

①曰，声通"粤"。曰若又作粤若、越若，是西周以来追叙历史往事的发端词，为当时文章的惯例。稽，考，考察。稽古，马融训为考古。　②帝，夏代以前传说中的"君主"称帝不称王，夏代以后至秦汉以前称王不称帝。尧，或以为谥，或以为名号。《尚书》凡称帝者皆指尧、舜。放勋，尧的名字。　③钦，郑玄注曰："敬事节用谓之钦。"即处事严肃恭谨且节用。明，明达。文，文雅。思，谋虑。安安，通晏晏，《尔雅·释训》："晏晏，柔也。"温和的意思。　④允，诚然。恭，恭

谨职责而不懈怠。郑玄注曰:“不懈于位曰恭。”克,能够。让,本字作攘,让贤。《国语·晋语》:“让,推贤也。”故郑玄注曰:“推贤尚善曰让。”　⑤郑玄注曰:“尧德光耀及四海之外。”光,光耀。然王引之《经义述闻》卷三以光当作广。两说皆通。被,覆盖。表,《广雅》:“表,方也。”四表即四方。格,至。　⑥克,能够。明,明扬、显明。俊,大,才智超过常人。　⑦九族,今古文注疏家说法不一。《书·疏》引今文家夏侯、欧阳说以为九族系异姓亲族。即父族四、母族三、妻族二。马融、郑玄倡古文家说,以九族为同宗,以自己为本位,上自高祖、曾祖、祖、父,下至子、孙、曾孙、玄孙,合称九族,后注者多从古文。然九,为先秦以来言多数之义,非宗数。原始社会后期的部落联盟阶段,一夫一妻的父权制家庭尚未形成,不当有后世的九族观念。姜亮夫《〈尧典〉新议》云:“则九族者,指尧之氏族。”(载《文史新探》,杭州大学古籍研究所编,上海社会科学出版社 1988 年版)此说甚为有理。九族即指尧所来自的氏族部落。　⑧平(pián 骈),《白虎通·姓名》作釆,《说文》:“读若辨。”平、便、辩、辨皆同声通用。辨,别。章,明。百姓,金文多作“生”字,故百姓当作百生,百生即百官。生与姓实一义之分化,《孔传》云:“百姓谓百官族姓。”这里应指部落联盟的上层公职人员。　⑨万邦,即万国。尧统治的部落联盟有众多氏族部落,号称万国。黎民,《尔雅·释诂》训为众,黎民即万邦的氏族成员。于,杨筠如《尚书覈诂》引高晋生说作以。时,是。雍,和。黎民于变时雍是说各邦国的民众因此而变得和睦相处。此段出现的“九族”、“百姓”、“万邦”、“黎民”几个概念,结合历史和上下文分析,尧是部落联盟的最高首领,九族是他所在的氏族(父系大家族)的成员;百姓是各氏族部落联盟公共权力机关的公职人员,一般由各氏族部落首领组成,称为百官;万邦是指部落联盟内各氏族部落;黎民则泛指氏族部落的成员。

【译文】

考察古代的历史,帝尧名叫放勋,他治理天下政务严谨节用,谋虑明达,仪态文雅温和,诚信恭谨职守,推贤尚善,他的光辉普照四方,达于天地。他能够明扬才智美德,使自己的氏族亲善。当自己的氏族亲善以后,又辨明部落联盟百官的优劣。百官的优劣辨明了,部落联盟的全体成员才能变得和睦相处。

乃命羲和[①],钦若昊天[②],历象日月星辰[③],敬授人时[④]。分命羲仲,宅嵎夷,曰旸谷[⑤]。寅宾出日[⑥],平秩东作[⑦]。日中[⑧]星鸟[⑨],以殷仲春[⑩]。厥民析[⑪],鸟兽孳尾[⑫]。申命羲叔,宅南交[⑬],曰明都[⑭]。平秩南讹[⑮],敬致[⑯]。日永[⑰]星火[⑱],以正仲夏。厥民因[⑲],鸟兽希革[⑳]。分命和仲,宅西,曰昧谷[㉑]。寅饯纳日,平秩西成[㉒]。宵中[㉓]星虚[㉔],以殷仲秋。厥民夷[25],鸟兽毛毨[26]。申命和叔,宅朔方,曰幽都[27]。平在朔易[28]。日短[29]星昴[30],以正仲冬。厥民隩[31],鸟兽氄毛[32]。帝曰:"咨!汝羲暨和。期三百有六旬有六日[33],以闰月定四时[34]成岁。允厘百工[35],庶绩咸熙[36]。"

【注释】

①羲、和为同族两氏,郑玄以为乃"重黎之后"。相传重黎氏族世掌天地四时之官,颛顼时"乃命重黎,绝地天通"(《尚书·吕刑》)。至尧时,重黎后代氏族羲、和的首领继续在部落联盟中担任这类官职。 ②钦,敬。若,顺从、遵循,故《史记·五帝本纪》钦若作敬顺。昊天,广大无际的天。 ③历,《史记》作"数",推算岁时。象,《楚辞·怀沙》王逸注:"象,法也。"这里作动词观测解。 ④人时,原作"民"时,唐代避唐太宗李世民讳,卫包所改。敬授人时,指制定历法,为民所用。 ⑤羲仲:与下文的羲叔、和仲、和叔皆掌天文之官。此四人都是羲、和氏族的首领,在部落联盟中职掌天文。宅,居住,嵎(yú 鱼)夷,氏族名,东夷的支系。《尚书·禹贡》:"海、岱惟青州,嵎夷既略。"东夷,先秦泛指东南沿海的土著居民。名称很多,分布广,嵎夷大致分布在今山东半岛、辽东半岛一带。旸(yáng 阳)谷,一作汤谷,皆为声借字。《说文》:"旸,日出也。"传说中的日出之处,其地在东方。 ⑥寅,《尚书》古本多作"夤"。《说文》:"夤,敬惕也。"宾,导。《孔疏》:"宾者,主行导引,故宾为导也。"故旧注多以为是早晨恭敬地引导太阳升起。误。郭沫若《殷契粹编》对第17片卜辞研究后指出:"殷人于日之出入均有祭,《殷契佚存》四、七片有卜辞云:丁巳卜又(侑)出日,丁巳卜又入日。此之'出入日,岁三牛'为事正同。唯此出入日之祭,同卜于一辞,彼出入日之侑,同卜于一日;足见殷人于日盖朝夕礼拜之。《尧典》寅宾出日,又寅饯入日,分属春秋;礼家有'春分朝日,秋分夕月'之说,均是后起。"同书的597、598、1278诸片,都反映了殷人出入日之祭。陈梦家在《殷墟卜辞综述》中又引了一些祭日卜辞,以为所祭的有日、出日、入日、各〈落〉日、出入日等,祭法有宾、御、又、礿、岁等;这也都是祭祖先的祭法。 ⑦平,与"平章百姓"之平同义,辨别。秩,杨筠如《尚书覈诂》云:按《说文》秩本训积义,积之必有次叙,故引申有清察之义。东作,屈万里《尚书今注今译》云:五行家以东方配春;东作即春作,谓春日之农作也。此言使民治其春作。 ⑧中:均等。日中即昼夜时间均等,古时指春分这一天。⑨星鸟:星名。古人分二十八宿为四象,每象包括七宿,星鸟是南方朱雀七宿的总名。朱雀七宿在天呈鸟形,故名星鸟。 ⑩殷,《广雅》:正也,确定的意思。《史记》作"仲",一年四季,一季三个月,古人称中间那个月为仲。仲春,春天的第二个月。 ⑪厥,《史记》作"其"。析,孙星衍《尚书今古文注疏》:高诱注《吕览·

仲春纪》引经说之云:“散布在野。”《史记·司马相如列传·索隐》引如淳说云:“析,分也。”使民分散耕种。 ⑫孳(音 zī 兹),《说文》云:“汲汲生也。”是孳义为生。尾,交接。孳尾,生衍繁殖。 ⑬交,有两种解释:一种认为作地名,指交趾,不确。古书中虽有一些尧抚交趾的传载,但多为附会。因为尧部落联盟的活动中心在今黄河流域特别是晋南、豫西一带,不可能远达交趾,此交若作地名,其地应在黄河流域的南部。一种以为交是指春夏之交。 ⑭曰明都,此三字诸本多无,然根据文义,似缺。《史记·五帝本纪·索隐》云:“且东嵎夷,西昧谷,北幽都,三方皆言地,而夏独不言地。……或古文略举一字名地。”故曾运乾《尚书正读》云:“‘曰明都’,依郑注增。郑云:‘夏不言曰明都三字,摩灭也。’按依上下文‘曰旸谷’、‘曰昧谷’、‘曰幽都’例,‘宅南交’下必实指其地名。郑知为‘曰明都’三字,必有所据,今未知其审。”今从曾说。 ⑮讹,运动。《诗·小雅·无羊》:“或寝或讹。”《传》:“讹,动也。”平秩南讹,是指太阳从北回归线向南移动。⑯致,至,到来的意思。 ⑰永,长也。日永,夏至这天白昼最长,昼长六十刻,夜短四十刻,所以古人称夏至为日永。 ⑱星火,火星,是二十八星宿中的心星,仲夏黄昏时,心星出现在南方。故《夏小正》:“五月,初昏大火中。”《传》曰:“大火者,心也。” ⑲因,就高地而居。古代人们多生活在高处以避水灾,今考古发掘的新石器时代文化遗址,多在河流附近的台地上。 ⑳希,稀疏。革,皮。鸟兽希革,夏季暑热,鸟兽羽毛稀疏的意思。 ㉑昧,又作“蒙”,《史记集解》引徐广曰一作“抑”。昧谷,西方地名,不可考。 ㉒饯,送。纳日,入日,落日。其义见上文“寅宾出日”注。西,指太阳向西运转。成,指秋天收获之事。平秩西成,与“平秩东作”对文。 ㉓宵中,古人称秋分为宵中,此日昼长、夜长相等,均为五十刻。 ㉔星虚,即虚星,属二十八宿。秋分黄昏时,虚星出现在西方,古人根据虚星的运行情况,考定仲秋的季节。 ㉕夷,平,指平原地带。厥民夷,夏天百姓避洪水就高地而居,秋天则返回平原上生活。 ㉖毨(xiǎn 显),《玉篇》:“毨,毛更生也。“《说文》:“毨,仲秋鸟兽毛盛,可选取以为器用。”㉗朔方,相传是极北地。幽都,指幽州,亦指北方之地,具体地点实不可考。㉘平,辨别。在,观察。朔,极北地,易,变易,此处指运转。朔易,指太阳从南回归线向北运转。 ㉙日短,古时称冬至为日短。这天昼短漏刻为四十刻,夜长漏刻为六十刻,一年中白昼最短的一天。 ㉚星昴:昴星,二十八宿之一,冬至黄昏时,昴星出现在北方。 ㉛隩(yù 玉),内。冬天入室内居住,避寒取暖。 ㉜氄(rǒng 冗),细密而软的毛。 ㉝期(jī 基),一周年。旬,十日为旬。有,又。期三百有六旬有六日,一年三百六十六日。 ㉞以闰月定四时,我国古代历法以一年为十二个朔望月,大月三十天,小月二十九天,总计三百五十四天,比一年的实际天数少十一天又四分之一天,三年的累积相当于一个月,所以置闰月以解决。四时,四季。本段分叙四季的政事,每一季分三个内容:第一是派一位官员管该季相应一方的事务;第二是依四中星定四季;第三叙述百姓和鸟兽生活情况。根据近代学者结合《山海经》、《尧典》、对甲骨文四方风名等的考证,认为《尧典》的记载较晚。将甲骨文、《山海经》中四方风名的神话改成了人事历史资料。四方名即神名,原本与四时没有关系,到《尧典》时才把四方和四时相配(参见胡厚宣《甲骨文四方风名考证》、杨树达《甲骨文中之四方风名与神名》、于省吾《释四方和释四方风名的两个问题》)。商代的四季是否完备尚在探讨中,于省吾在《古代岁时考》中指出:“甲骨文只以春和秋当作季名用,两者有时对贞。”但由于商代把四方和四方风名相配合,已经为由两季向四季发展准备了条件。同样,鸟、火、虚、昴四星定四季之说也不可能出现在商代以前。竺可桢推算“鸟、火、虚三星至早不能为商代以前之现象,昴宿则为唐尧以前的天象”。卜辞中有鸟、火、火星、星等被祭祀的星名,可能四仲星已具备。若此,则对商代四季研究有帮助。综上,尧时尚无四季之分可以确定;此段文字增入了后人学说。　㉟允,王念孙谓犹用也(见《经义述闻》)。厘,治。百工,百官。　㊱庶,众。咸,皆。熙,兴。

【译文】

于是尧命令羲氏与和氏,谨慎地顺应上帝,观察日月星辰运行规律,推算岁时,制定历法,让民众使用。分别命令羲仲,到东方的旸谷去居住。在那里主持每天祭祀日出的仪式;辨别察看民众的春季生产。春分这一天昼夜长短相等,南方朱雀七宿黄昏时分出现在正南方的天空,此时确定为春天的第二个月。这时农民分散在田野里耕种,鸟兽开始交配繁衍。又命令羲叔,到南方的交去,那地方叫明都,辨别察看太阳从北向南转动,恭敬地主持祭祀。夏至这一天白昼最长,东方苍龙七宿中的火星黄昏时分出现在南方天空,此时确定为夏季第二个月。这时民众居住在高处,鸟兽的羽毛稀疏。又命令和仲,居住到西方叫昧谷的地方去,恭敬地主持祭祀日落的仪式,辨别察看农民的秋季生产。秋分这一天昼夜长短相等,北方玄武七宿中的虚星黄昏时分出现在正南方的天空,此时确定为秋季第二个月。这时民众回到平原居住,鸟兽长着新毛。又命令和叔,居住到北方叫幽都的地方。辨别察看太阳从南向北的运行情况,冬至这一天白昼最短,西方的白虎七星中的昴星黄昏时分出现在正南方的天空,此时确定为冬季的第二个月。这时民众居住在室内,鸟兽长着又密又软的毛。尧说:“啊!羲氏、和氏,一年有三百六十六天,你们得用置闰月的办法来确定一年的春夏秋冬四季。用于规定百官职守,各种事情就可以开始做了。”

帝曰："畴咨若时登庸[①]？"放齐[②]曰："胤子朱启明[③]。"帝曰："吁！嚚讼[④]，可乎？"

帝曰："畴咨若予采？[⑤]"驩兜[⑥]曰："都[⑦]！共工方鸠僝功[⑧]。"帝曰："吁！静言庸违[⑨]，象恭滔天[⑩]。"

帝曰："咨！四岳，汤汤洪水方割[⑪]，荡荡怀山襄陵[⑫]，浩浩滔天[⑬]。下民其咨，有能俾乂[⑭]？"佥[⑮]曰："於！鲧哉[⑯]。"帝曰："吁！咈哉[⑰]，方命圮族[⑱]。"岳曰："异哉，试可乃已[⑲]。"帝曰："往钦哉！"九载绩用弗成[⑳]。

【注释】

①畴，谁。咨，嗟叹词。刘逢禄《尚书今古文集解》云：(畴咨二字)"本当倒易，古人文字不拘也。下畴咨予采同。"若，顺。时，是。登庸，皮锡瑞《今文尚书考证》云："张守节《正义》曰：'言将登用之嗣位也。'以登庸为登用嗣位，盖本汉人旧说，三家今文之遗。扬雄《美新》云：'陛下以至圣之德，龙兴登庸。'此今文说以登庸为登帝位之证。"此说可从。　②放齐，人名，传说中尧的臣子，为尧八伯之一。　③胤(音 yìn 印)，后嗣。朱，尧的儿子丹朱。启，开。启明，开明，指通达知人。　④吁，表示惊讶的叹词。嚚(yín 银)，口不道忠信之言。嚚讼，《史记·五帝本纪》改为顽凶。讼，争也。　⑤采，《史记》改为"始事事"，意即居官处理政务。若，顺。　⑥驩兜，人名，尧时臣子，相传他与共工、三苗、鲧并称为四凶。　⑦都，《尔雅·释诂》释为"於"，即"呜"字。表示赞叹的语气词。　⑧共工，尧的臣子，共工氏部落首领，善治水。郑玄注："贾侍中云：'共工，诸侯，炎帝之后，姜姓也。'"为四凶之一。方，读如旁，大。鸠，聚集。僝(zhuàn 篆)，具。僝功，功事已具。　⑨静，同"靖"，善也。静言，说漂亮话。庸，用。违，邪僻。静言庸违，言共工巧言，其用违僻。　⑩象，似也。恭，外貌恭敬，即令色。滔，当是"慆"的假借字，轻慢。滔天，轻慢上天。　⑪四岳，尧部落联盟属下的四方氏族部落首领。汤汤，水盛涌。洪，一作鸿，《说文》："洪，洚水也。洚，水不遵道也。"方读如旁，大。溥，普遍的意思。割，害。　⑫荡荡，姜亮夫《〈尧典〉新义》采臧琳说以为"怀山"上误衍"荡荡"二字。应从孔本原作"汤汤洪水方割，怀山襄陵，浩浩滔天"。此说极是。怀，包，夹持。襄，上。　⑬浩浩，盛大的样子。滔，弥漫。　⑭俾，使。乂(yì 义)，治理。　⑮佥(qiān 千)，《尔雅·释诂》："皆也。"　⑯於，读如呜，赞叹词。鲧，相传为禹的父亲，有崇氏部落首领，夏人祖先，为尧的臣子，颛顼之后，曾筑城，治水不成，获罪。为尧时四凶之一。　⑰咈(fú 伏)，《说文》："违也。"　⑱方命圮族，《史记》作"负命毁族"。方命，郑玄注

云:“谓放弃教命。”孙星衍《尚书今古文注疏》疏云:汉时俱读方为放。圮(pǐ 痞),毁。圮族,毁族。　⑲异,不同。试可乃已,《史记》作“试不可用而已”。曾运乾《尚书正读》云:“四岳称异者,言异乎帝所闻也。……钱大听云:‘古人语急,以不可为可。’”　⑳钦,敬。绩,功。

【译文】

帝尧问:“啊!谁能顺应上帝登帝位呢?”放齐答道:“您的儿子丹朱通达知人。”帝尧说:“呀!他言语悖谬,又好争辩,怎么可以呢?”

帝尧问:“啊,谁能为我处理好政务呢?”驩兜答道:“噢!共工已积累了许多成功的业绩。”帝尧说:“哼!这个人花言巧语,做事却多有违逆,表面上恭恭敬敬,骨子里连上帝都不在乎。”

帝尧说:“啊!四方的首领们,汹涌的洪水泛滥危害民众,包围了高山,淹没了丘陵,浩浩荡荡弥漫天地;天下的民众都在哀叹,有谁能去制服洪水呢?”四方首领都说:“啊!鲧吧。”帝尧说:“哼!他违背天意,放弃教命,毁败氏族。”四方首领回答:“情况不一定是这样吧;试一试,不行再说。”帝尧说:“(鲧)去吧,要恪敬职守啊!”九年过去了,鲧治水没有成功。

帝曰:“咨!四岳。朕在位七十载,汝能庸命巽朕位①?”岳曰:“否德忝帝位②。”曰:“明明扬侧陋③。”师锡帝曰④:“有鳏在下,曰虞舜⑤。”帝曰:“俞⑥!予闻,如何?”岳曰:“瞽子⑦,父顽,母嚚,象傲,克谐,以孝烝烝⑧,乂不格奸⑨。”帝曰:“我其试哉!”女于时⑩,观厥刑于二女⑪。厘降二女于妫汭⑫,嫔于虞⑬。帝曰:“钦哉!”

【注释】

①庸,用。庸命,郑玄注:“顺事用天命。”巽(xùn 迅),“逊”的假借字,辞让。这里是接替、继任的意思。　②否德,《史记》作鄙德。否(pǐ 痞),不,没有。忝(tiǎn 舔),辱,谦词。　③明明,第一个明是动词,作明察讲;第二个明是名词,指高明之人。扬,举。侧,古体仄。《说文》:“仄,侧倾也,从人在厂下。”陋,《尔雅·释言》:“隐也。”侧陋,隐伏卑下的意思。　④师,《孔传》:“师,众也。”锡,赐。古代下对上也可以称锡,如《尚书·禹贡》:“九江纳锡大龟。”这里的锡即赐言之省,进言。　⑤鳏(guān 官),又作“矜”。矜、鳏古同声通用,无妻叫鳏。虞舜,传说中原始社会部落联盟首领,姚姓,一说妫姓,名重华,原属虞氏族。其活动地说法较多,我们以为在今山西南部。　⑥俞:然也,表示肯定的副词。⑦瞽(gǔ 鼓),古代称盲者为瞽。相传虞舜的父亲是瞎子,叫瞽瞍,担任乐官。又《孔传》云:“舜父有目不能分辨好恶,故时人谓之瞽,配字曰瞍。”姜亮夫《〈尧典〉

新义》引汪荣甫说云：舜父谓之瞽瞍，皆乐官名，则虞氏盖世为典乐之官，则瞽子者犹言乐官之子，与下文顽意反而词不重。旧训为盲者之子，盲目不必盲于德，与下文顽实不相副，故汪氏说最为有据，或可备一说。 ⑧象，相传为舜的弟弟。烝烝，王引之以为即孝德之形容，“谓之烝烝者，即孝德之美厚也”。 ⑨乂，指处理家族内部事务。格，至。奸，邪恶。 ⑩女于时，杨筠如《尚书覈诂》云：“按第一女字因下两女字而衍。于时，于是也。”可从。 ⑪刑，法也，刑借为“型”。《说文》言：“铸器之法也。”故刑有法度、考察的意思。二女，相传尧的女儿娥皇、女英，下嫁给舜。 ⑫厘，饬，命令。妫（guī 归）汭（ruì 瑞），妫河的弯曲处。河流的弯曲处称汭。然郦道元《水经·河水注》云：“河东郡南有历山，舜所处也，有舜井，妫、汭二水出焉，南曰妫水，北曰汭水，西径历山下。《尚书》所谓‘厘降二女于妫汭也’。”把妫、汭分作二条河，不妥。马融等以汭非水名，王夫之、胡渭从之。妫水在今山西永济县南六十里、源出历山。 ⑬嫔（pín 贫），嫁人为妇叫嫔。虞，即舜，虞为氏族名。

【译文】

帝尧说：“啊！四方首领，我在位七十年了，你们谁能顺应天命接替我的职位呢？”首领们说：“我们没有德，不配继任帝位。”帝尧说：“可以明察推举下面隐伏的高明之人。”众人向帝尧进言：“下面有位独身的男子，叫虞舜。”帝尧说：“对呀！我听说过。这个人怎么样？”首领们说：“他是乐官瞽瞍的儿子，父亲愚蠢固执，后母说话悖谬，兄弟象傲慢骄横，但舜却能与他们和谐相处，这是他孝德厚美，处理家族政务没有邪念的缘故。”帝尧说：“我将要考察他！”于是观察他与自己两个女儿生活时的德行。尧命令两个女儿下到妫水转弯处，嫁给虞舜。帝尧对舜说：“严肃谨慎地处理政务吧！”

舜　典

【题解】

舜，相传是我国原始社会后期部落联盟的首领，名重华，属有虞氏，又称虞舜，传说中著名的"五帝"之一。

《书序》云："虞舜侧微，尧闻之聪明，将使嗣位，历试诸难，作《舜典》。"本篇盛赞了舜帝为人的优秀品质及其为君的卓越才能。

《今文尚书》将本篇与《尧典》合为一篇，并且没有开头的二十八个字。今从古文，将其独立一篇。

曰若稽古，帝舜曰重华，协于帝①。浚哲文明②，温恭允塞③，玄德升闻④，乃命以位⑤。

【注释】

①协，相同，相合。　②浚，深邃。哲，智慧。文，《孔疏》："经纬天地曰文。"明，《孔疏》："照临四方曰明。"　③恭，谦逊。允，确实。塞，充满。　④玄，潜修。　⑤命，任命、授予。

【译文】

考察古代的历史，帝舜名叫重华，圣明与帝尧相合。他智慧深邃，温和谦逊的美德充满天地之间，他潜心加强自身道德修养，朝堂上的官员都听说过他，于是，他被任以官职。

慎徽五典①，五典克从，纳于百揆②，百揆时叙③。宾于四门④，四门穆穆⑤。纳于大麓⑥，烈风雷雨弗迷⑦。帝曰："格⑧！汝舜。询事考言⑨，乃言厎可绩⑩，三载。汝陟帝位⑪。"舜让于德，弗嗣。

【注释】

①慎,诚。徽,美善。五典,五教。即《左传·文公十八年》的"父义、母慈、兄友、弟恭、子孝"。 ②纳,入,引申为赐予职务。揆,掌管、管理。百揆,即总管一切事务,后世称宰相为首揆;又《史记》译作百官,亦通。 ③时叙,王引之《经义述闻》:"犹承叙也。承叙者,承顺也。" ④宾,动词,指迎接四方来觐见尧的宾客。四门,明堂东西南北四门。宾于四门,古代君主在明堂接受诸侯朝觐。 ⑤穆穆,端庄盛美的样子。 ⑥麓,山脚。 ⑦烈,暴、疾。《史记·五帝本纪》:"舜入于大麓,烈风雷雨不迷,尧乃知舜之足授天下。" ⑧格,来。 ⑨询,谋。考,考核。 ⑩乃,汝、你,指舜。乃言,即言乃,认为你。厎(zhǐ 纸),致、求得。绩,功绩。厎可绩是可厎绩的倒装。 ⑪陟,升。帝位,指尧的部落联盟首领职位。

【译文】

舜真诚善义地履行父义、母慈、兄友、弟恭、子孝这五种伦理道德规范,使人们都能遵循这五种伦理道德规范。尧又命舜总理部落联盟一切政务,各种政务都处理得井井有条。又命舜在明堂门口欢迎觐见的四方部落首领,来朝的宾客都肃然起敬。又让舜深入大山丛林中,他在暴风雷雨中也不迷失道路,君主尧说:"来吧!舜,三年来,我询问了你的政事活动,考察了你的言论,我认为你可以取得功业,可以继升帝位了。"舜谦让于有德的人,不肯继位。

正月上日①,受终于文祖②。在璇玑玉衡③,以齐七政④。肆类于上帝⑤,禋于六宗⑥,望于山川⑦,遍于群神。辑五瑞⑧。既月乃日⑨,觐四岳群牧⑩,班瑞于群后⑪。

岁二月,东巡守,至于岱宗,柴⑫。望秩于山川⑬,肆觐东后⑭,协时月正日⑮,同律度量衡⑯。修五礼、五玉、三帛、二生、一死贽⑰。如五器⑱,卒乃复。

五月南巡守,至于南岳,如岱礼。八月西巡守,至于西岳,如初。十有一月朔巡守,至于北岳,如西礼。归,格于艺祖,用特⑲。

五载一巡守。群后四朝,敷奏以言,明试以功,车服以庸⑳。

肇十有二州㉑,封十有二山,浚川㉒。

象以典刑㉓,流宥五刑㉔,鞭作官刑,扑作教刑,金作赎刑㉕。眚灾肆赦㉖,怙终贼刑㉗。钦哉,钦哉,惟刑之恤哉㉘!

流共工于幽州㉙,放驩兜于崇山㉚,窜三苗于三危㉛,殛鲧于羽山㉜,四罪而天下咸服。

【注释】

①上日,马融说是朔日,即初一。《尚书大传》谓元日。王引之则云:"上旬之善日,非谓朔日也。"今从王说,正月上日,即正月上旬的吉日。　②受终于文祖,《史记·五帝本纪》载:"尧……二十年而老,命舜摄行天子之政。"可能是禅位大典。文祖,尧的太庙。杨筠如《尚书覈诂》说:"文疑当作大,形近而误,说文祖,始庙也。大祖即太庙。"　③在,《尔雅·释诂》:"察也。"观察的意思。璇玑玉衡有二说:一谓星名,即北斗七星,玉衡是杓,璇玑是魁;一谓是浑天仪一类的天文仪器。璇,美玉。玑,郑玄谓运转者为玑,持正者为衡,皆以玉为之。浑天仪乃东汉张衡制造,尧舜时代不可能制造,故从前说。　④齐,排比整理。七政,指日、月和金、木、水、火、土五星。伏生《尚书大传》比附四季、天地、人为七政,不可信。⑤肆,遂。类,祭名,《五经异义》云:"非时祭天谓之类。"这次祭祀上帝当与摄位有关。　⑥禋(yīn因),祭名,郑玄谓:"烟也,取其气升达报于阳也。"六宗,马融以为指天地四时,实为四方之神。　⑦望,望祭,祭祀山川之礼。　⑧辑,《史记》作揖,马融云:"敛也。"《释诂》:"辑,合也。"五瑞、五玉,是四方诸侯所执的作为信符用的玉器,分五等。孙星衍疏引《周礼·典瑞》云:"公执桓圭,九寸;侯执信圭,七寸;伯执躬圭,五寸;子执谷璧,男执蒲璧,皆五寸。"(案,《周礼》原文无"九寸"、"七寸"、"五寸"、"皆五寸"等字样。)　⑨既月乃日,《史记》作"择吉月日"。　⑩觐,朝见天子。牧,官员。　⑪班,《说文》:"分瑞玉也,从珏,从刀。"群后,四方首领。　⑫岱宗,东岳泰山。柴,祭名。马融云:"柴,祭时积柴,加牲其上而燔之。"　⑬秩,次第。　⑭肆,遂、于是。东后,指东方氏族部落的首领。　⑮协,合。协时月正日:郑玄谓:"协正四时之月数及日名,备有失误。"　⑯同,统一的意思。律,音律。度,测量长度的器物,如丈、尺。量,斗斛类容器。衡,称重量的器具。　⑰五礼,郑玄谓:"公侯伯子男朝聘之礼矣。"然五等爵制实为后代之说,尧舜时是不可能存在的。马融又说:"五礼:吉、凶、军、宾、嘉也。"五玉,即上文的五瑞。三帛,郑玄注:"三帛所以荐玉也。受瑞玉者以帛荐之。帛必三者,高阳氏之后用赤缯,高辛氏之后用黑缯,其余诸侯皆用白缯。"二生,即二牲,指羊羔和雁。一死,死,《说文》作"雉"。《白虎通》"士以雉为贽"是也。贽,《史记》作"挚"。挚礼,朝见时的贡献。《周礼·大宗伯》:"以禽作六挚,卿执羔,大夫执雁,士执雉。"郑玄注曰:"羔,取其群而不失其类。雁,取其候时而行。雉,取其守令而死,不失其节,是也。"　⑱如,王引之曰:"与也,及也。"器,礼器。马融说五器即五玉。卒,终,指巡守之礼毕。乃,然后。复,还、归。(《尚书大传》:"诸侯执所受圭与璧以朝于天子,无过者得复其圭以归其国。"

⑲南岳,《史记》云南岳为衡山,其地在今湖南衡阳。又《尚书大传》:“五岳,谓岱山、霍山、华山、恒山、嵩山也。”孙星衍疏曰:“霍山一说在今安徽潜山县,一说在今安徽霍丘县,未知孰是。《周礼》以衡山为南岳,唐、虞五岳即是霍山也。窃疑经文言‘五月,南巡守,至于南岳’,则舜都平阳,日行五十里,计一月可至霍山。若至衡山,辽远又逾江,不便以觐南方诸侯。”此说较有道理。西岳,华山,在今陕西华山县。朔,北方。北岳,《尔雅·释山》云:“河北,恒山。”“恒山为北岳。”后世与上古的五岳地望可能有差别,不能拘泥于后世五岳之说。尧舜活动于黄河流域,五岳当是黄河流域及附近地区的山名,有些山的名称和地点不可确考。格,至。艺祖,即上文所说的文祖。特,一头牛。 ⑳敷,布、普遍。奏,进、告。敷奏以言:这里指述职的意思。试,用。明试以功,考绩,试之以官。庸,功。车服以庸,赐予车马、衣服用来表彰其功劳。 ㉑肇,《尚书大传》作兆,古兆、肇通用。甲骨灼炙后所呈的裂纹称兆,这里当域讲,引申为划分区域。十二州,参见《尚书·禹贡》注。 ㉒封,积土为封,封土为坛。十有二山,《尚书今古文注疏》:“《周礼·职方》:‘九州皆有山镇,扬州会稽,荆州衡山,豫州华山,青州沂山,兖州岱山,雍州岳山,幽州医无间,冀州霍山,并州昭余祁,凡九山。唐虞十有二州,则山镇当十有二,无文可知。’”浚川,疏通河道。 ㉓象,刻画。典,《尔雅·释诂》:“常也。”典刑,常刑,亦即五刑。象以典刑,一说谓古无肉刑,只有象刑,在犯人的衣服上画着不同的图形以示惩罚;一说是把五刑的形状刻画在器物上警示世人,就像铸鼎象物一样。 ㉔流,流放。宥,宽宥。流宥,罪轻者或流放以宽之。五刑,郑玄注谓:墨,劓、刵、宫、大辟,正刑五。加之流宥、鞭、扑、赎刑,此之谓九刑。 ㉕鞭作官刑,孙星衍疏案:“庶人在官禄者,过则加之鞭笞也。”扑,即槚楚,郑注:“扑,槚楚也,扑为教官为刑者。”是古代学校中的体罚器具,但也可用作官刑。金,古代多称铜为金。马融释为黄金,非是。 ㉖眚(shěng 省),过失。肆,遂。眚灾肆赦,郑玄云:“眚灾,为人作患害者也。过失虽有害则赦之。”㉗怙(hù 互),恃。终,终身。贼,杀。怙终贼刑,对有所仗恃而终不悔改者视如杀人则不赦免。 ㉘恤,王引之谓:“慎也。” ㉙幽州,《史记·五帝本纪·正义》引《括地志》:“故龚城,在檀州燕乐县界,故老传云舜流共工幽州,居此城。”地在今北京密云县东北七十里。又马融曰:“幽州,北裔也。”泛指遥远的北方。㉚崇山,《尚书覈诂》:“崇山当即嵩山;《周语》韦注‘崇山即嵩高山’,是也。”《通典》又云:“沣阳县有崇山即放驩兜之所。”在今湖北黄陂县南。 ㉛窜,《史记》作迁。三苗,马融曰:“西裔也。三苗,国名也。缙云氏之后诸侯,盖饕餮也。”高诱注《淮南子·修务训》云:“三苗,盖谓帝鸿氏之裔子浑敦,少昊氏之裔子穷奇,缙云氏之裔子饕餮,三族之苗裔,故谓之三苗。一曰放三苗国民于三危。”今学者多

认为,三苗是古代南方民族,生活在今湖南、江西一带,后被舜征服,一部分迁居三危,即今甘肃敦煌。然徐旭生在《中国古史的传说时代》一书中认为三苗是东夷族的一支,属蚩尤部落,可从。 ㉜殛:一说流放,一说诛杀。羽山,其地一谓在今江苏赣榆与山东郯城交界处,一谓在今山东蓬莱东南,未知孰是。

【译文】

正月上旬的一个吉日,舜在太庙里接受了尧的禅位。舜观察北斗七星,测定日月与金木水火土五星的运行规律。然后举行祭天仪式,遍祭天地四方、名山大川之神及各种神祇。聚合四方首领的信符圭玉,选择吉月吉日,接受四方诸侯的朝见,然后把圭玉颁还给他们。

这年二月,舜到东方巡察,到达了泰山,举行柴祭祭祀岱宗。又按等级祭祀山川诸神,然后接受了东方诸侯的朝见。舜安排确定了时令月日,统一音律和度、量、衡。制定了诸侯朝见时的五等礼仪,规定诸侯朝见时所持献的五种圭玉;红、黑、白三种颜色的丝帛;卿大夫所持献活的羊羔、雁二牲,士所持献的一只死雉。至于五种圭玉,待合符后颁还诸侯。五月去南方巡察,到达南岳;像祭祀岱宗一样祭祀南岳。八月巡察西方,到达西岳,祭祀典礼同前面一样。十一月到北方巡察,到达北岳,像祭祀西岳一样祭祀北岳。返回后,到尧的太庙祭祀,用一头公牛作祭品。

五年到四方巡察一次。四方诸侯分别朝见天子,向天子述职,天子考察他们的政绩,给有功绩的诸侯赐予车马衣服。

划分天下为十二州,在十二座大山上封土为坛,作祭祀之用,又疏通了河道。

又在器物上刻画五刑的形状警示世人,用流放的办法代替五刑,以示宽大,用鞭打之刑惩罚犯罪的庶人、官吏,用木条抽打不服从教化的学生,还有用铜赎罪的赎刑。赦免过失犯罪的人,对犯了罪却始终仗恃不悔改的严加惩罚。谨慎啊,谨慎啊,使用刑罚是十分慎重啊!

把共工流放到幽州,把驩兜放逐到崇山,把三苗驱逐到三危,把鲧流放到羽山,四个罪人受到惩罚,天下人都心悦诚服了。

二十又八载,帝乃殂落①。百姓如丧考妣②,三载,四海遏密八音③。月正元日,舜格于文祖,询于四岳,辟四门,明四目,达四聪④。

"咨,十有二牧⑤!"曰:"食哉⑥!惟时柔远能迩⑦;惇德允元⑧,而难任人,蛮夷率服⑨。"

舜曰:"咨!四岳。有能奋庸熙帝之载⑩。使宅百揆⑪,亮采惠畴[12]?”佥曰:“伯禹作司空[13]。”帝曰:“俞!咨禹,汝平水土,惟时懋哉[14]!”禹拜稽首,让于稷、契暨皋陶[15],帝曰:“俞!汝往哉!”

帝曰:“弃,黎民阻饥[16],汝后稷,播时百谷[17]。”

帝曰:“契,百姓不亲,五品不逊[18],汝作司徒[19],敬敷五教[20],在宽。”

帝曰:“皋陶,蛮夷猾夏[21],寇贼奸宄[22]。汝作士[23],五刑有服[24],五服三就[25];五流有宅[26],五宅三居[27],惟明克允[28]。”

帝曰:“畴若予工[29]?”佥曰:“垂哉!”[30]帝曰:“俞!咨垂。汝共工。”垂拜稽首,让于殳斨暨伯与[31]。帝曰:“俞!往哉!汝谐。”

帝曰:“畴若予上下草木鸟兽[32]?”佥曰:“益哉!”帝曰:“俞!咨益,汝作朕虞[33]。”益拜稽首,让于朱虎、熊罴[34]。帝曰:“俞!往哉!汝谐。”

帝曰:“咨!四岳。有能典朕三礼[35]?”佥曰:“伯夷[36]。”帝曰:“俞!咨伯。汝作秩宗[37]。夙夜惟寅[38],直哉惟清[39]。”伯拜稽首,让于夔、龙[40]。帝曰:“俞,往,钦哉!”

帝曰:“夔!命汝典乐,教胄子[41],直而温,宽而栗,刚而无虐,简而无傲。诗言志,歌永言[42],声依永,律和声[43]。八音克谐,无相夺伦[44],神人以和。”夔曰:“於!予击石拊石[45],百兽率舞[46]。”

帝曰:“龙!朕堲谗说殄行[47],震惊朕师。命汝作纳言[48],夙夜出纳朕命,惟允。”

帝曰:“咨!汝二十有二人,钦哉,惟时亮天功[49]。”三载考绩,三考,黜陟幽明[50],庶绩咸熙。分北三苗[51]。

舜生三十征庸,三十在位,五十载陟方乃死[52]。

【注释】

①二十又八载,即尧禅位后的二十八年。殂(cú 徂)落,死去。 ②百姓,百官,群臣,这里泛指百姓。丧,死。考妣,《尔雅·释亲》:“父为考,母为妣。”《曲礼》:“生曰父、曰母,死曰考、曰妣。” ③遏,止、绝。密,静谧。八音,金、石、丝、竹、匏、土、革、木,泛指一切音乐演奏。 ④月正元日,即正月吉日,王引之说。文祖,尧的太庙。询,谋。四门,明堂(太庙)的四门。 ⑤咨,叹词。牧,长。十有二牧,十二州长,泛指四方首领。 ⑥食,杨筠如《尚书覈诂》说:“食是饬的假借字,《说文》饬,从人从力,食声。《匡谬正俗》:饬者,谨也,敬也。”

⑦时,是。柔,安抚。能,亲善、和睦。迩,近。　⑧惇,《尔雅·释诂》:"厚也。"允,信。元,善。　⑨难,含有阻的意思,引申为疏远。任人,指奸邪之人。故《史记》作"远佞人"。《尔雅·释诂》:"任,佞也。"蔡沈《书集传》:"任,古文作壬,包藏凶恶之人也。"服,治。　⑩奋,奋发。庸,努力。熙,广。载,事。⑪宅,居。百揆,见前注。　⑫亮,《史记》作"相"。《释诂》:"亮,相,导也。"辅助的意思。采,事。惠,顺。畴,类。亮采惠畴,是说居官相事,顺其畴类。　⑬伯禹,又称大禹。为夏后氏部落首领,后受命治水有功,接替舜为部落联盟首领。司空,与《周礼》冬官司空职相似,平水土之官。　⑭俞,然。时,是。懋,勉励。⑮稽(qǐ 乞)首,郑玄注《周礼》云:"拜,头至地也。"稷,即后稷,又名弃,相传为周族始祖。其母姜嫄履巨人足印怀孕而生。及长,善农耕,通稼穑之法,民皆效仿,尧举为农师,舜时封于邰。后世奉为农神。契,亦作偰、卨。相传为商族始祖,母曰简狄,吞玄鸟之卵而生契。因助禹治水有功,被舜任为司徒,掌教化之职,封于商。皋陶(yáo 姚),又作咎陶、咎繇,相传为东夷族首领,偃姓,协理大禹治水有功,舜任其为掌刑法的官,民皆服其执法公平,禹欲传位于他,未继位而先卒。⑯阻,俞樾《尚书平议》以为是且的假借字。《说文》:"且,荐也。"《诗·大雅·云汉》:"饥馑荐臻。"毛传:"荐,重。"有还、仍的意思。又《释诂》:"阻,难也。"《广雅·释丘》:"阻,险也。"有艰难的意思。亦通。　⑰播,播种。时,为莳的假借字,动词,更别种、移植的意思。　⑱五品,指君臣、父子、夫妇、长幼、朋友五种伦理关系。又郑玄注云:"五品,父、母、兄弟、子也。"逊,顺。　⑲司徒,官名,负责教化。　⑳敬,恭谨。敷,传播。五教,《国语·郑语》:"商契能和五教,以保于百姓者也。"韦昭注:"五教,谓父义,母慈,兄友,弟恭,子孝也。"一说五教为父子有亲,君臣有义,夫妇有别,长幼有序,朋友有信。　㉑蛮夷,古代对南方、东方民族的泛称。猾,乱,《广雅·释诂》:"猾:扰也。"夏,中国之人也。郑玄注:"猾夏,侵乱中国也。"　㉒宄,《史记》作"轨",读音同。寇贼奸宄,郑玄注云:"强取为寇,杀人为贼,由内为奸,起外为轨。"　㉓士,马融云:"狱官之长。"郑玄言:"士,察也。主察狱讼之事。"　㉔五刑,指墨、劓、剕、宫、大辟五种刑罚。　㉕五服三就,郑玄谓用五刑的时候,可在原野、市朝、甸师三个地方。《国语·鲁语》臧文仲云:"大刑用甲兵;其次用斧钺;中刑用刀锯,其次用钻笮;薄刑用鞭扑,以威民也。故大者陈之原野,小者散之市朝,五刑三次,是无隐也。"次韦昭注,处也。即就,三次即是三就。　㉖流,流放。宅,居。五流有宅,即流宥五刑。　㉗五宅三居,马融云:"谓在八议,君不忍刑,宥之以远。五等之差亦有三等之居,大罪投四裔,次九州之外,次中国之外。"郑玄则说:"宅,读为咤,惩刈之器。谓五刑之流,皆有器惩刈。五咤者,是五种之器,谓桎一梏二拲三。"　㉘允,公允。惟明

克允，蔡沈《书集传》云："又戒以必当致其明察，乃能使刑其罪；而人无不信服也。"　㉙畴，《史记》作"谁"。若，善。工，百工之长。　㉚垂，人名，相传为舜时主百工之官。　㉛殳(shū 书)斨(qiāng 枪)，人名，相传为舜的臣子。伯与，人名，相传为舜的臣子。暨，及、和。刘逢禄云："殳斨伯与，垂之佐。"　㉜上，山上。下，低洼有草有水的地方。　㉝虞，官名，负责掌管山泽禽兽。　㉞益，人名。详见《益稷》题注。朱虎熊罴，《孔传》以为是二臣名。孙星衍疏根据《左传·文公十八年》和《汉书·古今人表》认为是四臣名。今从《孔传》。刘逢禄云："朱虎熊罴，益之佐。"　㉟典，主持。三礼，马融："天神、地祇、人鬼之礼。"郑玄注："天事、地事、人事之礼也。"　㊱伯夷，东夷族部落首领，相传为尧舜的臣子，齐太公的始祖。《国语·郑语》云："礼于神以佐尧。"舜时为秩官，典三礼。㊲秩宗，官名。郑玄注："主次秩粟卑。"《书集传》云："秩，序也；宗，祖庙也。秩宗主叙次百神之官，而专以秩宗名之者，盖以宗庙为主也；《周礼》亦谓之宗伯。"㊳夙，早。夜，晚。寅，《释诂》："敬也。"　㊴直，正直。清，清洁。　㊵夔(kuí 奎)，相传为尧舜时的乐官。尧时作乐，百兽闻而起舞。舜时专职典乐，教育贵族子弟。作《九招》、《六列》、《六英》诸曲，以明帝德。龙，相传舜时臣子，舜命他为纳言之官，负责反映下情并传达舜的命令。　㊶乐，乐官。胄子，马融："胄，长也。教长天下之子弟。"郑玄注作国子。《礼记·王制》："王太子，王子，群后之大子，卿大夫、元士之適子，国之俊选，皆造焉。"即指太子并包括四方诸侯及公卿大夫的子弟。王引之则认为胄作育，声近通用，胄子即育子，稚子，引申为青少年。原始时代，教育处于萌芽状态，受教育者极少，当优先是贵族子弟，郑说可从。　㊷直而温，宽而栗，孙星衍疏云："梗直者加以温和，宽厚者加以明辨，性以相反者相成也。"虐，孙星衍疏引高诱注《淮南》云："害也。"简，《诗传》云："大也。"傲，《说文》云："倨也。"傲慢。永，通咏。　㊸声，指歌唱的声音。郑玄注曰："声之曲折又依长言，声中律乃为和也。"律，标准音。律和声，唱出的歌声合乎音律。　㊹谐，和。伦，理。　㊺拊(fǔ 府)，敲击。石，《汉纪》引刘向说指磬。《说文》："磬，乐石也。"古乐器。　㊻百兽率舞，古代人们装扮成百兽舞蹈。旧注所谓百兽受感化而起舞，不可信。　㊼堲(jí 即)，《说文》："疾恶也。"谗言，巧言令色。殄(tiǎn 舔)行，杨筠如注云："按殄犹病也，败也……殄行犹言病行，败行也。"　㊽纳言，官名。《诗·大雅·烝民》："出纳王命，王之喉舌。"《孔传》："纳言，喉舌之官，听下言纳于上，受上言宣于下，必以信。"　㊾汝二十有二人，马融曰："禹及垂已下皆初命，凡六人，与上十二牧四岳，凡二十二人。"郑玄云，指十二牧与禹、垂、益、伯夷、夔、龙、殳斨、伯与、朱虎、熊罴共二十二人。时，承。亮，相，帮助。功，事。　㊿黜，废、罢免。陟，升。幽，暗，昏庸。明，贤明。

⑤北,古与背同字,别也。 ⑤征庸,征用、任用。方,方岳、四方之岳。这里特指南岳。据《史记》载,舜时南岳一带有苗为乱,舜因之南征有苗,远至苍梧之野,并死在那里。此句断句也作:“舜生三十征,庸三十,在位五十载,陟方乃死。”《史记·五帝本纪》:“舜年二十以孝闻,年三十尧举之,年五十摄行天子之事,年五十八尧崩,年六十一代尧践帝位。践位三十九年南巡狩,崩于苍梧之野,葬于江南九疑,是为零陵。”《大戴礼·五帝德》:“舜之少也,恶顇劳苦,二十以孝闻乎天下,三十在位嗣帝所,五十乃死,葬于苍梧之野。”《孔传》云:“三十征庸,三十在位,服丧三年,其一在三十之数;为天子五十年,凡寿一百一十二岁。”以上关于舜的年岁记载,均系传说,难以深究。

【译文】

尧禅位于舜二十八年后逝世了。天下的百姓像失去亲生父母一样悲痛无比,三年之中全国上下断绝所有乐音,一片寂静。三年后正月吉日,舜前往尧的太庙,和四方诸侯谋划政事,大开明堂四门宣布政教,使四方之人看得明白,听得清楚。

“啊,十二州的君长!”帝舜说:“谨慎啊!只有这样才能使远近民众安抚顺从。亲厚有德的人,信任善良的人,疏远佞幸小人,四边的蛮夷就都会服从你们。”

帝舜说:“啊!四方诸侯君长,有谁能努力发扬光大帝尧的事业,担任统帅百官的重任,辅佐政务呢?”众人都说:“伯禹可以担任司空。”帝舜说:“好啊!禹啊,你去平治水土,这件事要勤奋努力啊!”禹叩头跪拜,谦让于稷、契和皋陶。帝舜说:“就这样,还是你去吧!”

帝舜说:“弃,百姓仍然为饥饿所困扼,你担任主管农事的官,教百姓种植谷物。”

帝舜说:“契,百官不亲睦,父母兄弟儿女之间关系不顺和,你作司徒之官,恭谨地传授父义、母慈、兄友、弟恭、子孝这五种伦理道德,要以宽厚为本。”

帝舜说:“皋陶,四边蛮夷侵扰我们中国,抢劫杀人,造成内乱外患。你担任刑狱之官,施用五刑,罪行大的,便到原野上行刑,罪行轻的,分别带到市、朝内行刑。这样公开执行,使人们有所儆戒。五种流放之刑各有处所,分别流放到三处远近不同的地方。只要明察案情,处理公允,百姓都会信服。”

帝舜询问:“谁适合担任百工这一职位?”大家都说:“垂啊!”帝舜说:“好吧!垂,你担任掌管百工的官吧!”垂跪拜叩头,谦让给殳斨和伯与。帝舜说:“就这样吧,你担任百工之长,让他们随你一起去。”

帝舜询问:“谁适宜替我担任掌管山林川泽鸟兽的官职呢?”大家都说:“益啊!”帝舜说:“好啊!益,你担任我的虞官吧。”益跪拜叩头,谦让给朱虎、熊罴。帝舜说:“就这样吧,你担任虞官,他们随你一起去。”

帝舜询问:"啊!四方诸侯首领,有谁能为我主持祭祀天神、地祇、人鬼三礼呀?"大家都说:"伯夷!"帝舜说:"好啊!伯夷,你担任秩宗吧。从早到晚都要恭敬、正直、清洁地主持祭礼。"伯夷跪拜叩头,谦让于夔、龙。帝舜说:"好吧,恭敬小心地去干吧!"

帝舜说:"夔!命令你去主管音乐,教导贵族子弟们,使他们为人正直而温和,处事宽厚而明辨,性情刚毅而不暴戾,态度简约而不傲慢。诗是用来表达思想感情的,歌是把这种思想感情咏唱出来。唱出的歌要与思想感情一致,也要合乎音律。八类乐器能够演奏出和谐的声音,相互间不能弄乱了次序,这样神与人听了都感到快乐与和谐。"夔说:"是啊!我敲击各种石磬乐器时,人们扮成各种野兽伴着音乐起舞。"

帝舜说:"龙!我憎恶谗言恶行,因为它们使我的民众惊吓不安,命令你担任纳言,随时下达我的敕命,上传下面的意见,要诚信不伪。"

帝舜说:"你们二十二个人,要恭敬尽职啊!承受上天旨意,辅助成就功业。"帝舜三年考察一次政绩。考察三次,罢黜昏庸的官员,提升贤明的官员,这样各项事业都兴旺发达起来。又对三苗鉴别后作了处理。

帝舜三十岁时被尧征召任用,三十年后接替了尧的帝位,五十年后逝世于巡狩南方的途中。

汩作　九共九篇　槀饫

【题解】

《书序》曰:“帝釐下土方,设居方,别生分类。作《汩作》、《九共》九篇、《槀饫》。”这三篇记原始社会开始解体时期,帝舜设立官职,分别种族部落,治理天下的事。其中《汩(gǔ 古)作》,据《孔传》,是“言其治民之功兴”。《九共》九篇是说不同的部落进献贡品。《槀(kào 靠)饫(yù 玉)》是讲帝舜对部下或进贡部落的犒赏。正文已无,今仅存序。

大禹谟

【题解】

《大禹谟》属梅赜《古文尚书》,《今文尚书》无此篇。

大禹,相传为原始社会末期夏部落的首领,后受舜禅让,成为部落联盟首领。姒姓,名文命,又称禹、夏禹、戎禹。鲧之子,继其父治理洪水,疏导江河,治水十三年获得成功。他的儿子启建立了夏朝,而他则是夏朝的实际建立者。谟,《尔雅·释诂》:"谋也。"《说文》:"议谋也。"《书序》:"皋陶矢厥谟,禹成厥功,帝舜申之。作《大禹》、《皋陶谟》、《益稷》。"《大禹谟》记叙大禹、伯益、皋陶在帝舜面前讨论政事的对话,同时也记录帝舜禅让帝位给大禹,大禹谦让的经过,最后是大禹征伐苗民,开拓疆域的记载。

曰若稽古[1],大禹曰文命[2],敷于四海[3],祗承于帝[4]。曰:"后克艰厥后,臣克艰厥臣,政乃乂[5],黎民敏德[6]。"

帝曰:"俞!允若兹,嘉言罔攸伏,野无遗贤,万邦咸宁[7]。稽于众,舍己从人,不虐无告,不废困穷,惟帝时克[8]。"

益曰[9]:"都[10]!帝德广运[11],乃圣乃神,乃武乃文[12];皇天眷命,奄有四海,为天下君[13]。"

禹曰:"惠迪吉,从逆凶,惟影响[14]。"

益曰:"吁!戒哉!儆戒无虞,罔失法度,罔游于逸,罔淫于乐[15]。任贤勿贰,去邪勿疑,疑谋勿成,百志惟熙[16]。罔违道以干百姓之誉,罔咈百姓以从己之欲[17]。无怠无荒,四夷来王。"

禹曰:"於[18]!帝念哉[19]!德惟善政,政在养民。水、火、金、木、土、谷惟修;正德、利用、厚生惟和,九功惟叙[20],九叙惟歌[21]。戒之用休,董之用威[22],劝之以九歌,俾勿坏[23]。"

帝曰："俞！地平天成[24]，六府三事允治[25]，万世永赖，时乃功[26]。"

【注释】

①曰若稽古：参见《尚书·尧典》注。　②文命，大禹的名字。《史记·夏本纪》曰："夏禹名曰文命。"　③敷，布、治理。四海，蔡沈《书集传》云："即《禹贡》所谓'东渐''西被'，'朔南暨，声教讫于四海者'是也。"四海即天下四方。④祇，恭敬。帝，上帝。　⑤后，上古及三代的部落首领及君王称后。克，能。艰，难。蔡沈说："孔子曰：'为君难，为臣不易。'即此意也。"至确。乂，治理。⑥敏，勉、勉力。　⑦允，的确。若，像。兹，代词。嘉，善。攸，所。伏，隐伏。野，古有国野之分，国即国都，野即乡村。万邦咸宁，与《尚书·洛诰》"万邦咸休"意思相同。又《周官》有"万国咸宁"，《冏命》有"万邦咸休"。万邦，指天下四方氏族部落。咸，都。宁，安宁。　⑧稽，考。虐，虐待。无告，指鳏寡孤独无依无靠的人。废，弃。惟帝时克，《尚书·皋陶谟》有"惟帝时举"，意思相近，可参阅。⑨益，人名，伯益，相传舜时任虞官，见《舜典》。　⑩都，叹词。　⑪广，大。运，远。《孔传》云："广谓所覆者大，运谓所及者远。"　⑫乃，如此。参见杨树达《词诠》。蔡沈《书集传》说："故自其大而化之而言，则谓之圣；自其圣而不可知而言，则谓之神；自其威之可畏而言，则谓之武；自其英华发外而言，则谓之文。"⑬眷，顾念。皇天眷命，《尚书·太甲》篇有"皇天眷佑"，《微子之命》有"皇天眷佑"，意思相近。皇天，对天帝的称呼。奄，尽。为天下君，《洪範》有"为天下王"，可参阅。　⑭惠，顺。迪，道。逆，蔡沈说："反道者也。"又说："惠迪从逆，犹言顺善从恶也。"影响，《孔传》："吉凶之报，若影之随形，响之应声。"蔡沈《书集传》说："吉凶之应于善恶，犹影响之出于形声也。"　⑮儆，警、戒备。虞，误、失误。罔，勿、不要。法度，法则制度。淫，过。　⑯蔡沈《书集传》说："任贤以小人间之谓之贰，去邪不能果断谓之疑。谋，图为也。有所图为，揆之于理而为安者，则不复成就之也。百志，犹《易》所谓百虑也。"熙，广。　⑰干，求。咈，逆、违背。⑱於（wū 乌），叹词。　⑲帝，当指舜。　⑳九功，即上文六府三事。六府，指水、火、金、木、土、谷；三事，指正德、利用、厚生三方面。蔡沈《书集传》说："正德者，父慈、子孝、兄友、弟恭、夫义、妇听，所以正民之德也。利用者，工作什器，商通货财之类，所以利民之用也。厚生者，衣帛食肉，不饥不寒之类，所以厚民之生也。"叙，顺其理，有秩序。　㉑九叙，指上述九功各顺其理，不乱常法。歌，蔡沈："歌者，以九功之叙而咏之歌也。"　㉒用，以。休，美。董，督。威，古文作畏。　㉓九歌，蔡沈说："此《周礼》所谓'九德之歌，九韶之舞"。俾，使。坏，败坏。　㉔蔡沈说："水土治曰平。言水土既平，而万物得以成遂也。"　㉕六府三事，参见上"九功"注。允，的确。　㉖时，是。乃，你的。功，功绩。

【译文】

考察古代的历史，大禹又叫文命，他治理天下，恭敬地秉承上帝。他说："君主能够认识到当君主的艰难，臣下能够认识到做臣下的艰难，政事就能够治理，民众便勉力于德行。"

帝舜说："对呀！真像这样，善言无所隐伏，贤人没有被遗留在民间的，天下四方都平安无事。听取众人的意见，舍弃自己的见解，遵从别人的正确意见，不虐待无依无靠的人，不冷落贫穷困苦的人，只有帝尧能够做到。"

伯益说："啊，帝尧的德行广大而深远，如此圣明，如此神奇，如此威武，如此英华；皇天顾念赐予福命，使他尽有四海宇内，成为天下的君主。"

大禹说："顺从善道就吉利，顺从恶道就凶险，就像影子出于形体、回响出于声音一样。"

伯益说："啊！慎戒呀！要警备不要产生失误，不要放弃法则制度，不要放纵游逸，不要过度享乐。任用贤人不要三心二意，去除邪人不要犹豫不决，犹豫不决的图谋不会成功，各种思考应当广泛全面。不要违背常道来求得民众的赞誉，不要违背民众来顺从自己的私欲。如果不懈怠，不荒废政事的话，周边的各族就会来称臣归顺。"

大禹说："唉！君主您要深思啊！德就是使政治美好，美好的政治在于使百姓生活得好。水、火、金、木、土、谷六府之事要经营好；端正父慈、子孝、兄友、弟恭、夫义、妇听这些德行，发展工作什器、商贸货财利民之用，给百姓衣帛食肉，使他们不饥不寒，这样正德、利用、厚生这三件事配合实行，六府三事这九功应当顺理有序。九功做到顺理有序，百姓就会歌颂君王。以美好的东西来劝戒民众，以威罚来督察民众，用九德之歌来劝勉民众，不要使他们败坏德政。"

帝舜说："对呀！水土平治，万物得以成长，六府三事确实得到顺理有序的发展，这造福万代的事业，是你的功绩。"

帝曰："格汝禹①！朕宅帝位三十有三载②，耄期倦于勤③。汝惟不怠，总朕师④。"

禹曰："朕德罔克，民不依⑤。皋陶迈种德，德乃降，黎民怀之⑥。帝念哉！念兹在兹，释兹在兹，名言兹在兹，允出兹在兹。惟帝念功⑦！"

帝曰："皋陶！惟兹臣庶，罔或干予正⑧，汝作士⑨，明于五刑⑩，以弼五教⑪。期于予治，刑期于无刑，民协于中⑫。时乃功，懋哉⑬！"

皋陶曰:"帝德罔愆[14]。临下以简,御众以宽[15];罚弗及嗣,赏延于世[16];宥过无大,刑故无小[17];罪疑惟轻,功疑惟重[18];与其杀不辜,宁失不经[19]。好生之德,洽于民心,兹用不犯于有司。"[20]

帝曰:"俾予从欲以治,四方风动,惟乃之休。"[21]

【注释】

①格,来。 ②宅,居。有,又。载,年。 ③耄(音mào冒)期:《孔传》:"八十九十曰耄,百年曰期年。"蔡沈说:"九十曰耄,百年曰期,舜至是年已九十三矣。"倦,困倦、疲倦。勤,勤劳之事。 ④总,总领、统帅,这里含有摄政的意思。师,众。 ⑤罔克,不能,即不能胜任。 ⑥迈,蔡沈《书集传》说:"勇往力行之意。"种,广布、施行。降,下。德乃降,蔡沈说:"德下及于民。" ⑦念兹在兹以下四句,每句均有两个兹。兹,此、这,代词。第一个兹指德,第二个兹指皋陶。释,周秉钧《白话尚书》以为通"怿",喜悦。名言,名言于口。允,信、诚。出,发出。诚发于心。 ⑧或,有。干,犯。正,通政。 ⑨士,官名,指主管刑狱的士师。 ⑩五刑,指墨、劓、剕、宫、大辟五种刑罚。参见《尧典》注。 ⑪弼,辅助、辅佐。五教,即五常之教,包括父义、母慈、兄友、弟恭、子孝。蔡沈以为指五品之教,即君臣、父子、夫妇、长幼、朋友,皆通。 ⑫期,《孔传》:当也。协,服从。中,中道。蔡沈《书集传》说:"而期我以至于治,其始虽不免于用刑,而实所以期至于无刑之地,故民亦皆能协于中道。" ⑬懋,勉力、努力。 ⑭帝德罔愆,与前文"帝德广运"相协。愆(qiān 迁),过、过失。 ⑮临,从上往下看叫临。简,不烦琐。御,驾御、控制。蔡沈说:"上烦密,则下无所容。御者急促,则众扰乱。" ⑯嗣,世、后代子孙。延,远及。 ⑰宥(yòu 又),宽恕。过,过失。蔡沈以为是指"不识而误犯也"。故,故意,蔡沈以为是指"知之而故犯也"。又说:"过误所犯,虽大必宥,不忌故犯,虽小必刑。" ⑱罪疑惟轻二句,蔡沈《书集传》释为:"罪已定矣,而于法之中,有疑其可重可轻者,则从轻以罪之。功已定矣,而于法之中,有疑其可轻可重者,则从重以赏之。" ⑲辜,罪。经,常。不经,不遵守常法。 ⑳好生之德,蔡沈以为是说:不忍杀无辜,宁可受失刑之责,所表现的是仁爱忠厚。洽,和谐,这里含有深得民心的意思。有司,官府、官吏,这里当以刑狱司法官来代指刑法。 ㉑俾,使。俾予从欲以治,蔡沈说:"民不犯法,而上不用刑者,舜之所欲也。"四方风动,四方如风一样鼓动响应。乃,你的。休,美德。

【译文】

帝舜说:"往前来,禹!我居帝位三十三年了,我已是近百岁的人了,由于勤劳治事,感到十分疲倦,你没有懈怠,总领我的民众吧。"

大禹说:“我的德行还不能胜任,民众也不会依附。皋陶勇往力行,广施德行,德行普及到黎民百姓,民众怀念他。君主您应当考虑这些!考虑到德行为皋陶所具备,对德自心喜悦的是皋陶,对德诚服发自内心的也是皋陶。君主,你要考虑皋陶的功绩呀!”

帝舜说:“皋陶!这些臣民,没有违犯我的政事,你作为主管刑狱的士官,明白用五刑来辅助五教,合于我的统治。施用五刑的目的是为了不用五刑,这样民众都能服从于中道。这是你的功绩,值得勉励呀!”

皋陶说:“帝舜,您的德行是没有过失的。对待臣下简约,控制民众宽容,惩罚不连带子孙,奖赏延续至后代。如果是过失犯罪,无论多大,都可以得到宽恕;如果是故意犯罪,无论多小,都要施用刑罚。罪行处罚轻重无法确定时,就从轻处理;功绩奖赏轻重无法确定时,就从重赏赐。与其误杀无罪的人,宁可放过不遵守常法的人。这种爱惜民众生命的德行,和谐民心。因此,民众不会触犯刑法。”

帝舜说:“使我能够如愿地治理天下,四方百姓风起响应,这是你的美德。”

帝曰:“来,禹!洚水儆予,成允成功①,惟汝贤;克勤于邦,克俭于家,不自满假②,惟汝贤。汝惟不矜,天下莫与汝争能③;汝惟不伐,天下莫与汝争功④。予懋乃德,嘉乃丕绩⑤。天之历数在汝躬,汝终陟元后⑥。人心惟危,道心惟微,惟精惟一,允执厥中⑦。无稽之言勿听,弗询之谋勿庸⑧。可爱非君?可畏非民?众非元后何戴?后非众罔与守邦⑨。钦哉!慎乃有位,敬修其可愿⑩。四海困穷,天禄永终⑪。惟口出好兴戎,朕言不再⑫。”

禹曰:“枚卜功臣,惟吉之从⑬。”

帝曰:“禹!官占,惟先蔽志,昆命于元龟⑭。朕志先定,询谋佥同,鬼神其依,龟筮协从,卜不习吉⑮。”

禹拜稽首,固辞。

帝曰:“毋!惟汝谐。”

正月朔旦,受命于神宗,率百官若帝之初⑯。

【注释】

①洚水,即洪水、大水,又作降水。蔡沈《书集传》:“孟子曰:‘水逆行,谓之洚水。’盖山崩水浑,下流淤塞,故其逝者,辄复反流,而泛滥决溢,洚洞无涯也。”儆,警惧,警告。允,信。成允成功,蔡沈说:“禹奏言而能践其言,试功而能有其功,所谓成允成功也。” ②满,盈、自满。假,夸大。 ③矜,《孔传》:“自贤曰矜。”

自我夸耀。 ④伐,《孔传》云:"自功曰伐。"夸耀的意思。 ⑤懋,通"楙",盛大之意,含有褒奖的意思。丕,大。绩,功。 ⑥历数,帝王相继的次序。蔡沈说:"帝王相继之次第,犹岁时节气之先后。"躬,自身。陟,登、升。元,大。元后,指君王大位。 ⑦心,蔡沈说:"人之知觉,立于中而应于外者也。"实际指人的思想。"指其发于形气者而言,则谓之人心;指其发于义理者而言,则谓之道心。人心易私而难公,故危;道心难明而易昧,故微"。精,精研。一,专一。允,信。《孔传》云:"危则难安,微则难明,故戒以精一,信执其中。" ⑧稽,考查、验证。询,咨询。弗询即没有咨询于众。庸,用。 ⑨爱,爱戴。畏,畏惧。戴,奉。元后,善君。何戴,即戴何之倒装。《国语·周语上》:"《夏书》有之曰:'众非元后,何戴?后非众,无与守邦。'"为此句之本。《太甲中》有"民非君,罔克胥匡以生;后非民,罔以辟四方",《咸有一德》有"后非民罔使,民非后罔事",意思相近。 ⑩钦,敬。可愿,即可欲,民众所希望的善美之事。 ⑪四海困穷,天禄永终,蔡沈说:"四海之民,至于困穷,则君之天禄,一绝而不复续。" ⑫口,言发于口。好,善。戎,兵。《孔传》云:"好谓赏善,戎谓伐恶。"这里指好话坏话。⑬枚卜,历卜,即逐个地占卜。古代用占卜的办法选官。禹请逐个占卜有功的下属,吉者入选。 ⑭官占,蔡沈说:"掌占卜之官也。"商代叫贞人。蔽,断,断定。蔽志,断定志向。昆,后。命,占卜。元龟,大龟,占卜大事时用。 ⑮询,咨询。佥,都、皆。依,依顺。龟,龟甲,占卜所用。筮,蓍草,算卦所用。龟筮指占卜算卦。习,重复。习吉,重复出现吉兆。蔡沈《书集传》解此句说:"帝言官占之法,先断其志之所向,然后会之于龟,今我志既定,而众谋皆同,鬼神依顺,而龟筮已协从矣,又何更枚卜乎?况占卜之法,不待重吉也。" ⑯朔,马融以为朔日即上日,按王引之说,此朔日也当为月初吉日,每月之初一。神宗,指尧的宗庙。《孔传》云:"神宗,尧之宗庙。言神,尊之也。"若帝之初,指禹受舜禅位,其礼一如当初舜受尧禅位。

【译文】

帝舜说:"来,禹!洪水向我们示警。你能信守诺言,取得治水的成功,只有你贤能;能辛勤地为国家操劳,能节俭于个人生活,不自满自大,只有你贤能。你虽不自以为贤,但天下没有人与你争能;你虽不自我夸耀,但天下没有人与你争功。我褒扬你的美德,嘉许你的功绩。上帝赐命的君主大位落在你的身上,你终究要登上君主的大位。人心自私危险,道心幽昧微明,只有精研专一,诚信地遵行中道。没有根据的话不要听信,没有咨询过大家意见的谋略不能采用。民众拥戴的不是君主吗?君主畏惧的不是民众吗?民众没有君主,还拥戴谁呢?君主离开了民众,就没有人来为他戍守国家。恭敬啊!谨慎地对待你的君位,恭敬地施行民众所希望的善美之事。如果天下的民众困苦贫穷,上帝赐予的福命就会永远终结。好话坏话我都说出来了,我不再重复。"

大禹说:"还是逐个地占卜有功绩的臣下,选择吉兆的继位吧!"帝舜说:"禹!贞人占卜的方法,是先断定志向,然后用大龟占卜。我的志向已先决定了,咨询大家的结果,不谋而合,鬼神依顺,占卜和筮卦都协合依从,况且占卜的方法,不需要重复出现吉兆。"大禹跪拜叩头,坚决推辞。

帝舜说:"不要推辞了！只有你合适。"

正月初吉日的早晨,大禹在帝尧的祖庙承受舜的大命,像帝舜当初受命于尧时一样,率领百官行禅位大礼。

帝曰:"咨,禹！惟时有苗弗率①,汝徂征②!"

禹乃会群后,誓于师曰③:"济济有众,咸听朕命④！蠢兹有苗,昏迷不恭,侮慢自贤,反道败德⑤。君子在野,小人在位。民弃不保,天降之咎。肆予以尔众士,奉辞伐罪⑥。尔尚一乃心力,其克有勋⑦。"

三旬,苗民逆命⑧。益赞于禹曰⑨:"惟德动天,无远弗届⑩。满招损,谦受益,时乃天道⑪。帝初于历山⑫,往于田,日号泣于旻天⑬,于父母,负罪引慝⑭;祗载见瞽瞍⑮,夔夔斋慄⑯。瞽亦允若⑰。至诚感神,矧兹有苗⑱?"

禹拜昌言曰⑲:"俞!"

班师振旅⑳,帝乃诞敷文德㉑,舞干羽于两阶㉒。七旬,有苗格㉓。

【注释】

①有苗,即古代的三苗,参见《尧典》注。弗率,不遵从。 ②徂,往。③群后,指四方氏族部落首领。誓,蔡沈说:"戒也。军旅曰誓。有会有誓,自唐虞时已然。《礼》言'商作誓,周作会',非也。" ④济济,众多且整齐的样子。⑤蠢,动,含有无知妄动的意思。昏,暗。迷,惑。不恭,即不敬。侮慢,轻慢。自贤,妄自尊大。反,违反。败,败坏。 ⑥肆,故。辞,言辞,这里指舜命禹征有苗的命令。 ⑦尚,庶几,差不多的意思。这里表示祈望。其,代指尔众士。克,能。勋,功绩。 ⑧三旬,三十天。逆命,蔡沈说:"以师临之阅月,苗顽犹不听服也。" ⑨益,即伯益。赞,辅佑。 ⑩届,至、到达。 ⑪满招损,谦受益,蔡沈说:"满损谦益,即《易》所谓天道亏盈而益谦者。" ⑫帝,指帝舜。历山,相传舜当初耕于历山。其地望,众说纷纭。我们以为在今山西南部的永济县一带,参见《禹贡》注。 ⑬日,天天、每日。号,大声喊叫。泣,哭泣。旻天,上

天。《孟子·万章上》有“舜往于田,号泣于旻天”之句。 ⑭负罪,蔡沈说:“自负其罪,不敢以为父母之罪。”慝(tè特),邪恶。引慝,蔡沈说:“自引其慝,不敢以为父母之慝也。” ⑮祇,敬。载,事,引申为服事。瞽瞍,相传为舜的父亲。《史记·五帝本纪》:“舜父瞽瞍盲,而舜母死,瞽瞍更娶妻而生象,象傲。瞽瞍爱后妻子,常欲杀舜,舜避逃;及有小过,则受罪。” ⑯夔(kuí葵),庄敬战慄的样子。斋,庄敬。慄,战慄。 ⑰允若,信顺、信任、和顺。 ⑱矧,况且、何况。⑲昌言,美言。 ⑳班,还。振,整。班师振旅,蔡沈说:“谓整旅以归也。或谓出曰班师,入曰振旅,谓班师于有苗之国,而振旅于京师也。” ㉑诞,大。敷,布。 ㉒干,盾牌一类古代防御性兵器。羽,翳,用羽毛制成。干羽都是当时舞蹈者所持的道具。两阶,宾主之阶。 ㉓格,来。

【译文】

帝舜说:“唉,禹!那些三苗不服从我们,你前往征伐!”大禹于是召集四方诸侯,率领大家誓师道:“诸位诸侯将士,都听我的命令!三苗蠢动,昏暗迷惑不恭敬,轻慢狂妄自大,违反正道,败坏德行。遗弃贤能君子,重用奸佞小人。民众被抛弃而不得安宁,上帝降下灾祸。因此,我率领你们诸位将士,恭奉帝舜的命令,征伐有罪的三苗。假如你们都能够同心协力,将能够建立功勋。”

三十天过去了,三苗还是不服。伯益前往辅佐大禹说:“只要德能感动上帝,无论多远都能归服。自满招致损害,谦逊得到裨益,这是自然之理。当初,帝舜在历山躬耕,往来于乡村,天天向上帝呼号哭泣,对于父母,总是自己负罪引咎;恭敬地服事父亲瞽瞍,拜见父亲时,庄重又敬畏。瞽瞍也变得信任和顺他了。至诚之心感动了神灵,何况这些三苗呢?”

大禹拜谢了这番美言,说:“对呀!”

整顿军队,班师还朝,帝舜于是大施文教德政;人们挥舞着干盾和翳羽在宫廷前的台阶上跳舞。过了七十天,三苗前来归顺。

皋陶谟

【题解】

皋陶，相传是舜的大臣，掌管刑法狱讼。《史记·五帝本纪》曰："皋陶为大理，平，民各伏得其实。"史载当时帝舜临朝，禹、伯夷、皋陶相与语帝前。皋陶述其谋。故作此篇。内容记述舜与大臣讨论部落联盟大事，当是后世史官追述当时讨论的对话写成的，是我国古代最早、最完整的议事记录。

《今文尚书》将此篇与下篇《益稷》合为一篇，今从《古文尚书》，分作两篇。

曰若稽古，皋陶曰："允迪厥德①，谟明弼谐。②"禹曰："俞！如何？"皋陶曰："都！慎厥身，修思永③。惇叙九族④，庶明励翼⑤，迩可远在兹。"禹拜昌言曰⑥："俞！"

皋陶曰："都！在知人，在安民。"禹曰："吁！咸若时，惟帝其难之⑦。知人则哲，能官人⑧。安民则惠，黎民怀之⑨。能哲而惠，何忧乎驩兜？何迁乎有苗？何畏乎巧言令色孔壬⑩？"

皋陶曰："都！亦行有九德⑪。亦言其人有德，乃言曰，载采采⑫。"禹曰："何？"皋陶曰："宽而栗⑬，柔而立⑭，愿而恭⑮，乱而敬⑯，扰而毅⑰，直而温⑱，简而廉⑲，刚而塞⑳，强而义㉑。彰厥有常，吉哉㉒！

"日宣三德，夙夜浚明有家㉓。日严祗敬六德，亮采有邦㉔。翕受敷施，九德咸事㉕。俊乂在官㉖，百僚师师㉗，百工惟时㉘，抚于五辰㉙，庶绩其凝㉚。

"无教逸欲有邦㉛，兢兢业业，一日二日万几㉜。无旷庶官，天工人其代之㉝。

"天叙有典㉞，勑我五典五惇哉㉟！天秩有礼㊱，自我五礼有庸哉[37]！同寅协恭和衷哉[38]！天命有德，五服五章哉[39]！天讨有罪，五刑五用哉！政事懋哉！懋哉[40]！

“天聪明，自我民聪明。天明畏，自我民明威，达于上下，敬哉有土[41]。”

皋陶曰：“朕言惠可厎行[42]？”禹曰：“俞！乃言厎可绩[43]。”皋陶曰：“予未有知，思曰赞赞襄哉[44]！”

【注释】

①允，信。迪，蹈、导也，遵循的意思。厥，其，代词，指古代的圣贤帝王，当指尧。德，道德。　②谟，谋也。弼，辅弼，指臣下。谐，和谐。　③慎，谨慎。修，指品德修行。思，斯。永，久。　④惇（dūn 敦），《史记》作敦，惇敦古通用，厚也。叙，《史记》作序，次第。九族，见《尧典》注。　⑤庶，众。明，杨筠如《尚书覈诂》说：“俞樾谓当读为萌，……师古注并曰：‘萌与甿同。’是古人每假萌为甿。然则庶明，犹言庶民。按庶民与九族对言，俞说是也。”励，勉力。翼，助。⑥昌言，美言、善言。　⑦咸，皆。时，是、这。惟，杨筠如《尚书覈诂》：“疑读为虽，古唯虽通用，唯即惟字。”　⑧哲，智。官人，任人为官。　⑨惠，仁。怀，思。　⑩巧言，善于说话（多贬义）。令色，指脸上表现出巴结、谄媚的颜色。孔，甚、很，程度副词。壬，奸佞，此处指共工。以上四凶举其三，郑玄云：“禹为父隐，故言不及鲧也。”　⑪亦，段玉裁《古文尚书撰异》谓作大也，甚也。大凡的意思。行，德行。九德，即栗、立、恭、敬、毅、温、廉、塞、义之德。详见下文。⑫乃言，皮锡瑞《今文尚书考证》云，今文“乃言”一作“丂言”，即考言，疑作丂言者为是。考言曰载事，犹考言于治事也。载，为。采，事。采采，指许多事。此句意为考察一个人的言论要用许多事例验证，不能没有事实作根据，评判一个人的好坏。　⑬宽，宽宏大量。栗，坚。　⑭柔，性情温和。立，《说文》：“尌，立也。”即树也。与柔相反。　⑮愿，小心谨慎，有怕事的含义。恭，庄重。　⑯乱，治，指具有排乱解纷，治理政务的才能。敬，指办事严谨。　⑰扰，驯服、柔顺，指能听取别人意见。毅，刚毅、果断的意思。　⑱直，正直。温，温和。　⑲简，宽大。廉，廉约。　⑳刚，刚正。塞，充实。刚正而断多失于疏，内充实以补之。㉑强，顽强。义，王引之谓善也。以上九德之义，郑玄云：“宽谓度量宽宏，柔谓性行和柔，扰谓事理扰顺，三者相类，即《洪范》云‘柔克’也。愿谓容貌恭正，乱谓刚柔治理，直谓身行正直，三者相类，即《洪范》云‘正直’也。简谓器量凝简，刚谓事理刚断，强谓性行坚强，三者相类，即《洪范》云‘刚克’也。”又金履祥《尚书表注》：“九德凡十八字，而合为九德者，上九字其资质，下九字则进修，亦有德性之全美者，宽者易弛，宽而坚栗则为德；柔者易弱，柔而卓立则为德；谨厚曰愿，愿者易同

流合污而不庄,愿而严恭则为德;治乱曰乱,乱者恃有治乱解纷之才则易忽,乱而敬谨则为德;扰者驯熟而易耎,扰而刚毅则为德;直者径行而易讦,直而温和则为德;简者多率略,简而有廉隅则为德;刚者多无蓄,刚而塞实则为德;强者恃勇而不审直宜,故以强而义为德也。"上述解说可备参考。 ㉒彰,显。常,常道。吉,善。常吉连文,并有善义。 ㉓宣,《尔雅·释言》云:"徇也。"《国语·周语》:"刘康公曰:'宣所以教施也。'"三德,郑玄曰:"三德,六德者,皆'乱而敬'以下之文。"夙,早晨。夜,夜晚。浚,恭敬。明,努力。有家,旧注多谓卿大夫。家,卿大夫的封地。实际上卿大夫称家乃西周以后事,上古无此称,当泛指部落联盟的上层人员,有家指他们所属的氏族。 ㉔严,马融读严为俨,矜庄的样子。祗,敬。亮,佐佑、助。采,事。有邦,各方诸侯,实际上泛指部落首领。 ㉕翕(xī 吸),合。翕受指三德与六德并用。敷,溥也,普遍。施,行。咸,皆。事,《礼记·郊特牲》注:"犹立也。" ㉖俊,郑玄注:才德超过千人者。乂,才德超过百人者。故俊乂指才德超群者,这样的人可以做官。 ㉗僚,《尔雅·释诂》:"官也。"百僚即百官。师师,《孔传》:"相师法。" ㉘百工,指百官之下地位较低的士。时,善。 ㉙抚,循、顺从。五辰,或谓金木水火土五星,泛指自然天象。孙星衍疏辰为时,五时谓五辰,故谓古有四时为五时说,恐非。周秉钧《尚书易解》:按五辰,北辰也,北辰之星有五,故谓之五辰。《史记·天官书》"中宫天极星",《索隐》引《春秋合诚图》云"北辰,其星五,在紫微中"是也。北辰居天之中,《尔雅·释天》云:"北极谓之北辰。"郭注云:"北极,天之中,以正四时。"昭公十七年《公羊》疏引李巡注云:"北极,天心也,居北方,正四时,谓之北辰。"可参。此文之五辰盖借喻为国君。周说至确,结合上下文,此处有维护部落联盟首领权力中心地位的意思,反映原始社会民主制解体,向奴隶制国家过渡时,君权萌芽的政治状况。㉚庶,众。绩,功绩。凝,成功。 ㉛逸,安逸。欲,私欲。邦,诸侯。 ㉜一日二日,天天的意思。几,《汉书·王嘉传》作机。万几,万端。 ㉝旷,空。《论衡·艺增》:"毋空众官,置非其人与空无异,故言空也。"一说旷为废。工,功,事,古工、功通用。天工人其代之:曾运乾《尚书正读》说:"天生民而立之君,使司牧之,故事曰天工,人其代之者,天不自下治之,使人代之,故人居其官,不可旷厥职也,言安民之为要。"这是中国古代传统的天、君、民一体的思想。 ㉞叙,顺。蔡沈《书集传》谓指君臣、父子、兄弟、夫妇、朋友之间的伦次。典,常。 ㉟勅(chì 赤),诫也。五典,即上文的五常。惇,敦厚。 ㊱秩,次、顺,与"叙"同。礼,指下文的五种礼节。郑玄谓指天子、诸侯、大夫、士、庶人之礼。 ㊲我,这里当指天下,相当于今语我们国家。有庸,马本作"五庸"。庸,用也。 ㊳寅,敬。同寅,喻指君臣之间相互尊重。协,亦同也。恭,亦寅也。衷,善。协恭和衷即同心同德，团结一致的意思。　㊴五服，《尚书大传》谓天子、诸侯、卿、大夫、士的五种礼服。郑玄谓五服为十二（指衣服上的十二种绘饰，下同）、九、七、五、三也（参看《益稷》）。章，显，五服以显等级。《尚书覈诂》云："其实虞书之五服，即下文缔绣以五采，彰施于五色，合之则为五服也。"　㊵五刑，见前注。五用，即《舜典》五服，服亦用也。《国语·鲁语上》云："大刑用甲兵，其次用斧钺，中刑用刀锯，其次用钻笮，薄刑用鞭扑，以威民也。"懋，勉励。　㊶聪明，视听。畏，即威，古通用字。明畏，《蔡传》："明者显其善，畏者威其恶。"明即表彰好人，畏即惩治坏人。有土，指保持邦土，也就是保持自己邦国的地位。　㊷惠，通"会"，引申为应，即当也。厎（zhǐ 纸），必，一定。可厎行即厎可行之颠倒。　㊸厎可绩，杨筠如《尚书覈诂》云："亦疑乃言可厎绩之倒，与《尧典》同。"　㊹思，通"惟"。赞，佐、助。襄，治理。

【译文】

考察古代的历史，皋陶说："诚信地遵循尧的圣德，君主就会决策英明，群臣同心勉力辅助。"

禹说："道理是这样，但怎样做到呢？"

皋陶说："啊，谨慎自身，永远坚持自己的道德修养。宽厚有叙地对待自己的民众，他们就会拥护并辅助你，由近及远，就从这里做起。"

禹起身拜谢这番精妙的见解，说："对呀！"

皋陶说："啊！还须知人善任，安抚民众。"

禹说："噢！确实是这样，但连帝尧、帝舜大概也难以做到。知人善任才算明智的人，才能举官得当。安抚民众才算仁慈，民众才会怀念他。明智而仁慈，怎么会担心驩兜？怎么会迁徙流放苗民？又何必畏惧巧言令色的奸佞之臣共工呢？"

皋陶说："啊！大凡人的行为有九德。换言之，说某人有德行，就要举出许多治事的事实来考察验证。"

禹说："什么叫九德？"

皋陶说："既宽宏大量又坚栗威严；既性情温和又坚定不移；既小心谨慎又严肃庄重；既处事干练又严谨有序；既虚心纳谏又刚毅果断；既行为耿直又态度温和；既着眼大局又注重小节；既刚正不阿又充实全面；既勇敢顽强又善良道义。显扬这尽善尽美的九德吧！

"天子每天都能在自己的行为中表现出九德中的三德，卿大夫就可以早晚恭敬努力地领有自己的采地。天子每天庄重恭敬地表现九德中的六德，就可以使诸侯佐佑天子治理四方。如果能把三德和六德合在一起普遍施行，使具备九德的人都能任用，这样才德超群的人都处在官位。百官臣僚互相效法，各自做好自己的工作,而且顺从君主,大家的功业就成就了。

“治理四方的诸侯不要贪图安逸和私欲,要兢兢业业地处理政务,因为每天都会发生许许多多事情。不要任用不称职的官员,因为上帝统治大事,应由君臣代替完成。

“上帝规定了人与人之间的伦常次序,训诫我们要遵守君臣、父子、兄弟、夫妇、朋友之间关系的常法,使这五种关系深厚有序!上帝规定了天下人的尊卑等级之礼,因此才有天下君臣、父子、兄弟、夫妇、朋友这五礼的实行!君臣民众同心同德,团结一致吧!上帝任命有德的人,规定了天子、诸侯、卿、大夫、士五种不同花色的礼服,来表彰他们!上帝惩罚有罪的人,制定了墨、劓、剕、宫、大辟五种等级不同的刑罚。治理政务大事要努力啊!努力啊!

“上帝听取意见、观察问题,都是依据民众的态度。上帝表彰有德的人,惩罚罪人,也依据于民众的赏罚态度。天意和民意是上通下达的,要谨慎啊,四方的诸侯们!”

皋陶说:“我的话一定可以实行吗?”

禹说:“当然!按你说的去做,一定会取得功绩的。”

皋陶说:“我并没有什么见识,只是每天都在考虑如何协助帝君治理天下啊!”

益　稷

【题解】

益，中国古史传说中尧舜时代的部落首领。又称伯益、伯翳。传说为尧时臣子，舜时任山泽之官。因佐大禹治水有功，禹将死，禅让于他。而诸侯皆“去益而朝启”。后“益干启位，启杀之”。王位禅让制宣布结束。相传益发明了凿井技术。稷，中国古代传说中人物，相传为舜时农官。又名弃。禹时，曾教民播种百谷。

蔡沈曰：“禹称益稷二人佐其成功，因以名篇。”孔颖达亦曰：“禹言暨益、暨稷，是禹称其二人。二人佐禹有功，因以此二人名篇。既美大禹，亦所以彰此二人之功。”从行文上看，《益稷》主要是舜和禹的谈话记录。谈话中，禹向舜报告了益、稷二人的功绩。

《今文尚书》将其与《皋陶谟》合为一篇。兹从《古文尚书》，将其独立成篇。

帝曰：“来！禹，汝亦昌言。”禹拜曰：“都！帝，予何言？予思日孜孜。”皋陶曰：“吁！如何？”禹曰：“洪水滔天，浩浩怀山襄陵，下民昏垫[①]。予乘四载[②]，随山刊木[③]，暨益奏庶鲜食[④]。予决九川距四海[⑤]，浚畎浍距川[⑥]；暨稷播[⑦]，奏庶艰食鲜食[⑧]。懋迁有无化居[⑨]。烝民乃粒[⑩]，万邦作乂[⑪]。”皋陶曰：“俞！师汝昌言[⑫]。”

禹曰：“都！帝，慎乃在位。”帝曰：“俞！”禹曰：“安汝止[⑬]，惟几惟康[⑭]。其弼直[⑮]，惟动丕应[⑯]。徯志以昭受上帝[⑰]，天其申命用休[⑱]。”

帝曰：“吁！臣哉邻哉[⑲]，邻哉臣哉。”禹曰：“俞！”

帝曰：“臣作朕股肱耳目[⑳]。予欲左右有民[㉑]，汝翼[㉒]。予欲宣力四方，汝为[㉓]。予欲观古人之象[㉔]，日、月、星、辰、山、龙、华虫作会，宗彝、藻、火、粉米、黼、黻絺绣[㉕]，以五采彰施于五色作服[㉖]，汝明。予欲闻六律五声八音[27]，在治忽[28]，以出纳五言，汝听[29]。予违汝弼[30]，汝无面从，退有后言。钦四邻[31]。

“庶顽谗说[32]，若不在时[33]，侯以明之[34]。挞以记之[35]，书用识哉，欲并生哉[36]。工以纳言[37]，时而飏之[38]。格则承之庸之[39]，否则威之[40]。”

禹曰：“俞哉！帝，光天之下，至于海隅苍生[41]，万邦黎献，共惟帝臣[42]。惟帝时举[43]，敷纳以言[44]，明庶以功[45]，车服以庸[46]，谁敢不让，敢不敬应[47]？帝不时，敷同日奏，罔功[48]。”

【注释】

①昏，郑玄注：“昏，没也。”昏读为“泯”，古昏、泯可通。垫，陷也。下民昏垫，言“下民”为洪水所吞没。又于省吾在《尚书新证》中认为垫是执之讹，执即毛公鼎之埶，通迩，尔又同艺，昏艺之艺读溺。下民昏垫，即下民昏溺，天下的民众昏没沉溺，与郑说意思相近。　②乘四载，据《史记·河渠书》和《汉书·沟洫志》，是指陆行乘车，水行乘舟，泥行乘橇，山行则梮。如淳曰：橇“以板置泥上以通行路也。”梮，又作桥，“谓以铁如锥头，长半寸。施之履下，以上山不蹉跌也。”《说文》云：“水行乘舟，陆行乘车，山行乘樏，泽行乘𫐐。”樏，大索也，应劭谓樏为人所牵引，正取挽引之义。𫐐，橇。　③随，行。刊，砍削木槎，插在山路上以作道路标。随山刊木，《史记》作“行山表木”。　④暨，及的古体字，与也。奏，进。庶，众，指众民。鲜食，鸟兽新杀叫鲜。　⑤决，疏通。九川，王肃说是九州之川。九，古常用作虚数，泛指多数。距，至。　⑥浚，深、疏通。畎（quǎn 犬），田间沟。浍，郑玄谓：“浍所以通水于川也。”　⑦稷，后稷，参见《尧典》注。⑧艰，马融本作“根”，《释名》：“艰，根也。”则艰即指根生植物，亦即百谷。艰食就是用粮食做成的食品。清人俞樾说：艰当读为饎，《说文》艰字重文作囏，饎囏同声，故得通用，饎亦谓用粮食制成的食品。洪水之后，百姓生活依然十分困难，虽然播种百谷，但土地播种艰难，得食为难，所以要靠猎取禽兽补充食物。现今考古发掘证明，原始社会末期农耕居民的狩猎仍是经济的重要内容，是补充衣食不足的来源之一。　⑨懋，贸的假借字。迁，徙也。化，孙星衍谓即古“货”字。居，蓄。刘逢禄云：当读为“懋迁化居有无”。懋迁，行货为商；化居，居货为贾。⑩烝民，即众民。粒，《史记》作立。王引之云：“粒当读为《周颂·思文》‘立我烝民’之立。立者，成也，定也。”　⑪万邦：泛指部落联盟下的各氏族部落，在这个意义上通常也可以称诸侯。作，始。乂，治。　⑫师，《史记》改为“此”，当为“斯”的假借。斯、师古同音，指示代词。昌，美。　⑬安汝止，郑玄谓：安汝之所

止，无妄动也。　⑭惟，思。几，一般训殆、危也。康，安。惟几惟康，犹言思危图安。杨筠如《尚书覈诂》则云：几，犹谨也。康，《释诂》"静也"，静，慎也。今从杨说。　⑮弼，辅佐，指大臣。直，正直。　⑯丕，大。应，和。惟动丕应，意思是勿妄动，动则天下大应之。　⑰徯，《说文》："待也。"徯志，《史记》改作清，故杨筠如云："徯清一声之转，谓清洁心志也。"志，心志。昭，古通"绍"，《尚书·文侯之命》："用克绍乃显祖。"唐石经作昭，即其证。《释诂》："绍，继也。"谓继承之意。　⑱申，重。以也。休，美。　⑲邻，近也，即下文四邻。　⑳股，腿。肱（音 gōng 公），手臂。股肱，常用来比喻左右大臣，心腹。　㉑左右，《释诂》：导也。郑玄注：助也。帮助引导。有，抚，保护、扶持。孙星衍疏云："有者，抚也。《释诂》有、抚转相训。"　㉒翼，辅佐。　㉓宣，布。力，意指安邦治国。为，王引之读如相为之为。为，助也。　㉔观，示也。象，画在衣物上的图饰。㉕文中所列举的十二种事物，都是绘饰在礼服上的物体形状图案。古代以礼服上绘饰的不同表示地位的高低，但具体的绘饰及如何体现身份差异的，考证繁缛，且说法各异。郑玄认为从日月至黼黻共十二章，都是天子用来绘饰礼服的。日月星辰山龙华虫是画在上衣上的。会，当作绘，读为缋，画的意思。而宗彝藻火粉米黼黻六种是绣在衣服下身上的。古代上衣曰衣，衣服的下身曰裳。又从色彩上讲：山龙，《尚书大传》：青也。华虫，郑玄注曰："五色之虫。"一说华虫，黄也。宗彝，白也。藻火，赤也。宗彝，谓钟鼎等祭祀礼器。《小克鼎》："克作皇祖釐季宝宗彝。"即其证，这里是指虎和蜼（wěi 尾）。蜼，长尾猿。古时宗庙的祭器上常常饰有虎和长尾猿两种动物的形状，故这里以宗彝作为虎和长尾猿的代称。藻，水草。玉饰如水藻之文，环形。粉米，《说文》作黺絑。黺，画粉；絑，绣文如聚米也。黼，指斧形。黻，两弓相背的形状。王国维考证黻弜音同，故画弜者谓之黻，与画斧者谓之黼，义正相应。可备一说。絺，郑玄注："絺读为黹，黹，紩也。"黹（zhǐ 旨）、紩（zhì 至），缝制。绣，刺绣。杨筠如《尚书覈诂》说：高晋生云："作会与作服相对为义，会当读为旝，旌旗也，盖唐虞之世，画日月星辰山龙华虫旌旗之上，故曰日月星辰山龙华虫作旝也。"杨氏引《周礼》等为证。襘者，殆旌旗之总名也，当时的氏族部落以此作为标志（类似于图腾）。在原始社会后期，等级制度尚未形成，不可能出现以一整套礼服的绘饰来表示地位的制度，故旧说不可从，杨说较符合古代史实。　㉖作服，指制成服装。采，指颜色，郑玄说性曰采，施曰色。即未用的时候叫采，已用的叫色。制作礼服的人根据这十二种物形制成五种不同的礼服，以表示地位的高低。天子的礼服要绘画并刺绣这十二种物体的形状；公的礼服要绘绣山龙以下九种物体的形状；卿的礼服绘绣华虫以下七种物体的形状；大夫的礼服绘绣宗彝等五种物体的形状，士的礼服绘绣粉米以下三种物体的形状，利用这五种不同的服装来辨明地位的高低。以上说法,为后代制度,尧舜时代不可能有这种完善的礼服制度。又杨筠如云:“采,三体石经作介。按《淮南·精神训》高注:介,被甲者。《史记·南越列传·索隐》:介,被也。盖被于外者,谓之介,故甲胄在外,亦谓之介胄,虫之外甲,谓之介壳。”可备一说。 ㉗六律,相传黄帝时的乐师伶伦,把竹子截出竹筒,以竹筒的长短来区分声音的高下清浊,各种乐器的声音便以此为准则。经过试验,确定为十二种高低不同的标准音,叫做十二律。这十二律各有固定的名称,即:黄钟、大吕、太簇、夹钟、姑洗(xiǎn 显)、中吕、蕤(ruí 绥)宾、林钟、夷则、南吕、无射(yì 异)、应钟。十二律又分两大类,单数的六律为阳律,称作六律;双数的六律为阴律,称为六吕。实际上十二律的出现不可能在黄帝时,要晚到东周时。五声,指宫、商、角、徵、羽五种高低不同的音阶。八音指八种不同的材料制成的乐器,即金、石、丝、竹、匏、土、革、木。 ㉘在治忽,《史记》作“来始滑”。在,察。治,治理。忽,忽滑、古同声,王引之谓:“忽当读为滑。《淮南子·精神训》注:‘滑,乱也。’盖治忽对言。在治忽,犹言察治乱。”曾运乾《尚书正读》云:“在治忽者,察声音之哀乐,以知政教之理乱也。” ㉙出,发布。出纳,周秉钧《尚书易解》说:犹言进退。五言,五种不同的言语。前人引《汉书·律历志》多谓五言为五常之言,或比附为五声之言。今人方孝岳说:“‘五言’,即《王制》所云‘五方言语’。”《礼记·王制》:“五方之民,言语不通,嗜欲不同,达其志,通其欲。东方曰寄,南方曰象,西方曰狄鞮,北方曰译,合之中国,则五也。”五方之言即五言,古代帝王派官出抚四方,命太师陈诗以观民风。 ㉚违,违背。弼,辅助。 ㉛钦,敬。四邻,指四辅,郑玄释为左辅右弼前疑后丞,泛指左右大臣。曾运乾《尚书正读》说:“实即上文所言汝翼、汝为、汝明、汝听也。”恐非。㉜庶,众。顽,愚。 ㉝若,语词。在,察。时,是,指示代词,指股肱耳目之意。㉞侯,射也,本义为射的,古者不贤之人不得射,射的须内志正,外体直,而后可以言中,故用射侯之礼来教育。 ㉟挞,扑、击。记,诫也。挞以记之,令其不忘惩罚。 ㊱书,《周礼·大司寇》注为书写罪状于大方板,并把方板放在犯人的背上,或去掉犯人的帽子把罪状写在犯人的背上以示耻辱。识,记也。生,一说上述刑罚都不是死刑,不置之死地。一说生为进,欲使改悔而上进也。亦通。 ㊲工,官。纳言,采纳意见。 ㊳时,善。飏,《史记》作扬,举也。 ㊴格,正。承,进。庸,用。 ㊵否则,与上文格则意思正相反。威,畏也,引申为惩罚。㊶光,广也。苍生,黎民。 ㊷万邦,泛指众多氏族部落。黎,众。献,即仪。《广雅》:“仪,贤也。”杨筠如《尚书覈诂》云:“按献假为槸,字一作蘖,意与萌同。萌为民,故献亦为民也。”可备一说。共惟,同为、俱为。 ㊸时,善。 ㊹敷,布、普遍。纳,采纳。 ㊺庶,一作试。功,事。 ㊻庸,功劳。车服以庸,以车服表彰其功劳。　⑰敢,能。应,承。　⑱敷同,谓不分善恶。奏,进用。罔,无。

【译文】

帝舜说:"来吧!禹,你也谈谈自己的高见。"禹拜谢道:"啊!天子,我有什么说的呢?我只是天天思考着努力做事而已。"皋陶说:"噢!结果怎么样呢?"禹说:"洪水漫天,浩浩荡荡包围了高山,淹没了丘陵,天下的黎民沉溺于洪水之中。我乘坐四种交通工具,沿着山林勘察道路,砍削树木作为路标,同伯益一起把猎来的新鲜鸟兽送给民众。我疏通许多河道,使河水顺利流入大海。开通田间沟渠,使积水流入河流。同后稷一起播种百谷,把粮食和新鲜鸟兽肉送给民众。让民众交换剩余实物,以互通有无。民众才得以安定,天下方国开始得到治理。"皋陶说:"是啊!你做的确实如你说的这样好。"

禹说:"噢!天子,您身居帝位也要谨慎啊。"帝舜说:"是啊!"禹说:"忠于职守,行为谨慎。用正直的人做辅佐,令行则天下响应。思想纯正地接受上帝的旨意,上帝就会不断地将美好赐予您。"

帝舜说:"唉!正直的大臣就是最亲近的人!最亲近的人就是正直的大臣!"禹说:"对啊!"

帝舜说:"大臣作我的左膀右臂和心腹耳目。我要帮助保护人民,你们辅佐我。我要安邦治国,你们协助我。我要把古人礼服上的图像显示出来,在上身衣服上绘制日、月、星辰、山、龙、华虫的图案;在下身衣裳上绣制虎形、水藻、火苗、粉米、黑白相间的斧形,黑青相间的几何图形,用五种颜色的颜料鲜明地做成五种色彩不同的礼服,你们去做吧。我要听六种乐律、五种声音、八种乐器的演奏,从各种音乐之中考察政治得失,取舍各方的意见,你们负责审听。我有过失,你们要帮助我,不要当面顺从,背后又乱说。亲近的左右大臣们!"

"也有一些愚蠢的好散布谗言的人,如果不明察自己为臣的行为,就用侯射之礼来教育他们,鞭打警戒他们,把他们的罪行记录下来,但也不要把他们置于死地。做官要采纳下面的意见,善美的要显扬,正确的意见要提上来,采纳运用,否则就要受到惩罚。"

禹说:"好啊!天子,普天之下,至于四海的民众,都是您的臣民。如果您唯善是举,广泛地采纳他们的意见,根据功绩考察他们,分别给予车马和服饰以示表彰,那么,天下人谁能不互相谦让,谁能不恭敬地承应您的旨意?您如果不能分辨善恶,使好人坏人同样进用,结果必然徒劳无功。"

帝曰[①]:"无若丹朱傲[②],惟慢游是好[③],傲虐是作。[④]罔昼夜頟頟[⑤],罔水行舟[⑥]。朋淫于家[⑦],用殄厥世[⑧],予创若时[⑨]。"

“娶于涂山⑩，辛壬癸甲⑪。启呱呱而泣，予弗子⑫，惟荒度土功⑬。弼成五服，至于五千⑭，州十有二师⑮，外薄四海，咸建五长⑯。各迪有功⑰，苗顽弗即工⑱。帝其念哉。”帝曰：“迪朕德⑲，时乃功惟叙⑳。皋陶方祗厥叙，方施象刑惟明㉑。”

夔曰：“戛击鸣球、搏拊、琴瑟，以咏㉒。”祖考来格㉓，虞宾在位㉔，群后德让㉕。下管鼗鼓㉖，合止柷敔㉗。笙镛以间㉘，鸟兽跄跄㉙；《箫韶》九成㉚，凤凰来仪㉛。夔曰：“於！予击石拊石，百兽率舞，庶尹允谐㉜。”

帝庸作歌曰：“敕天之命，惟时惟几㉝。”乃歌曰：“股肱喜哉㉞！元首起哉！百工熙哉㉟！”皋陶拜手稽首飏言曰㊱：“念哉！率作兴事㊲，慎乃宪㊳，钦哉！屡省乃成㊴，钦哉！”乃赓载歌曰㊵：“元首明哉，股肱良哉，庶事康哉㊶！”又歌曰：“元首丛脞哉，股肱惰哉，万事堕哉㊷！”帝拜曰：“俞，往，钦哉！”

【注释】

①帝曰，孙星衍《尚书今古文注疏》云：“‘无若丹朱傲’上古文今文俱有‘帝曰’二字，《伪传》脱之也。史公有之。”孙说甚确。　②若，如也。丹朱，尧的儿子，参见《尧典》注。傲，傲慢。　③惟，只。慢，与漫通，放也。游，佚也。好，喜好。　④虐，同谑，嬉戏。作，为。　⑤罔，不、没有。额(é 额)与《说文》䑐字相当，意思是船行不安，昼夜不息。又额额，《潜夫论》断颂作鄂鄂。罔昼夜额额，杨筠如《尚书覈诂》引朱彬谓：“无昼夜皆额额，即《诗》所谓‘式乎式号，俾昼作夜’，指慢游傲游而言。则额额疑为谘谘之假字。《说文》：‘谘，论讼也。’……是谘谘，即谓争讼呼号，非推舟之谓也。按谘与鄂古通，《说文》：‘咢，哗讼也。’《广雅》：‘谔谔，语也。’”杨筠如以为朱说甚是。今从杨说。　⑥罔水行舟，郑玄注谓：“丹朱见洪水时，人乘舟；今水已治，犹居舟中额额使人推行之。”此意是说，洪水已平，水浅无法行舟，丹朱仍乘舟嫚游，使人在浅水中推船行走以为乐。但若联系上文，罔水行舟则为比喻，乃指丹朱日夜争斗滋事，如旱地行舟一般。　⑦朋，一说读为风，放也，雌雄相互引诱叫风。淫，淫乱。朋淫于家，这里指丹朱干有伤风俗习惯的事，可能是群婚乱伦。原始社会末期，婚姻形态开始向对偶婚和一夫一妻制过度，群婚乱伦仍然还有残余，但一般限制在一定时间、一定场合进行，在氏族部落（家族）内是绝对不容许这样做的，所以淫乱的丹朱被剥夺了继承权。⑧用，因。殄(tiǎn 舔)，灭绝。厥，其。世，父子相继叫世。　⑨创，惩。若，顺。时，是、这。　⑩娶于涂山，据《史记》、《论衡》，句前应有“禹曰”二字，此不从。

涂山,即涂山氏,居住在涂山一带的氏族部落。涂山地望说法不一:会稽说,《越绝书》认为禹娶亲的涂山在绍兴附近;渝州说,《华阳国志》以为是江州涂山,其地在今重庆;当涂说,《清一统志》以为在寿春当涂等。但禹夏部落的活动中心在今河南西部和山西南部一带,今考古文化已有证实,涂山氏的活动亦应在此范围以内。⑪辛壬癸甲,古代很早就以干支记日,辛壬癸甲一共四天,相传禹结婚三天后即离家治水。《吕氏春秋》云:"禹娶塗山氏女,不以私害公,自辛壬至甲四日,复往治水。" ⑫子,郑玄注《乐记》:"子读如不子之子。"又注:"《中庸》谓爱也。"一说子作字,抚问也。可备一说。 ⑬惟,只。荒,奄、大也。度,成、就也。土功,指治理水土的事情。 ⑭弼,辅佐。五服,即《禹贡》的甸服、侯服、绥服、要服、荒服五等服役地区,详见《禹贡》注。至于五千,指舜的统治范围达到半径五千里,这是战国以后人的想象,实际尧舜禹部落联盟的范围在黄河中下游一带。 ⑮州十有二师,相传禹治水后,分天下为九州,舜又分冀州为幽州、并州,分青州为营州,共为十二州。《尧典》也作十二州。九州之说,详见《禹贡》。师,长也,即十二州牧(诸侯),非后世军队编制之师。 ⑯薄,至也。咸,皆也。五长,郑玄注谓,每五个诸侯国立一长以为统率,但又以为这是九州之外边远地区的编制。《尔雅》所谓"九夷八狄七戎六蛮谓之四海"。《王制》:"五国以为属,属有长。"由于四海范围广大,在东西南北各方,确定一个大方国统率一方诸多方国,这种情况,后世仍长期存在,如商代西方的西伯周,周初东方的齐国等。 ⑰迪,道、导也。⑱苗,即三苗,参见《尧典》注。顽,对抗、反抗。即,就。工,官。弗即工,因其顽抗不使就官。 ⑲迪,道、导也。迪朕德,应为"朕德迪"之倒装。 ⑳时,是。乃,你,指禹。功,功劳。叙,顺。时乃功惟叙,乃"惟叙时乃功"之倒装。 ㉑方,旁也,大也。祗,敬也。叙,敬。厥,其,指禹。叙,顺。方祗厥叙,意为大敬顺从禹者。象刑,刻画刑杀之象于器物上。惟明,指的是使民众明了。禹用德,皋陶用刑,德刑并施,三苗臣服。 ㉒戛(jiá 夹),敲击。鸣球,一种乐器,玉磬类。搏拊(bó fǔ 勃府),一种皮制的乐器,形状如小鼓。琴瑟,均是乐器名。咏,郑玄谓歌诗也。 ㉓祖考来格,郑玄注:"祖考来格者,谓祖考之神来至也。"孙星衍疏云:"祖者,颛顼;考者,尧也。《祭法》云:'有虞氏禘黄帝而郊喾,祖颛顼而宗尧。'此盖宗祀明堂之祭。" ㉔虞宾,指前代帝王的后裔,即丹朱。郑玄注谓舜以为宾。 ㉕群后,泛指方国诸侯、首领。德,升。让,揖让。德升,揖让而升,宾主相见时的一种礼仪。 ㉖管,箫一类竹制乐器。鼗(音 táo 桃):《说文》作"鞀",又作"鞉",两旁有耳长柄的小鼓,摇之使自击。下,指吹管等在堂下奏乐。㉗合,即合乐,开始时调节使之合拍。止,止乐,戛然而止。柷(zhù 住),古乐器,形如方斗,于奏乐开始时击之。敔(yǔ 语),古乐器,形如伏虎,止乐用。郑玄注谓:"合乐用柷,柷状如漆筩,中有椎,合之者投椎于其中而撞之,所以节乐。" ㉘笙,乐器,属管形乐器,大笙十九簧,小笙十三簧。镛,大钟。间,指笙和镛互相交替着演奏。 ㉙跄(qiāng 枪)跄,动也,形容人扮成鸟兽闻乐起舞。 ㉚箫韶,舜所制作的乐曲。九成,每次乐曲完结后,再变更另奏,乐变九次,才算最后结束。故郑玄注云:"成,犹终也。每曲一终,必变更奏。若乐九变,人鬼可得而礼。" ㉛凤凰,传说中的神鸟。来仪,成双成对到来叫仪。 ㉜石,石磬类乐器。拊,击也。百兽率舞,并不是指真的动物跳舞,古代祭祀典礼时,人们往往扮演各种鸟兽同欢共舞,以显礼典之盛。庶,众。尹,官长也。谐,同偕。庶尹允谐,众官员也加入礼乐队伍,人兽同乐。 ㉝敕,《释诂》:劳也。几,小事。蔡沈《书集传》云,"惟时者,无时而不戒敕也;惟几者,无事而不戒敕也。"即时时事事谨慎小心。 ㉞股肱,指身边大臣。喜,王引之谓喜,起也,熙也,皆兴也。 ㉟元首,指舜。起,兴起。百工,此处当指百事,非指百官。熙,兴也。喜,起、熙皆有兴起的意思。 ㊱拜手稽首,古代男子的跪拜礼。拜手,跪下之后,两手拱合,俯首至手与心平,而不至地,因称拜手。稽首,行礼时叩头至地。飏,与扬通,继续也。 ㊲率,统率。 ㊳宪,法也。 ㊴省,省察。 ㊵赓,《尔雅·释诂》:"续也。"载,为。 ㊶庶,众。康,安。 ㊷丛脞(cuǒ 错上声),犹今烦碎的意思。或云:治事急遽无序,则众务丛凑于前。亦通。惰,懈弛也。堕,坏也。

【译文】

帝舜说:"不要像丹朱那样傲慢,丹朱只喜好放纵淫佚,行为嬉戏无聊,不分昼夜争斗吵闹,如同旱地行船般无事生非。他还在家族内伙同别人纵情淫乱,我惩罚他是理所当然的,他被剥夺了继承帝位的权利。"

(禹说:)"我辛壬日娶涂山氏的女儿为妻,过了壬癸之日到甲日便离家治水去了。到儿子启生下来呱呱大哭时,我都没有照顾抚爱过,只是全力投入治水工程。辅佐天子建立五等服役区域,一直达到五千里的范围。把全国划分为十二州,置定州长,十二州以外,四海之内,每五个方国确定一个大方国诸侯为长,让他们领导各方建立功业。然而苗民不服从统治,天子您要挂念这件事啊!"帝舜说:"用我们的德教去开导他们,只要三苗顺从,就是你大禹的功劳。皋陶你要敬重那些顺从禹的人,还要把刑杀的图像刻画在器物上,以使民众明了违抗的后果。"

夔说:"敲起玉磬,打起搏拊,弹起琴瑟,演唱起来吧。"祖考的灵魂降临了,前代帝王的后裔、舜帝的宾客也就位了,各方国诸侯、首领互相行着揖让之礼。庙堂下吹起管乐,打起小鼓,敲柷作为奏乐的开始,击敔作为奏乐的结束,笙和大钟交替演奏着乐曲。扮演鸟兽的舞队闻乐起舞,韶乐变换演奏九次以后,扮演神鸟凤凰的舞队成双成对地出来了。

夔说："唉！我敲打着石磬，扮演百兽的舞队都跳起舞来，各位官员也加入礼乐队伍，一起跳起来吧。"

帝舜因此作歌乐。说："勤劳天命，时时事事都要小心谨慎。"又唱道："大臣们乐意办事啊！君王我就振奋啊！一切事情就都兴旺发达啦！"皋陶行跪拜叩头大礼接着说："记住这些话吧！天子统率大臣治理国家，谨慎对待制定的法令，要恭敬啊！凡事反复考察自省才会成功，要恭敬啊！"于是又继续歌唱道："天子圣明啊，大臣贤良啊，诸事安宁啊！"又歌唱道："天子烦碎无大志啊，大臣就会懈怠啊，什么事都要荒废啊！"帝舜拜谢道："对啊，去吧！恭谨地各司其职吧！"

禹　贡

【题解】

禹,即夏禹,名曰文命。贡,《广雅·释诂》云:“上也,税也。”《释言》云:“献也。”《书序》云:“禹别九州,随山浚川,任土作贡。”周秉钧《尚书易解》说:“水土既平,万民乐业,怀帝之德,念禹之功。史官记之,以章厥功,命曰《禹贡》。”当尧之时,洪水泛滥,尧命鲧领导治水,九年不成。《史记·夏本纪》:“于是舜举鲧子禹,而使续鲧之业。”禹终于领导民众取得了治水的胜利。《禹贡》全文一千一百五十三字,《史记·夏本纪》录载了《禹贡》的主要内容。《禹贡》是中国最早的地理著作,篇中详细地记载了山川的名称、方位与脉络,物产的分布及土壤的性质等等。对于研究远古时代农业生产具有重要意义。从行政区划上看,《禹贡》九州,以夏文化中心区冀州为中心,依次为兖、青、徐、扬、荆、豫、梁、雍九州。东至大海,西至甘、陕,南至湘、鄂,北至辽东半岛。《禹贡》在结构上可分为三部分,第一部分记述大禹治理九州的功绩,第二部分记述大禹治理山川,第三部分记述五服制度并总结大禹的功绩。

关于《禹贡》的成书时代,古往今来争讼不已,众说纷纭,归纳起来有夏代说、西周说、春秋说、战国说、西汉说等。我们认为《禹贡》是春秋战国时的作品,至少不应晚于战国末年,但其中保留了夏代的资料,十分珍贵。

禹敷土①,随山刊木②,奠高山大川③。

【注释】

①敷,马融注:“分也。”郑玄注谓:“布也。”禹敷土,蔡沈《书集传》云:“分别土地以为九州也。”即禹划九州。　②随,循、顺着。刊,削也,砍也。郑玄说:“必随州中之山而登之,除木为道,以观其所当治者,则规其形而度其功焉。”或谓砍树木以作治水之用。　③奠,定。《尚书·吕刑》:“禹平水土,主名山川。”即给山川取定名称。又蔡沈《书集传》云:“定高山大川以别州境也。”郑樵《通志》云:“州

县之设,有时而更,山川之形,千古不易。所以《禹贡》分州,必以山川定疆界。"是以山川为标志,划定各州疆界。顾颉刚师举例:"如像兖州以济水、黄河为界;青州以海和泰山为界;雍州以黑水、西河为界;荆州以荆山、衡山为界;徐州以海及泰山、淮水为界;豫州以荆山及黄河为界;梁州以华山、黑水为界。"(《中国古代地理名著选读》第一辑)

【译文】

禹划分九州疆界,顺着山势开辟道路,砍削树木作为标记,将高山大河定作九州的分界。

冀州①:既载壶口②,治梁及岐③。既修太原④,至于岳阳⑤。覃怀厎绩⑥,至于衡漳⑦。厥土惟白壤⑧,厥赋惟上上,错⑨,厥田惟中中⑩。恒、卫既从⑪,大陆既作⑫。岛夷皮服⑬,夹右碣石入于河⑭。

【注释】

①冀州,相传为禹划九州之一。司马迁《史记·夏本纪》云:"禹行自冀州始。"冀州之名,出自春秋时冀国,地在今山西河津县冀亭,后为晋灭,故以冀称晋。《吕氏春秋·有始览》云:"两河之间为冀州,晋也。"注云:"东至清河,西至西河。"大致范围是今山西全省,河北的西、北部,河南的北部,辽宁西部。冀州是传说中唐尧、虞舜及夏的宅都之地,为尧舜联盟的活动中心,故《禹贡》治水平土,区划九州从冀州开始。 ②既,犹言已经。载,事,这里当指壶口一带的水利工程。壶口,《汉书·地理志》:"河东郡北屈,《禹贡》壶口山在东南。"位于今山西吉县西北,与陕西宜川遥望,距龙门约70公里。黄河至此,河道骤然由200多米缩小至20多米,宛如咽喉,冬季上下水面高低落差15至25米,形成悬崖直泻的瀑布奇观。壶口瀑布水势奔放,倾注石槽,迂回旋转,好像壶形漏斗,故名。 ③梁,山名,在今陕西韩城县西北,壶口的南面。岐,山名,以往多以为是今陕西岐山县境内的岐山。在渭水北岸,距壶口较远,不可信。蔡沈《书集传》云:"梁、岐皆冀州山。梁山,吕梁山也,在今石州离石县东北。岐山在今汾州介休县狐岐之山,胜水所出,东北流注于汾。"崔述调和二说,认为二山皆当跨河,在雍、冀之界上,故能阻塞河流。(《崔东壁遗书》)顾颉刚师指出:"壶口、梁、岐都是因治河所施工而言,应当是黄河所经的山,若吕梁、狐岐都距河很远,雍州的梁山非春秋晋地,岐山在渭水流域,和导河无关,崔述的说法是比较合理的。" ④修,治也。太原,孔安国云:"高平曰太原,今以为郡名。岳,太岳。"胡渭承其说,《禹贡》治水,壶口以下,今太原远在其东北。故非也。尧舜中心在今晋南,王国维考证:"太原正汉河东郡地,与《禹贡》太原在壶口、梁、岐、岳阳间者,地望正合。大泽当即要邑盐池,

或蒲坂张扬池。”顾颉刚师承其说，云：“古太原实在河东，兼带汾、洮，南降大泽，相当于今山西闻喜一带。”（详见《中国古代地理名著选读》第一辑）甚确。尧都平阳，即今临汾市。　⑤岳阳，岳即太岳山，在今山西霍县东，一名霍山。山南叫阳，今太岳山以南和永济一带，正连接成一大平原。　⑥怀，《韩诗外传》：“武王伐纣，至邢丘，更名曰怀。”包括今河南沁阳、济源、修武、温县、武陟等黄河以北地区。古代称黄河以北，太行山以南为南阳。厎（zhǐ 纸），致、获得。绩，功绩。覃怀一带土地肥沃，地势平坦，北靠太行山，南临黄河，西有沇水，东面是淇水，易受水患，为治水重地。　⑦衡，同横。漳，漳水。漳水由山西高原西南向东横流，与北上的黄河交汇于河北、河南两省之间的平原地区，水患频仍，相传共工治水就在这一带。　⑧厥，其。惟，是。白壤，据今人研究，这里的土壤属盐渍土，洪水退去之后，土面一干，盐分因水分蒸发而凝聚起来，使地面略呈白色，故古人称为白壤。马融注云：“壤，天性和美也。”颜师古注：“柔土曰壤。”　⑨赋，赋税，一般指粮食类，后又指军用物资，如兵车类，军赋。上上，第一等，《禹贡》分别根据九州作物生长状况和土地的肥瘠，把赋税分作九等。错，杂，此指杂出第二等赋税。　⑩田，耕地。郑玄说：“地当阴阳之中，能吐生万物者曰土。据人功作力竞得而田之，则谓之田。”中中，指田地的高下和肥瘠的等次，一共九等，中中是第五等。　⑪恒、卫，二水名，历来有二说。一是《汉书·地理志》说恒水在曲阳县境内，源出恒山，东入滱；而发源于河北灵寿县东北的卫水，向南流到灵寿县东南与滹沱河合流，恒、卫、滱、虖池四水各有源流，不相通假。二是《水经·滱水注》云：“滱水又东，恒水从西来注之，自下滱水水兼纳恒川之通称焉，即《禹贡》所谓恒、卫既从也。”故胡渭《禹贡锥指》以为卫河下游即滹沱河，恒水下游即滱水，四水并为两水。实际上，恒、卫的下游在战国黄河大改道前，均当是黄河下游河道的一部分，治理恒、卫即是治理黄河下游河道。　⑫大陆，大陆泽，《汉书·地理志》：“巨鹿郡·巨鹿：《禹贡》大陆泽在北。”在今河北巨鹿县西北，是古代著名的内陆湖泊，后淤平。作，治，水患平息，可以耕作。　⑬岛夷，《史记》、《汉书》均作鸟夷，郑玄注：“鸟夷，东方之民，捕食鸟兽者也。”岛，《孔传》谓海中之山谓之岛。夷，古代称东方边远地区的人为夷。当泛指古代冀州东方沿海的东夷人，以狩猎为生，以鸟兽的毛皮作衣服。联系下文扬州的“岛夷卉服”，冀州的岛夷可能指生活在冀州沿海地区岛屿上的夷人。　⑭碣石，山名。其地历来说法不一，考证颇多，大致在今渤海沿岸。如《汉书·地理志》：“右北平骊城县，大碣石山在西南。”骊城，在今河北乐亭县。然文颖注《汉书·武帝纪》以为在河北昌黎东南，今多从之。禹时当在黄河入海之处。夹右，苏轼云：“夹，挟也，自海入河，逆流而西，右顾碣石，如在挟掖也。”《史记》改河为海。

【译文】

冀州：壶口的治水工程结束后，便开始治理梁山和岐山。太原一带修治完成后，就轮到太岳山的南面。覃怀的水利工程取得成功后，就开始治理横流的漳河。该州的土质是柔软的白壤，这里的赋税应该是第一等，也杂夹着第二等赋税，这里的土质，是第五等。恒水、卫水的河道已经疏通，大陆泽也已治理完工。东方沿海的夷人进贡皮服时，可以从碣石附近沿海逆河来贡。

济、河惟兖州①：九河既道②，雷夏既泽③，灉、沮会同④。桑土既蚕⑤，是降丘宅土⑥。厥土黑坟⑦，厥草惟繇⑧，厥木惟条⑨。厥田惟中下，厥赋贞⑩，作十有三载乃同⑪。厥贡漆丝⑫，厥篚织文⑬。浮于济、漯，达于河⑭。

【注释】

①济，即济水，是古代四渎之一。其源出今河南济源市王屋山，东南流入黄河。旧说潜伏穿过黄河，向东流至山东境，非也。当为黄河支流，自河南黄河南岸流入山东。兖州，地约当今山东省西部，河北省东南部，河南省东北隅。兖州春秋时为卫地。《吕氏春秋》云："河、济之间为兖州，卫也。"兖即沇之隶书，沇水即济水，兖州由济水而得名。古济水河道是兖与豫、徐、青诸州的分界处。孔颖达《尚书正义》云："此下八州，发首言山川者，皆谓境界所及也。" ②九河，《尔雅·释水》："九河：徒骇、太史、马颊、覆鬴、胡苏、简、洁、钩盘、鬲津。"是九河指当时黄河下游的九道河，当时黄河下游河道较多，禹疏通九条河，使上游来水顺畅入海。但九，古有多意，不一定特指九条河，泛指兖州境内黄河下游的众多河道。道，通"导"，疏导。 ③雷夏，大泽名，在今山东菏泽东北黄河南岸，古代此处地势低洼，水潴成泽，后淤平。 ④灉(yōng 拥)，是由黄河分出的一条支流，旧说即今赵王河。沮(jù 剧)，济水的支流。灉沮会同，两水合为一流同入雷夏泽。 ⑤桑土，可以种植桑树的土地。郑玄注谓："濮水之上，地有桑间。"濮上指卫国，属兖州，这一带桑树很多，《诗经》、《礼记》有证。桑土既蚕，谓水患平后，人们下到平地上种桑养蚕。今人辛树帜的《禹贡新解》则以为桑土非指宜桑，而是洪流退后所出现的一种地貌。可备一说。 ⑥是，王引之《经传释词》云于是。降，下也。丘，无石的小土山。宅，居住。 ⑦坟，土地肥沃。马融曰："坟，有膏肥也。"坟、肥音近。黑坟，指地高、色黑、肥沃的土壤。辛树帜《禹贡新解》说："坟为高起之地而有膏肥，似指丘陵土壤而不尽肥沃；埴坟显指粘质丘陵土壤。考其所在，则兖为今之山东西部，丘陵地多为棕壤；惟禹贡称兖州'厥草惟繇，厥木惟条'，想见当时草长林茂，土壤中黑色腐植质必多，或于古代为灰棕壤，即所称黑

坟。”　⑧繇(yáo 摇),《说文》:“草盛貌。”马融云:“抽也。”指发芽。　⑨条,长也。　⑩中下,指第六等。厥赋贞,《孔传》:“田第六。贞,正也。州第九,赋正与九相当。”孔颖达《尚书正义》说该州治水最后(第九)完成,其赋亦为第九。此说不确。金履祥《尚书表注》说贞本下下,篆文重文,但于字下作 =。兖赋下下,古篆作下 =,或误作正,遂讹为贞。此说可从。　⑪作,耕作,指开垦土地。蔡沈《书集传》:“兖当河下流之冲,水激而湍悍,地平而土疏,被害尤剧。今水患虽平,而卑湿沮洳,未必尽去。土旷人稀,生理鲜少,必作治十有三载,然后赋法同于他州。”又一说指禹治水年数。结合上下文,非是。　⑫漆丝,是卫地的传统特产。　⑬篚(fěi 匪),圆形的盛物竹器。织文,染成各种花纹的绫罗一类的丝织品。　⑭浮,达。《孔传》云:“顺流曰浮,因水入水曰达。”蔡沈曰:“舟行水曰浮。”从一条河转入另一条河叫达。漯,水名,古代黄河的支流,其故道从黄河北岸的河南浚县宿胥口东北流至山东,从今滨州、利津一带入海。今大清河为古漯水入海河道,小清河为古济水入海河道。古济、漯两水相通,故胡渭《禹贡锥指》说:“以今舆地而言之,浚县、滑县、开州、清丰、观城、濮州、范县、朝城、莘县、堂邑、聊城、清平、博平、禹城、临邑、济阳、章丘、邹平、齐东、青城、高苑诸州县界中,皆古漯水之所经。自宋世河决商胡,朝城流绝,而旧迹之存者鲜矣。”

【译文】

济水与黄河之间一带是兖州:黄河下游众多河道已经疏导畅通,雷夏湖泽已经形成,滩水、沮水在这里会合。土地已能够种植桑树,饲养家蚕,人们从小土山上搬到平地上居住。该州的土质是肥沃的黑土,这里青草茂盛,树木修长。这里的耕地应该是第六等,赋税是第九等,待耕作了十三年后才能和其他州的赋税相同。该州的贡物是漆和丝,装在圆竹筐里的是染成各种花纹的丝织品。进贡的物品从济水和漯水乘船通达黄河。

海岱惟青州①:嵎夷既略②,潍、淄其道③。厥土白坟④,海滨广斥⑤。厥田惟上下,厥赋中上。厥贡盐絺⑥,海物惟错⑦,岱畎丝枲⑧,铅松怪石⑨。莱夷作牧⑩。厥篚檿丝⑪。浮于汶,达于济⑫。

【注释】

①海,渤海。岱,泰山,泰、岱古音近,又称岱宗、东岳。青州,禹贡九州之一,地居东方,五行家说东方色青,故名。青州地域相当于今山东省中部和东部,东北远达辽宁东部,朝鲜西部。南界至泰山与徐州分界。　②嵎夷,指东方沿海的东夷族,参见《尧典》注。略,《广雅·释诂》:“治也。”　③潍,淮水。《汉书·地理志》:“(瑯琊郡)箕:《禹贡》潍水,北至都昌入海,过郡三,行五百二十里。”发源

于山东莒县东北潍山，伏流至箕屋山复见，流经诸城、高密、安丘、潍县、昌邑入海。淄，淄水，发源于山东莱芜东北，博山西二十五里的原山北麓，东北经博山、益都、临淄、广饶、寿光入清水泊，再向北与小清河会合，其支流从羊角沟入海。道，疏导。　④白坟，灰壤。辛树帜《禹贡新解》云："青州为今之山东半岛，丘陵地多为棕壤，惟于古代亦多森林，所积腐植质因沿海湿润而较丰，但为酸性，成为灰壤，或即所称白壤。"　⑤斥，盐卤之地。广斥，广大的盐卤地。海滨广斥，孔颖达云："《说文》云：'卤，碱地也。东方谓之斥，西方谓之卤。'海畔迥阔，地皆斥卤，故云广斥。言水害除，复旧性也。"海滨一带分布着大面积的盐碱地。　⑥盐，海盐，青州所属今山东沿海，盛产海盐。絺（chī 吃），《说文》："细葛布。"夏布之类，今泰安、莱芜一带出产大量苎麻，可以织夏布。　⑦海物，指海鱼一类可以食用的海产。错，错杂，言种类繁多。　⑧岱畎，泰山一带的山谷。畎，《孔传》："谷也。"枲（xǐ 喜），大麻的一种，纤维可作麻布的原料。　⑨铅，《说文》："青金也。"呈青白色，亦称黑锡，古时胡粉、丹黄皆化铅为之，可供绘画和涂饰用，今山东安丘、文登、胶县一带多铅、银矿。怪石，形状怪异的石头。　⑩莱，方国名，为东方夷人所建，活动在今山东半岛，春秋时为齐灭，莱人散居各地。作牧，从事放牧的工作。蔡沈云："言可放牧，夷人以畜牧为生也。"胡渭也说："其可耕者无几，齐地负海泻卤少五谷，况莱夷乎？耕田不足以自给，故必兼畜牧而后可以厚其生。"　⑪檿（yǎn 掩），古称山桑，即柞树，叶可养蚕。柞蚕与桑蚕相似，色黄褐，丝呈褐色，古人以檿丝作琴瑟的弦，有弹性。产于昌邑、潍坊一带，这正是莱人的聚居地。　⑫汶，汶水，《汉书·地理志》："（泰山郡）莱芜：《禹贡》汶水出西南入泲（济）。"据《水经·汶水注》，汶水入济的故道，自莱芜历泰安、肥城、宁阳至东平入济。也是《禹贡》汶水入济的故道，今已不复存在。现在的汶水，正流曰大汶河，入运河。《禹贡》青州贡道，由汶水达济水，再入漯水入黄河。然今人王世舜在《尚书译注》中认为："据《汉书·地理志》，汶水出泰山莱芜县原山，西南入泲，泲即济。这就是说在汶水之南也有一条济水。按山东郓城县之沮水古时也称济水，沮水正好在汶水之南，窃疑由汶入济的'济'，似应指沮水。"可备一说。

【译文】

渤海和泰山之间一带是青州：嵎夷地区治理好了以后，疏导潍水、淄水的河道。该州的土质呈灰白色，沿海广大地区是盐碱地。这里的耕地应该是第三等，赋税是第四等。该州的贡物是盐、细葛布、种类繁多的海产品。泰山山谷地区有丝、大麻、锡、松和奇特的石头。莱夷一带可以放牧。用竹筐装上柞蚕丝。进贡的船只从汶水直入济水。

海岱及淮惟徐州[①]：淮、沂其乂[②]，蒙羽其艺[③]，大野既猪[④]，东原底平[⑤]。厥土赤埴坟[⑥]，草木渐包[⑦]。厥田惟上中，厥赋中中。厥贡惟土五色[⑧]，羽畎夏翟[⑨]，峄阳孤桐[⑩]，泗滨浮磬[⑪]，淮夷蠙珠暨鱼[⑫]，厥篚玄纤缟[⑬]。浮于淮、泗，达于河[⑭]。

【注释】

①淮，淮河，古代四渎之一，源出于今河南省桐柏县，经河南、安徽、江苏入洪泽湖，东流至黄海。徐州，九州之一。《尔雅·释地》："济东曰徐州。"《释名》："徐州：徐，舒也，土气舒缓也。"《吕氏春秋·有始览》："泗上为徐州，鲁也。"徐州古为淮夷聚居地，多古国。春秋有徐国，地在今安徽泗县。徐州北以泰山为界与青州相邻，南至淮水与扬州为界，西北邻兖州，西接豫州，相当于今山东南部、江苏、安徽北部。　②沂，沂水，发源于山东沂水县北。乂，治。　③蒙，蒙山，一名蒙阴山，在山东蒙阴县西南。羽，羽山，在今江苏赣榆县西南。一说舜殛鲧于羽山即此，非也。艺，孔颖达疏："《诗》云'艺之荏菽'，故艺为种也。"即耕种。　④大野，巨野泽，在今山东巨野县境。《元和郡县志》云："大野泽在巨野东五里，南北三百里，东西百余里。"原本地势低洼，水积成泽，是古代著名湖泊，后因黄河泛滥，泥沙淤积干涸。猪，今作潴，马融云："水所停止，深者曰猪。"　⑤东原，郑玄注谓："地名，东平郡即东原。"在今山东泰安至东平一带。底，致，指此处水患已除。平，平地。底平，孔颖达说："致功而地平，言其可耕也。"　⑥埴，粘土。《庄子·马蹄》："我善治埴。"《释文》引司马彪注："埴土可以为陶器。"《孔传》云："土粘曰埴。"赤埴坟即棕色土壤。辛树帜说："徐为今苏北及皖鲁边区，丘陵地每为发育于第四纪洪积红色粘土层之棕壤，或即所称赤埴坟。"　⑦渐包，蔡沈云："渐，进长也；苞，丛生也。包苞近。"指草木不断繁茂且杂错丛生。　⑧土五色，指青、红、白、黑、黄五种不同颜色的土。孔安国云："王者封五色土为社。建诸侯则割其方色土与之，使立社。"《逸周书·作雒解》云："诸侯受命于周，乃建大社于国中，其壝东青土，南赤土，西白土，北骊土，中央亹以黄土，将建诸侯，凿取其一方面之土以为封。"《史记·正义》引《太康地记》云："城阳姑幕有五色土，封诸侯锡之茅土，用为社，此土即《禹贡》徐州土也。"五色土产于今江苏铜山、山东诸城一带。　⑨羽，羽山，参见上文"蒙羽其艺"注。畎，山谷。夏翟，有五种颜色的羽毛，五色曰夏，山雉尾长者叫翟，古人用作舞饰或旌旗上的装饰。一说夏作大讲，即大雉，一说夏为地名，在江、淮间。　⑩峄阳，山名，《汉书·地理志》："东海郡下邳。葛峄山在西，古文以为峄阳。"其地在今江苏省邳县西南八十里，一名邳绎，又名峄阳，俗又称距山，所产的梧桐制琴最好。孤桐，桐树中之特别好又难得者称孤桐。　⑪泗，泗水出今山东泗水县东五十里陪尾山，有四条源头，故

名。泗水入淮故道，旧称南清河，金元以来，为黄河所夺，今泗水乃古泗水的上游。《孔传》曰："泗滨，水涯；水中见石，可以为磬。"孔颖达疏云："石在水旁，水中见石，似若水中浮然；此石可以为磬，故谓之浮磬。" ⑫淮夷，淮水流域的夷人，甲骨文作"隹夷"。蠙珠，珠名，孔颖达疏云："蠙是蚌之别名，此蚌出珠，遂以蠙为珠名。蠙之与鱼，皆是水物。" ⑬厥篚玄纤缟，《孔传》云："玄，黑缯。缟，白缯。纤，细；纤在中，明二物皆当细。"篚，筐，盛玄纤缟之用。 ⑭达于河，金履祥说："《古文尚书》作达于菏，《说文》引《书》亦作菏，今俗本误作河耳。菏泽与济水相通，徐州浮淮入泗，自泗达菏也。书达于菏，则达济可知。"胡渭《禹贡锥指》释云："以今舆地言之，泗水出泗水县，历曲阜、滋阳、济宁、邹县、鱼台、滕县、沛县、徐州、邳州、宿迁、桃源至清河县入淮，此禹迹也。"此为徐州由淮入泗，由泗入菏，经济水而达于黄河之贡道。

【译文】

大海、泰山南及淮河一带是徐州：淮河、沂水治理好了，蒙山、羽山一带就可以耕种，大野泽汇聚四方流水，东平的水患解除。该州的土质是棕色的粘土，草木逐渐生长茂盛。这里的耕地是第二等，赋税是第五等。该州的贡物有五色土，羽山山谷地区的长尾野鸡，峄山以南的特产桐木，泗水河畔的制磬石料，淮夷地区的蚌珠和鱼，还有用筐装着的黑色的细绸、白色绢。进贡的船只从淮水经泗水通达黄河。

淮海惟扬州①：彭蠡既猪②，阳鸟攸居③。三江既入，震泽厎定④。篠簜既敷⑤，厥草惟夭⑥，厥木惟乔⑦。厥土惟涂泥⑧，厥田惟下下，厥赋下上上错。厥贡惟金三品⑨，瑶、琨、篠、簜⑩、齿、革、羽、毛、惟木⑪，岛夷卉服⑫。厥篚织贝⑬，厥包橘柚，锡贡⑭。沿于江海，达于淮、泗⑮。

【注释】

①扬州，九州之一。《吕氏春秋》："东南为扬州，越也。"扬为越之音转。扬州东南距海，西以汉水与荆分界；北距淮，与豫、徐分界。扬州地域包括今浙江、江西、福建全境，及江苏、安徽、河南南部，湖北东部、广东北部。扬州春秋时为吴、越、蓼、六、蔡、弦、黄、舒、宋、巢、舒庸、英氏、桐、钟离诸国之地。 ②彭蠡，泽名，注家多以为是今长江南岸的鄱阳湖。误也。《汉书·地理志》云："(豫章郡)彭泽：《禹贡》彭蠡泽在西。"彭蠡所受之水，为九条水，众水会归彭蠡，故曰"既猪"。然《禹贡》有"汉……东汇泽为彭蠡，东为北江入于海"之文。可见当时与汉水相通的彭蠡应在长江北岸，并非今长江南岸的鄱阳湖。《史记·武帝本纪》与

《封禅书》载汉武帝"自寻阳出枞阳过彭蠡"。枞阳，今安徽枞阳县，在江北。可见彭蠡当在今湖北东部、安徽西部一带的长江北岸，《汉书·地理志》所说的彭泽与彭蠡非一地之名。　③阳鸟攸居，《淮南子·时则训》："仲秋之月候雁来。"高诱注："是月时候之雁从北漠中来，过周洛南之彭蠡。"雁属秋季南飞，春季北归的候鸟。古彭蠡一带是其越冬佳地。故《孔传》亦云："彭蠡，泽名，随阳之鸟，鸿雁之属，冬月所居于此泽。"攸，所。今江西鄱阳湖一带每年有大量越冬鸟类来此栖息。然宋人林之奇猜测阳鸟为地名，遭胡渭驳难："阳鸟为地名，终无根据，影响揣度之言，亦何足信耶！"曾运乾《尚书正读》则云："鸟当读为岛。《说文》所谓海中往往有山，可依止，曰岛，是也。本经皆假鸟为之。'岛夷皮服'，岛夷卉服古今文本皆作鸟。""阳岛，即扬州附近海岸各岛。大者则台湾、海南是也。云阳岛者，南方阳位也。"此说以鸟夷为岛夷本身可备一说，但联系上下文，彭蠡泽距扬州海岸尚千里之遥，且隔下文三江之地，释为沿海诸岛，实有南辕北辙之嫌。　④三江，历来说法不一，主要有五说。一，三江指长江下游分道入海的三条支流。《汉书·地理志》谓："（会稽郡）吴：南江在南，东入海。""毗陵（今江苏武进）：北江在北，东入海。""（丹扬郡）芜湖：中江出西南、东至阳羡（今江苏宜兴）入海。"是南、北、中三江。然三江所指又有分歧，今略。二，三江为太湖入海的三条水。即松江（吴淞江）、娄江（浏河）、东江（今湮）。三，指长江以外之三条江。《国语》韦昭注："三江：吴江、钱塘江、浦阳江。"《吴越春秋》："浙江、浦江、剡江为三江。"四，三江是长江与其他二水吴淞江、钱塘江的合称。五，三江指长江上、中、下游而言（详见李长傅遗著《禹贡释地》）。联系上下文，三江当在太湖附近，或即与太湖相通。三为多，可能是泛指今苏浙沪一带的入海河流。震泽，即今中国四大淡水湖之一的太湖，位于江浙之间，又名具区。《周礼·职方》："扬州，薮曰具区。"《尔雅·释地》："吴、越之间有具区。"又名笠泽，《扬州记》："太湖，一名笠泽。"　⑤篠（xiǎo 小），《说文》作"筱"，箭竹。簜（dàng 荡），大竹。敷，布、普遍。　⑥夭，长，草长得茂盛。《诗·周南·桃夭》："桃之夭夭。"　⑦乔，高也。乔木，高大的树木。　⑧涂泥，蔡沈《书集传》："涂泥，水泉湿也，下地多水，其土淖。"辛树帜释曰："土湿如泥，斯指粘质湿土。考其所在则荆、扬为今之湖南、湖北、江苏、浙江、皖南，乃我国主要湿土分布所在，正相符合。"　⑨金三品，班固曰："金有三等，黄金为上，白金为中，赤金为下。"即以金、银、铜为金三品。或者谓金、银、锡三者为金三品的。但古代多称铜为金，金三品即黄白赤三色铜，郑玄注曰："金三品者，铜三色也。"扬州遍布铜矿，盛产铜。　⑩瑶，美玉，一说为玛瑙。琨，美石。⑪齿，主要指象牙。上古时代气候比现在暖和，大象的生活范围可达长江流域乃至黄河流域。革，皮革，兽皮类。羽毛，鸟羽兽毛。惟木，《史记》、《汉书》引《禹贡》均无此二字，江声、王先谦都认为二字文例不协，属衍文，可从。 ⑫岛夷，参见前文注，这里指生活在扬州东南沿海岛屿上的夷人。卉，草的总名。卉服，是草制的衣帽鞋类。 ⑬织贝，郑玄注谓："贝，锦名也，《诗》云：'成是贝锦。'凡为织者，先染其丝，及织之即成文矣。"贝锦，贝纹图案之锦。顾颉刚师说，今江苏的锦缎即是由古织贝演进的。 ⑭包，包装。橘，橘子。《吕氏春秋·本味篇》："果之美者，江南之橘。"盛产于江西、福建。柚，柚子，盛产于福建、广西、广东一带，以广东的沙田柚最有名。锡，赐。《孔传》："锡命乃贡，言不常也。" ⑮沿，顺江而下入海。《禹贡》扬州贡道如《孔传》云："沿江入海，自海入淮，自淮入泗。"即从今长江口入海，北上经南通、盐城一带沿海，溯流入淮，再入泗。但上古交通工具简陋，航海技术低下，尚不足以开辟固定的海道，这从春秋吴国开凿邗沟，北上入淮的史实可以得到证明。孙星衍疏云："沿，顺也，……盖言傍水陆行，不谓顺流而下，故经文变言沿，不言浮。自暴秦元季，始有海运之事，古昔盛时所必无也。"曾运乾调和两说，认为江淮古已沟通："沿江上下，自江入淮，自淮入泗。江淮之通，始见于《禹贡》之导江会于滙（淮），继见于《孟子》之禹排淮泗而注之江，不自吴王沟通江淮始也。……所谓沿于海者，即岭外各地附海诸岛之贡道也。其程沿海入江，溯江入淮，由淮达泗，转由菏泽而达于河也。"曾说《禹贡》、《孟子》导江入淮早于《左传·哀公九年》："吴城邗沟，江、淮始通。"不确。《禹贡》、《孟子》均是战国以后成书，不会早于春秋末期吴凿邗沟。

【译文】

淮河与黄河一带是扬州：彭蠡泽已汇聚了许多条河水。冬季，北方的候鸟来此栖息。长江下游的河流流归大海，震泽的水利工程取得了成功。到处生长着大小竹子，这里的草生长茂盛，树木长得十分高大。该州的土质属潮湿泥地，这里的耕地是第九等，赋税是第七等。该州的贡物有黄铜、青铜、红铜，美玉、美石、小竹、大竹、象牙、兽皮、鸟羽以及木材，沿海夷人穿草编织的衣帽鞋子。用筐装着锦丝织品，把橘子、柚子包装起来，待命而贡。进贡的船只从长江、黄海直达淮河、泗水。

荆及衡阳惟荆州[①]，江、汉朝宗于海[②]，九江孔殷[③]，沱、潜既道[④]，云土梦作乂[⑤]。厥土惟涂泥，厥田惟下中，厥赋上下。厥贡羽、毛、齿、革、惟金三品[⑥]，杶、干、栝、柏[⑦]，砺、砥、砮、丹[⑧]，惟箘簵楛[⑨]。三邦厎贡厥名[⑩]，包匦菁茅[⑪]，厥篚玄纁玑组[⑫]，九江纳锡大龟[⑬]。浮于江、沱、潜、汉，逾于洛[⑭]，至于南河[⑮]。

【注释】

①荆，荆山，在今湖北省南漳县西。衡阳，衡山之南。《汉书·地理志》："（长沙国）湘南：《禹贡》衡山在东南。"其地在今湖南衡山县西北。荆州，九州之一，《诗·商颂·殷武》："挞彼殷武，奋伐荆楚。"《毛传》："荆楚，荆州之楚国也。"《吕氏春秋·有始览》："南方为荆州，楚也。"荆州，北界自湖北南漳向东，至安徽之淮河上游。东界扬州，自淮河上游穿过湖北省东部，沿湘、赣而南。西界梁州，从湖北西南越四川东南，至贵州东部。南界不过五岭。包括今湖北中南部、湖南中北部、四川和贵州一部分，古为荆蛮聚居地。　②江，长江。汉，汉水。《孔传》说："二水经此州入海，有似于朝。百川以海为宗。宗、尊也。"而顾颉刚师认为："《禹贡》所指的江，乃今四川的嘉陵江，盖以泯江与汉江源流相距不远，所以不分轩轾，而以江、汉并称。"可备一说。顾颉刚师又说："从前诸侯见天子春见称朝，夏见称宗。这里是把海比作天子，江、汉比作诸侯，说江、汉合流以后归于大海。"（《中国古代地理名著选读》第一辑）　③九江，说法较多，约有五种：一，认为长江在荆州界，分为九江，《汉书·地理志》："（庐江郡）浔阳（今湖北黄梅县）：《禹贡》九江在南，皆东合为大江。"二，认为九条江分别有自己的发源地，至下游合流于长江。三，认为九江是乌白江、蚌江、乌江、嘉靡江、畎江、源江、廪江、提江、箘江。或以三里江、五州江、嘉靡江、乌土江、白蚌江、白乌江、箘江、沙提江、廪江为九江。上述河流都在湖北、江西一带。四，认为湖汉九水入彭蠡为九江。五，蔡沈认为沅、渐、元、辰、叙、酉、澧、资、湘皆合于洞庭，称九江。《山海经》有："沅水入下隽（今岳阳）西，合洞庭中，帝之二女居之，是在九江之间。"曾运乾认为："说九江者惟宋蔡氏为允。"但又指出："谓之九江者，九为数之终，古人数之极多者皆终之以九，必因《尔雅》有九河之名，于九江亦必实指其名以配之，则邻于凿矣。"九江实为虚数。孔，甚。殷，作众字解。孔殷，言众水所会，其流甚盛。　④沱、潜，据《尔雅·释水》："水自江出为沱，自汉出为潜"。以此可知，沱是长江的支流，潜是汉水的支流。并非指某一条河流。既道，治理后循其河道。　⑤云土梦，即云梦泽。《周礼·职方》："荆州，其泽薮曰云梦。"《尔雅·释地》："楚有云梦。"乃古代江汉平原上的大湖，蔡沈、胡渭等皆说云梦泽地跨长江南北。顾颉刚师指出云梦泽从未包括江南（《中国古代地理名著选读》第一辑）。谭其骧经过考证，为云梦泽的变迁勾勒了清晰的眉目：云梦和云梦泽不是一回事，前者是楚王的狩猎区，后者才是一个湖泊的名称，二者都在长江以北，从未有过横跨长江南北的云梦泽。云梦的范围十分广阔，是一个包有山林、川泽、原隰等多种地貌形态的区域，东西约有八百里，南北也不下五百里，而云梦泽只是其中的一个大湖而已。又说："盖最先的云梦是在今湖北安陆县东南接云梦县界，云梦县的得名当因云梦所在。"或

以云梦之地跨江南、北，又或指洞庭为《禹贡》云梦，都是附会成说，非《禹贡》本意。（参见《云梦与云梦泽》，载《复旦学报·历史地理专辑》。）地质学家也证明了顾、谭二说的正确。（参阅《跨江南北的古云梦泽说不能成立》，载《海洋与湖沼》1982年2期。） ⑥惟，与、及。 ⑦杶（chūn 春），《说文》：椿树也。木可制琴。干，即柘木，落叶灌木，木质坚固宜作车辕。《考工记》："工人所干之道七，以柘为上。"栝（guā 瓜），桧树。柏，柏树。 ⑧砺砥，坚硬的石头，粗的为砺，精的为砥。砮（nǔ 努），可以做箭头的石头。丹，朱砂，是一种水银与硫黄的天然化合物，今湖南沅陵（辰州）所产最好，因而又叫辰砂。《元和郡县志》："辰州贡光明砂。"呈鲜红色，可作颜料，也可作药物。 ⑨箘（jùn 俊），竹笋。簵（lù 路），竹，可作箭杆。楛（hù 户），可做箭杆的树木。西周时肃慎贡楛矢。 ⑩三邦，郑玄以为，近泽之国。王世舜《尚书译注》以为指州内诸国，不必确指近泽三国，三表示多数。可从。厎贡厥名，进贡其名特产。 ⑪匦（guǐ 轨），匣子。菁茅，一种有毛刺的茅草，用以缩酒者。所谓缩酒，一说滤去酒中的渣滓，使之更加清纯；一说古人祭祀，把菁茅捆上一束，立在祭前，把酒倒在上面，酒渗下去，好像神饮了一样。《左传·僖公四年》：齐桓公责楚云："尔贡包茅不入，王祭不供，无以缩酒。"即此物。 ⑫玄，黑色。纁（xūn 勋），黄赤色。玑，珍珠类。组，绶类，一种丝带子，作头饰。 ⑬纳，入也。锡，供、给予。大龟，即神龟、元龟。《史记·龟策列传》："神龟出于江、淮之间。"其地当今湖北黄梅、广济等地。龟甲为古代占卜用物，殷商多用龟甲占卜，数量巨大，荆州当为供龟之地。 ⑭逾，由水登岸陆行曰逾。洛水和汉水的支流不相通，中间相距约数十里，故要跨越一段陆路到达洛水。 ⑮南河，黄河。顾颉刚师说："春秋时河曲以北，秦、晋两国分界处大率叫西河；河曲以南，折而东经周、郑界则为南河；更折而东北，穿入卫、齐界则为东河。这南河是指河南洛阳、巩县一带的河，也是由洛入河的地方。"（《中国古代地理名著选读》第一辑）

【译文】

荆山到衡山南面一带是荆州：长江、汉水像诸侯朝见天子一样奔向大海，众多的长江支流汇集在洞庭湖，水势盛大，长江的支流沱江、汉水的支流潜江都已经疏通河道，云梦泽水患解除可以耕作了。该州的土质是潮湿的泥地，这里的耕地是第八等，赋税是第三等。该州的贡物有鸟羽、旄牛尾、象牙、犀牛皮以及黄铜、青铜、红铜、椿树、柘木、桧树、柏树、粗细磨石、制箭簇的砮石、朱砂，还有竹笋、美竹、楛树。州内方圆进贡自己的名产，用匣子包装好菁茅，用筐装上黑色、黄红色的丝绸带子和珍珠，九江一带还待命贡献祭神用的神龟。进贡的道路是先从长江支流沱江、到达汉水支流潜江，直到汉水，然后登岸由陆路到洛水，通达于黄河。

荆河惟豫州[①]:伊、洛、瀍、涧既入于河[②],荥波既猪[③],导菏泽,被孟猪[④]。厥土惟壤[⑤],下土坟垆[⑥]。厥田惟中上,厥赋错上中。厥贡漆、枲、絺,纻,厥篚纤、纩[⑦],锡贡磬错[⑧]。浮于洛,达于河。

【注释】

①豫州,九州之一。《周礼·职方》:"河南为豫州。"《吕氏春秋》:"河、汉之间为豫州。"豫州在九州的中央,与七个州相邻,只有青州除外,故又称"中州"。豫州的南界为荆山,北边滨河,相当于今河南省黄河以南,湖北省北部,山东省西南隅及安徽省西北部。 ②伊,伊河,发源于河南卢氏县东南闷顿岭,东北流经嵩县、伊阳、洛阳、偃师南入洛水。洛,洛水,发源于陕西洛南县冢岭山,东北流至河南巩县入黄河。瀍,瀍水,发源于河南洛阳市西北谷城山,向东入洛水。涧,涧水,发源于河南渑池县东北白石山,东流经新安、洛阳西南入洛水。《尚书·洛诰》云:"我乃卜涧水东,瀍水西。" ③荥,为济水的溢流,荥波即荥播。波、播、潘通。水溢成渊者叫潘,荥波即荥泽,曾是黄河南岸的一个大泽,其地在今河南荥阳县境内,东汉后淤平。 ④菏泽,为菏水所经,济水所经。其地望古人说法不一。《孔传》说:"菏泽在胡陵。"《汉书·地理志》以为在定陶东。或说地跨两地。孟猪,又叫孟诸、望诸,其地在河南商丘东北,唐时犹为大泽,元代淤废。被,覆被、溢漫。导菏泽,被孟猪,是说水不常入,水盛时自菏泽流出的水淹没孟猪。 ⑤厥土惟壤,辛树帜《禹贡新解》释为:"豫为今之河南。平原多为石灰性冲积土,或即所称壤。"其成土母质为黄河冲积次生黄土。 ⑥下土坟垆,辛树帜《禹贡新解》说:"分布于豫州,与前述之坟皆为壤之下土即底层。许慎著《说文》释垆为黑刚土,土坚刚而色黑,或指分布于河南低城地石灰性冲积土底层之深灰粘土与石灰结核;结核多者连接成层。今河南、山西、山东人民尚有称之为垆者,亦称沙姜,继为丘陵土与次生黄土所掩盖。无论就地区所在言或就土层排列言,皆属符合。"此说可从。 ⑦纩(kuàng况),孔颖达说纤纩为细绵,即细绸。 ⑧错,治玉之石曰错。

【译文】

荆山到黄河之间一带是豫州:伊水、洛水、瀍水、涧水疏通后流向黄河,荥泽汇聚了河水,疏通了菏泽,水大时可以漫溢进入孟猪泽。该州的土质是石灰性冲积黄土,土的下层是黑色硬土。这里的耕地是第四等,赋税是第二等,杂出第一等。该州的贡物有漆、大麻、细葛布、纻麻,用筐装着细绵,还有待命进贡的石磬和治玉石。贡道是从洛水通达黄河。

华阳、黑水惟梁州[①];岷、嶓既艺[②],沱、潜既道[③],蔡、蒙旅平[④],和夷厎绩[5]。厥土青黎[6],厥田惟下上,厥赋下中三错。厥贡璆、铁、银、镂、砮、磬[7],熊、罴、狐、狸织皮[8]。西倾因桓是来[9],浮于潜,逾于沔[10],入于渭,乱于河[11]。

【注释】

①华阳,华山的南面。华山在陕西省东部,五岳之一,称西岳。黑水,说法较多,有七种:一、以张掖河为黑水。孔颖达《尚书正义》主此说。二、以大通河为黑水。《括地志》主此说。三、以党河(氐置水)为黑水。《汉书·地理志》主此说。四、以丽水为黑水。唐代樊绰《蛮书》谓丽水即金沙江。薛士龙以泸水为黑水,而胡渭认为泸水也是金沙江,汉时泸水,唐以后改名金沙江。五、以澜沧江为黑水。李元阳《黑水辨》主此说。六、以西洱河为黑水。程大昌主此说。七、以怒江上源哈拉乌苏江为黑水,陈澧主此说。以上诸说以丽水即金沙江为黑水者最多。又顾颉刚师说:"今陕西城固县北有黑水,即《禹贡》梁州的黑水。《禹贡》是说自华山南西迄黑水,其南则为梁州,后人不明此义,依附孔传或者非驳孔传,都不可靠。梁州东界华山,西界无可考,南界于长江。梁州的名字不见《尔雅·释地》及《吕氏春秋·有始览》,或说古雍州兼有梁州的地方。"(《中国历史地理名著选读》第一辑)梁州,九州之一。春秋时为巴、庸、濮、麇、褒诸国之地。相当于今四川东部和陕西、甘肃南部。　②岷,岷山,在四川省松潘县境,岷江所出。嶓,嶓冢山,在今陕西宁强县东北。顾颉刚师有考证:《汉书·地理志》:"蜀郡湔氐道,《禹贡》岷山在西徼外,江水所出,东南至江都入海。"《禹贡》误以嘉陵江为江源,并不知道江水所出的岷山在松潘(详见《中国历史地理名著选读》第一辑有关注文)。可备一说。艺,种植。　③沱、潜,《尔雅·释地》:"汉为潜,江为沱。"《禹贡》误以今嘉陵江为长江,故将渠水、宕水、巴水等称为沱。　④蔡,蔡山,叶梦得《尚书传》认为是四川雅安东南的蔡家山,又名周公山。胡渭以为是峨嵋山。蒙,蒙山,在四川省雅安、名山、芦山三县交界处。顾颉刚师则认为《禹贡》江、汉乃指嘉陵江,则蔡、蒙两山不应在雅安、峨嵋一带。旅,蔡沈以为旅祭、祭山之礼。王念孙《礼记注》谓:"旅,道也。"旅平,即道已平治。可从。　⑤和夷,胡渭说和水为涐水,即今之大渡河。夷,古代对少数民族的称呼。或以为和夷即今彝族。　⑥青黎,《孔传》:"色青黑而沃壤。"辛树帜《禹贡新解》说:"不言地质与地形,而惟记其色泽,是或以当时梁州即今之四川,开发未久,情况欠明之故。古所谓青黎皆指黑色。试就成都平原言,今仍为深灰色石灰性冲积土,适相符合;即就四川盆地丘陵言,今虽为紫色土,但当时情形,如《汉书·地理志》所称:'巴、蜀广漠,土地肥美,有江水沃野,山林竹木疏果之饶。'可证土壤中腐殖质必丰,色泽必黑,今则因密集耕作而腐殖质消失矣。"可备参考。　⑦璆(音 qiú 求),一作镠。郑玄注:"黄金

之美者谓之镠。”这里的金非铜，乃真金，梁州特产。镂，《说文》：“刚铁可以镂刻。”指质地坚硬可用以刻镂的铁。　⑧熊罴狐狸织皮：罴，一种熊，又叫马熊。《孔传》：“贡四兽之皮，织金罽。”孔颖达阐释云：“与织皮连文，必不供生兽，故云贡四兽之皮。”　⑨西倾，山名，在甘肃与青海交界处的青海同德县北，东面是洮河的发源地。桓，桓水，一般以为白水，即今嘉陵江上游白龙江。因桓是来，即因桓水而来到梁州，此即贡道。顾颉刚师则注说：“现在我们知道嘉陵江不是潜江，那么从雍州西倾山来的，绝无迂回自陇抵蜀，再自蜀入汉的道理，‘西倾因桓是来’一句，实在还值得研究。”可备一说。　⑩潜，即潜水。潜水是流入汉水之河，今滑水、褒水均可称为潜水。沔，沔水，一名沮水，源于陕西略阳，东南流至沔县入汉水。或说沔即汉水的上游。故孔颖达说：“《传》云：泉始出山为漾水，东南流为沔水，至汉中东行为汉水。是汉上曰沔。”逾，有越过的意思。参阅下注。⑪渭，即渭水，源于甘肃渭源县西鸟鼠山，东流经陕西入黄河，为黄河最大支流。汉水与渭水之间，为秦岭相阻，褒斜道最近便，故自陆上转入渭水。乱，横渡的意思，蔡沈云：“绝河而渡曰乱。”李长傅《禹贡释地》云：“此句当改为：‘浮于潜，入于沔，逾于渭，乱于河。’”至确。

【译文】

华山南面与黑水之间一带是梁州：岷山、嶓冢山一带治理后已经能够种植庄稼，沱江、潜江河道已经疏通，蔡山、蒙山一带的河道也已平治，和夷居住地区的工程也已取得成功。该州的土质是黑色的沃土，这里的耕地是第七等，赋税是第八等，还夹杂着第七等和第九等。该州的贡物有金、铁、银、刚铁、石箭簇、磬，以及熊、马熊、狐、狸四种兽皮。西倾山一带的贡物顺着桓水前来，贡道是经潜水进入沔水，然后舍舟登陆，自陆路转入渭水，横渡直达黄河。

黑水、西河惟雍州①：弱水既西②，泾属渭汭③，漆、沮既从④，沣水攸同⑤。荆、岐既旅⑥，终南、惇物，至于鸟鼠⑦。原隰底绩⑧，至于猪野⑨。三危既宅⑩，三苗丕叙⑪。厥土惟黄壤⑫，厥田惟上上，厥赋中下。厥贡惟球、琳、琅玕⑬。浮于积石⑭，至于龙门西河⑮，会于渭汭⑯。织皮昆仑、析支、渠搜，西戎即叙⑰。

【注释】

①黑水，参见前注。西河，当指黄河由今内蒙古托克托折南流，至陕西潼关一段陕山界黄河。因在冀州之西，故名。雍州，九州之一，东至西河与冀州为界，南以秦岭与梁州为界，西至黑水界西戎，北界不明，约当今陕西中部、北部和甘肃大部。雍州古属羌地，为炎、黄部落和周族发源地。　②弱水，乃《汉书·地理

志》张掖郡觻(lù 禄)得县的羌谷水,即今甘肃张掖河。徐松《西域水道记》:"弱水,今谓之黑河,又曰张掖河。"据胡渭《禹贡锥指》,弱水出山丹卫西南穷石山,东北入居延津,其下流不知所归。弱水《说文》又作溺水,穷石山即今祁连山,山丹卫即甘肃山丹县。弱水由山丹向西北流经张掖、高台、鼎新、额济纳入居延津。③泾,泾水,有二源,北源出自甘肃固原县,南源出泾源县,东北流会北源,东南流至泾川县入陕西,至高陵入渭。属,入也。渭汭,指泾水流入渭水的地方。　④漆,漆水,源出今陕西铜川市东北,西南流至耀县合沮水。沮,沮水,源出陕西黄耀县,东南流黄陵南,又东流会漆水名石川河,东至富平入渭。既从,指漆合于沮,沮合于渭。　⑤沣又作丰、酆。沣水发源于陕西户县终南山,北流入渭,其故道已尽失。攸,所。同,指沣与漆、沮同入渭水。　⑥荆,荆山,此非湖北南漳的荆州荆山,而在朝邑(今陕西大荔县东)。一说即条荆山,在今陕西富平县西南。岐,岐山,在今陕西岐山县东北与扶风交界处,两山岐出,故名,是周人的发祥地。旅,道也,表示治理完毕。　⑦终南,即终南山,指陕西蓝田至郿县一带,长约八百里的秦岭山脉。但又以秦岭主峰太白山为终南山。惇物,有两解,胡渭认为即太乙山的北峰武功山。程大昌认为终南山(秦岭)高且广,多出物产,所以说终南山惇物,非指山名。今从胡渭说。鸟鼠,山名,位于甘肃渭源县西,一名青雀山,《孔传》说:"鸟鼠其为雄雌,同穴处此山,遂名山曰鸟鼠。渭水出焉。"　⑧原隰,郑玄注谓地名:"其地在豳,今邠州也。"今陕西旬邑、邠县一带。张守节《史记正义》则说:"原,高平地也;隰,低下地也。"是原隰非地名,杨大钧《禹贡地理今释》谓:"地势高下相因,有原必有隰,其卑于原者隰也。秦中之原独多,不止一邠地。"此说至确,今陕北、陇东之地,属黄土高原,受侵蚀作用,形成深沟与细壑,在沟壑间有大面积的梁与原,如董志原、白澄原、蒲富原等。　⑨猪野,即猪野泽,古代的休屠泽。可能是今甘肃民勤县的青土湖或白亭海。或以为泛指雍州的湖泽。⑩三危,《左传·昭公九年》杜预注:"三危山在瓜州,今敦煌。"《史记·索隐》引《河图》说:"三危山在鸟鼠西南,与岐山相连。"此三危山不在瓜州,而在鸟鼠山、岐山一带。顾颉刚师以为《禹贡》三危,即西汉冯奉世伐羌所登的西极山,在古代天水郡一带。既宅,安定的意思。　⑪三苗,参见《尧典》注。丕,大。叙,顺。⑫黄壤,辛树帜《禹贡新解》说:"则雍为今之陕西,多为淡栗钙土,系发育于原生黄土,或即所称黄壤。"　⑬球,郑玄以为指美玉。古代帝王的笏是用球做的。琳,美石。琅玕,《说文》谓似珠一类。　⑭积石,山名,在今青海和甘肃交界的青海贵德县,黄河流经积石山的东面。浮,是指由此处入黄河行水路。　⑮龙门,山名,在今陕西韩城,东与山西河津隔水相望。《水经注》:"昔大禹导河积石,疏决梁山,谓斯处也,即经所谓龙门矣。"今龙门在壶口下游七十公里处,又名禹门口。两岸高山对峙。中有巨石,水流湍急,势如破竹,峡口处骤然开阔。相传龙门是大禹治水所凿,使河水盘束在山峡间,近代地质学家丁文江亲临考察后说:"依专家估计,以今工程之发达,要开挖这样险峻之山峡,还不容易,何况四千年前。"(《古史辨》第一册) ⑯会,《孔传》说:"逆流曰会,自渭北涯,逆水西上。"胡渭驳正云:"《传》云:'逆流曰会。'不必泥。""'自渭北涯,逆水西上','西'当作'而',谓南船出渭之后,逆河水而上,与北船相会也,孔疏不知为误字,释曰:'禹白帝讫。从此西上,更入雍州界。'真是郢书燕说!"渭汭,渭水入黄河处。 ⑰织皮,见上梁州注。蔡沈《书集传》云:"昆仑、析支、渠搜三国,皆贡皮毛,故以织皮冠之。皆西方戎落,故以西戎总之。"即,就也。昆仑,自古以为山名,今昆仑山,位于新疆与西藏交界处,南北长约二千五百公里。由葱岭(帕米尔)向东至青海。古代的昆仑所在,有多种说法,一说是巴颜喀勒山,二说是祁连山,三说为青海东部的玛沁雪山,四说即冈底斯山,五说是喜马拉雅山,六说即今昆仑山,七说为葱岭。李长傅说:"《禹贡》之昆仑为国名,族名,当在昆仑丘之边缘,以当时之地理知识衡量,当指祁连山及青海之北部。"今从李说。析支,《后汉书·西羌传》:"舜流四凶,徙之三危;河关之西南,羌地是也。滨于赐支,至乎河首,绵地千里。赐支者,《禹贡》所谓析支者也。"《水经注》引司马彪说云:"西羌者,自析支以西,滨于河首左右居也。河水屈而东北流,径于析支之地,是为河曲矣。"其地在今青海积石山至甘肃临洮一带。渠搜,《汉书·地理志》云:"朔方郡有渠搜县。"在今内蒙古鄂托克旗南故朔方城。一说在大宛北界,今乌兹别克境内,失之太远。

【译文】

黑水到山陕界黄河之间一带是雍州:弱水疏通以后,向西流去,泾水疏通以后流进渭水,漆水、沮水疏通河道,会合后流入渭水,沣水也北流进入渭水。荆山、岐山一带治理完毕,终南山、惇物山一直到鸟鼠山都得到了治理。高平原和隰低地的治理工程也取得了成功,一直到猪野泽都得到治理。三危山治理后可以居住了,三苗安定后非常顺从。该州的土质是黄色泥土,这里的耕地是第一等,赋税是第六等。该州的贡物有美玉、美石和珠宝。贡道是从积石山附近的黄河,到达龙门一带的黄河,与从渭水入河的船只相会。昆仑、析支、渠搜进贡兽毛织皮,西方的戎族都安定顺从了。

导岍及岐①,至于荆山②,逾于河③。壶口、雷首④,至于太岳⑤。厎柱、析城⑥,至于王屋⑦。太行、恒山⑧,至于碣石⑨,入于海。

西倾⑩、朱圉⑪、鸟鼠,至于太华⑫;熊耳⑬、外方⑭、桐柏⑮,至于陪尾⑯。

导嶓冢至于荆山[17];内方至于大别[18]。

岷山之阳[19],至于衡山[20],过九江[21],至于敷浅原[22]。

【注释】

①导,道也,这里是治理疏通道路的意思,与前面"导河",治理疏通河道意思有别。或说循行即"随山刊木"。岍(qiān 千),山名,又作汧山,两汉志均说岍山是陕西陇县西南的吴山。岐,岐山,在陕西岐山县东北。顾颉刚师说:"导水必先导山,岍、岐、荆三山皆在雍州区域内,雍州地高,又岍是汧水所出,岐、荆为漆、沮与渭水所经,所以先自岍、岐说起。"(《中国古代地理名著选读》第一辑) ②荆山,非荆州之荆山,乃为北荆山,在朝邑境内。 ③逾,这里指山断绝了河水,自导山从雍州境越河到冀州境,与上文贡道所说的逾是舍舟登陆的意思正好相反。④壶口,山名,见前注。雷首,山名。《汉书·地理志》:"(河东郡)蒲反,……雷首山在南。"在今山西永济县东南,属中条山脉。 ⑤太岳,山名,在山西霍县东。⑥厎柱,山名,又名三门山,在山西平陆县东五十里的黄河中,南面是河南三门峡市。《水经·河水注》:"昔禹治洪水,山陵当路者凿之,故破山以通河,河水分流,包山而过,山在水中若柱然,故谓之厎柱,亦谓之三门。"三门,南名鬼门,中名神门,北名人门,今称三门峡。析城,山名,在山西阳城县西南。《汉书·地理志》:"(河东郡)濩泽:《禹贡》析城山在西南。"《山西通志》云:"山峰四面如城,高大而峻,迥出诸山,幅四十里。" ⑦王屋,山名,南跨河南济源市,西跨山西垣曲县,北至河北北,山有三重,形状似屋,故名王屋。 ⑧太行,山名,南起河南济源市,北至河北北部,连绵数千里,是今河南、山西、河北的分界线。太行西缓东陡,因河流切割,多成横谷,古称陉,著名的"太行八陉"是重要的交通要隘。恒山,五岳中的北岳,《汉书·地理志》:"(常山郡)上曲阳:恒山北谷在西北。"西汉避汉文帝刘恒讳,改名常山,周武帝平齐复名,又叫大茂山。 ⑨碣石,见前注。⑩西倾,见前注。 ⑪朱圉,山名,《汉书·地理志》:"(天水郡)冀县,《禹贡》朱圉山在县南梧中聚。"汉冀县,在今甘肃甘谷县,朱圉山在其西南三十里。 ⑫太华,山名,即华山,见前注。 ⑬熊耳,山名。《汉书·地理志》:"(弘农郡)卢氏:熊耳山在东,伊水出。"在今河南卢氏县西南。蔡沈以为《禹贡》之熊耳山非卢氏之熊耳山,误。自秦岭向东,洛水与伊水间之山即是熊耳山脉。 ⑭外方,山名,一般认为即今河南登封境内的嵩山,五岳之中岳,又称太室。然金履祥认为:"外方旧说嵩山,非也。嵩高世称中岳,安得反为外方,又与江夏内方相与内外哉。"今河南嵩县东北陆泽山,《新唐书·地理志》名为方山,或谓即古之外方山,可备一说。 ⑮桐柏,山名,位于河南省桐柏县西,淮河所出。 ⑯陪尾,山名,《史记》作"负尾",《汉书·地理志》作"倍尾"。其地望一说在今湖北安陆县

东北;一说在今山东泗水县东,张华《博物志》:"泗出陪尾。"安陆的陪尾山非淮河所经,泗水与淮水相通。但两山相距太遥远,从地望上看,安陆较近,也可能淮河线上别有陪尾山。 ⑰嶓冢:见前注。荆山,即南荆山,汉水所经。《文选·南都赋》李善注:"汉水自荆山别流为沧浪之水。"其地在湖北南漳一带。 ⑱内方,山名。在湖北钟祥县西南,逾汉水与荆门接界,今名章山,又名马良山或马仙山。顾颉刚师认为此山非常卑小,内方可能是今湖北武汉的大洪山,可备一说。大别,山名。位于河南、湖北、安徽三省交界处。又《汉书·地理志》:"(六安国)安丰,《禹贡》大别山在西南。"汉安丰县在今安徽霍丘县西南,大别山在县西南,接河南固始县界。这是大别山东段,不在汉水流域,却在淮河线上。故顾颉刚师说:此处与《禹贡》说"导漾东流为汉,又东为沧浪之水,过三澨至于大别,南入于江"之文不合。宋儒多主大别即是湖北武汉的龟山,证据不足。王先谦《汉书补注》引沈尧说云:"大别山,在光州西南,黄州西北,汉阳东北,霍丘西南,班志属之安丰,但据山东而言,若论其西南,则直至汉水入江处,故商城西南黄陂、麻城之山,古人且为大别。"又《读史方略》谓:"小别、大别既在汉东,当在柏举之南。"柏举在今湖北麻城。二说极有道理,大别山自桐柏山西,作西北东南向,绵亘于豫、鄂、皖三省之间,为江、淮分水岭,长约二百公里,此大别当在湖北汉水流域,不当远在淮河流域的霍丘。此说极是。 ⑲岷山,注家多以为是四川松潘西北的岷山,但联系上下文,此岷山非今岷山,当在今湖北一带。 ⑳衡山,旧注多云即南岳衡山,但胡渭认为距长江甚远,误。顾颉刚师认为在河南南召县,即《山海经·中山经》中的衡山,可备一说。联系上下文,当与岷山相距不远,必在长江北岸。 ㉑九江,见前注。 ㉒敷浅原,山名,一说即今江西庐山,一说在今江西德安县境。按文义应在九江以下的长江北岸。顾颉刚师考证在今安徽霍丘县南,可备一说。

【译文】

治理疏通了岍山和岐山的道路,到达荆山,越过黄河。又开通了壶口山至雷首山的道路,直达太岳山。从底柱山、析城山一直通达王屋山。自太行山、恒山一直到达碣石山的道路都开通了,从这里可以进入渤海。

从西倾山、朱圉山、鸟鼠山一直通达华山;又从熊耳山、外方山、桐柏山一直到达陪尾山的道路都开通了。

从嶓冢山开通道路到达荆山;又从内方山通达到大别山。

从岷山的南面,通达长江北岸的衡山,越过长江北岸的河流,到达长江北岸的敷浅原,这些道路都已开通。

导弱水[1]，至于合黎[2]，馀波入于流沙[3]。

导黑水[4]，至于三危[5]，入于南海[6]。

导河积石[7]，至于龙门[8]；南至于华阴[9]；东至于底柱[10]；又东至于孟津[11]，东过洛汭[12]，至于大伾[13]；北过降水[14]，至于大陆[15]；又北播为九河，同为逆河[16]，入于海。

嶓冢导漾，东流为汉，又东为沧浪之水[17]；过三澨[18]，至于大别；南入于江。东汇泽为彭蠡[19]；东为北江[20]，入于海。

岷山导江[21]，东别为沱[22]；又东至于澧[23]，过九江，至于东陵[24]，东迤北会于汇[25]；东为中江[26]，入于海。

导沇水，东流为济，入于河[27]，溢为荥[28]；东出于陶丘北[29]，又东至于菏[30]；又东北会于汶[31]；又北东入于海[32]。

导淮自桐柏[33]，东会于泗、沂，东入于海[34]。

导渭自鸟鼠同穴[35]，东会于沣[36]，又东会于泾[37]；又东过漆、沮[38]，入于河。

导洛自熊耳[39]，东北会于涧、瀍[40]；又东会于伊[41]，又东北入于河[42]。

【注释】

①弱水，见前注。　②合黎，一，马融以合黎为地名。二，郑玄以合黎为山名。《淮南子·地形篇》名穷石山，《括地志》名兰门山。三，《孔传》以合黎为水名。现在的张掖河即古时合黎水，其东有合黎山。以上三处地点均在今甘肃。③馀波，即河的下游。流沙，《汉书·地理志》："（张掖郡）居延：居延泽在东北，古文以为流沙。"《水经·禹贡山水泽地篇》："流沙，在居延县东北。汉在县故城东北，《尚书》所谓流沙者也，形如月生五日；弱水入流沙，沙与水流行也。"居延泽即今内蒙古额济纳旗的居延海，有东西两泊，东泊名索果诺尔，为张掖所汇，张掖河即古弱水。西泊名噶顺诺尔，穆林河注之。流沙即指这一带的阿拉善沙漠，馀波流入沙漠后不知去向。　④黑水，见前注。　⑤三危，见前注。　⑥南海，历来注疏者说法不一。南海，当在三危以南，为古人假想中的南海。然魏源认为："今玉门安西之黑河，至敦煌受三危之党河，西南流注于黑海，即今大、小色腾海，再伏流潜入于青海，青黑同色，又地当正南。"《甘肃府志》也以今青海当《禹贡》的南海，其地理位置最为接近。　⑦积石，见前注。　⑧龙门，见前注。　⑨华阴，华山的北面。　⑩底柱，见前注。　⑪孟津，古代黄河渡

口,在今河南孟县南十八里的黄河北岸,由于黄河河道变迁,今河道在孟津以北。周武王伐纣,会八百诸侯于此。实际上,孟津以上黄河河道基本固定,历史上没有太大的变化,治水当在支流。孟津以下,黄河进入华北平原,河道变迁复杂,治河当在孟津以下河道及支流。 ⑫洛汭,洛水入黄河处,在河南巩县洛口。⑬大伾,有两说,一说认为在河南荥阳汜水镇,古成皋县故城在伾上,谭其骧有考证。一说认为大伾山在今河南浚县,史念海主其说。今从后说。黄河的泛滥多在浚县大伾山以下。 ⑭降水:降亦作"洚",顾颉刚师认为当为漳水上游,今山西屯留至河南林县、河北一线,入河处在今河北肥乡、曲周间。 ⑮大陆,即大陆泽,见前注。 ⑯播,分散、分布。九河,见前注。逆,迎而承受的意思。⑰嶓冢,山名,见前注。漾,一作养,漾水,汉水上源,发源于嶓冢山。该河东北流经陕西沔县,西南合沔水,又东经褒城合褒水,始称汉水。沧浪之水,始见《楚辞·渔父》:"沧浪之水清兮,可以濯我缨。"《水经》:"汉水又东北流,又屈东南,经武当县(今均县)东北。"郦道元注云:"县西北四十里汉水中有州,名沧浪州。……水出荆山,东南流为沧浪之水。""按《尚书·禹贡》言导漾水,东流为汉,又东为沧浪之水,不言过而言为者,明非他水决入也。盖汉、沔水自下有沧浪通称耳。"胡渭《禹贡锥指》:"李白《襄阳歌》云'汉水鸭头绿',正此。"是知沧浪之水指的是汉水中游均县至襄阳一段,如长江湖北段称荆江、下游称扬子江一般,不是传统注家说的汉水别流。 ⑱三澨(音 shì 誓),注家多说是水名,但具体指哪条河,歧说较多。《史记·索隐》云:"今竟陵有三参水,俗云是三澨水。"澨水源出湖北京山县潼关河,又名司马河,流至汉川县入汉水。澨,《说文》:"水涯边也。"蔡沈以为其河在襄阳附近的魔石山,金履祥《尚书表注》以为即泌河。也有说是地名,胡渭以为在淯水入汉处,今襄阳方城一带。顾颉刚师亦认为是地名,可备一说。 ⑲汇,回,言汉水与长江相斗,水势向东流成彭蠡泽。彭蠡,见前注。 ⑳北江,根据上下文,可知是指长江下游,在彭蠡以东的一段,非指汉水。 ㉑岷山,今岷山在四川松潘,岷江又名汶江,源于此。顾颉刚师说:古人误以嘉陵江为江源,岷山乃指今甘肃天水的嶓冢山,非今岷山。 ㉒沱,今沱江是长江支流,其上源与岷江相接,岷江由岷山向东南流至灌县,然后分出一支流向东与沱江相连接,故云:"东别为沱。"顾颉刚师则说:沱,凡江水所出的水皆可谓沱,非单指今之沱江,当时四川渠江诸水,如渠水、巴水、岩水都是。可从。 ㉓澧,水名,旧注又作"醴",今有南北中三源,三源会合后,由湖南桑植东南流,经大庸、慈利、石门、澧县入洞庭湖。顾颉刚师则考证,《山海经·中次十二经》说:"洞庭之山,帝之二女居之,是常游于江渊,澧沅之风,交潇湘之渊,是在九江之间。"洞庭山,在今湖北应山县西,沅,疑即涢,出随州大洪山入江水。湘即襄,是汉水自襄阳以下的别名。

《山海经》以澧、沅并称，则澧水应是涢水的支流，涢水下游即古云梦泽，又东则为九江。他又引《汉书·地理志》说："（南阳郡）雉，衡山，澧水所出，东至郾入汝。"汉雉县在今河南南召县，是南召亦有澧水。（《中国古代地理名著选读》第一辑）其考证缜密，可备一说。 ㉔东陵，地名。旧有三说：一，胡渭根据《汉书·地理志》、《水经·决水注》定其地在今河南固始县西南至湖北黄梅一带以北。二，蔡沈认为在今湖南岳阳。三，王鸣盛认为在今湖北黄梅。顾颉刚师考证应在湖北广济东北及黄梅县境。然"过九江，至于东陵"，九江所指如顾颉刚师考证在今湖北广济、黄梅，安徽宿松、望江一带，那么东陵应在九江以东，即今安徽安庆、枞阳，彭蠡以西地区。 ㉕迤，《说文》："邪行也。"汇，指下流泛溢的水，回旋停蓄潴而为泽。东迤北会于汇，与上导汉"东汇泽为彭蠡"同一意思，长江过了东陵即是彭蠡，彭蠡即指安徽宿松以东，怀宁、枞阳、无为等地长江北岸一带湖泊。九江之水，汇聚于此。曾运乾则以为汇为淮的假借字，江淮两大水相合曰会。 ㉖中江，参见扬州三江注。中江为长江下游分道入海的三条支流之一。《汉书·地理志》："丹阳郡芜湖：中江出西南，东至阳羡（今江苏宜兴）入海。" ㉗沇（yǎn 兖）水，发源于山西、河南交界的王屋山，至河南武陟县入黄河。东流为济，入于河：旧说济水三伏三见：发源于王屋山，名沇水，潜行地中为一伏；及其东出，东西二源合流名为济水，为一见。自济而下，又潜入河为再伏；及绝河而南，溢为荥泽，为再见。自荥而下，复行地中为三伏；及其东流绕出陶丘之北为三见。此显为附会之说，翁文灏抨击："无论《禹贡》原文应如何解释，而济水绝河，三伏三见，在地理上绝不可能。"（《中国地理学中几个错误的原则》，载《锥指集》） ㉘溢，指黄河漫溢形成荥泽。荥，荥泽，在今河南荥阳，东汉时称为荥播，久已淤平。黄河南岸重出的济水源于此。 ㉙陶丘，在山东定陶县西南七里。《尔雅·释丘》："丘再成曰陶。"又名釜口，《竹书纪年》："魏襄王十九年，薛侯来会于釜口。"即此地。出，即旧说的济水三见。 ㉚菏，即在今山东菏泽市一带，菏泽是古代大泽。 ㉛汶，汶水，《汉书·地理志》："泰山郡莱芜：《禹贡》汶水出西南入泲（济水）。"源于今莱芜岳阴山。这一段济水，自巨野分为二股：一东南流为菏水入泗水；一东北流为济水，穿过巨野泽，至东平与汶水合。 ㉜又北东入于海，《汉水·地理志》："济水自荥阳东至琅槐入海。"琅槐，西汉置县，后废，故城在今山东广饶县东北一百一十里。东平以下入海河道为"东阿、长清、历城、章丘、邹平、博兴、广饶。济水今上游多湮没，下游故道概为大清河、小清河所占。 ㉝淮，淮河。桐柏，桐柏山。均见前注。 ㉞泗、沂，即泗河、沂河，两河在江苏邳县一带汇合，是经洪泽湖出淮阴，与淮河相会，东流至苏北出海，或可以南流经洪泽湖、宝高湖、扬州一线在三江营入长江，再由长江入海。但这是在运河开通之后。宋代淮河在滨海云梯关入海。金以后黄河夺淮入海,破坏了淮河入海通道,两河泛滥于苏北。现在的淮河入海口是解放后治淮时新开的,从洪泽湖至淮阴,循淤黄河故道,东行至套子口入海,名中山河,或称新淮河。 ㉟渭,即渭水。鸟鼠,山名。均见前注。 ㊱沣,古代泾、渭、浐、涝、灞、潏、沣、滈号称关中八水,渭南以沣水为大。发源于陕县秦岭中,经长安后注入渭河。今故道尽失。 ㊲泾,渭水的支流,有南北二源,南源出今甘肃泾源县西南大关山。北源出宁夏自治区固原县六盘山东麓,二源在平凉会合,经泾川、泾阳至高陵南注入渭水。 ㊳漆、沮,二水见前注。 ㊴导洛自熊耳:洛水出熊耳山,见前注。 ㊵东北会于涧瀍:洛水疏通后东北流至河南洛阳市,涧水则从洛阳西南来会,瀍水从北面流来于洛阳东注入洛水。 ㊶伊,伊水,出今河南卢氏县东熊耳山,此熊耳与洛水所出熊耳同脉,经嵩县、伊川、洛阳、偃师入洛水。 ㊷又东北入于河:洛水东会伊水后再向东北流,于河南巩县北入黄河。

【译文】

疏导弱水,通达合黎山,下游流入沙漠之中。

疏导黑水,通达三危山,流入南海。

疏导黄河,从积石山开始,通达龙门山;向南流至华山的北面,向东通达底柱山;又向东通达孟津,向东经过洛水入河口,通达大伾山;向北越过漳河,直达大陆泽;又向北流分成众多支流,这些支流河道共同承受着河水,顺利进入渤海。

疏导漾水,从嶓冢山开始,向东流成为汉水,又向东流称为沧浪之水;经过三澨水,通达大别山;向南流入长江。向东回流汇聚成为彭蠡泽,彭蠡泽以东的长江称为北江,一直流入东海。

疏导长江从岷山开始,向东分出的支流统称为沱江;向东通达澴水的支流澧水,向东经过长江北岸的众多长江支流,到达东陵,再由东偏北斜行汇聚于长江北岸的彭蠡泽;再向东流长江称为中江,一直通达大海。

疏导沇水,向东流称为济水,流入黄河,济水在黄河南岸漫溢出来形成荥泽,向东流过陶丘的北面,又向东汇于菏泽;又向东北流与汉水会合,又向北流,然后折向东流通达大海。

疏导淮河从桐柏开始,向东流与泗水、沂水会合,向东流入大海。

疏导渭水从鸟鼠山开始,向东与沣水会合,又向东流与泾水会合;又向东流经过漆水、沮水,通达黄河。

疏导洛水从熊耳山开始,向东北流与涧水、瀍水会合;又向东流与伊水会合,又向东北通达于黄河。

九州攸同[①]，四隩既宅[②]，九山刊旅[③]，九川涤源[④]，九泽既陂[⑤]，四海会同[⑥]。六府孔修[⑦]，庶土交正[⑧]，厎慎财赋[⑨]，咸则三壤成赋中邦[⑩]。锡土姓[⑪]，祗台德先，不距朕行[⑫]。

五百里甸服[⑬]。百里赋纳总[⑭]，二百里纳铚[⑮]，三百里纳秸服[⑯]，四百里粟，五百里米。

五百里侯服[⑰]。百里采[⑱]，二百里男邦[⑲]，三百里诸侯[⑳]。

五百里绥服[㉑]。三百里揆文教[㉒]，二百里奋武卫[㉓]。

五百里要服[㉔]。三百里夷[㉕]，二百里蔡[㉖]。

五百里荒服[㉗]。三百里蛮[㉘]，二百里流[㉙]。

东渐于海[㉚]，西被于流沙[㉛]，朔、南暨声教，讫于四海[㉜]。禹锡玄圭，告厥成功[㉝]。

【注释】

①九州，九州即上文的冀、兖、青、徐、扬、荆、豫、梁、雍九州。攸，所。同，平。九州攸同，总结上文，指九州导山导水的工程已经结束，水患全部平治。　②隩（音 yù 玉），与墺通。四隩，四方。四隩既宅，是说四方都可以成为居住的地方。宅，居。　③九山：与下文九川、九泽均指九州而言，意指九州的山、川、泽。刊，除，辟除妨碍排洪的障碍。旅，道，王引之引王念孙说："旅者，道也。"　④涤，与"条"字同，《汉书》颜师古注："条，达也。"孙星衍《尚书今古文注疏》云："涤源者，谓疏达其水源也。"　⑤陂，《说文》："泽障。"即指堤坝，防止泽水决溢　⑥四海会同，《国语·周语》："合通四海。"韦昭注："使之同轨也。"这里的"四海会同"似也有此意，使九州山川泽与四海相通。古人认为陆地分为九州，其外四周被海所包围。其实中国仅东及东南濒海，其余三面乃想象中概念。《孔传》云："四海之内，会同京师。"《尔雅·释地》："九夷、八狄、七戎、六蛮，谓之四海。"犹今统称的东夷、南蛮、西戎、北狄四夷。与下文的"声教讫于四海"中的"四海"意思相同。⑦六府，《左传·文公七年》："水火金木土谷，谓之六府。"《礼记·曲礼》："天子之六府，曰司土、司木、司水、司革、司器、司货、典司六职。"注云："府，主藏六物之税者，此殷时制也。"可见六府都是掌管税收的。译文从《礼记》。孔，甚、很的意思。修，治、备也，引申为整备。　⑧庶，众。庶土，泛言九州众多的土地。交正，《孔传》云："交，俱也，众土俱得其正，谓壤、坟垆。"大意是通过考察，勘定各州土地质量的等级。　⑨厎，致、获得。慎，谨。厎慎财赋，孔安国云："致所慎者，财货贡赋，言取之有节，不过度。"郑玄注谓："众土美恶及高下，得其正矣，亦致其贡篚，慎奉其财物之税，皆法定制而入之也。"　⑩咸，皆。则，法，引申为依据的标准。

三壤，土壤分为上中下三品，细分九等。成赋，交纳赋税。中邦，即指九州，《史记·夏本纪》作"中国"，相对于四海、四夷而言。蔡沈曰："中邦，中国也。盖土赋或及于四夷，而田赋则止于中国而已，故曰成赋中邦。"即赋税仅限于九州。此说可从。 ⑪锡土姓，《左传·隐公八年》："天子建德，因生以赐姓，胙定土而命之氏。"即分封诸侯，分土赐姓，建立诸侯国的意思。夏禹时尚未有西周那样严格完善的分封制，是以夏部落为中心的部落联盟逐步演变为以夏方国为中心的方国统一体的早期国家。诸侯则是各方国。不能用西周的制度去比附夏代。 ⑫祗，敬。台（yí 宜），与"怡"同，第一人称代词，我。距，违抗。朕，我也。 ⑬甸服，《国语·周语上》："夫先王之制，邦内甸服，邦外侯服，侯卫宾服，夷蛮要服，戎狄荒服。"甸，王田，天子的领地。甸服，《礼记·王制》"甸"注："服治田出谷税也。"即指在天子的领地上服各种劳役。战国儒家把大禹时代国都以外划分为五等，每一等四方各等距离五百里，国都以外第一等为甸服。 ⑭总，指全禾，把庄稼连茎割下来束成一捆。百里赋纳总，意思是说把庄稼完整地交出去。 ⑮铚（zhì 至），农具，短镰。割下的庄稼要用短镰削下穗头，故以铚来代表穗。纳铚即入贡穗头。 ⑯秸（jiē 阶），马融说："秸，去其颖。"颖，禾茎的尖端。 ⑰侯服，在甸服之外五百里范围，为五服第二等，距王都一千里。侯当作"候"，即斥候。《孔疏》说："斥候，谓检行险阻，伺候盗贼。此五百里主为斥候而服事天子，故名侯服。" ⑱采，《尧典》："畴咨若予采。"马融注："采，官也。"《礼记·乐记》注："官犹事也。"担任王事的官叫采，引申为替天子服差役。又《春秋公羊传·襄公十五年》注："所谓采者，不得其土地人民，采取其租税耳。"蔡沈《书集传》："采，卿大夫邑地。"其人民和土地属于国家，受封的卿大夫仅食地。 ⑲男邦，《史记》作"任国"。男、任古通用。任，负担的意思。蔡沈曰："男邦，男爵小国也。"比卿大夫稍高，拥有土地和人民的小封国。 ⑳诸侯，蔡沈曰："诸侯之爵大国。"侯是比男大一点的封国。《孔传》："同为王者斥候。"即上文的侯、斥候，担任警戒放哨任务。 ㉑绥服，侯服之外五百里，距王都一千五百里。绥，安。绥服，绥靖安抚。 ㉒揆（音 kuí 奎），掌管、管理，如百揆即百官。揆文教，指掌管文教事务的官员。 ㉓奋武卫，振兴武力，保卫天子。 ㉔要服，绥服之外五百里，距王都二千里。要，解释较多：一、《国语·周语上》韦昭注："要者，要结好信而服从也。"二、要，约束之意。《孔传》云："要束以文教。"三、蔡沈曰："要者取要约之义，特羁縻之而已。"四、姚承朴《尚书谊略》引马其昶说："要、徼通用，边塞曰徼，要服即边服。"以上诸说，以蔡说为佳。 ㉕夷，《孔传》曰："守平常之教，事王者而已。"马融则谓："夷，易也。"王先谦《尚书孔传参正》："谓其风俗可变易者徐进之。"易是改变的意思。今从王说。 ㉖蔡，郑玄注云："蔡之言杀，减杀其赋。”孙星衍疏云:“夷服之贡减杀于中国,贡所以当赋,故云减杀其赋也。” ㉗荒服,荒服是要服以外五百里,距王都二千五百里,是最远的一服。马融说:“政教荒忽,因其故俗而治之。”《国语·周语上》韦昭注:“荒裔之地,与戎狄同俗,故谓之荒,荒勿无常之言也。” ㉘蛮,马融曰:“蛮,慢也,礼简怠慢。” ㉙流,流动无定居。荒服之地多为游牧之地,游牧民族逐水草而居之,与农耕民族的定居生活相比,迁徙无常,没有固定的居处。故郑玄注:“流谓夷狄流移,或贡或不贡。” ㉚渐,《汉书集注》:“入也。”一说渐与渍同义,作浸润解。 ㉛被,及。流沙,泛指西北遥远的大漠。 ㉜朔,北。暨,及也。又江声云:“日颇见也。”朔南暨声教,意思是日所能照临的地方皆为天子的声教所化育。四海,见前注。㉝锡,同“赐”。玄圭,《史记》作“元圭”。圭,瑞玉。《史记·夏本纪》云:“于是帝锡禹玄圭,以告成功于天下,天下于是太平治。”帝,尧、舜,或指天帝,皆通。

【译文】

九州的疏导山水工程已经结束,水患全部平治,四方都已经成为可以居住的地方,九州的大山道路已经开通,九州的大河都疏通了水源、河道,九州的湖泽都修筑了堤防,海内的交通贡道都畅通无阻。掌管税收的六府都运转得很好,九州的土地都勘定了质量等级,慎重地规定了财货贡赋的多少,九州之内的赋税都是根据土壤上中下三种标准确定的。然后分土赐姓,建立诸侯国,诸侯们应当首先尊敬我倡导的德教,不要违背我倡导的德行。

天子都城以外五百里范围称作甸服。相距都城一百里范围的,将庄稼割下完整地送来缴纳赋税;相距二百里范围的,缴纳穗头作为赋税;相距三百里范围的,缴纳带有外壳的谷物作为赋税;相距四百里范围的,缴纳粗米作为赋税;相距五百里范围的,缴纳细米作为赋税。

甸服以外五百里范围称为侯服。距侯服百里范围的大夫采邑,人民替天子服各种差役;距二百里范围的男邦小国人民,为天子负担一定差役;距三百里范围以外诸侯国的人民,为天子警戒放哨。

侯服以外五百里范围称为绥服。距绥服三百里范围以内设立掌管文教的官员来推行文教,另外二百里范围内的人民要武装起来,保卫天子。

绥服以外五百里范围称要服,距要服三百里范围内的人民要逐步改变风俗,另外二百里范围内的人民可以减免赋税。

要服以外五百里范围称荒服,距荒服三百里范围内的人民因俗而治,简化礼节,另外二百里范围的人民任其自由迁徙,不管他们是否贡赋。

东面到大海,西面进入沙漠,从北方到南方,四海之内都播及了天子的德教。于是帝舜赐给禹玄色的祥瑞美玉,宣告天下治水取得成功,天下大治。

甘　誓

【题解】

甘，地名，其地经顾颉刚师等考证，在今河南洛阳西南。誓，古代战争前夕，主帅往往集合将士，进行战前动员，宣布纪律等，《甘誓》就是这类告诫将士的言辞。《书序》："启与有扈战于甘之野，作《甘誓》。"据《史记·夏本纪》载："十年，帝禹东巡狩，至于会稽而崩。以天下授益。……故诸侯皆去益而朝启，曰'吾君帝禹之子也'。于是启遂即天子之位，是为夏后帝启。……有扈氏不服，启伐之，大战于甘。将战，作《甘誓》。"《甘誓》文字简短，但所记述的战争意义非常重大。这次战争发生在由原始社会进入奴隶社会的转变时刻，尧、舜时代的禅让制已被世袭制取代，旧的势力不甘心这种权力的转移，发动反击，但启依靠强大的武力，用战争决定了世袭制的确立。本篇对研究我国奴隶制度的建立有重要意义。

《甘誓》是后世史官根据流传的启的言辞记录而成的，具体成书年代不详。

大战于甘①，乃召六卿②。王曰③："嗟！六事之人④，予誓告汝：有扈氏威侮五行⑤，怠弃三正⑥，天用剿绝其命⑦，今予惟恭行天之罚⑧。

"左不攻于左，汝不恭命；右不攻于右，汝不恭命⑨；御非其马之正，汝不恭命⑩。用命，赏于祖；弗用命，戮于社⑪，予则孥戮汝⑫。"

【注释】

①甘，《史记·夏本纪·集解》引马融曰是"有扈氏南郊地名"，以甘水得名，在陕西鄠（hù 户）县西，即今陕西户县境内。顾颉刚师、刘起釪《〈尚书·甘誓〉校释译论》认为，"但根据当时民族活动情况考察，很难说在陕境"。夏人的活动中心在晋南豫西，有扈氏的活动范围也在夏人的活动中心内（参见注释⑤），甘地当如王国维《殷墟卜辞中所见地名考》所言，甲骨文中有甘，即《春秋》甘昭公所封之邑。《水经·甘水注》："甘水东二十里许洛城南，有故甘城焉，北对河南故城。"其

地在今河南洛阳市西南。 ②六卿，郑玄曰："六卿者，六军之将。《周礼》六军皆命卿，则三代同矣。"又郑注《周礼·大司马》云："天子六军，三三而居一偏。"是六卿为六军的领军将领，一卿将一军。又孙星衍《尚书今古文注疏》：《墨子·明鬼篇》云："王乃命左右六人，下听誓于中军。"天子亲征，王为中军、六卿左右也。卿为古官名。甲骨文、金文有"卿事"，《左传》等书中有"卿士"。早期卿亦可领军作战。 ③王，夏王。然此夏王究竟指禹还是启，历代争执不休。《书序》、《史记》皆云为启，《墨子》、《庄子》则说为禹。注疏家也因此各自为据，莫衷一是。顾颉刚师、刘起釪认为："我们从禹的历史传说还较分歧而开始建立夏王朝者实际是启这一点来看，倾向于《史记》这一说法。" ④六事，郑玄云："变六卿言六事之人者，言军吏以下及士卒也。"联系上下文，当指六卿及下属军官和士兵。"事"甲骨、金文中和"史"、"吏"、"使"同字。故六事泛指处理国家政务军务的官吏。奴隶制国家初期，军事、行政官职未细分，六事也担任各级军官。 ⑤有扈氏，马融曰："姒姓之国，为无道者。"郑玄注云："有扈，与夏同姓。"《汉书·地理志》："在右扶风鄠，古国。有扈谷亭。扈，夏启所伐。"其地在今陕西户县一带。但《左传·昭公元年》有："虞有三苗，夏有观、扈，商有姺、邳，周有徐、奄。"是扈为夏时叛乱之国，恐非同姓。近代学者结合甲骨文，认为扈为甲骨文中的雇，其地在今河南原阳一带。《诗经·商颂·长发》中"韦顾既伐，昆吾夏桀"的顾即此雇。顾颉刚师、刘起釪认为："有扈，即东夷部落的'九扈'，其地当在今郑州北部原阳一带，扈与夏人作战的地方'甘'当在今洛阳西南。"若此，则有扈被夏打败后一直臣服于夏，直到夏末为商所灭，其地不当远在陕西。五行，指金、木、水、火、土五种物质。威侮五行，王引之《经义述闻》曰："威疑当作威，威者蔑之假借也。蔑，轻也。蔑侮五行，言轻慢五行也。"有蔑视自然和社会规律，冒天下之大不韪的意思。 ⑥正，《说文》："正，是也。从止，一以止。"马融以为三正指建子、建丑、建寅。怠弃三正，指不奉正朔。一岁的第一个月为正，一月的第一天为朔，所以正朔即正月初一。相传古时王者易姓有改正朔的事情。《尚书大传·略说》："夏以十三月（孟春建寅之月）为正，色尚黑，以平旦为朔；殷以十二月（季冬建丑之月）为正，色尚白，以鸡鸣为朔；周以十一月（仲冬建子之月）为正，色尚赤，以夜半为朔。"后来的研究者多认为旧说不可信。郑玄及《孔传》认为三正指天、地、人之正道。于省吾《尚书新证》认为正，长，官长。三正即三公亦谓三卿。今译文从郑说。 ⑦用，杨树达《词诠》作"因也"。剿，灭绝。 ⑧惟，发端之辞。恭，奉行的意思。 ⑨左、右，郑玄注："左，车左。右，车右。"战国以前、古代战争多用战车，一乘战车车兵三人。《诗·鲁颂·閟宫》，郑玄笺云："兵车之法，左人持弓，右人持矛，中人御。"同时还配备若干人数不等的徒卒，合称一乘。这种情况已在考古材料中得到证明(参见杨泓《战车与车战》,载《文物》)1977年5期)。攻,善。 ⑩正,正和政古通用。《吕氏春秋·顺民篇》:“汤克夏而正天下。”高诱注:“正,治也。”《尚书·微子》:“殷其弗或,乱正四方。”这里指驾驭马的技术。于省吾说正是长官,御正为御车官名,可备一说。 ⑪用命,即恭命。用,奉、执行的意思。戮,辱、惩罚。《墨子·明鬼》:“虞夏、商、周三代之圣主,其始建国营都日,必择国之正坛,置以为宗庙;必择林木之修茂者,立以为丛社。”《周礼·小宗伯》:“建国之神位,右社稷,左宗庙。”《考工记·匠人》:“左祖右社。”可见祖和社是古代国家或部落进行政治和宗教活动的主要场所。祖庙即宗庙,社是祭祀土地的神坛。孙星衍疏曰:“祖者庙主,社者社主。《太平御览》三百六引挚虞《决疑要注》曰:‘主者,帝王出征伐,以齐车载迁庙之主及社主以行。’”《小盂鼎》、《虢季子白盘》等青铜铭文记载对异族(鬼方,猃狁)征伐胜利后,献馘(guó国,左耳)献俘于周庙,周王赏赐。此句即是说赏赐在祖庙进行,惩罚在神社进行。 ⑫孥戮,颜师古《匡谬正俗》卷二:“按孥戮者,或以为奴,或加刑戮,无有所赦耳。此非孥子之孥。”孥,即奴。戮,辱、惩罚。杨筠如《尚书覈诂》云:“此文奴字,当从郑司农释为罪隶之奴也。奴戮连文,谓受刑辱之意。”《汤誓》也有此句,顾颉刚师认为是由《汤誓》抄入,原本无。

【译文】

将要在甘地爆发一场大战,夏王启召见了领军的六卿。夏王说:“啊!诸位将领和士兵,我发布誓词告诫你们:有扈氏蔑视五行,冒天下之大不韪,遗弃天、地、人三者正道。因此,上帝要灭他们的享国大命。现在我奉上帝命行使对他的惩罚。战车左边的将士如不善于用弓箭射击敌人,你们就是没有奉行我的命令;战车右边的将士如不善于用长矛刺杀敌人,你们就是没有奉行我的命令;中间驾驭战车的御者如果不能善用驾驭战马的技术,你们就是没有奉行我的命令。执行命令的,胜利后将在祖庙得到赏赐;不执行命令的,将在神社受到惩罚,我将要把你们沦为奴隶,或加以刑杀。”

五子之歌

【题解】

相传夏朝开国君王夏启除子太康外，还有五个儿子，他们都是太康的兄弟，具体名字不详，一说叫五观，或以音讹为五子之歌。《国语·楚语》："夏有五观。"韦昭注："五观，启子，太康昆弟也。"《史记·夏本纪》云："帝太康失国，昆弟五人，须于洛汭，作《五子之歌》。"《书序》亦云："太康失邦，昆弟五人，须于洛汭，作《五子之歌》。"《五子之歌》主要表达了太康的五个兄弟对太康不重德行游乐不已而失帝位的指责及怨恨之情。《古文尚书》有，《今文尚书》无。

太康尸位①，以逸豫灭厥德，黎民咸贰②。乃盘游无度，畋于有洛之表，十旬弗反③。有穷后羿因民弗忍，距于河④。厥弟五人御其母以从⑤，徯于洛之汭⑥。五子咸怨，述大禹之戒以作歌⑦。

【注释】

①太康，夏王启的儿子。尸，《孔传》："主也，主以尊位。"蔡沈《书集传》说："如祭祀之尸。"即古代祭祀时，鬼神的代表叫尸。尸位，蔡沈说："谓居其位而不为其事，如古人所谓尸禄尸官者也。" ②豫，乐。黎民，民众。咸，皆、都。贰，贰心。 ③盘，享乐。游，游逸。畋（tián 田），田猎。洛之表，指洛水的南面。十旬，一百天。反，同"返"。 ④有穷，古代国名，位于东方。《左传·襄公四年》："《夏训》有之曰：'有穷后羿。'"杜预注《夏训》即《夏书》。后羿，相传为有穷国君王。羿，有穷君之号。一说羿为古代善射者之名。蔡沈《书集传》说："贾逵《说文》：羿，帝喾射官。故其后善射者皆谓之羿。有穷之君亦善射，故以羿目之也。"羿因夏民不堪夏王太康的荒淫，乘夏王太康在外之际，拒太康于黄河以北，使太康不得返回夏国，废了夏王太康。 ⑤厥，其。御，侍奉。 ⑥徯（xī 奚），等待。汭，河水的转弯处，这里指洛河的转弯处。 ⑦述，追述。蔡沈《书集传》说："《小弁》之诗，父子之怨；五子之歌，兄弟之怨。"

【译文】

夏王太康身居尊位而不理政事，因为放纵享乐而丧失德行，民众都怀有二心。太康游玩寻乐，没有节制，到洛水的南岸去田猎，一连百天都不返回。有穷国的君王后羿乘夏朝民众不堪忍受太康所作所为的机会，据守在黄河岸边阻止太康返回。太康的五个兄弟侍奉他们的母亲跟随打猎，在洛河的转弯处等候太康。五个兄弟都怨恨太康，追述大禹的训诫而作诗歌。

其一曰："皇祖有训：民可近，不可下①。民惟邦本，本固邦宁②。予视天下，愚夫愚妇一能胜予③。一人三失，怨岂在明？不见是图④。予临兆民，懔乎若朽索之驭六马⑤；为人上者，奈何不敬⑥？"

【注释】

①皇，大。皇祖，即大禹，太康及五子的祖父，启的父亲，夏王朝的实际建立者。训，训诫。近，亲近。下，卑下、轻视，引申为疏远。　②民惟邦本二句，蔡沈说："且民者国之本，本固而后国安。"　③予，这里应是大禹自称。一，都、皆。　④三失，三当为虚数，言多之意。明，彰显。怨岂在明，蔡沈说："民心怨背，岂待其彰著而后知之？"意思是应当在未明时就谋虑到。见，显现。图，图度。⑤临，面临。兆，《孔传》："十万曰亿，十亿曰兆，言多。"兆是古代数字之极。懔（lǐn 凛），恐惧、害怕。朽索，腐烂的绳索。驭，驾驭。　⑥敬，谨慎。

【译文】

第一首歌唱道："伟大的祖先大禹有训诫：民众只可以亲近，不可以疏远。民众是国家的根本，根本坚固国家才安宁。我观察天下，愚夫愚妇都可以超过我。一个人有许多过失，民众的怨恨难道非得到明显的时候才去考虑吗？应该在还没有显现时就加以考虑。我们面对亿万民众，就像用腐烂的绳子驾驭着六匹马一样，令人恐惧；在民众之上的君王，为什么不谨慎呢？"

其二曰："训有之：内作色荒①，外作禽荒②，甘酒嗜音③，峻宇雕墙④。有一于此，未或不亡⑤。"

【注释】

①作，《孔传》："为也。"色，指女色。荒，迷惑、迷乱。色荒，迷惑于女色。②禽荒，指耽湎于游猎。　③甘，与"嗜"同义。嗜，嗜好。甘酒嗜音，指爱好美酒及音乐，不知满足，毫无节制。　④峻，高大。宇，栋宇。雕，绘饰。　⑤有一于此，未或不亡，蔡沈《书集传》说："言六者有其一，皆足以致灭亡也。"或，有。

未或，没有不。《左传·昭公十三年》："自古以来，未之或失也。"王引之《经传释词》云："未之有失也。"

【译文】

第二首歌唱道："大禹的训诫有这样的话：在内所为迷惑于女色，在外所为迷恋于游猎，沉湎于美酒、音乐，身居高大的宫宇、还要绘饰宫墙。这几种情况如果染上一种，没有不亡国的。"

其三曰："惟彼陶唐①，有此冀方②。今失厥道，乱其纪纲③。乃厎灭亡④。"

【注释】

①惟，发语词。王引之《经传释词》说：字或作"唯"，或作"维"。陶唐，蔡沈说："尧初为唐侯，后为天子，都陶，故曰陶唐。"惟彼陶唐，《左传·哀公六年》引《夏书》曰："惟彼陶唐，帅彼天常，有此冀方。今失其行，乱其纪纲，乃灭而亡。"此为《尚书》逸文，可能是《古文尚书》之本。《释文》："此语在《尚书·五子之歌》，《书》无'帅彼天常'一语，下亦微异。" ②冀方，即古代冀州，参见《尚书·禹贡》注。蔡沈说："尧授舜，舜授禹，皆都冀州。言冀方者，兴中以包外也。"相传尧都平阳，舜都蒲坂，禹都安邑，都在今山西南部，即在古冀州范围内。山西南部是尧舜禹时代部落联盟的统治中心。 ③道，大道、天道。纪纲，蔡沈说："大者为纲，小者为纪。" ④厎，致。灭亡，杜预认为指夏桀时夏朝灭亡。但观《五子之歌》，当指"太康失国"一事。

【译文】

第三首歌唱道："那个陶唐帝尧，占有冀方一带。现在太康丧失了尧的治道，扰乱尧的法纪，才导致灭亡。"

其四曰："明明我祖，万邦之君①。有典有则，贻厥子孙②。关石和钧，王府则有③。荒坠厥绪，覆宗绝祀④。"

【注释】

①明明，蔡沈说："明而又明也。"我祖，指大禹。万邦，泛指天下诸侯方国。 ②典，法典、典章。则，法则。故蔡沈说："典，犹周之元典。则，犹周之八则。"贻，遗，留给。 ③《国语·周语下》："《夏书》有之曰：'关石和钧，王府则有。'"韦昭注："关，门关之征也。石，今之斛也。言征赋调钧，则王之府藏常有也。一曰关，衡也。"蔡沈《书集传》说："百十二斤为石，三十斤为钧。钧与石，五权之最重

者也。”又说:“又按法度之制,始于权,权与物钧而生衡,衡运生规,规圆生矩,矩方生绳,绳直生准。是权衡者,又法度之所出也,故以钧石言之。”该句本义指关征及赋税计算平均,王府则实有,故引申为使关门通畅,民众平和。蔡说可供参考。④荒,荒废。坠,坠落。绪,前人留下的功业。覆,覆灭。

【译文】

第四首歌唱道:“我们万分英明的祖先大禹,是天下四方的共同君王。有常典、法则,留给他的子孙后代。关征赋税,计算平均;民众感到平和,朝廷也很充实。如今太康荒废丧失了祖先留下的事业,覆灭了宗庙,断绝了祭祀。”

其五曰:“呜呼曷归①?予怀之悲。万姓仇予,予将畴依②?郁陶乎予心③,颜厚有忸怩④。弗慎厥德,虽悔可追⑤?”

【注释】

①曷,何。曷归,即归向何方。　②万姓,泛指天下万邦的百姓。仇,《孔传》云:“怨也。”畴,谁。　③郁陶,哀思、忧愁、悲伤之类意思。　④颜厚,蔡沈《书集传》:“愧之见于色也。”犹今语羞愧于色。忸怩,蔡沈:“愧之发于心也。”犹今语内疚。　⑤可追,蔡沈说:“言不可追也。”追,含有补救、挽救的意思。

【译文】

第五首歌唱道:“唉呀,归向何方?我们怀念家乡,感到悲伤。天下四方的民众都怨恨我们,我们将依靠谁呢?我的神情抑郁忧伤,羞愧于色,内疚于心。平时不能谨慎自己的德行,虽然后悔,难道还能挽救吗?”

胤　征

【题解】

《胤征》属梅赜《古文尚书》,《今文尚书》无此篇。胤,夏方国名;胤侯,夏王仲康的大臣,胤国的国君。一说名胤,任大司马,掌管六师。当时主管天文历法的羲、和酗酒失职,他奉夏王命征伐。征,蔡沈《书集传》云:"《孟子》曰:'征者上伐下也。'此以征名,实即誓也。"《胤征》是胤侯出征前的誓词。《史记·夏本纪》:"帝中康时,羲、和湎淫,废时乱日。胤往征之,作《胤征》。"《书序》:"羲、和湎淫废时乱日。胤往征之,作《胤征》。"基本一样。今本《竹书纪年》以为此次征伐在仲康五年,不可信。

惟仲康肇位四海①,胤侯命掌六师②。羲和废厥职③,酒荒于厥邑④。胤后承王命徂征⑤。

【注释】

①仲康,夏启之子,太康之弟。《史记·夏本纪》:"太康崩,弟中康立,是为帝中康。"中康即仲康。肇,开始。位,治理。《广雅》:"位,莅也。"莅,临视、视事。②掌六师,《周官》有"统六师",意思相同。西周有宗周六师,又称西六师;成周八师,又叫殷八师的军事编制。夏代可能还没有师这种军事编制,这是掺入了后世的制度。周制,掌六师为大司马职。　③羲和,参见前《尧典》注。羲和可能是部落联盟中擅长天文历法(天地四时)的部落或部落首领的名字,尧以前就掌管天文历法事务。《孔传》:"羲氏、和氏,世掌天地四时之官。自唐虞至三代,世职不绝。太康之后,沈湎于酒,过差非度,废天时,乱甲乙也。"　④酒荒,嗜酒迷乱。邑,所居之邑。蔡沈引林氏之说:"羲和之罪,虽曰沈乱于酒,然党恶于羿,同恶相济,故胤侯承王命往征之,以翦羿之翼。"　⑤胤后,蔡沈说:"曰胤后者,诸侯入为王朝公卿,如禹稷伯夷谓之后也。"徂,往。

【译文】

仲康开始治理天下的时候，胤侯受命掌管六师。羲氏和氏废弃自己的职守，在自己所居之邑嗜酒迷乱。胤侯奉夏王仲康的命令，前往征伐。

告于众曰："嗟！予有众。圣有谟训，明征定保①。先王克谨天戒②，臣人克有常宪③，百官修辅，厥后惟明明④。每岁孟春，遒人以木铎徇于路⑤，官师相规⑥，工执艺事以谏⑦，其或不恭，邦有常刑⑧。

"惟时羲和颠覆厥德，沉乱于酒，畔官离次⑨，俶扰天纪，遐弃厥司⑩。乃季秋月朔⑪，辰弗集于房⑫。瞽奏鼓，啬夫驰，庶人走⑬。羲和尸厥官⑭，罔闻知，昏迷于天象，以干先王之诛⑮。《政典》曰⑯：先时者杀无赦，不及时者杀无赦⑰。

【注释】

①谟，谋略。训，训戒。明，明白。征（chéng 承），验证。保，安。定保，定安。蔡沈《书集传》说："圣人谟训，明有证验，可以安定邦国也。" ②克，能。谨，恭敬。天戒，上帝的训戒。古人以为日蚀等天象是上帝对自己的训戒。 ③常宪，《孔传》释为常法。蔡沈说："奉法修职以供乃事也。" ④修辅，《孔传》："修职辅君。"即忠于职守，辅佐君王。明明，《五子之歌》有"明明我祖"，意思相近。⑤孟春，孟春之月，即春季的第一个月。遒（qiú 求）人，古代的宣令之官。木铎，一种铃。徇，通巡，巡行。古代宣令之官在宣布教令时，沿途摇动木铎，以引起人们的注意。蔡沈注曰："金口木舌，施政教时，振以警众也。"蔡沈又说："《周礼》小宰之职，正岁帅治官之属，徇以木铎曰'不用法者，国有常刑'，亦此意也。" ⑥师，众。官师，诸多官员。然蔡沈以为官师有别："官以职言，师以道言。"规，正、规谏。相规，互相教诲。 ⑦工，百工，这里的百工不是百官，而是指手工业部门的工匠。此句是说手工工匠们用包含在工艺技术中的道理来规劝。故蔡沈说："百工技艺之事，至理存焉。" ⑧或，有。恭，《孟子·离娄上》："责难于君谓之恭。"如果命令工匠制作出的东西是淫巧、奢侈的，工匠理应加以规劝，所以蔡沈说："官师百工不能规谏，是谓不恭。" ⑨沉，一作"沈"。沈、沉通，沉湎。乱，迷惑。沉乱于酒，《尚书·微子》有"沈酗于酒"，意思相同，可参阅。畔，通"叛"。畔官，蔡沈："则乱其所治之职。"次，职位。离次，蔡沈说："则舍其所居之位。" ⑩俶（chù 触），始。扰，乱。天纪，蔡沈《书集传》："则《洪範》所谓岁月日星辰历数是也。盖自尧舜命羲和历象日月星辰之后，为羲和者，世守其职，未尝紊乱，至是始乱其天纪焉。"遐，远。遐弃厥司，蔡沈说："远弃其所司之事也。"

⑪乃,杨树达《词诠》:"乃,始也,初也。"季秋月朔,季秋之月的初一日。 ⑫辰,《左传·昭公七年》:"(晋)公曰:'何谓六物?'对曰:'岁、时、日、月、星、辰是谓也。'公曰:'多语寡人辰,而莫同。何谓辰?'对曰:'日月之会是谓辰,故以配日。'"杜预注:"一岁日月十二会,所会谓之辰。"房,所次之宿,即日月相会的星宿位置。由于日月相会的位置发生异常,日被月所掩蚀,便发生日食。辰弗集于房,即发生日食。 ⑬瞽,这里指乐官。盲人在识别声音方面的能力特别强,故古代乐官常由盲人担任。蔡沈说:"以其无目而审于音也。"啬夫,小臣,掌管布币的官员。庶人,承担役事的人。驰、走,蔡沈说:"古者日蚀,则伐鼓用币以救之。啬夫庶人,盖供救日之百役者。曰驰曰走者,以见日蚀之变,天子恐惧于上,啬夫庶人奔走于下,以助救日如此其急。"蔡说可从。 ⑭尸,主管。 ⑮干,犯、触犯。先王之诛,先王制定的诛杀刑律。 ⑯政典,蔡沈说:"先王政治之典籍也。" ⑰不及时,即或先时或后时,都是指违制失时的罪过,在先王制定的诛杀刑律之内。

【译文】

胤侯向众将士宣告:"啊!我的众将士。圣人有谋略,有训戒,这些谋略训戒明白地证明可以安邦定国。先王能够恭敬上帝的训戒,臣下能够奉法修职,百官忠于职守,辅佐君王。这样,他们的君王才会非常贤明。每年孟春三月,遒人沿途摇铃循行,宣布教令,诸位官员相互规劝教诲,手工工匠们用包含在工艺技术中的道理来劝谏,如果他们对君王奢侈、淫巧之事不能规劝,国家将对他们施以刑罚。

"羲氏、和氏败坏了自己的德行,沉湎迷惑于酒,扰乱所治理的政事,背离职位。开始扰乱天时历法,远弃自己所负责的职事。于是,九月初一这一天,太阳和月亮不是相会于房宿,而是发生异常,太阳被掩蚀,发生了日食。乐官击鼓,啬夫驰驱,庶人奔走,救助太阳。羲氏、和氏身居其位不理政事,对此竟一无所知,使天象昏乱迷惑,因而触犯了先王制定的诛杀刑律。先王的政典规定:对违制失时的人,如所定历法早于天时出现的,诛杀而不赦免;所定历法迟于天时出现的,诛杀而不赦免。

"今予以尔有众,奉将天罚①。尔众士同力王室,尚弼予钦承天子威命②!火炎昆冈③,玉石俱焚;天吏逸德④,烈于猛火。歼厥渠魁,胁从罔治⑤;旧染污俗,咸与惟新⑥。

"呜呼!威克厥爱,允济⑦;爱克厥威,允罔功。其尔众士,懋戒哉⑧!"

【注释】

①以，与。奉，尊奉。将，行。天罚，上帝的惩罚。《尚书·汤誓》有"致天之罚"，《泰誓上》有"旅天之罚"，《泰誓下》有"恭行天罚"，意思均相近。 ②尔众士，即上文的有众。尚，庶几。表示希望、祈求、命令的副词。弼，辅佐。钦，敬。③昆，山名，古代著名的出产玉的山。冈，山脊。 ④天吏，掌管天文历法的官。逸德，《孔传》："过恶之德。" ⑤歼，《孔疏》："歼，尽也。……众皆死尽为歼也。"渠魁，《孔传》："渠，大也。魁，帅也。指谓羲和。" ⑥俗，习俗。与，允许，含有赦免的意思。咸与惟新，皆赦免而允许重新做人。 ⑦威，威罚、威严。克，胜。爱，此指姑息。允，信。济，成功。 ⑧懋，勉力。戒，戒惧。蔡沈说："誓师之末，而复嗟叹以是警之，欲其勉力戒惧而用命也。"

【译文】

"现在我率领你们诸位将士，尊奉上帝的惩罚。你们诸位将士要为夏王朝同心协力，希望能够辅助我敬奉天子的威罚命令！烈火燃烧玉石山冈，玉与石俱焚；掌管天文历法官员的过失行径，危害比猛火还要剧烈。歼灭那个大魁首羲、和，而对被迫随从作恶的人不要惩治，对过去染上污秽习俗的人，都要赦免并允许他们重新做人。

"唉呀！如果威罚战胜姑息，那就确信能够成功；如果姑息战胜威罚，那必定不能成功。你们诸位将士，努力呀、警戒呀！"

帝告　釐沃

【题解】

《书序》云："自契至于成汤八迁，汤始居亳，从先王居。作《帝告》、《釐沃》。"《史记·殷本纪》载，契至汤共十四代。孔安国说，"十四世凡八徙国都。""契父帝喾都亳，汤自商丘迁焉，故曰'从先王居'。"《帝告》内容即是祭告先王，汤迁都到原先王帝喾之都亳地。《釐（音 lí 厘）沃》是汤居亳后，整治沃土、发展生产事迹的记录。这两篇对研究商汤时期社会政治、经济状况有一定参考价值。可惜"告来居，治沃土两篇皆亡"（《孔传》），今仅存序。

《史记·殷本纪》引文无《釐沃》，故后人怀疑《帝告釐沃》是一篇。

汤　征

【题解】

《书序》曰："汤征诸侯，葛伯不祀，汤始征之，作《汤征》。"本篇记载了著名的"汤征葛伯"的史实，这是商汤向夏桀发起的第一次进攻。以后的文献中对此也多有反映，如《孟子·梁惠王下》："汤一征，自葛始。"《孟子·滕文公下》："汤始征，自葛载。"《汤征》是研究商汤伐灭夏桀战争以及夏末商初社会历史状况的重要文献。今仅存序，正文已无。

汝鸠　汝方

【题解】

《书序》曰："伊尹去亳适夏，既丑有夏，复归于亳。入自北门，乃遇汝鸠、汝方。作《汝鸠》、《汝方》。"汝鸠、汝方是商汤的两位贤臣。这两篇文献记的是伊尹离开汤都亳到夏国，因厌恶夏桀的暴虐，重返亳都的事。关于伊尹"去亳适夏"的动机和目的，历来有不同看法。《汝鸠》、《汝方》对研究当时行将灭亡的夏桀和生机蓬勃的商汤有一定意义。可惜正文已无，今仅存序。

商书

汤　誓

【题解】

汤，即成汤、商汤。商先公契的十四世孙。商代第一个王，商王朝的建立者。《史记·殷本纪·索隐》云："汤名履，《书》曰'予小子履'是也。又称天乙者，谯周云：'……天亦帝也，殷人尊汤，故曰天乙。'"又号曰武王。小辞称大乙，金文称成唐。誓，见《甘誓》题注。《书序》云："伊尹相汤伐桀，升自陑，遂与桀战于鸣条之野，作《汤誓》。"陑，山名，即雷首山，在今山西永济市南。

《汤誓》是汤灭夏时的战争动员令。《史记·殷本纪》："当是时，夏桀为虐政淫荒，而诸侯昆吾氏为乱。汤乃兴师率诸侯，伊尹从汤，汤自把钺以伐昆吾，遂伐桀。……以告令师，作《汤誓》。"《汤誓》首先说明了伐桀灭夏的原因，汤打着"吊民伐罪"，替天行道的旗号，揭露了夏桀的暴政，反映了当时社会矛盾激化，民众反抗加剧，造成夏朝统治分崩离析的情况，商汤乘机起兵，最终取而代之。同时篇中还透露了汤的军队尚未完全脱离农业的真实情况，对研究当时的军事制度有重要意义。

《汤誓》的成书时代已不可考，但至少是在战国早期已经出现，《孟子·梁惠王》篇中已有引用。

王曰："格尔众庶[①]，悉听朕言。非台小子敢行称乱[②]。有夏多罪，天命殛之[③]。

"今尔有众，汝曰：'我后不恤我众[④]，舍我穑事，而割正夏[⑤]？'予惟闻汝众言，夏氏有罪。予畏上帝，不敢不正[⑥]。

"今汝其曰：'夏罪其如台[⑦]？'夏王率遏众力[⑧]，率割夏邑[⑨]，有众率怠弗协[⑩]，曰：'时日曷丧，予及汝皆亡[⑪]！'夏德若兹，今朕必往[⑫]。

"尔尚辅予一人，致天之罚，予其大赉汝[⑬]。尔无不信，朕不食言⑭。尔不从誓言,予则孥戮汝,罔有攸赦⑮。”

【注释】

①王,即指商汤。格,来。尔,汝。众庶,犹今语大家、诸位。 ②台(yí宜),我。小子,对自己的谦称。称,举,称乱即发难。 ③殛,《尔雅·释言》云:“诛也。” ④后,国王、君主、诸侯均可称后,如群后。恤,忧悯、体恤。⑤舍,废也。穑(sè色)事,代指农事。割(hài害),通“害”。《广雅·释言》:“害,割也。”正,与“政”通,即征伐一类政事。参见《甘誓》“三正”注。 ⑥上帝,天也,殷人崇信天命。 ⑦台(yí宜),疑问代词。如台,奈何、如何。这里是汤的设问。下文是答辞。 ⑧率,杨筠如《尚书覈诂》认为当读为卒。《尔雅·释诂》:“卒,尽也。”遏,竭、绝。众力,指民力。 ⑨割,害也。 ⑩有众,指夏统治下的民众。率,大都。怠,俞樾读为殆,疲殆。协,和。 ⑪时,是,这,指示代词。日,《广雅》:“君也。”以日喻君。古代帝王自称天帝之子。此处用以喻夏王桀。曷,何时。丧,亡失。皆,俱、都,犹“一起”。 ⑫德,含有吉凶的意思。兹,此。 ⑬尚,《尔雅·释言》:“庶几也。”《尚书覈诂》云:“按尚为希望之辞,犹言其也。”辅,及也。予一人,王的第一人称专称,商王往往自称,又作“余一人”。胡厚宣研究认为,甲骨文、金文都有“余一人”。为王自称之词,诸侯以下皆不得用。商代卜辞,盘庚至武丁只称“一人”,祖庚、祖甲始称“余一人”,武乙、文丁又称“一人”,帝乙、帝辛乃定称“余一人”,《汤誓》、《盘庚》习用“予一人”是后人追述时借用了周代的“予”字。(参见胡厚宣《释余一人》,载《历史研究》1957年1期;《重论余一人问题》,载《古文字研究论文集》)致,送、诣也。赉(lài赖),赏赐。 ⑭食,吞没,消灭也。食言,引申为不讲信用,不履行诺言。 ⑮予则孥戮汝,见《甘誓》注。罔,无。攸,所也。

【译文】

王说:“来吧!诸位。大家都要听我讲话。不是我小子胆敢发难。夏朝犯了许多罪恶,上帝命令我去诛灭它。现在你们众人当中,或许有人会说:‘我们的君王不体恤我们众人,为何使我们荒废农事,而去征伐夏朝呢?’我已经听到了你们的话,但夏朝确实有罪。我畏惧上帝,不敢不去征伐。

“现在你们大概会问:‘夏朝犯了什么罪呢?’夏王桀耗尽民力,为害夏朝都城、民众大多疲怠而不愿拥护他,他们说:‘你这个太阳呀,什么时候消亡?让我们和你一起灭亡吧!’夏王的德行如此这般,现在我一定要去征伐。

“希望你们辅助我,执行上帝对夏朝的惩罚,我将大大地赏赐你们。你们不要不相信,我不会说话不算数的。如果你们不遵守誓言,我将要把你们沦为奴隶,或加以刑杀,不会有所赦免。”

夏社　疑至　臣扈

【题解】

《书序》云:“汤既胜夏,欲迁其社,不可。作《夏社》、《疑至》、《臣扈》。”社,这里指的是社神后土,因其平九州有功,被尊为土神,享受祭祀。这三篇说的是汤灭夏后,企图变更社神,最终未能实行,从一个侧面反映了“殷人尊神,率民以事神”的思想观念。今仅存序,正文已无。

典　宝

【题解】

《书序》曰："夏师败绩，汤遂从之，遂伐三朡，俘获宝玉。谊伯、仲伯作《典宝》。"三朡（zōng 宗），古国名，故城在今山东定陶县北。因古人认为用玉祭祀神祇，可以避免水旱灾害，故称玉为宝玉。商汤在追击夏师溃军途中，乘胜征伐三朡，俘获宝玉，这就是《典宝》的内容。正文已无，今仅存序。

仲虺之诰

【题解】

《仲虺之诰》属梅赜《古文尚书》,《今文尚书》无此篇。

仲虺(huǐ 悔),《史记》作中壨(léi 雷),《荀子》作中蘬。商代大臣,《孔传》说“为汤左相奚仲之后”。据《史记·殷本纪》记载:汤灭夏以后,“于是诸侯毕服,汤乃践天子位,平定海内。汤归至泰卷陶,中壨作诰”。《书序》:“汤归自夏,至于大坰,仲虺作诰。”是该篇最早之佚本当作于商汤灭夏之后。根据现在的诰文,成汤灭夏之后,放桀居于南巢,自惭自己的行为不如古代帝王,仲虺便对汤加以劝解,作了诰文,认为灭夏符合天意,不必自惭。

成汤放桀于南巢①,惟有惭德②。曰:“予恐来世以台为口实③。”仲虺乃作诰。

曰:“呜呼!惟天生民有欲,无主乃乱,惟天生聪明时乂④。有夏昏德,民坠涂炭⑤,天乃锡王勇智⑥,表正万邦,缵禹旧服⑦。兹率厥典⑧,奉若天命⑨!

【注释】

①成汤,参见《汤誓》注。桀,夏桀。放,流放、放逐。南巢,地名,其地望说法不一,一般认为在今安徽巢县东北。惟,思。　②惭,惭愧。　③来世,后世。口实,借口、话柄。　④时,是,代词。乂,治。惟天生聪明时乂,蔡沈《书集传》说:“天生聪明,所以为之主而治其争乱者也。”《说命中》有“惟天聪明,惟圣时宪”一句,意思相近,可参阅。　⑤坠,陷。涂,泥。炭,火。民坠涂炭,民众陷于涂泥炭火之中。　⑥锡,通“赐”。王,指商王汤。　⑦表正,表率、仪表。蔡沈《书集传》:“表正于此而影直于彼也。”缵,继承、继续。服,服行、行为。缵禹旧服,《君牙》有“缵乃旧服”一句,意思相近,可互参。　⑧率,遵循。典,常、法。兹率厥典,《君陈》有“兹率厥常”一句,意思相同。　⑨奉,尊奉。奉若天命,

《说命》有"奉若天道"一句,意思相近。

【译文】

成汤灭夏,把夏桀放逐到了南巢,想想内心有些惭愧。说"我害怕后世以我的行为为借口。"仲虺于是作了诰词。

仲虺说:"啊!上帝生下民众就有七情六欲。如果没有君王,社会就会混乱,因此上帝又生出聪明的人来治理民众。夏王桀昏乱德行,使民众陷于涂泥炭火之中,上帝于是赐予大王您勇敢和智慧,使您成为天下四方的表率,继承大禹过去的事业。遵循大禹的法典常规,尊奉顺从上帝的大命。

"夏王有罪,矫诬上天①,以布命于下。帝用不臧②,式商受命③,用爽厥师④。简贤附势,寔繁有徒⑤。肇我邦于有夏⑥,若苗之有莠⑦,若粟之有秕⑧。小大战战,罔不惧于非辜⑨;矧予之德,言足听闻⑩?

"惟王不迩声色,不殖货利⑪;德懋懋官,功懋懋赏⑫;用人惟己,改过不吝⑬;克宽克仁,彰信兆民⑭。乃葛伯仇饷,初征自葛⑮。东征西夷怨,南征北狄怨,曰:'奚独后予⑯?'攸徂之民,室家相庆⑰,曰:'徯予后,后来其苏⑱。'民之戴商,厥惟旧哉⑲!

【注释】

①夏王,指夏桀,著名暴君。矫,矫制、假托。诬,欺骗。蔡沈《书集传》说:"桀知民心不从,矫诈诬罔,托天以惑其众。" ②用,因此。臧,善,引申为喜欢。 ③式,旧说用,非也,当为代。曾运乾《尚书正读》说:"(式)读为代。"式商受命,《立政》有"式商受命"一句,完全相同,可互参。 ④爽,旧说为明,昭明,非也。《墨子·非命上》引作丧。爽丧音近而误。师,众。 ⑤简,略,含有忽略、轻慢的意思。附,依附。势,有势力的人。寔,一作实。繁,繁多。 ⑥肇,开始。我邦,商人自称。灭夏之前,商是夏朝统治下的方国。 ⑦莠(yǒu 友),生长在农作物中间的杂草。 ⑧秕(bǐ 比),空壳的谷物。 ⑨战战,恐惧的样子。非辜,无辜、无罪。 ⑩矧,况、何况。足,能够。蔡沈说:"况汤之德,言则足人之听闻,尤桀所忌疾者乎!" ⑪迩,近。殖,聚、聚敛。 ⑫德懋懋官,第一个懋,茂也,繁多之意;第二个懋,勉力。 ⑬吝,吝惜。《孔传》:"用人之言,若自己出,有过则改,无所吝惜,所以能成王业。"蔡沈:"用人惟己,而人之有善者无不容;改过不吝,而己之不善者无不改。不忌能于人,不吝过于己。" ⑭克,能够。彰,昭明。 ⑮葛伯,葛国之君。葛,夏朝的属国,《史记·殷本纪·集解》:

“《孟子》曰:‘汤居亳,与葛伯为邻。’《地理志》曰:‘葛,今梁国宁陵之葛乡。’”其地即今河南省宁陵县北。据《孟子·滕文公下》记载:“汤居亳,与葛为邻,葛伯放而不祀。汤使人问之曰:‘何为不祀?’曰:‘无以供牺牲也。’汤使遗之牛羊。葛伯食之,又不以祀。汤又使人问之曰:‘何为不祀?’曰:‘无以供粢盛也。’汤使亳众往为之耕,老弱馈食。葛伯率其民,要其有酒食黍稻者夺之,不授者杀之。有童子以黍饷,杀而夺之。《书》曰:‘葛伯仇饷。’此之谓也。……汤始征,自葛载,十一征而无敌于天下。”赵岐注云:“《尚书》逸篇文。”载,《毛诗传》云:“载,始也。”成汤伐夏,从征葛伯开始,但葛伯仇饷之事,是否实如孟子所说的那样,值得研究,因为葛是夏的属国,征夏必然要先扫除夏的依附者,所以“仇饷”只不过是汤的借口而已。 ⑯此句《孟子·滕文公下》有:“东面而征,西夷怨;南面而征,北狄怨,曰:‘奚为后我?’民之望之,若大旱之望雨也。”大意相同。奚,何。后,先后之后。⑰攸,所。徂,往。室家,妻室儿女。 ⑱徯,待、等待。后,君、王,指成汤。苏,复苏。《太甲中》有“徯我后,后来无罪”一句,可以互参,这两句可能均来自《孟子·滕文公下》所引“《书》曰:‘徯我后,后来其无罚。’”一句,这也是《尚书》逸文。⑲戴,拥戴、爱戴。旧,久、非一日。

【译文】

“夏王桀有罪,假托上帝旨意,发布命令欺骗天下民众。因此上帝不喜欢他,让商人代受大命,使他丧失自己的民众。轻慢贤人,依附权势,这样的人实在不少。从我们商人在夏朝统治下建立方国开始,就被看作是禾苗中的杂草、粟米中的秕壳。我们从上到下都恐惧不安,无不害怕无辜遭到惩罚。更何况我们商人的美德,说出来足以打动听者呢?

“大王您不近音乐女色,不聚敛财货;德盛的人用官职来勉力,功高的人用赏赐来勉力;采用别人的意见,就像自己的意见一样,改正自己的过错毫不吝惜;能够宽容能够仁爱,向天下百姓昭示自己的诚信。葛伯仇视我们给他耕种送食,征伐夏桀是从征葛伯开始的。您征伐东方,西方的戎族就埋怨,您征伐南方,北方的狄族就埋怨,都说:‘为什么单单后征伐我们这里呢?’所征伐地方的百姓,举家欢庆。都说:‘等待我们的君王吧,君王来了我们就死而复生了。’民众拥戴商王,已经很久了啊!

“佑贤辅德,显忠遂良①;兼弱攻昧,取乱侮亡②。推亡固存,邦乃其昌③。

“德日新,万邦惟怀④;志自满,九族乃离⑤。王懋昭大德,建中于民⑥,以义制事,以礼制心,垂裕后昆⑦。予闻曰:‘能自得师者王,谓人莫己若者亡⑧。好问则裕,自用则小⑨。’

“呜呼！慎厥终，惟其始⑩。殖有礼，覆昏暴⑪。钦崇天道，永保天命⑫。”

【注释】

①佑、辅，都是帮助、辅佐的意思。蔡沈说：“诸侯之贤德者，佑之辅之。”显，显扬。遂，进用。　②兼，兼并。弱，指诸侯之弱者。攻，进攻、攻击。昧，昏乱、愚昧。侮，蔡沈引《说文》曰：“伤也。”蔡沈说：“诸侯之弱者兼之，昧者攻之，乱者取之，亡者伤之，所以恶恶也。”　③推亡固存，邦乃其昌，《孔传》：“有亡道则推而亡之，有存道则辅而固之，王者如此，国乃昌盛。”蔡沈《书集传》亦云：“推亡者，兼攻取侮也；固存者，佑辅显遂也。推彼之所以亡，固我之所以存，邦国乃其昌矣。”大意如此。　④德日新，德行日日更新。万邦，泛指天下诸侯方国。怀，来归、怀念。　⑤志自满，与“德日新”意思相反。志，心志。满，满足。九族，参见《尧典》注。离，分离、背离。蔡沈说：“志自满，则九族虽亲而亦离。”　⑥懋，勉力。昭，昭明、彰显。建，立。中，中道，蔡沈说：“天下之所同有也，然非君建之则民不能以自中。”　⑦制，裁制、裁夺。垂，传。裕，宽裕、绰绰有余。后昆，后裔、后代。蔡沈说：“以义制事，则事得其宜；以礼制心，则心得其正。内外合道而中德立矣。如此，非特有以建中于民，而垂诸后世者，亦绰乎有余裕矣。”大意如此。⑧能自得师者王：蔡沈引孟子曰“汤之于伊尹，学焉而后臣之，故不劳而王”，当指此事。　⑨裕，富裕、宽裕。自用，自以为是、刚愎自用。好问则裕，自用则小，《孔传》：“问则有得，所以足；不问专固，所以小。”　⑩慎，谨慎。慎厥终，惟其始，《孔传》：“靡不有初，鲜克有终。故戒慎终如其始。”《诗·大雅·荡》：“靡不有初，鲜克有终。”《左传·宣公二年》亦引此句，意思都差不多。　⑪殖，封殖、扶植。覆，覆灭。殖有礼，覆昏暴，《孔传》：“有礼者封殖之，昏暴者覆亡之。”　⑫钦，敬畏。崇，尊奉。天道，天之大道。

【译文】

“帮助贤能的诸侯，辅佐仁德的诸侯，显扬忠诚的诸侯，进用善良的诸侯，兼并弱小的诸侯，攻伐昏暗的诸侯，夺取混乱的诸侯，轻慢将亡的诸侯。应该灭亡的就加速灭亡，可以存在的就帮助它巩固，国家才可能昌盛。

“德行天天更新，天下四方都来归顺；心志自满，氏族内部就会分离。大王您努力显扬大仁大德，在民众中建立中道，用义裁夺事务，用礼制约束心志，以此传给后代，绰绰有余。我听说：‘能够自己找到老师的人，就会成为君王；认为别人都不如自己的人，就会灭亡。谦虚好问，所得就多；刚愎自用，所得就少。’

“啊！只有从开始就谨慎小心，才会有好的结果。扶植礼义明君，覆灭昏乱暴君。敬奉上帝的大道，才能长久保有上帝赐予的大命。”

汤　诰

【题解】

《书序》:"汤既黜夏命,复归于亳,作《汤诰》。"此为《古文尚书》,《今文尚书》无。《史记·殷本纪》:"既绌夏命,还亳,作《汤诰》……以令诸侯。"并引诰文,但文与《古文尚书·汤诰》不同,兹引如下,以为比较。

"惟三月,王自至于东郊。告诸侯群后:'毋不有功于民,勤力迺事。予乃大罚殛女,毋予怨。'曰:'古禹、皋陶久劳于外,其有功乎民,民乃有安。东为江,北为济,西为河,南为淮,四渎已修,万民乃有居。后稷降播,农殖百谷。三公咸有功于民,故后有立。昔蚩尤与其大夫作乱百姓,帝乃弗予,有状。先王言不可不勉。'曰:'不道,毋之在国,女毋我怨。'"

《史记》所说的《汤诰》的大意是汤告诫天下诸侯要像大禹、皋陶、后稷那样勤力办事,有功于民,否则就会失国。

王归自克夏,至于亳①,诞告万方②。

王曰:"嗟!尔万方有众,明听予一人诰③。惟皇上帝降衷于下民④。若有恒性⑤,克绥厥猷惟后⑥。夏王灭德作威,以敷虐于尔万方百姓⑦。尔万方百姓罹其凶害⑧,弗忍荼毒⑨,并告无辜于上下神祇⑩。天道福善祸淫,降灾于夏,以彰厥罪⑪。肆台小子将天命明威⑫,不敢赦。敢用玄牡⑬,敢昭告于上天神后⑭,请罪有夏⑮,聿求元圣⑯,与之戮力⑰,以与尔有众请命⑱。

【注释】

①亳,商人称都邑为亳。汤都亳地,史书记载较多,但地望考证复杂,有北亳、南亳、西亳诸说,近年考古中发现一些商代城址如偃师商城、郑州商城,其亳地的说法仍有分歧。可参见李民《夏商史探索》中的《南亳、北亳与西亳的纠葛》部分。

②诞，大。　③予一人，商王汤自称。　④皇，大。衷，《孔传》："善也。"蔡沈《书集传》以为中，"天之降命，而具仁义礼智信之理，无所偏倚，所谓衷也"。可备一说。　⑤若，顺。恒，常。恒性，常性。蔡沈说："顺其自然，固有常性矣。"　⑥克，能。绥，安。厥，其，指示代词。猷，教、教导。后，君王。　⑦威，威刑。敷，布、施行。虐，虐政，即暴政。　⑧罹（lí 离），被、遭遇。　⑨荼毒，《孔疏》："《释草》云：'荼，苦菜。'此菜味苦，故假之以言人苦。毒谓螫人之虫，蛇虺之类，实是人之所苦。故并言荼毒，以喻苦也。"　⑩上下神祇，即天神地祇。　⑪天道，上天的大道。福，动词，降福。福善，降幸福给善德之人。祸，动词，降灾祸。祸淫，降灾祸给邪恶淫乱的人。彰，彰明。　⑫肆，故。台小子，汤王谦称，意思就是予一人。将，奉，奉行。天命，上帝的命令。明威，公开惩罚的意思。　⑬玄，黑色。牡，公牛。玄牡，祭祀所用。蔡沈《书集传》说："夏尚黑，未变其礼也。"《孔疏》："《檀弓》云：'殷人尚白，牲用白。'今云玄牡，夏家尚黑，于时未变夏礼，故不用白也。"　⑭神后，后土，即地祇土神。　⑮罪，降罪、惩罚的意思。　⑯聿，遂。元圣，大圣人。当时尊称伊尹为元圣。　⑰戮，又作勠，戮力。《孔疏》："戮力，犹勉力也。"　⑱请命，《孔传》："谓伊尹放桀，除民之秽，是请命。"

【译文】

商王成汤灭夏后返回，到达亳邑，大告天下四方。

汤王说："啊！你们四方的将士们，听明白我的教诰。伟大的上帝降下善福给天下民众。顺从人的自然天性，找到安定他们办法的就是君王。夏王桀灭绝道德，制作威刑，以此对你们天下四方的民众实施暴政。你们天下四方的民众遭受他凶恶的残害，不能忍受毒害之苦，不断向天地神灵申诉自己的无辜。上帝的法则是给善良的人赐福，惩罚邪恶淫乱者。给夏朝降下灾祸，就是要揭露夏桀的罪过。现在我奉上帝的命令公开惩罚夏桀，不敢宽宥。我斗胆用黑色公牛祭祀，斗胆明确地向天神后土祈祷，请求惩治夏桀的罪恶，并且请求大圣人（伊尹），我们和他共同努力，来为你们众人请命除恶。

"上天孚佑下民[①]，罪人黜伏[②]。天命弗僭，贲若草木，兆民允殖[③]。俾予一人辑宁尔邦家[④]，兹朕未知获戾于上下[⑤]，栗栗危惧[⑥]，若将陨于深渊[⑦]。凡我造邦[⑧]，无从匪彝[⑨]，无即慆淫[⑩]，各守尔典，以承天休[⑪]。尔有善，朕弗敢蔽；罪当朕躬，弗敢自赦，惟简在上帝之心[⑫]。其尔万方有罪，在予一人；予一人有罪，无以尔万方[⑬]。

"呜呼！尚克时忱，乃亦有终[⑭]。"

【注释】

①孚,蔡沈:"孚,允,皆信也。"佑,辅佑。 ②罪人,指夏桀。黜伏,逃窜屈服。《孔传》:"桀知其罪,退伏远屏。"蔡沈则云:"故夏桀窜亡而屈服。" ③僭,差、差错。贲(bì 必),《孔传》:"饰也。"蔡沈:"贲,文之著也。"允,的确。殖,生。天命弗僭三句,《孔传》释云:"言福善祸淫之道不差。天下恶除,焕然咸饰,若草木同华,民信乐生。" ④俾,使。辑,和、和睦。宁,安。尔家邦,《孔传》:"汝国家,国,诸侯;家,卿大夫。" ⑤兹,此,指示代词。戾,罪。上下,指天地。⑥栗栗,非常危惧的样子。 ⑦若,好像。陨,蔡沈:"坠也。" ⑧凡我造邦,蔡沈《书集传》:"夏命已黜,汤命维新,侯邦虽旧,悉与更始,故曰造邦。" ⑨匪,非。彝,法。 ⑩即,就、接近。慆(tāo 滔),怠慢。淫,过度纵乐。蔡沈:"慆淫,指逸乐言。" ⑪典,常法。休,美。 ⑫躬,自身。简,蔡沈:"阅也。"即简阅、考察之意。惟简在上帝之心,蔡沈《书集传》云:"简阅一听于天。" ⑬以,用。无以尔万方,《孔传》:"无用尔万方,言非所及。" ⑭尚,庶几。克,能。时,此、这。忱,诚、信。尚克时忱二句,《孔传》:"庶几能是诚道,乃亦有终世之美。"

【译文】

"上帝的确真心地护佑天下的民众,将罪人夏桀废黜放逐了。上帝的大命是没有差错的,从此,天下灿烂,就像繁茂的草木一样,亿万民众真正乐于生活。上帝使我来和睦安宁你们的方国和家庭。这次伐灭夏桀我不知是否有得罪天地神灵的地方,所以非常恐惧不安,就像要坠入深渊一样。凡是归顺于我商朝的诸侯方国,不能非法无度,不要放纵享乐,各自遵守你们的常法,以承受上帝赐予的福命。如果你们有善行,我不敢隐瞒掩盖;如果我自己有了罪过,不敢自我赦免,因为上帝都考察得清清楚楚。

"假如你们四方诸侯有罪过,这是我的罪过;我有罪过,也不会连累你们四方诸侯。

"啊!但愿能够这样真诚信赖,会取得最后的胜利。"

明　居

【题解】

《书序》云:“咎单作《明居》。”咎单(shàn 善)是汤时贤臣。裴骃《史记集解》引马融说:“咎单,汤司空也。明居民之法也。”马融为东汉时人,当时司空的职责是管理水土及营建工程,所以《孔传》说咎单是“主土地之官”。本篇书序仅一句,与“伊尹作《咸有一德》”、“周公作《无逸》”、“周公作《立政》”一样,未说明因何而作,可能是因为正文说得很详尽。可惜正文已无,我们无法知其具体内容。

伊训

【题解】

《书序》云:“成汤既没,太甲元年,伊尹作《伊训》、《肆命》、《徂后》。”《史记·殷本纪》亦云:“帝太甲元年,伊尹作《伊训》,作《肆命》,作《徂后》。”《肆命》、《徂后》早已亡佚,只有《伊训》尚存正文。

《伊训》是商之老臣伊尹以汤之成德训导初即位的太甲时的言辞。文中劝戒太甲要以夏桀的灭亡为教训,加强德政,积极从谏等。《今文》无,《古文》有。

惟元祀十有二月乙丑①,伊尹祠于先王②,奉嗣王祗见厥祖③。侯甸群后咸在④,百官总己以听冢宰⑤。伊尹乃明言烈祖之成德⑥,以训于王⑦。

【注释】

①祀,《孔传》:“年也。夏曰岁,商曰祀,周曰年,唐虞曰载。”元祀,即元年。蔡沈《书集传》:“元祀者,太甲即位之元年。十二月者,商以建丑为正,故以十二月为正也。乙丑,日也。” ②伊尹,名挚,亦称“阿衡”。商朝宰臣,原为商汤妃有莘氏之媵臣,受汤赏识,任以国政,佐汤灭夏,建立商朝。汤死后辅佐外丙、中壬。中壬卒,他立太甲为王,述政教,言法度。太甲暴虐而乱汤法,遂放逐太甲于桐宫,自摄国政。三年后,太甲悔过自责,乃迎太甲复位。伊尹至沃丁时卒,一说太甲被放逐七年后,潜返,将他杀死。祠,祭祀、祭奠。蔡沈:“告祭于庙也。”先王,商人一般称汤以前的王为先公,汤以后称先王,此太甲以前的先王就是商汤。故《孔疏》云:“汤之父祖不追为王,所言先王惟有汤耳。” ③奉,侍奉、奉持。嗣王,继位之王,太甲也。祗,恭敬。祖,祖先。 ④侯甸,参见《禹贡》注。侯甸群后,泛指天下四方诸侯。咸,都、皆。在,《孔传》:“在位次。”即在自己的位置上。⑤总己,总己之职,即统领自己的属官。冢,大。宰,治。冢宰,大宰。按《周礼》冢宰,百官之长。这里指伊尹。《孔传》:“伊尹制百官,以三公摄冢宰。” ⑥烈,

功、业。烈祖,《诗·商颂·那》:"奏鼓简简,衎我烈祖。"衎,乐。《诗·商颂·烈祖》:"嗟嗟烈祖。"故《孔传》说:"汤,有功烈之祖,故称焉。"成德,盛德。　⑦训,教、训告。

【译文】

太甲元年十二月乙丑这一天,伊尹祭祀先王成汤,侍奉继位的商王太甲恭敬地叩拜祖先的神位。四方诸侯都参加了祭祀,百官率领自己的属官,听从冢宰伊尹的号令。伊尹于是阐明大功盖世的高祖成汤的大德,以此来教导商王太甲。

曰:"呜呼!古有夏先后①,方懋厥德②,罔有天灾。山川鬼神,亦莫不宁③,暨鸟兽鱼鳖咸若④。于其子孙弗率,皇天降灾,假手于我有命⑤,造攻自鸣条⑥,朕哉自亳⑦。惟我商王,布昭圣武⑧,代虐以宽,兆民允怀⑨。今王嗣厥德,罔不在初⑩!立爱惟亲,立敬惟长,始于家邦,终于四海⑪。

【注释】

①夏先后,夏的先代君王。《孔传》:"先君谓禹以下少康以上贤王。"《孔疏》则谓:"有夏先君总指桀之上世有德之王皆是也。"《尚书·多士》:"自成汤至于帝乙,罔不明德恤祀。"但联系上下文,这里伊尹所言,当指夏禹。　②方,大。懋,勉、勉力。　③山川鬼神,《孔疏》:"谓山川之鬼神也。"商人迷信天命,崇尚鬼神,故敬祭山川。莫,无。宁,安。　④暨,及、与、和,连词。咸,皆、都。若,这样。　⑤子孙,夏先王的子孙,指夏桀。率,循、遵守。假,借。有命,蔡沈说:"有天命者,谓汤也。"　⑥造,始。鸣条,地名,其地所在,异说甚多,今从山西省夏县之说。　⑦哉,始。亳,见前文注。　⑧布,敷、宣布、散布。昭,昭明、昭著。圣武,武德。蔡沈《书集传》说:"犹《易》所谓'神武而不杀者'。"　⑨允,信。蔡沈说:"代桀之虐以吾之宽,故天下之民,信而怀之也。"　⑩在,周秉钧《白话尚书》:"省察,考虑。"初,即位之初。　⑪立,植、树立的意思。蔡沈《书集传》:"立爱敬于此,而形爱敬于彼,亲吾亲以及人之亲,长吾长及人之长,始于家,达于国,终而措之天下矣。孙子曰:'立爱自亲始,教民睦也;立教自长始,教民顺也。'"

【译文】

伊尹说:"啊!古代夏的先王禹,非常努力地施行德政,所以上帝没有降下灾祸。山川神灵连同鸟兽鱼鳖都是那样安宁。到了他的子孙夏桀的时候,不遵循禹的德政,伟大的上帝降下灾祸,借助于我们商人,赐给我们大命,从鸣条开始发动进攻,从亳邑开始行德政。我商王成汤,播显神圣的武德,用宽松的统治代替暴政,亿万民众相信他,怀念他。现在我王要继承成汤的德政,不能不一开始就省察自己。树立友爱从亲近的人做起,树立恭敬从长者做起,先从家庭、族邦开始,最终推广到天下。

"呜呼!先王肇修人纪①,从谏弗咈②,先民时若③;居上克明,为下克忠④;与人不求备,检身若不及⑤,以至于有万邦,兹惟艰哉⑥!

"敷求哲人,俾辅于尔后嗣⑦,制官刑,儆于有位⑧。曰:'敢有恒舞于宫、酣歌于室⑨,时谓巫风⑩。敢有殉于货色、恒于游畋⑪,时谓淫风⑫。敢有侮圣言、逆忠直、远耆德、比顽童⑬,时谓乱风⑭,惟兹三风十愆⑮,卿士有一于身,家必丧;邦君有一于身,国必亡⑯。臣下不匡⑰,其刑墨⑱。具训于蒙士⑲。'

【注释】

①肇,开始。人纪,为人纲纪。蔡沈:"人纪,三纲五常,孝敬之实也。"实际上,三纲五常思想的形成较晚,西汉董仲舒以后才有完整的概括,蔡说不确。《孔传》:"言汤始修为人纲纪。"又,周秉钧《白话尚书》说:"肇,勉力。"引《尔雅·释言》:"肇,敏也。"敏,即勉的意思。可备一说。 ②咈,逆、违背。从谏弗咈,犹从谏如流。 ③先民,前辈有德之人。时,是。若,顺、顺从。《孔传》:"必先民之言是顺。" ④明,明察、明白。忠,竭诚事上。 ⑤与人,指与人交结。备,完备。检身,约束自己。若不及,有若不及。 ⑥有万邦,拥有天下,指继嗣为王。 ⑦敷,布、广泛的意思。哲人,德才兼备的人。俾,使。 ⑧官刑,国家治理官吏的刑法。儆,警告。有位,指在官位的人。 ⑨恒,常、经常。《孔传》:"常舞则荒淫。"酣,《孔传》:"乐酒曰酣。"半醒半醉曰酣。 ⑩时,是,代词。巫,《孔传》:"事鬼神曰巫,言无政。"风,风化、风俗。巫风,蔡沈《书集传》云:"巫风者,常歌常舞,若巫觋然也。" ⑪殉,求、贪求。货,财货。色,女色。游,游乐。畋,田猎。 ⑫淫,过而无度的意思。 ⑬侮,侮慢、狎侮。圣言,圣人之言。逆,拒。忠直,忠直之规。远,疏远、不纳。耆,老年人。比,昵、亲昵。顽,愚。⑭乱,蔡沈:"倒置悖理曰乱,好人之所恶,恶人之所好也。" ⑮三风十愆(qiān迁),《孔疏》云:"谓巫风二:舞也、歌也;淫风四:货也、色也、游也、畋也;与乱风四,为十愆也。" ⑯卿士有一于身四句大意,《孔传》云:"有一过则德义废,失位亡家之道。""诸侯犯此,国亡之道。"《孔疏》曰:"此三风十愆,虽恶有大小,但有一于身,皆丧国亡家。" ⑰匡,匡正。 ⑱墨,墨刑,五刑之一。见《吕刑》

注。 ⑲具,详悉。蒙士,一说为下士。《孔疏》:“蒙谓蒙稚卑小之称,故蒙士例谓下士也。”一说为稚童。蔡沈:“童蒙始学之士。”

【译文】

“啊!先王成汤开始建立做人的纲纪,从谏如流,顺从前辈贤人的见解;身居君位者能明察,为人臣者能忠诚;与人交结不求全责备,约束自己唯恐不及别人,因此达到拥有天下,这是非常艰难的啊!

“汤王广泛地选择德才兼备的人,使他们辅佐你们这些后代,制定治理官吏的刑法,警告百官。他说:‘胆敢沉溺在宫室里歌舞、酗酒的,被称为是巫风;胆敢贪求财货和女色,沉溺于游乐田猎的,被称为是淫风;胆敢有侮慢圣人之言,拒绝忠直规劝,疏远年老有德的人,亲昵愚昧幼稚的人,被称为是乱风。这三种风俗十种过错,卿士大夫如果身上有一种,家室必然丧失;诸侯国君如果身上有一种,国家必然灭亡。身为臣下不能匡正的,处以墨刑。这些从蒙学之童开始就要详悉教导。’

“呜呼!嗣王祗厥身,念哉①!圣谟洋洋,嘉言孔彰②!惟上帝不常,作善,降之百祥;作不善,降之百殃③。尔惟德罔小,万邦惟庆④;尔惟不德罔大,坠厥宗⑤。”

【注释】

①祗,敬、恭敬。念,顾念。 ②谟,谋。洋洋,《孔传》:“美,善。”蔡沈:“洋,大。”嘉,美。言,训言。孔,甚。彰,彰明。 ③“惟上帝不常”至“降之百殃”,《孔传》:“祥,善也。天之祸福惟善恶所在,不常在一家。”蔡沈《书集传》:“不常者,去就无定也。为善则降之百祥,为恶则降之百殃,各以内应也。” ④德,积善行德。蔡沈《书集传》:“勿以小善而不为,万邦之庆积于小。” ⑤坠,失。宗,宗庙,代指王位,国家。蔡沈:“勿以小恶而为之,厥宗之坠不在大。盖善必积而后成,恶虽小而可惧。”

【译文】

“啊!对于这些,继位之王要自身恭敬,顾念不忘啊!圣人的谋略十分完善,留下的美言也十分明白。上帝是否赐予福命没有一定,对于行善的,便赐予各种吉祥;对于作恶的,便降下各种灾殃。你的德行无论多微小,天下四方都感到庆幸;你的恶行即使不大,也会导致亡国。”

肆命　徂后

【题解】

这两篇和《伊训》共序。《肆命》,《孔传》说:“陈天命以戒太甲。”郑玄说“陈政教所当为也。”《徂后》,《孔传》说:“陈往古明君以戒。”郑玄说:“言汤之法度也。”两种说法存在明显差异。因两篇正文均已不存,我们今天也无法明辨孰是孰非。应是《孔传》与郑玄说所据文本不同。

太　甲　上

【题解】

《太甲》三篇属梅赜《古文尚书》,《今文尚书》无此篇。

太甲,商代第五代王。子姓,亦写作大甲,帝太甲。成汤之孙,汤长子太丁之子。即位三年,不遵汤法,纵欲乱德,于是伊尹放太甲于桐宫。《史记·殷本纪》:"帝太甲居桐宫三年,悔过自责,反善,于是伊尹乃迎帝太甲而授之政。帝太甲修德,诸侯咸归殷,百姓以宁。伊尹嘉之,乃作《太甲训》三篇,褒帝太甲,称太宗。"《书序》:"太甲既立,不明,伊尹放诸桐。三年复归于亳,思庸,伊尹作《太甲》三篇。"《太甲训》三篇今佚,《古文尚书》以《太甲》三篇代之。《太甲》记录了伊尹放太甲的经过,以及伊尹对太甲的训导、劝勉。

惟嗣王不惠于阿衡①,伊尹作书曰:"先王顾諟天之明命②,以承上下神祇、社稷宗庙罔不祗肃③。天监厥德,用集大命④,抚绥万方⑤。惟尹躬克左右厥辟,宅师⑥,肆嗣王丕承基绪⑦。惟尹躬先见于西邑夏,自周有终,相亦惟终⑧;其后嗣王罔克有终,相亦罔终⑨。嗣王戒哉!祗尔厥辟⑩,辟不辟⑪,忝厥祖⑫。"

【注释】

①嗣王,即商王太甲。不惠,不顺。阿衡,《史记·殷本纪·正义》引《帝王世纪》:"伊尹名挚,为汤相,号阿衡,年百岁卒,大雾三日,沃丁以天子礼葬之。"《诗·商颂·长发》:"实维阿衡,实左右商王。"蔡沈《书集传》:"阿,倚;衡,平也。阿衡,商之官名,言天下之所倚平也,亦曰保衡。或曰伊尹之号。"　②先王,指成汤。顾,顾念、注目。諟,蔡沈《书集传》:"古是字。"明命,即天命。　③神祇,即天神地祇。祗肃,恭敬严肃。　④监,视。用,以。集,降下。大命,即天命。　⑤绥,安。万方,指天下万邦。　⑥尹,即伊尹。躬,自身、亲身。克,能。左右,辅佐。厥,其,代词。辟,君,指成汤。宅,居、安居。师,众。宅师,使民

众安定。 ⑦肆，故。丕，乃。绪，业。基绪，基业。 ⑧西邑夏，蔡沈："夏都安邑，在亳之西，故曰西邑夏。"据文献和考古资料，夏人活动中心在山西南部、河南西部，即在商人活动中心的西面，故商人称夏为西邑夏。自，用。周，《孔传》："忠信也。"有终，即善终。相，辅助的大臣。 ⑨其后嗣王，指桀一类的夏王。⑩祗，敬。 ⑪辟不辟，即君不君、君不尽君道的意思。 ⑫忝，忝辱、羞辱。

【译文】

继位的商王太甲不顺从伊尹，伊尹作书说："先王成汤重视上帝赐予的天命，因此奉承天地神灵，社稷宗庙，无不恭敬严肃。上帝看到成汤的德政，因此降下大命，安抚天下四方。我伊尹能亲身辅佐自己的君王，使民众安居乐业，所以后继的君王你才继承了先王的基业。我伊尹亲身看到西方夏王，讲求忠信而有善终，辅助的大臣也有善终；夏朝的后继夏王桀却没有善终，他的辅助大臣也没有善终。我们的后继王要警戒啊！恭敬地居守自己的君位，君王不尽君道，就会羞辱自己的祖先。"

王惟庸罔念闻[①]，伊尹乃言曰："先王昧爽丕显，坐以待旦[②]。旁求俊彦[③]，启迪后人[④]，无越厥命以自覆[⑤]。慎乃俭德，惟怀永图[⑥]。若虞机张，往省括于度，则释[⑦]；钦厥止[⑧]，率乃祖攸行[⑨]！惟朕以怿[⑩]，万世有辞[⑪]。"

【注释】

①王，指太甲。庸，常。念，顾念。闻，听。《孔传》："言太甲守常不改，无念闻伊尹之戒。" ②昧，晦、昏暗。爽，明。昧爽，指天将明未明之时，参见后文《牧誓》注。丕，乃。显，旧说为明，周秉钧《白话尚书》则说："通宪，思也。《诗·假乐》'显显'，《礼记·中庸》引作宪宪。孔子弟子原宪，字子思，可见宪有思义。"至确。旦，天亮。 ③旁，广、普遍的意思。《孔传》："旁，非一方。"彦，美士曰彦。俊彦，指才智杰出的人。《说命下》："旁招俊人。"意思相近。 ④启迪，开导。后人，后代子孙。 ⑤无，毋。越，《孔传》："坠失也。"命，天命。覆，颠覆、覆亡。 ⑥慎，谨慎。怀，思考。永，长久。图，图谋。《孔传》："言当以俭为德，思长世之谋。" ⑦虞，虞人也。《周礼》中虞人是主管山林的官。《孔传》："虞，度也。"机，《孔传》："弩牙也。"《孔疏》："虞训度也。度机者，机有法度，以准望所射之物……"省（xǐng 醒），察看。括，蔡沈："括，矢括也。度，法度，射者之所准望也。释，发。言若虞人之射，弩机既发，必往察其括之合于法度，然后发之，则发无不中矣。"括，即箭末端扣弦的地方。 ⑧钦，敬。止，至。引申为目的、志向。 ⑨率，循。乃，你的。攸，所。蔡沈："钦厥止者，所以立本；率乃祖者，所

以致用,所谓'省括于度则释'也。" ⑩朕,我。怿(音 yì 义),喜悦。 ⑪有辞,这里指受到赞叹、赞誉。万世有辞,与"终有辞于永世"意思相同。

【译文】

商王太甲依然如故,毫不顾念听从伊尹的劝戒,伊尹于是说:"先王成汤天不亮就起来思考,一直坐着思考到天亮。广泛寻求才智杰出的人,开导后人,避免坠失自己的大命,使自己灭亡。你要谨慎地以勤俭为美德,思考长久之计。就像虞人射箭,弩机已张开,定要去察看箭矢末端是否符合法度,然后发射;敬重自己的志向,遵循你祖先所作所为!这样我就满心喜悦,千秋万代也会对你赞美有加。"

王未克变①。伊尹曰:"兹乃不义,习与性成②,予弗狎于弗顺③。营于桐宫④,密迩先王其训,无俾世迷⑤。"

王徂桐宫,居忧⑥,克终允德⑦。

【注释】

①克,能。《史记·殷本纪》:"帝太甲既立三年,不明,暴虐,不遵汤法,乱德,于是伊尹放之于桐宫。"蔡沈曰:"不能变其旧习也。此亦史氏之言。" ②兹,这、此。乃,你的。习,习性、习惯。习与性成,《孔传》:"言习行不义,将成其性。" ③狎,《孔传》:"近也。"一说轻忽、轻视,亦通。弗顺,蔡沈:"不顺义理之人也。" ④营,营造。桐宫,《史记·殷本纪·集解》:"孔安国曰:'汤葬地。'郑玄曰:'地名也,有王离宫焉。'"《正义》:"《晋太康地记》云:'尸乡南有亳阪,东有城,太甲所放处也。'按:尸乡在洛州偃师县西南五里也。"现在河南偃师发现商城遗址。邹衡先生以为这就是太甲所放的桐官,郑州商城才是汤都之亳。但大多数学者认为偃师商城是汤都西亳,非桐宫。 ⑤密,亲密。迩,近。俾,使。世,一世、终生。⑥徂,往。居忧,居忧位,《孔疏》:"居忧位谓服治丧礼也。" ⑦克,能。终,成。允,信、诚信。蔡沈:"有诸己之谓信,实一有其德于身也。"

【译文】

商王太甲不能改变旧恶习。伊尹说:"这是你的不义,习惯成性。我不能轻视不顺义理的行为。在商汤墓地营造离宫,使你亲近先王,接受教训,不要使自己终身迷途不返。"

商王太甲前往桐宫,居忧服丧,反省自己,希望能成就诚信的美德。

太甲中

惟三祀十有二月朔，伊尹以冕服奉嗣王归于亳[①]，作书曰："民非后，罔克胥匡以生；后非民，罔以辟四方[②]。皇天眷佑有商[③]，俾嗣王克终厥德[④]，实万世无疆之休[⑤]！"

【注释】

①三祀，三年，指太甲放桐宫三年。有，又。朔，指阴历月之初一。冕服，君主的礼帽礼服。奉，迎。嗣王，太甲。蔡沈《书集传》："丧即除，以衮冕吉服，奉迎以归也。" ②胥，相互。匡，正、救助的意思。 ③皇，大。眷，顾念。佑，保佑。 ④嗣王，指太甲。克终厥德，指《史记·殷本纪》所说的"反善"之事："帝太甲修德，诸侯咸归殷，百姓以宁。" ⑤休，美、喜庆。

【译文】

太甲放逐桐宫的第三年十二月初一，伊尹携带着君王的礼服礼帽，奉迎在位的太甲返回亳都，作书说："民众没有君王，就不能相互救助而生存下去，君王没有民众，就不能统治天下。伟大的上帝顾念保佑商朝，使继位王您能成就美德，这实在是万代无疆的好事啊！"

王拜手稽首[①]，曰："予小子不明于德，自厎不类[②]。欲败度，纵败礼，以速戾于厥躬[③]。天作孽，犹可违[④]；自作孽，不可逭[⑤]。既往背师保之训[⑥]，弗克于厥初[⑦]；尚赖匡救之德，图惟厥终[⑧]。"

【注释】

①王，指太甲。此时已归亳恢复王位。拜手稽首，见《皋陶谟》注。 ②予小子，太甲谦称。厎，至、致、导致。不类，不肖、不善。 ③欲，贪欲。败，败坏。度，法度。纵，放纵、放肆、放荡。速，招致，蔡沈："召之急也。"戾，罪。躬，自身。④孽，灾、灾祸。违，避。 ⑤逭（huàn 患），《孔传》："逃也。" ⑥既往，以

往。师保,官名,这里指伊尹,辅佐君王的重臣。 ⑦克,周秉钧《白话尚书》云:"责怪。《论语》'克己复礼',《皇疏》引范宁注:'克,责也。'" ⑧尚,庶几。匡救,匡扶救助。图,谋。终,指善终。

【译文】

商王太甲行跪拜叩头之礼,说:"我小子不懂君德,自己导致不善。贪欲败坏法度,放纵败坏礼仪,所以很快给自身招来罪过。上帝降下的灾祸,还可以避开;自己造成的灾祸,不可逃脱。以往违背师保您的教训,一开始就不能自我责难;还希望依赖您匡扶救助的恩德,以求有个好的结局。"

伊尹拜手稽首,曰:"修厥身,允德协于下①,惟明后②。先王子惠困穷③,民服厥命,罔有不悦④。并其有邦,厥邻乃曰⑤:徯我后,后来无罚⑥。王懋乃德⑦,视乃烈祖⑧,无时豫怠⑨。奉先思孝,接下思恭⑩。视远惟明,听德惟聪⑪。朕承王之休无斁⑫。"

【注释】

①允,信。允德,诚信之德。协,合、和洽。 ②明后,明君。 ③先王,指成汤。子惠,蔡沈曰:"惠之若子,则心之爱者诚矣。"周秉钧《白话尚书》曰:"子,通慈。惠,爱。子惠,即慈爱。"是说可从。 ④悦,高兴。 ⑤并,周秉钧《白话尚书》:"连也。《词诠》:'并,连也。'当标点为:'并其有邦,厥邻乃曰。'"按《孔传》:"汤俱与邻并有国,邻国人乃曰……"结合《孟子》原文,这里的并有合并、兼并的意思。一说为并立,指与商并立的诸侯国。可备一说。有邦,即指诸侯方国。厥,其。乃,如此、这样。 ⑥徯,等待。罚,惩罚、遭罪的意思。《孟子·滕文公下》:"《书》曰:'徯我后,后来其无罚。'" ⑦懋,勉、勉力。 ⑧烈祖,后代商人称成汤以前的先祖为先公,成汤以后的王为先王。这里的烈祖,指成汤以前有成就的先公。烈祖,一作厥祖,今从《蔡传》。 ⑨无,毋、不要。时,时刻、顷刻。豫,安乐。怠,懒惰、懈怠。 ⑩奉,遵奉。先,先祖、先王。思,念。接,近。恭,恭敬。《孔传》:"以念祖德为孝,以不骄悖为恭。"蔡沈《书集传》云:"思孝,则不致违其祖;思恭,则不敢忽其臣。" ⑪惟,则,转折词。然蔡沈则说:"惟,亦思也。思明,则所视者远,而不蔽于浅近;思聪,则所听者德,而不惑于俭耶。"可备一说。《尧典》:"明四目,达四聪。"《孔传》:"言当以明视远,以聪听德."可参阅。 ⑫朕,我。承,承顺。休,美。斁(yì 义),厌。《诗·周南·葛覃》:"为絺为绤,服之无斁。"《毛传》:"斁,厌也。"蔡沈:"则我承王之美,而无所厌斁也。"

【译文】

伊尹行跪拜叩头大礼，说："修养自身，用诚信的美德协和臣下，这才是明智的君王。先王成汤慈爱困苦贫穷的民众，民众都服从他的命令，没有不高兴的。兼并那些方国，他的邻国的人这样说：'等待我的君王成汤吧，君王来了我们就不会遭罪了。'嗣王您要劝勉自己的德行，看看您那些有成就的先祖们，不要有顷刻的安逸和懈怠。尊奉先祖先王，常思孝顺；接近臣下，常思恭谦。能视远方，才是目明，能听从德言，才是耳聪。您如果做到了这些，我将承受王的美德，永不厌倦。"

太甲下

伊尹申诰于王曰[①]:“呜呼!惟天无亲,克敬惟亲[②];民罔常怀,怀于有仁[③];鬼神无常享,享于克诚[④]。天位艰哉[⑤]!

“德惟治,否德乱[⑥]。与治同道,罔不兴;与乱同事,罔不亡[⑦]。终始慎厥与[⑧],惟明明后[⑨]。

“先王惟时懋敬厥德[⑩],克配上帝[⑪]。今王嗣有令绪[⑫],尚监兹哉[⑬]!

【注释】

①申,重复。王,指太甲。　②惟天无亲,《孔传》:“言天于人无有亲疏。”克,能。敬,恭。　③怀,归。仁,仁政或指仁德的人。《孔传》:“民所归无常,以仁政为常。”　④享,享受祭祀。《国语》韦昭注:“享,食也。”《孔传》:“言鬼神不保一人,能诚信者则享其祀。”　⑤天位,上帝赐予的大位,即王位。《孔传》:“言居天子之位,难以此三者。”　⑥治,治理天下。否,表否定。　⑦同道,即上文的德惟治。同事,指行“否德”之事。蔡沈《书集传》:“与古之治者同道,则无不兴;与古之乱者同事,则无不亡。治而谓之道者,盖治因时制宜,或损或益,事未必同而道则同也。乱而谓之事者,亡国丧家,不过货色游畋,作威杀戮等事,事同道无不同也。”大意如此。　⑧终始,自始至终。与,指上文的与治同道,与乱同事的道德行为。　⑨惟明明后,第一个明,明白;第二个明,明智、明德。《孔传》:“明慎其所与治乱之机,则为明王明君。”蔡沈:“上篇言‘惟明后’,此篇‘惟明明后’,盖明其所已明,而进乎前者矣。”《胤征》:“厥后惟明明。”《五子之歌》:“明明我祖。”两句的意思与明而又明、大明的意思更为接近。　⑩先王,指成汤。惟时,惟是。懋敬其德,见上文“王懋乃德”注。　⑪克,能。配,匹配、相配。　⑫今王嗣,指太甲。令,《孔传》:“善也。”绪,业。　⑬尚,庶几,犹今语差不多,表示祈求、希望。监,视。兹,此,指先王懋敬厥德之事。

【译文】

伊尹再三告诫商王太甲说:“啊!上帝不会固定不变地亲近某个人,只亲近恭敬他的人;民众不会永远归顺某君王,只归顺有仁德的君王;鬼神也不会一直保佑某一个人,只是保佑能诚心的人。上帝赐予的君位难坐啊!

“实行德政,天下就得到治理,否则,天下就大乱。采取与治理天下相同的办法,没有不兴盛的;采取与导致天下大乱相同的事,没有不灭亡的。自始至终谨慎地处理这些问题,就是非常英明的君王。

“先王成汤就是这样努力敬修自己的德行,所以能够符合上帝的旨意。王你现在继续享有这美好的基业,希望能注意这一点啊!

“若升高,必自下;若陟遐,必自迩①。无轻民事,惟难②;无安厥位③,惟危。慎终于始④!

“有言逆于汝心,必求诸道⑤;有言逊于汝志,必求诸非道⑥。

“呜呼!弗虑胡获?弗为胡成⑦?一人元良,万邦以贞⑧。君罔以辩言乱旧政⑨,臣罔以宠利居成功⑩。邦其永孚于休⑪。”

【注释】

①陟,升,这里作行、至解。遐,远。迩,近。《孔传》:“言善政有渐,如登高升远必用下近为始,然后终至高远。”蔡沈:“《中庸》论君子之道,亦谓譬如行远必自迩,譬如登高必自卑。” ②无,通“毋”。民事,力役之事。惟,思。 ③位,大位、王位。 ④慎终于始,《孔传》:“于始虑终,于终思始。” ⑤逆,违背。诸,之于。道,道义。 ⑥逊,《孔传》:“顺也。” ⑦虑,思。胡,何。 ⑧一人,即予一人,指天子、君王。元,大。良,善。万邦,天下四方。贞,正。《孔传》:“天子有大善,则天下得其正。”蔡沈:“一人者,万邦之仪表,一人元良,则万邦以正矣。” ⑨辩言,利口巧辩之言。旧政,指先王之法。 ⑩宠,恩宠。利,利禄。蔡沈:“成功非宠利之所可居者,至是太甲德已进,伊尹有退休之志矣,此《咸有一德》之所以继作也。” ⑪永,长久。孚,保。《说文解字》:“古文孚,从呆,呆,古文保。”段玉裁注:“古文以孚为保也。”休,美。

【译文】

“譬如登高,必须从下面开始;譬如行远,必须从近处开始。不要轻视民众的力役,要考虑到它的艰难;不要安居自己的君位,要考虑到它的危险。自始至终谨慎小心!

“如果有些话违背你的心愿,一定要从符合道义上来考求;如果有些话迎合你的心愿,一定要从未必符合道义上来考求。

“啊!不思考能有什么收获?不干事能有什么成就?君王一人非常优秀,天下四方就纯正无邪。君王不要用巧言诡辩来扰乱先王的旧政,臣下不要靠恩宠利禄成就功名。这样,国家将永远保持美好的局面。”

咸有一德

【题解】

《咸有一德》属梅赜《古文尚书》,《今文尚书》无此篇。

《史记·殷本纪》:“伊尹作《咸有一德》,咎单作《明居》。”以为此篇作于成汤灭夏以后。《书序》:“伊尹作《咸有一德》。”未明言此篇作于何时。《史记集解》:“王肃曰:‘言君臣皆有一德。’”《史记索隐》:“按,《尚书》伊尹作《咸有一德》在太甲时,太史公记之于斯,谓成汤之日,其言又失次序。”司马贞所根据的《咸有一德》篇的内容,可能与今天所见的《古文尚书》相同,说的是太甲返回亳都后,伊尹还政于他。此时伊尹年事已高,将回到自己的私邑,恐怕太甲旧病复发,二三其德,便劝勉他保持纯一之德。当时的史官记录了此事,便有了本篇。所以司马贞批评司马迁记叙失序。如果此篇确属伪作,则说明唐以前司马迁所见的《咸有一德》早已亡佚。究竟史迁所记的成汤时伊尹所作的《咸有一德》是什么内容,有待进一步研究。

伊尹既复政厥辟①,将告归,乃陈戒于德②。

【注释】

①既,已经。复,归还。辟,君。　②告,请求。归,返回故邑。戒,告诫。《孔传》:“告老归邑,陈德以戒。”于,以。

【译文】

伊尹已经把政权归还给他的君王太甲,将要告老回归,于是陈述纯一之德,告诫太甲。

曰:“呜呼!天难谌,命靡常①。常厥德,保厥位②;厥德匪常,九有以亡③。夏王弗克庸德,慢神虐民④。皇天弗保,监于万方⑤,启迪有命⑥,眷求一德,俾作神主⑦。惟尹躬暨汤咸有一德,克享天心,受天明命⑧,以有九有之师,爰革夏正⑨。非天私我有商,惟天佑于一德⑩;非商求于下民,惟民归于一德。德惟一,动罔不吉⑪;德二三,动罔不凶⑫。惟吉凶不僭,在人;惟天降灾祥,在德⑬!

【注释】

①谌(chén 陈),信。命,天命。天难谌,命靡常,《孔传》:"以其无常,故难信。"《君奭》也有"天难谌"一句,可参阅。 ②保,安。 ③九有,《孔疏》:"《毛诗传》云:'九有,九州也。'"《诗·商颂·长发》:"莫遂莫达,九有九截。"郑笺:"无有能以德自遂达于天者,故天下归向汤,九州齐一截然。" ④夏王,指夏桀。克,能。庸,常。慢,轻慢、侮慢。虐,残害。 ⑤皇,大。监,视、监视。万方,天下四方。 ⑥启,开。迪,导。有命,享有天命的人。 ⑦眷,关心。一德,蔡沈《书集传》:"纯一之德。"俾,使。神主,《孔传》:"天地神祇之主。"蔡沈:"万神之主,即主持祭祀者。" ⑧躬,自身,代指自己。暨,与、和。咸,皆、都。克,能。享,《孔传》:"当也。"天心,上帝的心意。克享天心,能顺合上帝的意志。受,承受。明命,即大命、福命。 ⑨师,众。爰,于是。革,革新、更改。正,一说读为征(zhēng),正朔,一年的开始之日。蔡沈《书集传》:"于是改夏建寅之正,而为建丑正也。"一说,正通"政",革政即改朝换代。可从。 ⑩佑,佑助、辅助。 ⑪罔,无。 ⑫二三,《孔传》:"二三,言不一。"蔡沈:"二三,则杂矣。德之纯,则无德而不吉;德而杂,则无往而不凶。" ⑬吉凶,《孔传》:"行善则吉,行恶则凶。"僭,蔡沈:"差也。"灾,灾祸。祥,福祥、吉祥。

【译文】

伊尹说:"唉!上帝难以相信,天命无长久。经常地行德,才能保住自己的君位;如果不能经常地行德,天下九州会得而复亡。夏王桀不能长久地行德,轻慢神灵,残害民众。皇天不安,监视天下,开导享有天命的人,寻找具有纯一之德的人,使他作天地神灵的主祭者。只有我伊尹自己和汤王都具有纯一之德,能顺合上帝的意旨,承受上帝的福命,因而拥有天下九州之众,于是取代夏朝的统治。不是上帝偏爱我们商朝,只是上帝佑助纯德的人;不是商朝请求天下民众,只是天下民众归顺具有纯一之德的人。德如果纯一,行动起来没有不吉利的;德如果杂乱不纯,行动起来无不凶险。是吉是凶不会有差错的,问题在于人本身;上帝降灾祸或是降吉祥,问题在于德。

"今嗣王新服厥命①,惟新厥德;终始惟一,时乃日新②。任官惟贤才,左右惟其人③。臣为上为德,为下为民④;其难其慎⑤,惟和惟一[⑥]。德无常师，主善为师[⑦]；善无常主，协于克一[⑧]。俾万姓咸曰：'大哉，王言！'[⑨]又曰：'一哉，王心[⑩]！'克绥先王之禄，永底烝民之生[⑪]。

【注释】

①嗣王，指商王太甲。服，事。这里有接受、担负的意思。厥，其。命，天之大命。指恢复继承王位之事。　②惟新厥德，更新其德。蔡沈："太甲新服天子之命，德亦当新。"终始惟一，即始终有常，不间断。时，是，代词，指厥德。　③任，任用。蔡沈："贤者，有德之称。才者，能也。左右者，辅弼大臣，非贤才之称可尽，故曰'惟其人'。"《孔传》："官，贤才而任之，非贤才不可任选。左右，必忠良，不忠良，非其人。"　④为上，即奉上、助上。为下之为，治理。蔡沈："夫人臣之职，为上为德，左右厥辟也；为下为民，所以宅师也。"意即奉佐君王，使君王行德。治理时要帮助人民。　⑤其难其慎，蔡沈："臣职所系，其重如此，是必其难其慎。难者，难于任用；慎者，慎于听察，所以防小人也。"　⑥惟，当。和，蔡沈："和者，可否相济；一者，终始如一，所任君子也。"　⑦无常，蔡沈："不可执一之谓。"师，法、师法、榜样。主善为师，《孔传》："德非一方，以善为主乃可师。"蔡沈："德者，善之总称；善者，德之实行。"又周秉钧《白话尚书》："主，正，准则。主善，以善为准则。《国语·周语》注：'主，正也。'"可备一说。　⑧主，正、准则。协，合。克，能。一，纯一。　⑨俾，使。万姓，即万民。咸，皆、都。大，《孔传》："一德之言，故曰大。"　⑩一，《孔传》："能一德，则一心。"　⑪克，能。绥，保、安。先王，指成汤。禄，天赐之福禄，指天命。底，致、定。烝，众。生，生活。

【译文】

"现在继位的王您刚刚担负上帝赐予的大命，应当更新自己的德行；始终如一，你的德行就能天天更新。任用官员当用有贤德有才能的人，左右辅政大臣更应是忠良之人。为臣要侍奉君王行德政，治理属官，使其帮助民众。这是非常难选择的，要谨慎听察，应当任用和谐专一的人。行德没有固定不变的榜样，以善为法则的可以作为榜样；行善没有固定不变的法则，关键在于能够有纯正之德。使天下民众都说：'伟大啊，君王的话！'又说：'纯一啊，君王的心！'君王能够保有先王成汤所承受的上帝的福命，就能长久地安定民众的生活。

"呜呼！七世之庙，可以观德[①]；万夫之长，可以观政[②]。后非民罔使，民非后罔事[③]。无自广以狭人，匹夫匹妇不获自尽，民主罔与成厥功[④]。"

【注释】

①七世之庙，可以观德，《孔传》："天子立七庙，有德之王则为祖宗，其庙不毁，故可观德。"《礼记·王制》："天子七庙，三昭三穆，与太祖之庙而七。"蔡沈《书集传》："天子七庙，三昭三穆，与太祖之庙七。七庙亲尽则迁，必有德之主，则不祧毁，故曰：'七世之庙，可以观德。'"　②万夫之长，可以观政，《孔传》："能整齐万夫，其政可知。"蔡沈谓："天子居万民之上，必政教有以深服乎人，而后万民悦服，故曰：万夫之长，可以观政。"　③使，役使。事，力。　④无，通"毋"。广，宏大，这里指自大。狭，狭小。匹夫匹妇，指普通的民众。不获，不得。自尽，尽自己的全力。民主，民之主，指天子，君王。与，帮助。《孔疏》："则人主无与成其功也。"蔡沈《书集传》："苟自大而狭人，匹夫匹妇有一不得自尽于上，则一善不备，而民主亦无与成厥功矣。"

【译文】

"啊，能保持供奉七代祖先的宗庙，可以观察到功德；从居天下，万民之上的天子那里，可以观察到政教情况。君王没有民众就无人可以役使，民众没有君王就无处可以力役。不要自高自大小视民众，普通的男人妇女如果不尽心尽力，万民之君王就没有人帮助成就自己的功业。"

沃　丁

【题解】

《书序》曰:“沃丁既葬伊尹于亳,咎单遂训伊尹事,作《沃丁》。”《史记·集解》引《帝王世纪》说:“伊尹名挚,为汤相,号阿衡,年百岁卒。大雾三日,沃丁以天子礼葬之。”又引《括地志》说:“河南偃师为西亳。”“伊尹墓在洛州偃师县西北八里。”本篇是商王沃丁以天子礼把贤相伊尹葬在亳地后,咎单所作的对伊尹的褒颂之辞,可能类似于今天的悼念文章。正文已无,今仅存序。

咸乂四篇

【题解】

《书序》曰:“伊陟相大戊,亳有祥桑穀共生于朝。伊陟赞于巫咸,作《咸乂》四篇。”古人认为,上帝是万物的主宰。人间君王如有过失,上帝便通过自然灾祸或所谓不祥征兆加以警示。《咸乂》四篇说的就是伊尹之子伊陟辅佐商王大戊期间,亳都出现了桑树与楮树共生一株的“不祥之兆”,伊陟慌忙将此事告诉神巫巫咸。这不仅反映了商人敬重鬼神的思想观念,同时说明巫,即甲骨文中的贞人在当时社会政治生活中的重要地位。今仅存序,正文已无。

伊陟　原命

【题解】

《书序》云:“太戊赞于伊陟,作《伊陟》、《原命》。”这两篇与《咸乂》四篇内容上有承联关系。《咸乂》四篇说商都亳地出现“桑穀共生”的不祥征兆,以当时人观念来看,是当政君王太(又作大)戊有了过错。《伊陟》、《原命》两篇说的是太戊打算改过自新,并将此事告诉伊陟和原两位大臣。这两篇对研究商代人们的思想认识有一定意义。正文已无,今仅存序。

仲　丁

【题解】

《书序》曰:“仲丁迁于嚣,作《仲丁》。”嚣、隞,古音相通。《史记·殷本纪·索隐》云:“隞亦作嚣,并音敖字。”故隞即嚣。关于隞的地望,历代文献多认为在今郑州附近。具体来说,主要有两种意见:一是《帝王世纪》、《水经注》、《元和郡县图》所言,即认为隞都在敖山上;二说认为荥阳故城处于殷时的敖地范围之内,以《括地志》为代表。五十年代,在郑州市区发现一处规模巨大的商代城址。我们经考证认为,郑州商城即“仲丁迁于嚣”之嚣都(详见《“汤始居亳”与“仲丁迁隞”考》,载《尚书与古史研究》增订本,中州书画社 1983 年版)。《仲丁》篇记的就是有关仲丁迁都的事,具有重要的史料价值。可惜正文已无,今仅存序。

河　亶　甲

【题解】

《书序》云:“河亶甲居相,作《河亶甲》。”河亶甲是仲丁的弟弟。仲丁死后,弟外壬继位。外壬死后,河亶甲继位。河亶甲在位时,将商都迁往相地。《河亶甲》记的就是有关此事的情况。关于河亶甲迁相,《竹书纪年》、《世本》、《史记·殷本纪》所载无异词。但关于相的地望,说法却不一致。古文献多认为相在今河南省内黄县东南十余里处。然近人经考证又提出一些新的看法。我们认为,内黄处于卫地,是商人统治的中心地区。河亶甲迁都于此,当较合理。《河亶甲》对研究商代都城的迁徙有重要的史料价值。今仅存序,正文已无。

祖 乙

【题解】

《书序》曰:“祖乙圮于耿,作《祖乙》。”祖乙是商代第十四位王。关于祖乙所迁之地,文献记载颇为复杂,《史记·殷本纪》说“迁于邢”,《竹书纪年》说“居庇”。而耿、邢、庇之地望,又有多种说法。据丁山《商周史料考证》,耿、邢、庇实际上应为一地。我们同意此说,并进一步认为:祖乙所迁之地就在今河北邢台,而非他地(参见李民等《祖乙迁邢与卜辞井方》,《郑州大学学报》1989年6期)。《祖乙》篇记的就是祖乙迁都的事,对于商代迁都原因的探讨有重要意义。可惜正文已无,今仅存序。

盘 庚 上

【题解】

盘庚:商王名,汤十世孙,祖乙曾孙,祖丁之子,阳甲之弟。《书序》云:"盘庚五迁,将治亳殷,民咨胥怨。作《盘庚》三篇。"关于《盘庚》篇的制作时代,自汉代以来约有十几种不同的看法,其中具有代表性的有以下六种:一,盘庚时代说。马融、郑玄首倡。二,小辛时代说。司马迁始创此说,俞樾颇有发挥。三,殷商时代说。王国维力主之。四,殷周之际说。以杨筠如《尚书覈诂》为代表。五,西周初年说。此说以张西堂《尚书引论》为代表。六,春秋时代改定说。顾颉刚师持此说。我们主张《盘庚》应是周初统治者制作的一篇历史文献。

《盘庚》是周人灭商以后,为了安抚和绥靖被迁的殷民而制作的一篇迄今所见到的中国古代最早、最长的历史文献。《史记·殷本纪》有:"帝盘庚之时,殷已都河北,盘庚渡河南,复居成汤之故居,乃五迁,无定处。殷民咨胥皆怨,不欲徙。……乃遂涉河南,治亳,行汤之政,然后百姓由宁,殷道复兴。"在周人看来,盘庚最大的功绩是迁都,挽救了商王朝。因此,在制作此篇时,追忆当年盘庚为迁都遭民众反对,对民众苦苦劝说的史实,以帮助周初大规模地迁徙殷民措施的推行(参见李民《〈盘庚〉的制作时代》,载《尚书与古史研究》增订本)。

《盘庚》分上、中、下三篇,伏生本和《汉石经》则合为一篇,内容没有区别。三篇的次序,一般认为有颠倒,可能是错简所致。亦有认为次序未颠倒。《盘庚》三篇记载了商王盘庚关于迁都问题和臣民的三次对话,完整地记叙了迁殷的经过,以及围绕迁都问题在统治阶级内部、在统治者与平民之间产生的矛盾和冲突,保存了商代的原始资料,是研究殷商时期政治、经济、文化不可多得的珍贵文献。"盘庚周诰"号称"诘诎聱牙",却真实地反映了当时的历史。

盘庚迁于殷,民不适有居①,率吁众戚出矢言②。曰:"我王来③,既爰宅于兹④,重我民,无尽刘⑤。不能胥匡以生⑥,卜稽曰其如台⑦?

先王有服[8]，恪谨天命[9]，兹犹不常宁[10]。不常厥邑，于今五邦[11]。今不承于古，罔知天之断命[12]，矧曰其克从先王之烈[13]。若颠木之有由蘖[14]，天其永我命于兹新邑，绍复先王之大业[15]，厎绥四方[16]。"

盘庚敩于民[17]，由乃在位[18]，以常旧服[19]，正法度[20]，曰："无或敢伏小人之攸箴[21]。"王命众，悉至于庭。

【注释】

①迁，徙都。殷，《史记·项羽本纪》："项羽乃与期洹水南殷虚上。"《集解》引应劭曰："洹水在汤阴界。殷墟，故殷地也。"《索隐》曰："《汲冢古文》云：盘庚自奄迁于北蒙，曰殷虚，南去邺州三十里，是殷虚南旧地名号北蒙也。"其地为今安阳小屯殷墟，考古发掘已经得到证明。适，孙星衍疏曰："《一切经音义》引《三苍》云：'悦也。'言民不悦新邑。"杨筠如《尚书覈诂》则说："适，《说文》：'之也。'《释诂》：'往也。'"，可备一说。有，语助词。　②率，用，犹言因此。吁，呼也。戚，贵族。矢，陈也，告谕。　③我王，指盘庚。来，自奄地迁至于殷。奄即今山东曲阜，在黄河以南。　④爰：俞樾谓易也。爰宅，变更居住地，即徙都。兹，代指殷。　⑤重，重视。刘，杀害。这里透露出盘庚迁都的原因是"重我民，无尽刘"，保护民众，不致遭受灭顶之灾。关于商人迁都的原因，说法很多，莫衷一是。我们认为政治、军事斗争和生态环境的变化是商人迁都的主要原因。　⑥胥，《释诂》："相也。"匡，救也。　⑦卜，占卜。稽，《广雅》："考也。"《诗·大雅·文王有声》："考卜维王。"考，亦卜问之意。《周礼·春官·大卜》："国大迁、大师，则贞龟。"台（yí宜），疑问代词。其如台，犹言将如何。杨筠如《尚书覈诂》云："按稽字本当作卟（乩）。《洪範》'稽疑'，《说文》作'卟疑'。龟甲文屡有'王囙曰'之文。囙，即卟字也。曰，俞樾谓句中助词，当以'卜稽曰其如台'六字为句。曰其，犹越其也。……《传》曰卜以决疑，不疑何卜？盘庚之迁，盖不用卜，故有非敢违卜之言。当时臣民，必有以此为口实者，故盘庚言苟不能以法度相正而生，虽卜亦无如何耳。按俞说以'曰其'连文，视旧说为长矣。"意为既然不能胥匡以生，只靠卜稽那是毫无办法的。　⑧先王，指盘庚以前商王。服，事也。　⑨恪，敬。谨、辛勤。天命，大命。天大古字以形近相通。　⑩宁，安。　⑪邑，指都城。五邦，五次迁都，据杨树达《积微居读书记》谓：仲丁迁嚣，河亶甲迁相，祖乙居耿，耿圮迁庇，南庚迁奄。五邦尚另有他说，此从杨说。　⑫承，继也。天之断命，孙星衍疏："言天命绝于此邑，将永其命于新邑，当继古人迁都之事。"　⑬矧（shěn审），《释言》："况也。"曰，与爰同，犹言乃也。曰其，即越其。克，能够。烈，事业、功业。　⑭颠，仆倒。由，《说文》作"甹"，指枯木再萌芽生条。蘖，伐木所剩下的地方再萌芽。此为比喻，以"颠木"比喻旧都，"由蘖"比喻新邑。

⑮永，长也。新邑，即盘庚新迁之殷都。绍，继续。复，复兴。　⑯底，定。绥，安。　⑰敩(xiào 校)，《礼·檀弓》注："教也。"　⑱由，亦作猷、犹，古通"迪"，道也、告也。在位，指贵戚大臣。　⑲常，法。旧服，旧事，指先王的旧制。⑳正，整顿。　㉑无，不要，带有命令语气的否定副词。或，有也。伏，隐匿。小人，指平民。攸，所。箴，规诫。

【译文】

盘庚迁都到殷，但他的民众不喜欢新都的生活，因此，盘庚把贵戚大臣召来，让他们外出告谕民众说："我们的君王到这里来，已经把居住地迁到这里，是重视百姓的生命，不能让他们在原居地坐以待毙。如果大家不能相互救助以求生存，就是按占卜说的去做，结果又会怎样呢？先王有大事，都恭敬地顺从天命，这样做了，却仍不能长久安定。不能长期居住在一个地方，到现在已迁了五次。现在若不能仿效过去迁都的事，不知天命已永在新都，更何况说遵循先王的功业呢？像伐倒的树木又生出新芽，这是上帝要使我们的生命长存在这个新都中，继续复兴先王的伟大功业，安定天下四方。"

盘庚教导民众，告谕在位的贵戚大臣，效法先王的旧制，饬正法纪，他说："不应有人敢将我规诫民众的话隐匿起来。"商王命令诸位贵戚大臣到王宫里来。

王若曰[①]："格汝众，予告汝训汝，猷黜乃心[②]，无傲从康[③]。

"古我先王，亦惟图任旧人共政[④]。王播告之修[⑤]，不匿厥指[⑥]，王用丕钦[⑦]，罔有逸言[⑧]，民用丕变[⑨]。今汝聒聒[⑩]，起信险肤[⑪]，予弗知乃所讼[⑫]！

"非予自荒兹德[⑬]，惟汝含德[⑭]，不惕予一人[⑮]。予若观火[⑯]，予亦拙谋[⑰]，作乃逸[⑱]。

【注释】

①王若曰，在甲骨文、金文和《尚书》中常见"王若曰"、"王曰"，为一般习语。"王曰"，是王直接对臣下讲话；而由史官或大臣代宣王命，便称"王若曰"。但《盘庚》中的"王若曰"当为王直接对臣下的讲话，与当时语例不符。"王若曰"一词最早始见于殷墟甲骨文第三期。属商代晚期。周诰中的"王若曰"多是代王策命，与西周金文相同。参见陈梦家《尚书通论》、于省吾《王若曰释义》(载《中国语文》1966年2期)。　②格，来。汝众，你们大家。训，教。猷，同由，图谋。黜，除去的意思。乃，你们。心，私心。　③傲，傲慢。康，安逸。　④惟，思。图，谋划、考虑。旧人，指世代做官的贵戚。共政，与商王共理朝政。　⑤王，指上文

的先王。播，指言论的公布，播敷。修，治、行。又孙星衍疏："修者，王逸注《楚辞》云：'远也。'"亦通。 ⑥匿，隐瞒。于省吾《尚书新证》认为匿应读作慝，即忒，变更的意思，可备一说。厥，其，代指先王。指，旨。 ⑦用，因此。丕，大。钦，敬。 ⑧逸，过也。 ⑨用，因此。丕，大。变，化。孙星衍疏："读如《论语》'齐一变'、'鲁一变'之变。"移易、变化的意思。 ⑩聒（guō 郭）聒，谨语也，大叫大嚷。 ⑪起，兴也。信，古申字，伸说的意思。险，指邪恶之言。肤，浮也，指浮夸之言。杨筠如《尚书覈诂》以为假为戏，险戏双声连语。可备一说。⑫乃，汝也。讼，争辩。 ⑬荒，《淮南子·主术训》高诱注："乱。"《逸周书·大明武解》注："败也。"或说废失。 ⑭含，《史记》作舍。俞樾谓含之言藏也，怀也。德，好意，指政令方面。 ⑮惕，施、惕古音近相通，有给予的意思。予一人，见前注。 ⑯观火，比喻见事之明。 ⑰拙，本作炪（zhuō 拙），火不光貌，即烟盛而光甚微的样子，比喻见事不明。 ⑱作，行为。乃，你们。逸，放纵。周秉钧《尚书易解》断句为："予亦拙谋作，乃逸。""谋作"连续，犹下文的"作猷"。可备一说。

【译文】

王这样说："来吧，你们诸位，我要告诉你们，教训你们，目的是去掉你们的私心，不要傲慢和追求安乐。

"从前我们的先王，总是考虑任用贵戚旧臣，和他们共理政事。先王发出的治政口谕，他们决不敢隐匿或变更先王的旨意，所以，先王很敬重他们。他们从来没有错误的言论，所以民众能够令行禁止，国家发生很大的变化。现在你们大叫大嚷，任意妄谈，申述许多邪恶浮夸的话来，我真不懂得你们吵闹争辩些什么！

"不是我要毁坏我们的德政，只因为你们隐匿了德政，而不给予我。我像观察火一样对此看得清清楚楚，但我有时也会见事不明，酿成了你们行为的放纵！

"若网在纲，有条而不紊①。若农服田力穑②，乃亦有秋③。汝克黜乃心，施实德于民，至于婚友，丕乃敢大言④，汝有积德！乃不畏戎毒于远迩⑤，惰农自安⑥，不昏作劳⑦，不服田亩⑧，越其罔有黍稷⑨。

"汝不和吉言于百姓⑩，惟汝自生毒⑪。乃败祸奸宄⑫，以自灾于厥身。乃既先恶于民⑬，乃奉其恫⑭，汝悔身何及！相时憸民⑮，犹胥顾于箴言⑯，其发有逸口⑰，矧予制乃短长之命⑱！汝曷弗告朕而胥动以浮言⑲？恐沈于众⑳，若火之燎于原，不可向迩㉑，其犹可扑灭？则惟汝众自作弗靖㉒，非予有咎！

【注释】

①纲,《说文》云:“维纮绳也。”《诗·大雅·棫朴》“纲纪四方”,郑笺:“以网罟喻为政,张之为纲,理之为纪。”纲为网的大绳。今成语有纲举目张。紊,乱也。②服,治。服田,在土地上劳作。穑,收获庄稼,泛指农业生产。力穑,指努力耕作才有收获。 ③乃,杨树达《词诠》云:“于是也,然后也,始也。今语言‘这才’。”亦,大也。有秋,秋,以秋代指秋收、丰收。 ④婚,婚姻,指亲戚。友,僚友、同僚也。丕乃,乃也。 ⑤戎,大。毒,害也。迩,近。 ⑥惰,懒惰。安,安逸。 ⑦昏,敃(mǐn 泯)的假借字,勉、强也,有努力的意思。 ⑧服,治、事。 ⑨越,语首助词。其,那里,指上文的田亩。黍稷,代指收获。 ⑩和,宣也。俞樾读为“桓”,与“宣”通。《周礼·天官·大宰》:“正月之吉,始和布治于邦国都鄙。”和布即宣布的意思。吉言,好话,指支持迁都的话。 ⑪惟,是。自生毒,自己种下的祸害。 ⑫败,危败。奸宄(guǐ 鬼),作恶在外为奸,在内为宄。败祸奸宄,犹言恶迹败露而遭祸害。 ⑬先恶,导恶。 ⑭奉,承受。恫,痛苦。 ⑮相,视、看。时,是。憸(xiān 先),《说文》:“憸诐也,憸利于上,佞人也。” ⑯犹,尚、还。胥,相。顾,看。于,以。箴言,规谏之言。 ⑰发,犹言说出。逸,过、错误。逸口,过言,是从口中说出的错话。 ⑱矧,况。制,掌握、控制。短长之命,生死之命。 ⑲曷,何也。易弗,何不。朕,我。胥,相。浮言,无根之言。 ⑳沈,孙星衍疏:“《庄子·释文》引司马注云:‘深也。’《说文》抌:‘读若告言不正曰抌。’疑告言不正是沈字。”孙说可从。 ㉑向,朝着、对着。向迩,靠近的意思。《左传·隐公六年》:“君子曰:‘长恶不悛,从自及也,虽欲救之,其将能乎?’《商书》曰:‘恶之易也,如火之燎于原,不可向迩,其犹可扑灭?’” ㉒惟,因为。靖,善。《艺文类聚》八十七引《韩诗》曰:“靖,善也。”

【译文】

“就像把网结在纲上,才会有条理而不紊乱。就像农夫从事农业生产,只有尽力耕作,才会获得丰收。你们若能去除自己的私心,把真实的德政给予民众,并泽及你们的亲戚朋友,那么,你们才可以斗胆扬言,你们一向是积德的。倘若你们不怕远近的民众因为你们而受着大害,贪图安乐,不去耕种田地,不肯努力做劳苦的工作,这样,当然就不能收获庄稼了。

“你们不能把我的善言向民众宣布,这是你们自己种下的祸根,于是引导他们做出了许多危败奸恶的事情,以致于自身招来灾难。你们既然引导民众做坏事,这些痛苦当然应由你们自己承受;你们懊悔也来不及了!看看这些小民吧,他们还知道听从规诫的话,唯恐说错了话,祸从口出,何况我还操纵着你们的生杀大权,你们为什么不告诉我,竟擅用不实之辞来恐吓蛊惑民众,这样做,就像大火燎原,使人近前不得,岂能把它扑灭。那是你们自己的坏事造成的局面,不是我的过错。

“迟任有言曰①:‘人惟求旧,器非求旧,惟新②。’

“古我先王,暨乃祖乃父③,胥及逸勤④,予敢动用非罚⑤?世选尔劳⑥,予不掩尔善。兹予大享于先王⑦,尔祖其从与享之。作福作灾,予亦不敢动用非德⑧。

“予告汝于难,若射之有志⑨。汝无侮老成人⑩,无弱孤有幼⑪,各长于厥居,勉出乃力,听予一人之作猷⑫。

“无有远迩,用罪伐厥死,用德彰厥善⑬。邦之臧,惟汝众;邦之不臧,惟予一人有佚罚⑭。

“凡尔众,其惟致告⑮;自今至于后日,各恭尔事⑯,齐乃位⑰,度乃口⑱,罚及尔身,弗可悔!”

【注释】

①迟任:相传古代的贤人。马融:“迟任,古老成人。”郑玄注:“迟任,古之贤史。” ②人惟求旧,此旧指旧臣,即任用人求世代为官的贵族。器非求旧,器旧则敝,故不使用。江声说:“以喻国邑圮毁,当徙新邑也。”可备一说。 ③暨,与、和。 ④乃,汝。胥,相。及,与也。逸,《尚书覈诂》以为即“肄”,《诗传》:“肄,劳也。”勤,勤劳。 ⑤敢,《诗·大雅·文王》正义引作不敢,语急省不字。非罚,指不合乎法度的惩罚。 ⑥选,俞樾《群经平议》谓当读为“纂”,《尔雅·释诂》:“纂,继也。”劳,劳绩。 ⑦大享,郑玄谓:“大享,谓烝尝也。”即禘祭于明堂(祭祀祖先的地方)。《周礼·夏官·司勋》云:“凡有功者,铭书于王之大常,祭于大烝,司勋诏之。” ⑧作福作灾二句,孙星衍疏:“言汝之福灾,皆由自作,我亦不敢动用非罚。非德,指不合法度的赏赐或惩罚。” ⑨于,以也。志,孙星衍疏:“古作‘识’。……志者,《仪礼·既夕礼》云:‘志矢一乘。’注云:‘志犹拟也。’《广雅·释诂》云:‘志,识也。’”予告汝于难二句,大意为:为政(迁都)之难,不可轻发,但现已到不得不发的时候。曾运乾《尚书正读》云:“喻言汝为射者之的,或迁或否,功罪皆在汝等。” ⑩侮,欺侮。老,老人。成,成年人。老成人当是指年高德劭的贤人。 ⑪弱孤,用作动词,欺凌的意思,也含有轻视的意思。有,助辞。 ⑫长,率也,或云育也。猷,谋也。又段玉裁据《尔雅·释诂》解作“已”,已,止。作猷,或行或止的意思。可备一说。 ⑬远迩,指关系的亲疏。伐,击也。彰,明也。 ⑭臧,善。佚,失、过错。罚,罪。《国语·周语》记内史过云:

“在《般庚》曰:‘国之臧,则惟汝众;国之不臧,则惟予一人有逸罚。’” ⑮致告,犹言转达。 ⑯恭,与共通,《孔传》作奉解。 ⑰齐,整,含有严肃认真的意思。位,职事。 ⑱度,闭也。有杜塞浮言之意.

【译文】

“迟任曾经说过:‘用人应该寻求贵戚老臣,使用器具就不寻求旧的,只是寻求新的。’

“从前,我的先王和你们的祖先,都能同甘共苦,我怎敢对于你们动用非分的刑罚。你们若能世世继续你们的祖先的勤劳传统,我也决不会遮掩你们的好处。现在我隆重祭祀先王,你们的祖先也一起受祭。你们行善得福和作恶招灾,都有先王和你们的祖先来处置你们,我也不敢擅用非分的赏赐和惩罚。

“我把困难告诉你们,就像射箭要认清靶心目标,你们不要侮慢老年人,也不要轻视年幼的人,大家要安心地住在这个地方,勤奋地使出你们的力量,听我一个人的策划抉择。

“不论亲疏远近,要用刑罚来惩罚作恶的,用奖赏表彰行善的。国家治理得好,是你们大家的功劳;国家治理得不好,是我一个人的过失。

“你们大家应该把我的话相互传达;从今往后,各人恭敬地做好你们的工作,完善你们的职责,不要信口乱说,若不然,惩罚就会降临到你们身上,悔之晚矣。”

盘庚中

盘庚作①,惟涉河以民迁②。乃话民之弗率③,诞告用亶④。其有众咸造⑤,勿亵在王庭⑥,盘庚乃登进厥民⑦。

曰:"明听朕言⑧,无荒失朕命⑨。呜呼!古我前后,罔不惟民之承保,后胥戚鲜⑩,以不浮于天时⑪。

"殷降大虐⑫,先王不怀厥攸作⑬,视民利用迁。汝曷弗念我古后之闻⑭?承汝俾汝,惟喜康共⑮,非汝有咎比于罚⑯。予若吁怀兹新邑⑰,亦惟汝故,以丕从厥志⑱。

【注释】

①作,制作。郑玄注曰:"作渡河之具。" ②惟,谋划。涉,《广雅·释诂》云:"渡也。"盘庚自奄迁殷,需要渡过黄河。 ③乃,才。话,杨筠如说:"《说文》:'合会善言也。'按话假为佸。《说文》:'佸,会也。'"率,遵循、从。民之弗率,指臣民中不愿从命者。孙星衍疏曰:"言合会民之不循教迁居者,而善言告之以诚,其有众咸为渡河之具也。" ④诞,大。杨筠如《尚书覈诂》:"《书》中训大之字,如丕如诞如洪,皆多用为语辞,无意义也。"亶,诚。 ⑤其,那些。有众,指那些不从命迁居的人。咸,都、皆。造,至。 ⑥亵,轻慢。杨筠如以为:"勿亵,古成语。《说文》出部:'槷黜,不安也。'"亦通,可备一说。 ⑦登,升。进,走到前面来。 ⑧明,王引之谓犹勉也。明、勉一声之转。 ⑨荒,废。失,江声读作佚,佚有轻忽的意思。 ⑩前后,即先王。承保,杨筠如说:"承保,古成语,《雒诰》'承保乃文祖受民',亦以承保连文。承与应声相近。"是承,应也。后,厚也。胥,相。戚,亲。鲜,善。后胥戚鲜,厚相亲善。 ⑪浮,高诱注《淮南子》:"犹罚也。" ⑫殷,指商,周人称呼商为殷,商人一般不自称为殷。《盘庚》是周初作品,故夹带有周人增添的词句。大虐,大灾,指商王朝当时所面临的政治、军事危机。 ⑬怀,安。厥,其。攸,所。作,为。 ⑭闻,口耳相传的旧事、传说。 ⑮承,承保。俾,亦保也。承俾即承保。康,安。共,拱也,固也。 ⑯咎,罪

过。比,类。比于罚,像惩罚有罪那样惩罚你们。 ⑰若,汝。予若吁,即予吁汝也(此俞樾说)。怀,安。 ⑱丕,大。从,顺从。厥,指代你们。志,心愿。

【译文】

盘庚制作渡河的船具,谋划着把民众迁过黄河。于是,招集那些反对迁都的臣民,诚恳地用善言劝告他们。这些人都来到王宫,他们在王宫内毕恭毕敬,盘庚于是招唤他们到面前。

盘庚说:"你们留心听我的话,不要对我的命令掉以轻心。唉呀!过去我们的先王没有不是顾全民众的,民众对于君王也都能亲善和好,所以能够顺应天时。

"现在上帝降下大灾给我们商朝,就是我们的先王遇到这种事情,也不会安于他们所建造的宫室宗庙,而是根据民众的利益迁徙。你们为什么不去想想先王的传说呢?我是要保护你们,使你们的生活安稳,并不是像惩罚有罪那样惩罚你们。我呼吁你们到那个新都中去安居,也正是为了你们的缘故,是为了顺从并满足你们的心愿。

"今予将试以汝迁①,安定厥邦。汝不忧朕心之攸困,乃咸大不宣乃心,钦念以忱,动予一人②,尔惟自鞠自苦③,若乘舟,汝弗济,臭厥载④。尔忱不属⑤,惟胥以沈⑥。不其或稽⑦,自怒曷瘳⑧?汝不谋长以思乃灾,汝诞劝忧。今其有今罔后,汝何生在上⑨?

"今予命汝一,无起秽以自臭⑩,恐人倚乃身,迂乃心⑪。予迓续乃命于天⑫,予岂汝威⑬,用奉畜汝众⑭。

【注释】

①试,用也。 ②攸,所。咸,皆。宣,和。钦,兴也。忱,裴学海云:"忱、动皆同也。""钦念以忱"二句,王世舜《尚书译注》云:"前人注解,多不可通。窃意以为此句倒装,应作'予一人钦念以忱动'。""大意是说:敬顺臣民的心理是非常诚恳的。故联系上下文译作:你们不为我敬顺民意的诚心所感动。"可备一说。 ③惟,只。鞠,穷。 ④乘,载。济,渡。臭,朽。厥,其,指上面的舟。载,指舟上的货物。"若乘舟"三句,意思是说:假如不迁到新邑去,就像乘坐不能行进的舟,将坐以待毙。 ⑤忱,同"沉",没也。属,马融曰:"独也。"尔忱不属,即不属尔忱,即不但你们要沉没。 ⑥惟,只有。胥,皆、都。沈,沉溺。惟胥以沈,接上句,而且我们都要沉没,意为大家同归于尽。 ⑦不其,古成语,即其不。稽,《说文》云:"留止也。"停留不前。 ⑧瘳(chōu 抽),病愈。曷瘳,何瘳,意思是有什么用。 ⑨诞,永、长。劝,助。在上,指天、天命。 ⑩一,皆、同。秽,脏

东西。臭,嗅。意思是不要把脏东西拿来放在鼻子上闻。比喻不安定,惹麻烦。⑪倚,读作掎(jǐ 己),《说文》:"掎,偏引也。"偏邪的意思。迂,杨筠如《尚书覈诂》云:"迂,《晋语》注:'邪也。'" ⑫迓(yá 牙),又作御,迎接的意思。续,继续。⑬岂,哪里。汝威,倒语,即威汝。威,威胁。 ⑭用,以。奉,助。畜,养。

【译文】

"现在我要把你们迁徙过去,使我们的国家安定。但是你们不能体恤我的困苦,你们内心竟然都不和顺,不为我的诚心所打动。你们这是自取穷困,自寻苦恼,就像你们坐在不能航行的船上,不渡河,岂不是坐以待毙。如果这样,不但你们自己要沉没,连我们也要跟着沉没而同归于尽。你们不去审察停止不前的原因,自己怨怒又有什么用呢?你们不做长久的计划,不想想目前的灾害,你们一直是在增添忧患、你们只想现在苟且偷生,不管今后怎样,上帝哪里会允许你们生存呢?

"现在我命令你们同心同德,不要传播谣言,自找麻烦,弄臭自己,以免人家使你们身子不正,思想偏邪。我哪里是用威势来压迫你们呢,我是要帮助你们,养育你们。

"予念我先神后之劳尔先①。予丕克羞尔②,用怀尔然③。失于政,陈于兹④,高后丕乃崇降罪疾⑤,曰:'曷虐朕民!'汝万民乃不生生⑥,暨予一人猷同心⑦,先后丕降与汝罪疾,曰:'曷不暨朕幼孙有比⑧!'故有爽德⑨,自上其罚汝,汝罔能迪⑩。

"古我先后既劳乃祖乃父,汝共作我畜民⑪。汝有戕,则在乃心⑫,我先后绥乃祖乃父⑬。乃祖乃父乃断弃汝,不救乃死。兹予有乱政同位⑭,具乃贝玉⑮。乃祖乃父丕乃告我高后曰⑯:'作丕刑于朕孙⑰!'迪高后丕乃崇降弗祥⑱。

【注释】

①先神后,即先后、先王也。孙星衍疏:"神后、高后,皆谓成汤也。神者,配天之称,《说文》天神曰神。"这里的"先神后",不应单指成汤。劳,动。尔先,你们的祖先。 ②丕,大。克,能够,这里含有应该的意思。羞,进也,献也。曾运乾《尚书正读》云:"羞尔,犹今言贡献意见于你也,下篇'羞告尔于朕志'可证。"然杨筠如说:"按羞当读为迪,……《礼记》羞作修,古修攸迪通用字,《释诂》:'迪,道也。'犹教也。"从文义上说杨说简明,可备一说。 ③怀,安也。然,犹焉,代指贵戚的祖先。 ④失于政,指政治方面的过失。陈,延、久。兹,这,代指旧都。

⑤高后，这里泛指盘庚以前的先王。丕乃，王引之读作于是。崇，重。 ⑥乃，犹若也。生生，上一生字用作动词，下一生字，孙星衍疏："《诗传》云：财业也。""言汝万民乃不知自营其生。" ⑦暨，与。猷，谋。 ⑧曷不，何不。朕，指先王。幼孙，盘庚自谓。比，亲附。曷不暨朕幼孙有比，是盘庚假托先王对贵戚们说的话。 ⑨故，今。爽，差、忒也。 ⑩迪，逃也。 ⑪作，为也。畜，孙星衍疏："《祭统》云：'顺于礼，不逆于伦，是之谓畜。'注云：'畜谓顺于道教。'"杨筠如则谓："畜音近好。……则畜民，谓好民也。"意亦通。 ⑫戕（qiāng 枪），残。则，当为贼，古贼字从则，可相通，此处指恶毒的念头。 ⑬绥，杨筠如："绥，《释诂》'安也'。按《大诰》：'义尔邦君，越尔多大尹氏御事，绥予曰。'则绥者，告也。下文'绥爰有众'，亦谓告于有众也。"杨说可从。 ⑭乱政，指乱政的大臣。同位，在位，指贪人在官者。 ⑮具，备，动词。贝，《说文》："海介虫也。"商代多用贝壳作货币。贝玉，泛指钱物。具乃贝玉，指聚敛财富。孙星衍疏："言有乱政之臣在位，惟知其具货币，以致民俗奢侈。" ⑯乃父，《孔传》本、唐代开成石经均作"先父"。段玉裁据《经典释文》认为作"乃父"。高后，见上文注。⑰丕刑，大刑。朕孙，指盘庚。 ⑱迪，导。丕乃，于是。崇，重。弗祥，一作不永。不长，即有灭顶之灾的意思。

【译文】

"我想到我的先王曾辛劳过你们的祖先，我应该给你们以教诲，以示对你们祖先的怀念。现在生活在这里已经导致国政的过失，先王于是降重灾惩罚我们，责问道：'你们为什么要虐待我的民众？'若是你们的臣民不肯迁走寻找安乐的生活，并谋求和我同心协力，先王便要降重灾惩罚你们，责问道：'你们为什么不与我的幼孙亲善友好？'所以你们的道德行为上有了差错，上帝就要惩罚你们，你们是无法逃避的。

"从前，我的先王曾经辛劳过你们的先祖先父，你们当然都应该是我所养育的顺民。假如你们内心存有恶毒的念头，我的先王就会告诉你们的先祖先父。你们的先祖先父就会抛弃你们，不会把你们从死亡中挽救出来。现在我的在位的官员中有了乱政的人，只知道贪敛财宝，你们的先祖先父于是告诉我的先王说：'给我的子孙使用大刑吧！'于是先王便降下重灾惩罚，使你们不能长久地生活在这里。

"呜呼！今予告汝不易①，永敬大恤②，无胥绝远③，汝分猷念以相从，各设中于乃心④。乃有不吉不迪⑤，颠越不恭⑥，暂遇奸宄⑦，我乃劓殄灭之⑧，无遗育⑨，无俾易种于兹新邑⑩！

"往哉生生，今予将试以汝迁，永建乃家⑪。"

【注释】

①今予告汝不易,郑玄曰:“我所以告汝者不变易,言必行之。”指迁都的计划不会改变。杨筠如则说:“今予告汝不易,与上篇汝于难之意相同。郑谓不变易者,非也。”杨说可从。 ②恤,忧。 ③胥,相。绝远,疏远。 ④分,汉石经作比,当从之。比,同也。《诗传》:“择善而从曰比。”汝比,意谓你们要同心同德。猷,读为应,容也。设,王引之《经义述闻》谓《广雅》“设,合也”。杨筠如:“各设中于乃心:各于汝心求合中正之道。” ⑤乃有,若有。乃,杨树达《词诠》:“若也。”吉,善。迪,杨筠如:“迪当读常,常吕通用,善也。” ⑥颠,狂。越,逾,指不法行为。 ⑦暂遇奸宄,王引之说:“暂,读曰渐渐,诈欺也;……遇读隅,‘隅睦智故’之隅。字或作偶,《淮南子·原道训》曰:‘偶睦智故,曲巧伪诈。’皆奸邪之称也。” ⑧劓,《说文》:“劓,臬或从鼻。”《广雅》:“劓,断也。”杨筠如:“按劓当读为俾,古卑,畀通用。……《释诂》:‘俾,从也。’……是古鼻、畀、比、卑声并通用。故劓可为俾。俾正与下无俾相对成义。” ⑨育,读为胄,《说文》:“胄,胤也。”指后代。 ⑩俾,使。易,施,延也。杨筠如说:“易,当读为施,《诗·何人斯》‘我心易也’,《韩诗》作‘施’,是其证矣。《鲁语》:‘譬之如疾,吾恐易焉。’易亦谓施。《诗·葛覃》:‘施于中谷’,谓迤延也。”易种,指生命繁衍。新邑,新迁之都。 ⑪生生:自营其生,见前注。建,立。

【译文】

“唉呀!现在我告诉你们目前的困难,你们对于我所忧虑的事情应当体恤,不要相互疏远。你们应当想到同心同德,团结一致,各自的思想都合于中正之道。如果有人不善良,不走正道,猖狂违法,不恭不敬,欺诈奸邪,为非作歹,那么,我就要把他们杀掉,斩草除根,不使他们在新都里繁衍后代!

“去吧!好好地营生,现在我就要把你们迁徙过去,建立你们永久的家园。”

盘 庚 下

盘庚既迁，奠厥攸居，乃正厥位[①]，绥爰有众[②]，曰："无戏怠，懋建大命[③]。今予其敷心腹肾肠[④]，历告尔百姓于朕志[⑤]。罔罪尔众，尔无共怒，协比谗言予一人[⑥]。

【注释】

①奠，定。攸，所。乃，就、于是。正，辨正。《孔传》："定其所居，正郊庙朝社之位。"郑玄注："徙主于民，故先定其里宅所处，次乃正宗庙朝廷之位。" ②绥，告。爰，于。 ③戏，谑。怠，懈。懋，勉力。大命，天命，这里指迁徙重建国都之事。 ④敷，布。心腹肾肠，曾运乾《尚书正读》谓："心腹肾肠四字连用，如《益稷》'股肱耳目'之比。" ⑤历，数。历告，尽情相告。百姓，即百官。⑥协，合。比，同。谗言，指谤语之类。

【译文】

盘庚迁到新都以后，安顿好臣民的居住地，勘定好宗庙宫室的方位，然后告谕大家说："不要戏谑懈怠，努力完成重建家园的天命！现在我要向所有你们这些亲近的心腹大臣，把我的志向全部告诉你们。我不会惩罚你们，你们也不要一齐发怒，联合起来毁谤我。

"古我先王[①]，将多于前功[②]，适于山[③]，用降我凶德嘉绩于朕邦[④]，今我民用荡析离居[⑤]，罔有定极[⑥]。

"尔谓朕曷震动万民以迁，肆上帝将复我高祖之德[⑦]，乱越我家[⑧]。朕及笃敬[⑨]，恭承民命[⑩]，用永地于新邑。

"肆予冲人[⑪]，非废厥谋[⑫]，吊由灵各[⑬]。非敢违卜，用宏兹贲[⑭]。

【注释】

①先王，这里指成汤。 ②将，《尔雅·释诂》："大也。"多，读侈，亦大也。

前功，前人的功劳，犹言功将侈于前也。　③适，往。适于山，迁往山地。④用，因此。曾运乾《尚书正读》认为“我凶德”三字为衍文，下文“罔有定极”句下又误夺“用降我凶德”五字。此处衍、夺当为错简所致。联系上下文看，曾说有一定的道理，可备一说。嘉，美。　⑤用，已。荡析，离散。荡析离居泛指商人在旧居所处的困难境地。　⑥罔有定极，曾运乾以为在此句后当增补“用降我凶德”五字。极，止、至。　⑦肆，今。高祖，指成汤。　⑧乱，治。越，于。⑨及，犹汲汲也，急迫。杨筠如云：“及与宜通。”亦通。笃，厚。笃敬，谓敦厚恭敬地对待天命。　⑩恭，奉。民命，即天命。　⑪肆，今。冲人，年幼的人。孙星衍疏：“《后汉书·冲帝纪》引《谥法》曰：‘幼少在位曰冲。’”一说假冲为童。予冲人，应是商王的自谦。　⑫厥，其，代指大家。谋，意见。　⑬吊，古淑字，淑，善。借喻迁都之事。灵各，即灵格，负责占卜的人。在商代神权力量强大，祭祀、占卜官员十分显赫，因为他们可以直接接受上帝的旨意，对商王传达上帝的命令，沟通天人关系，故称灵格。灵，谥法：极知鬼事曰灵。格，格知天命。吊由灵各，是说迁都的事最终还是遵循上帝的旨意（通过占卜），非我个人的专断。⑭宏，宏大。兹，这。贲（fén 坟），殷周时代的大宝龟名，即陈龟也，供决定重大事件的占卜之用。《尔雅·释鱼》：“龟，三足贲。”据《盘庚》上篇，群臣以卜兆为理由反对迁都，当时盘庚反驳说：“不能胥匡以生，卜稽曰其如台！”而这里又说：“非敢违卜，用宏兹贲。”看上去前后矛盾，实际上事关迁都大计，至少占卜两次，第一次占卜，迁不利；第二次改用大宝龟（陈龟）占卜，则利迁。所以盘庚对占卜的态度发生了变化，以此作为迁都的理由，可见当时王权对神权还是有限制的。

【译文】

“从前我的先王，功劳大大超过前人，曾经迁往山地，免去了灾难。因此上帝嘉美我们国家，使我们成就了伟大功业。现在我们的民众流离失所，不能安居乐业。

“你们责问我‘为什么要以迁都来惊动广大民众？’现在上帝将要恢复我高祖的德政，治理我们的国家。我急切又敦厚恭敬地奉守天命，以使大家长久地生活在新都。

“现在，年轻的我，不是废弃你们的意见，迁都这件善事最终还是通过了贞人再次占卜后，遵循上帝旨意决定的，我不敢违背占卜，这是为了遵循、光大大宝神龟的卜兆。

“呜呼！邦伯、师长、百执事之人①，尚皆隐哉②，予其懋简相尔③，念敬我众④。朕不肩好货⑤，敢恭生生⑥，鞠人谋人之保居⑦，叙钦[8]。今我既羞告尔于朕志若否[9],罔有弗钦[10]。无总于货宝[11],生生自庸[12],式敷民德[13],永肩一心。[14]”

【注释】

①邦伯,方伯,指归附于商王朝的四方诸侯。师,众。师长,指众贵戚大臣。百执事,负责治事的百官。 ②隐,度,计度、考虑的意思。 ③懋,勉。简,阅。相,视。简相,含有考察检查的意思。 ④众,众人,泛指臣民。 ⑤肩,《尔雅·释诂》“胜也。”谓任用。好货,敛财的意思。 ⑥敢,能。恭,举用。与上文“不肩”对言。 ⑦鞠,养。保,安。 ⑧叙钦,此有铨叙之意。 ⑨羞,与猷同。羞告尔,即给你们提供谋略。志,心愿。若,善。否,否定词。若否,正确与否。 ⑩钦,敬、矜。 ⑪总,聚束也。 ⑫庸,功事。杨筠如《尚书覈诂》:“庸,疑当读为封,……《楚语》‘是聚民利以自封也,……’韦注:‘封,厚也。’”可备一说。 ⑬式,用。敷,施。德,德教。 ⑭肩,克、能够。一心,不贰其志。

【译文】

“啊!各位方国诸侯,各位大臣,各位官员,希望你们都能认真考虑。我将要考察你们,看看你们能否照顾、尊重民众。我不会任用好货敛财的人,而会任用为民众谋生活的人,凡能养育民众,谋划着使民众安居的人,我将根据功绩的大小敬重提升他们。现在不管我的谋略是否正确,我已把计划提供给你们,希望你们尊重这些计划。不要聚敛财宝,要为民众谋求生活幸福建立功业,以此广泛施德政于民众,永远团结一心。”

说 命 上

【题解】

《说命》属梅赜《古文尚书》，今文无此篇，《书序》说："高宗梦得说，使百工营求诸野，得诸傅岩，作《说命》三篇。"《史记·殷本纪》："帝武丁即位，思复兴殷，而未得其佐。三年不言，政事决定于冢宰，以观国风。武丁夜梦得圣人，名曰说。以梦所见视群臣百吏，皆非也。于是乃使百工营求之野，得说于傅险中。是时说为胥靡，筑于傅险。见于武丁，武丁曰是也。得而与之语，果圣人，举以为相，殷国大治。故遂以傅险姓之，号曰傅说。"《说命》是武丁任傅说为相的命辞，同时也记述了傅说对武丁的进言，要求武丁遵循奉行天道、借鉴旧法、任贤为官的为君之道。

王宅忧①，亮阴三祀②。既免丧，其惟弗言③。群臣咸谏于王曰："呜呼！知之曰明哲，明哲实作则④。天子惟君万邦⑤，百官承式⑥，王言惟作命，不言，臣下罔攸禀令⑦。"

王庸作书以诰曰⑧："以台正于四方⑨，台恐德弗类，兹故弗言⑩。恭默思道，梦帝赉予良弼，其代予言⑪。"乃审厥象，俾以形旁求于天下⑫。说筑傅岩之野⑬，惟肖⑭。爰立作相⑮，王置诸其左右⑯。

【注释】

①王，即商王武丁。宅，居。宅忧，居忧，即居父母之丧。《史记·殷本纪》："帝小乙崩，子帝武丁立。"武丁居忧，后人以为是为小乙守丧之礼。商代是否有居丧之礼，暂存疑。　②亮阴，参见《无逸》篇注。这里当指三年不理朝政。三祀，即三年。　③免丧，按周代制度，父死子守孝三年，期满免除守孝之礼，称为免丧。其，人称代词，指武丁。弗言，不讲话，实际上是指不亲理朝政。《孔传》："除丧犹不言政。"　④明哲，明智。则，法则。《孔传》："知事则为明智，明智则能制作法则。"　⑤君，统治。万邦，天下四方。　⑥承，遵奉。式，法令。

⑦命，命令。攸，所。禀，禀受。令，《孔传》："令亦命也。" ⑧庸，用。⑨台（yí 怡），代词，我，武丁自称。正，表正。以台正于四方，蔡沈《书集解》："言以我表正四方，任大责重。" ⑩类，《孔传》："类，善也。" ⑪恭，敬。默，幽静。道，这里指治理天下的方法。赉，赐予。良弼，贤辅。 ⑫审，详。象，形象。俾，使。旁求，广求、四处寻求。蔡沈："求之非一方也。" ⑬说，人名，即傅说。筑，捣土使之坚实。《孟子·告子下》："舜发于畎亩之中，傅说举于版筑之间。"版筑，古代建筑城墙的一种办法，用两版相夹固定，中间堆放泥土，用杵夯实。傅岩之野，《孔传》："傅氏之岩在虞虢之界，通道所经。有涧水坏道，常使胥靡刑人筑护此道，说贤而隐，代胥靡筑之，以供食。"《史记》岩作险。今地在山西平陆与河南陕县之间。《史记·殷本纪·正义》："《地理志》云：'傅险即傅说版筑之处，所隐之处窟名圣人窟，在今陕州河北县北七里，即虞国虢国之界。又有傅说祠。'《水经注》云：沙涧水北出虞山，东南经傅岩，历傅说隐室前，俗名圣人窟。" ⑭肖，《孔传》："似，似所梦之形。" ⑮爰，于是。立，推举。 ⑯诸，之于。蔡沈《书集传》："置诸左右，以冢宰兼师保也。"

【译文】

殷高宗武丁为父小乙守丧，三年不理朝政。到守丧期满，仍然没有亲政。众大臣都向殷王武丁进谏说："啊！通晓事理称之为明智，明智则能制定法则。天子统治天下四方，百官遵奉法令。君王的话就是命令，君王不说话，臣下就无所从命了。"

殷王武丁因此作书告诉臣下说："以我作为天下的表率，恐怕我的德行够不上善，所以我不讲话，恭敬地默默思考统治天下的方法。梦见上帝赐予我贤良辅臣，他将代替我说话。"于是详细刻画了贤辅的形象，派人按照刻画的形象到全国广为寻找。傅说在傅岩之野建筑城墙，非常像武丁的梦中贤辅。于是推举他做了宰相，殷王武丁把他安置在自己身边。

命之曰[①]："朝夕纳诲[②]，以辅台德[③]！若金，用汝作砺[④]；若济巨川，用汝作舟楫[⑤]；若岁大旱，用汝作霖雨[⑥]。启乃心[⑦]，沃朕心[⑧]。若药弗瞑眩，厥疾弗瘳[⑨]；若跣弗视地，厥足用伤[⑩]。惟暨乃僚，罔不同心以匡乃辟[⑪]，俾率先王[⑫]，迪我高后[⑬]，以康兆民[⑭]。

"呜呼！钦予时命[⑮]，其惟有终[⑯]！"

说复于王曰[⑰]："惟木从绳则正，后从谏则圣[⑱]。后克圣，臣不命其承[⑲]，畴敢不祗若王之休命[⑳]？"

【注释】

①命之曰,蔡沈:"《说命》,记高宗命傅说之言,'命之曰'以下是也,犹《蔡仲之命》、《微子之命》。后世命官判词,其原盖出于此。" ②纳诲,进谏教诲之言。朝夕纳诲,蔡沈:"无时不进善言也。" ③台,我,武丁自称。 ④若,比如、好像。金,这里的金当是铜,商代还没有人工冶铁,而大量铸造青铜器。《孔传》以为铁,不确。砺,磨石。《孔传》:"铁须砺以成利器。"铁当为铜。 ⑤济,渡过。舟楫,船和桨。 ⑥霖雨,《孔传》:"霖,三日雨,霖以救旱。"《左传·隐公九年》曰:"凡雨自三日以往为霖。"霖是指很多天不停的雨。 ⑦启,开、敞开。乃,你的,指傅说。 ⑧沃,蔡沈:"灌溉也。" ⑨瞑(miàn 面)眩(xuàn 绚),眼睛昏花。瘳,病愈。《孔传》:"如服药,必瞑眩极,其病乃除。"《孔疏》:"瞑眩者,令人愤闷之意也。《方言》云:'凡饮药而毒,东齐海岱间或谓之瞑,或谓之眩。'……然则药之攻病,先使人瞑眩愤乱,病乃得瘳。" ⑩跣(xiǎn 险),赤脚。⑪暨,与、和。乃,你的。僚,下属官吏。匡,正。辟,君王。 ⑫俾,使。率,循。先王,指武丁以前的商代贤王。 ⑬迪,道,这里有蹈、沿着……之道的意思。高后,指成汤。商人称成汤为高后。 ⑭康,安。兆民,泛指天下万民。 ⑮钦,敬。时,是、这,代词。命,指上述的命令、命辞。 ⑯其,表示希望的语气助词。终,成、成就。《孔传》:"修其职,使有终。" ⑰说,傅说。复,答复。 ⑱绳,指木工下料所用的墨线。正,真。后,君王。圣,圣明。《孔传》:"言木以绳直,君以谏明。" ⑲克,能。命,命令、命辞。承,奉。《孔传》:"君能受谏,则臣不待命,其承意而谏之。" ⑳畴,谁。祇,恭敬。若,顺。休,美。蔡沈《书集传》:"君果从谏,臣虽不命,犹且承之,况命之如此,谁敢不敬顺其美乎?"

【译文】

武丁命令傅说说:"早晚进言教诲,辅助我行德政!就像是铜,用你作磨石;就像渡大河,用你作船和桨;就像大旱之年,用你作甘霖。敞开你的心扉,灌溉我的心田!如果吃了药不感到头昏眼花,这病就可能治不好;如果赤脚走路不看路面,这脚就会受伤。与你的下属官员一起,无不同心同德匡正你君王的错误,使君王遵循先王教导,沿着我高祖成汤走过的道路,安定亿万民众。

"啊!恭奉我所下的命令,希望能有所成就!"

傅说回答殷王武丁说:"木料用墨线拉过就能正直,君王采纳劝谏就是圣明。君王能够圣明,臣下不用君王下命令就承其意而进谏,谁胆敢不恭敬地顺从君王正确的教命呢?"

说　命　中

惟说命总百官[①]，乃进于王曰[②]："呜呼！明王奉若天道[③]，建邦设都[④]，树后王君公[⑤]，承以大夫师长[⑥]，不惟逸豫[⑦]，惟以乱民[⑧]。惟天聪明，惟圣时宪[⑨]，惟臣钦若，惟民从乂[⑩]。惟口起羞[⑪]，惟甲胄起戎[⑫]，惟衣裳在笥[⑬]，惟干戈省厥躬[⑭]，王惟戒兹[⑮]！允兹克明，乃罔不休[⑯]。

【注释】

①说，傅说。命，受命。总，总领、统管。总百官，《孔传》："在冢宰之任。"　②进，进言、进谏。王，商王武丁。　③明，明智。奉，奉承。若，顺。天道，天之大道。　④建邦设都，建立国家、设立都城。　⑤树，立。后王，指天子。君公，指诸侯。　⑥承，佐。周秉钧《白话尚书》引《左传·哀公十五年》注："承，佐也。"今从之。大夫，卿大夫。师，众。师长，众官员。《孔疏》："《周礼》立官多以师为名。师者，众所法，亦是长之义也。大夫已下分职不同，每官各有其长，故以师长言之。"　⑦惟，思。逸豫，安逸享乐。　⑧乱，治理。　⑨圣，指君王，即武丁。时，是，代词。宪，法、效法。　⑩钦，敬。若，顺。从，服从、顺从。乂，治。　⑪口，言语政令之所出，《孔疏》："言王者法天施化，其举止不可不慎，惟口出令，不善以起羞辱。"蔡沈《书集传》进一步说："言语，所以文身也，轻出则有起羞之患。"本句意为王要言语谨慎，不可随意号令天下。　⑫甲胄，铠甲头盔。戎，兵戎，代指用兵打仗。蔡沈："甲胄，所以卫身也，轻动则有起戎之忧。"意为不可轻意动用武力。　⑬衣裳，这里指官服，代指任用、奖赐官员。笥（sì 嗣），箧笥，装衣裳用的方形竹器。惟衣裳在笥，《孔疏》："不可加非其人，观其能足称职，然后赐之。"蔡沈："衣裳所命有德，必谨于在笥者，戒其有所轻予。"⑭干，盾牌。戈，古代进攻性兵器。省，察看。躬，身、自身。蔡沈："干戈，所以讨有罪，必严于省躬者，戒其有所轻动。"　⑮兹，此、这。指上面说的口、甲胄、衣裳、干戈四个方面。　⑯允，信。克，能。乃，则。休，美。

【译文】

傅说受命总领百官,于是进言商王武丁说:"啊!明智的君王承顺天道,建立国家,设立都城,立天子封诸侯,又佐以大夫师长,不想安逸享乐,只想着治理民众。只有上帝聪明,圣贤的君王以此效法,臣下敬顺,民众服从统治。不可轻出号令,因为言语不慎会引来麻烦;不可轻易动武,否则会招致战乱;官服放在竹箱里,不可轻易授人,否则会有人不称职;干戈是讨伐有罪的兵器,使用时自己要察看清楚。君王在上述四个方面要戒备啊,确信这些话就能明智,也就没有什么不好的了。

"惟治乱在庶官①。官不及私昵,惟其能②;爵罔及恶德,惟其贤③。虑善以动,动惟厥时④。有其善,丧厥善⑤;矜其能,丧厥功⑥,惟事事⑦,乃其有备,有备无患。无启宠纳侮⑧,无耻过作非⑨。惟厥攸居,政事惟醇⑩。

"黩于祭祀⑪,时谓弗钦⑫。礼烦则乱,事神则难⑬。"

【注释】

①治,治理。乱,混乱。庶,众。《孔传》:"言所官得人则治,失人则乱。"蔡沈《书集传》:"庶官,治乱之原也,庶官得其人则治,不得其人则乱。" ②及,加入、涉入。昵,亲近。能,蔡沈:"官以任事,故曰能。"《孔疏》:"《王制》云:论定然后官之,任官然后爵之。" ③爵,爵位、爵禄。《孔疏》:"治其事谓之官,受其位谓之爵,官爵一也。"《礼记·王制》:"王者制禄爵,公侯伯子男凡五等。"蔡沈:"按古者公、侯、伯、子、男,爵之于侯国;公卿、大夫、士,爵之于朝廷。此言庶官,则为公、卿、大夫、士也。"然而,实际上五等爵制起源较晚,商代没有。恶,凶。贤,蔡沈:"爵以命德,故曰贤。""惟贤惟能,所以治也;私昵恶德,所以乱也。" ④虑,考虑。善,蔡沈:"当于理也。"时,蔡沈:"措之宜也。"即时机。虑善以动,动惟厥时,《孔传》:"非善非时不可动。" ⑤有,自有。《孔疏》:"自有其善,则人不以为善,故实善而丧其善。" ⑥矜,自夸。《孔疏》:"自夸其能,则人不以为能,故实能而丧其能。" ⑦惟事事,《孔传》:"非一事。"即任何一件事。又蔡沈《书集传》:"惟事其事。"即从事某事的意思。 ⑧无,通毋。启,开。宠,宠幸。纳,受。《孔传》:"开宠非其人则纳侮之道。"《孔疏》:"小人得宠则慢,若宠小人则必恃宠慢主。" ⑨耻过,以过错为耻辱。《孔传》:"耻过误而文之,遂成大非。"蔡沈:"过误出于偶然,作非出于有意。" ⑩攸,所。居,居行,行为举止。醇,纯粹、不杂。《孔传》:"其所居行,皆如所言,则王之政事醇粹。" ⑪黩,轻慢、亵渎。《孔传》:"祭不欲数,数则黩,黩则不敬。" ⑫时,是。钦,敬。 ⑬礼烦

则乱,事神则难,蔡沈:"礼不欲烦,烦则扰乱,皆非所以交鬼神之道也。商俗尚鬼,高宗或未能脱于流俗,事神之礼,必有过焉。"现今发现的甲骨总数达十几万片,其中很大一部分属于商王武丁时期的祭祀用品,涉及各个方面,可证武丁时祭祀鬼神频繁。

【译文】

国家得到治理或造成混乱,在于百官。官职不要授给自己亲近的人,要考虑他的能力;爵位不要赐给德行丑恶的人,要考虑他是否贤明。考虑完善再采取行动,采取行动要选好时机。自以为自己好,虽然实际也如此,但别人不认可,等于丧失了善德;自己夸耀自己的能干,虽然实际也如此,但别人不认可,等于丧失了功绩。做任何一件事情,应当有准备,有备才能无患。不要因开放宠幸的大门而受到小人侮慢,不要为过失感到耻辱而文过饰非,造成大错。如果行为举止如上面说的那样,王的政事就很完善。

轻慢祭祀,这就叫不敬。礼仪烦琐就会混乱,侍奉鬼神就十分困难。

王曰:"旨哉①,说!乃言惟服②。乃不良于言,予罔闻于行③。"

说拜稽首,曰:"非知之艰,行之惟艰④。王忱不艰⑤,允协于先王成德⑥;惟说不言,有厥咎⑦。"

【注释】

①旨,美。 ②乃言,你说的话。服,行。《孔传》:"美其所言,皆可服行。" ③良,善。闻,听。《孔传》:"汝若不善于所言,则我无闻于所行之事。"蔡沈:"使汝不善于言,则我无所闻而行之也。"又周秉钧《白话尚书》以为:"'闻于行'与'良于言'相对,闻当训为勉。闻于行是勉力于行。"可备一说。 ④行,身体力行。《孔传》:"言知之易,行之难,以勉高宗。" ⑤忱,诚、信。 ⑥允,的确。协,合。成,盛。 ⑦咎,罪、过。《孔传》:"王能行善而说不言,则有咎罪。"

【译文】

王说:"说得多好啊,傅说!你的话都很有用。你如果不善于进言,我就不能听到并付诸行动了。"

傅说行跪拜叩头之礼,说:"不是弄清这些道理困难,而是行动起来困难。王诚心则不困难,的确是符合先王的盛德。如果我傅说不进言,就有罪过了。"

说 命 下

王曰:“来,汝说!台小子旧学于甘盘[①],既乃遁于荒野[②],入宅于河[③],自河徂亳[④],暨厥终罔显[⑤]。尔惟训于朕志[⑥],若作酒醴[⑦],尔惟麴糵[⑧];若作和羹[⑨],尔惟盐梅[⑩]。尔交修予[⑪],罔予弃[⑫];予惟克迈乃训[⑬]。”

【注释】

①台,我。台小子,即予小子,商王武丁自称。旧,指过去、以前。学,《孔传》:“学先王之道。”甘盘,商代贤臣。　②遁,退、躲避。　③宅,居。河,古代文献中河一般指黄河。商代都城殷,即今安阳,位于洹水边,距古代黄河亦不太远。《孔疏》:“河是水名。水不可居,而云入宅于河,知在河之洲也。”“初遁田野,后入河洲,言其徙居无常也。”据《无逸》篇记载,武丁“旧劳于外,爰暨小人”,故知稼穑之艰,民之艰苦。　④徂,往。亳,商代都城常常称亳。《史记·殷本纪》:“帝庚丁崩,子帝武乙立。殷复去亳,徙河北。”自河徂亳,蔡沈《书集传》:“《国语》亦谓武丁入于河,自河徂亳。”　⑤暨,至、到。《国语·周语中》:“上求不暨,是其外利也。”韦昭注:“暨,至也。”终,始终、一直。显,明显,《孔传》:“遂无显明之德。”　⑥训,《孔传》以为教,周秉钧《白话尚书》释为顺。《广雅·释诂》:“训,顺也。”可备一说。朕志,我的志向。志,蔡沈:“心之所之谓之志。”　⑦若,就像、如同。醴,甜酒。　⑧麴糵(niè 聂),酿酒时所用的发酵物,主要用大麦、大豆、麸皮等与霉菌制成。　⑨和,调和。和羹,调和了各种味道的汤。　⑩梅,醋。《孔传》:“羹须咸醋以和之。”　⑪交,《孔传》:“交,非一之义。”有多方面的意思。修,治。尔交修予:蔡沈《书集传》引范氏曰:“臣之于君,当以柔济刚,……左右规正以成其德,故曰‘尔交修予’。”大意是你要多方面教导我。⑫罔予弃:倒装句,即罔弃予。　⑬克,能。迈,《尔雅·释诂》:“行也。”乃,你的。训,教。

【译文】

商王武丁说："来啊，傅说！我过去曾向甘盘学习，不久就躲避到荒郊野外，入居黄河边，又从黄河边前往亳邑，以至始终没有显著的进步。你教导我立志，就像制作甜酒，你就是发酵用的酒曲；就像调制美味的汤，你就是盐和醋。你多次指教我，不抛弃我；我定能按你教导的去做。"

说曰："王！人求多闻，时惟建事①。学于古训乃有获②；事不师古，以克永世，匪说攸闻③。惟学逊志④，务时敏⑤，厥修乃来⑥。允怀于兹⑦，道积于厥躬⑧。惟敩学半⑨，念终始典于学⑩，厥德修罔觉⑪。监于先王成宪⑫，其永无愆⑬。惟说式克钦承⑭，旁招俊乂⑮，列于庶位⑯。"

【注释】

①时，是、这。人求多闻，时惟建事，《孔传》："王者求多闻以立事。" ②古训，蔡沈《书集传》："古训者，古先圣王之训，载修身治天下之道，二典三谟之类是也。"乃，才。 ③师，法，效法。古，古训。克，能。永，长。永世，即长久。匪，非。攸，所。 ④逊，《孔传》释为顺，非也。蔡沈："逊，谦抑也。"即谦逊。今从蔡说。逊志，谦逊其志。 ⑤敏，敏疾、努力。蔡沈："务，专力也。时敏，无时而不敏也。" ⑥厥修乃来，蔡沈："虚以受人，勤以励己，则其所修，如泉始达，源源乎其来矣。" ⑦允，信。怀，念。兹，此，指示代词。 ⑧躬，自身。⑨敩（xiào 孝），教。惟敩学半，《孔传》："教然后知所困，是学之半。"《孔疏》："言其功半于学也。" ⑩典，常。念终始典于学，《孔疏》："学之法，念终念始常在于学。"蔡沈："始之自学，学也；终之教人，亦学也。一念终始，在在于学，无少间断。" ⑪罔觉，不知不觉。蔡沈："则德之所修，有不知其然而然者矣。"⑫监，视，这里引伸为借鉴。宪，法。成宪，现成的法。 ⑬愆（qiān 迁），过。⑭式，用，因此。克，能。钦，敬。承，承奉。 ⑮旁，广、普遍。俊乂，才能超群的人。 ⑯庶，众。位，职位、官位。

【译文】

傅说说："君王！人人都要求博闻广识，这是想有所作为。学习古代贤人的教导才有收获；做事不效法古代贤人，而能长治久安，傅说我没有听说过。只有学习，使心志谦逊，专心且时刻努力，才能具备一定学识。诚信记住这些，道就会在自己身上积累下来。教是学习的一半，学习在于自始至终念念不忘，这样自己德的修养就会在不知不觉中得到提高。借鉴先王的成法，将永远没有过失。傅说我因此能够恭敬承奉王的旨意，广招杰出的贤才把他们安排在各个职位上。

王曰:“呜呼,说!四海之内咸仰朕德[①],时乃风[②]。股肱惟人,良臣惟圣[③]。昔先正保衡作我先王[④],乃曰:‘予弗克俾厥后惟尧舜,其心愧耻,若挞于市[⑤]。’一夫不获[⑥],则曰:‘时予之辜[⑦]。’佑我烈祖[⑧],格于皇天[⑨]。尔尚明保予[⑩],罔俾阿衡专美有商[⑪]。惟后非贤不乂,惟贤非后不食[⑫]。其尔克绍乃辟于先王,永绥民[⑬]。”

说拜稽首,曰:“敢对扬天子之休命[⑭]!”

【注释】

①四海之内,泛指天下四方。咸,皆、都。仰,敬仰、仰望。朕,我。 ②时,是。乃,你的。风,《孔传》:“风,教也。” ③股肱,大腿和上臂,代指足、手。《孔传》:“手足具乃成人,有良臣乃成圣。” ④正,《孔疏》引《尔雅·释诂》谓:“长。”先正,蔡沈:“先世长官之臣。”保衡,《孔疏》:“保衡、阿衡俱伊尹也。《君奭》《传》曰:‘伊尹为保衡。’言天下所取安所取平也。”作,兴、起。克,能。 ⑤俾,使。后,君王,指成汤。惟,如。挞,鞭挞、鞭打。市,都城中的商品交易中心,如集市。 ⑥不获,蔡沈:“不获,不得其所也。” ⑦时,是。辜,罪。 ⑧佑,辅助。烈祖,成就功业的先祖,这里当指成汤。 ⑨格,致。皇,大。格于皇天,指功绩致于上帝。又周秉钧《白话尚书》:“格,通‘假’。嘉许,赞美。”可备一说。 ⑩尚,庶几。明,勉力、努力。保,扶持、辅助。 ⑪阿衡,即伊尹。专,专一。这里含有单单只有、唯独的意思。 ⑫贤,贤臣。乂,治。食,食禄,引申为用、任用。蔡沈:“君非贤臣,不与共治;贤非其君,不与共食。言君臣相遇之难如此。” ⑬绍,继。辟,君王,指武丁。绥,安。 ⑭敢,蔡沈《书集传》:“自信、无慊之辞。”对,《孔传》:“答也。”扬,称扬、显扬。休,美。

【译文】

王说:“啊,傅说!天下四方都仰慕我的德行,这是你教导的结果。手足完备才是正常的人,拥有良臣才算是圣君。从前先王总领百官的保衡伊尹使我先王兴起,他却说:‘我不能使自己的君王像尧舜那样,心中惭愧羞耻,就像在集市上挨鞭打。’如果有一个人没有得到安置,就说:‘这是我的罪过。他辅佐我们成就功业的祖先成汤,功名升至皇天那里。希望你努力辅佐我,不要只使阿衡一个人留美名于商朝。君王没有贤臣,天下得不到治理,贤臣没有君王,得不到任用以获得食禄。你要能够让你的君王继续先王的事业,长久安定人民。”

傅说行跪拜叩头大礼,说:“我冒昧地对答这些话,为的正是显扬天子您美好的教命。”

高宗肜日

【题解】

高宗，即商王武丁，帝小乙子，在位五十多年，是商代“名王”，对外开拓疆域，对内革新政治，使商王朝达到强盛。

《史记·殷本纪》云：“帝武丁崩，子帝祖庚立。祖己嘉武丁之以祥雉为德，立其庙为高宗，遂作《高宗肜日》及《训》。”是本篇作于商王祖庚时。《书序》则云：“高宗祭成汤，有飞雉升鼎耳而雊，祖己训诸王，作《高宗肜日》、《高宗之训》。”是作于武丁在世之时。按，以上二说皆不可信。甲骨文中关于肜（róng 融）祭记载很多。肜祭是商代的重要祭祀（参见常玉芝《商代周祭制度》，中国科学出版社 1987 年版），肜日之上的人名是殷人被祭的祖先，非主祭之人。据此可见，高宗肜日是后人祭武丁。《高宗肜日》应是后人记述祖庚肜祭武丁时，祖己戒王的记录。

高宗肜日①，越有雊雉②。祖己曰：“惟先格王，正厥事③。”乃训于王，曰：“惟天监下民④，典厥义⑤。降年有永有不永，非天夭民，民中绝命⑥。民有不若德，不听罪⑦，天既孚命正厥德⑧，乃曰：‘其如台⑨。’呜呼！王司敬民⑩，罔非天胤⑪，典祀无丰于昵⑫。”

【注释】

①高宗，即武丁，殷商第二十三代王。肜日，商代一种重要的祭祀。肜，甲骨文作“彡”或“彤”。　②越，同粤，语词。雊，《史记》作呴。《说文》云：“雊，雄雉鸣也。雷始动，雉乃鸣而雊其颈。”《论衡·指瑞篇》引《尚书大传》云：“有雉升鼎耳而鸣。”雉，野鸡类。　③祖己曰，《史记》云：“祖己告王。”孙星衍疏：“祖己将训王，先告其朋僚。”但联系上下文，祖己训导的对象是新继位的祖庚。祖己，武丁贤臣。杨筠如则谓：“祖己，盖即武丁之子孝己也。”“此时高宗已卒，孝己盖已被召还在朝矣。”可备一说。格，杨筠如谓：“格，又作假，假与嘉通。又作绥，绥，告也。”故格亦通告。正，端正。事，指祭礼。　④训，通教。王，武丁。天，上天，

上帝。监,视,有考察的意思。 ⑤典,主。义,《淮南子·齐俗训》云:"义者,循理而行宜也。"典厥义,大意是考察他是否遵循道理行事。 ⑥降,下也。年,年命。永,长。夭,《释名》:"少壮而死曰夭,如取物中夭折也。"中绝,中道绝其命。孙星衍疏案:"殷自阳甲已来,兄弟相及,皆不永年。《竹书纪年》:阳甲四年,小辛三年,小乙十年,惟盘庚二十八年,则此云降年有永有不永者,似指兄弟相及。" ⑦若,顺。听,从。 ⑧孚,曾运乾说:"孚读为罚,《礼·投壶》:'毋怃毋敖……若是者浮。'注:浮,罚也。是孚罚声近义通之证。"又一说《史记·殷本纪》孚字为付,付,与也。亦通。正厥德,正德以顺天。 ⑨台,何。如台,如何、奈何。 ⑩司,《史记》作嗣,孙星衍疏云:"王司者,言王嗣位也。"敬民,盖指不要过分压迫民众。 ⑪胤,继、后代。天胤,天的后代,泛指商王统治下的民众。⑫典,常。丰,厚。昵,马融曰:"昵,考也。谓祢庙也。"读为祢,昵、祢音近可通。典祀无丰于昵,曾运乾《尚书正读》说:"王肃曰:高宗丰于昵,故有雊雉升远祖成汤庙鼎之异。《穀梁·文二年传》注云:'高宗殷之贤主,犹祭丰于祢,以致雊雉之变。'"又杨筠如《尚书覈诂》:"此因祖庚祭高宗之庙,故祖己以无废先祖之祀讽之耳。"备以参考。

【译文】

肜祭高宗武丁的时候,有野鸡在鼎耳上鸣叫。祖己说:"要首先告诫王,端正祭礼活动。"于是教导商王祖庚说:"上帝考察下民,主要看他是否遵循义理。上帝赐予人的寿命有短有长,不是上帝使人夭折,而是有人自己招致中途绝命。如果有人不遵循义理,又不服罪,上帝已经下命令惩罚,以端正他们的德行,他们竟然说:'天能把我怎么样?'唉呀!王,您继承王位后要敬重民众,因为他们无不都是上帝的后代,祭祀时,在自己的父庙中,祭品不要过分丰盛。"

高宗之训

【题解】

本篇与《高宗肜日》共序，可能是祖庚肜祭武丁时，祖己训导祖庚的训辞。正文已无。

西伯戡黎

【题解】

西伯，即周文王姬昌。《史记·殷本纪》云："纣……赐弓矢斧钺，使得征伐，为西伯。"戡黎，征伐黎国。《史记·周本纪》载："明年，伐犬戎。明年，伐密须。明年，败耆国。殷之祖伊闻之，惧，以告帝纣。纣曰：'不有天命乎？是何能为？'"败耆国，指的就是戡黎之事。耆，《正义》云："即黎国。"《书序》："殷始咎周，周人乘黎。祖伊恐，奔告于受，作《西伯戡黎》。"《书序》之言不确。从通篇语气看，《西伯戡黎》应为后人之追述。

西伯既戡黎，祖伊恐，奔告于王①。曰："天子，天既讫我殷命②。格人元龟，罔敢知吉③。非先王不相我后人，惟王淫戏用自绝④，故天弃我，不有康食⑤。不虞天性⑥，不迪率典⑦。今我民罔弗欲丧，曰：'天曷不降威！'大命不挚，今王其如台⑧？"

王曰："呜呼！我生不有命在天。"

祖伊反⑨，曰："呜呼！乃罪多参在上，乃能责命于天⑩。殷之即丧，指乃功⑪，不无戮于尔邦⑫。"

【注释】

①西伯，即周之王姬昌。周，方国名，原附属于商，其地在今陕西周原，位于商王朝的西边，故为西伯。在岐山出土的西周甲骨文中就有"𠕋周方白"之记载（见H11.28、H11.84）。《史记·周本纪》："公季卒，子昌立，是为西伯。西伯曰文王。"戡，《说文》作"𢦏"，云："杀也。"商纣王赦西伯，赐之弓矢斧钺，使西伯得征伐也。黎，《说文》作"𪏰"，云："殷诸侯国，在上党东北。"《汉书·地理志》上党郡壶关注："应劭曰：'黎侯国也，今黎亭是。'黎亭，今在山西长治县西南，距纣都在千里之内，故云入析内也。"《周本纪》："败耆国。"《集解》徐广曰："一作'阢'。"《殷

本纪》曰:“及西伯伐饥国,灭之。”一说黎在骊山下,此于“祖伊恐”不协,此说不可从。关于戡黎的时间,《周本纪》:“诸侯闻之,曰:‘西伯盖受命之君。’明年,伐犬戎。明年,伐密须。明年,败耆国。……明年,伐邘。明年,伐崇侯虎……明年,西伯崩。”是戡黎为文王时事。周原出土的西周甲骨文 H11.42 有“鼍迺□□用牡”,为周文王时的卜辞,则是有关黎国的直接证据。祖伊,《史记·殷本纪》谓祖伊是纣之臣。至于《集解》引孔安国曰:“祖己后,贤臣也。”则非是,因祖并不是姓,在甲骨文中可以证明。　②既,与其古通用。讫,终结。　③格人,商代的贞卜者,能知天地吉凶的神职人员。元龟,大龟,供占卜之用。《论衡·卜筮篇》云:“纣,至恶之君也,当时灾异繁多,七十卜而皆凶。故祖尹曰:‘格人元龟,罔敢知吉。’贤者不举,大龟不兆。”　④相,助。惟,只。淫,游。戏,戏谑。用,因。⑤康,安。不有康食,是说有饥荒。　⑥虞,《尔雅·释言》云:“度也。”不虞,不知。天性,谓天命之性。　⑦迪,由。率,法。典,常。不迪率典,不由法典,即不由旧章的意思。　⑧降威,即降罚。挚,《说文》作“埶”,谓“至也”。又曾运乾说:“《释诂》:‘荐、挚,臻也。’挚可训臻,亦可训再也。大命不再,犹言天命不常也。”　⑨反,反驳、反对。　⑩参,列。上,上天。责,责让。孙星衍疏:“责者,《广雅·释诂》云:‘让,责也。’”“言纣罪众多,森列在天,岂能责让天之降罚乎?”⑪即,就、马上。指,示也,一说是也。功,事。乃,你,指纣王。　⑫戮,杀也。尔邦,指周邦。

【译文】

西伯攻灭了黎国以后,祖伊十分恐惧,赶紧跑去告诉商王纣。说:“天子,上帝恐怕要终绝我们殷国的国命。占卜的贞人和神龟都不知道有吉兆。不是先王之灵不佑助我们这些后人,只是因为王放纵游逸,沉湎于酒色而自绝于先王。所以,上帝抛弃了我们,使我们得不到安宁的生活。王不知道上帝的天性,不遵守法典。现在我们的臣民没有不希望国家灭亡的,他们说:‘上帝为什么不降威惩罚?’天命无常,现在王打算怎么办呢?”

纣王说:“啊呀!我不是有从上帝那儿承受的天命嘛?”

祖伊反驳说:“唉呀!你的过失太多,都罗列于上天,怎么能责备上帝。国家马上就要灭亡,这从你的所作所为就可以看出来了,怎么能不被周邦刑戮呢?”

微　子

【题解】

微子，商末大臣，名启，《史记·宋微子世家》一作开。商王帝乙长子，帝辛（纣王）庶兄，封于微（微的地望有多种说法，应以今山东梁山西北说较确。）而位列子爵，故称“微子”。纣王施政残暴，生活荒淫，微子数谏，纣不听，欲死之，后逃亡。及周武王灭商，微子肉袒自缚，向武王请罪，武王予以厚待。周公平定武庚叛乱，“乃命微子开代殷后，奉其先祀，作《微子之命》以申之，国于宋。微子故能仁贤，乃代武庚，故殷之余民甚戴爱之”（《史记·宋微子世家》）。这里的《微子之命》，在《古文尚书》中有，一般被认为是后人伪作，原篇佚。但今人金德建在《司马迁所见书考》中指出，《宋微子世家》所征引，“原来都应当是古时候《尚书·微子之命》篇中的语句”，因此“现在《尚书》当中的《微子》，实际就是西汉时代司马迁所看见古时候《尚书》里的《微子之命篇》”。此说是否成立，还有待进一步研究。根据《史记·殷本纪》和《宋微子世家》，《微子》作于微子弃纣王而去之时，当时纣王淫乱，微子劝谏不纳，与太师、少师商量，周人大兵压境，商朝危在旦夕，怎么办。太师劝微子离去，以续后祀。故《书序》云：“殷既错天命，微子作诰父师、少师。”这与《微子之命》的制作时间不同。

微子若曰：“父师、少师①，殷其弗或乱正四方②？我祖底遂陈于上③。我用沈酗于酒④，用乱败厥德于下⑤，殷罔不小大⑥，好草窃奸宄⑦，卿士师师非度⑧。凡有辜罪，乃罔恒获⑨，小民方兴，相为敌雠⑩。今殷其沦丧，若涉大水，其无津涯⑪。殷遂丧，越至于今⑫。”

曰：“父师、少师，我其发出狂⑬，吾家耄，逊于荒⑭。今尔无指告予⑮，颠隮⑯，若之何其？”

【注释】

①父师，即太师。时商纣王之叔任太师，封于箕（今山东太谷东北），故名。

纣王杀比干后，他惧祸佯狂为奴，遭纣王囚禁。周武王灭商后，咨以国事，事迹载《洪範》篇。少师，周制为太师之副，与少傅、少保并为“三孤”。《史记·殷本纪》：“殷之太师、少师乃持其祭乐器奔周。” ②其，岂。或，《史记》作“有”。又周秉钧《尚书易解》：“当读为克。”亦通。乱，治。殷其弗或乱正四方，难道殷商不能治理好四方吗？反映出微子对纣王乱政的强烈不满。 ③我祖，马融以为指成汤。厎，致。遂，成。陈，列。上，前、以前。孙星衍疏：“言我祖致成道于上也。” ④我，即我君商纣王。孙星衍疏：“经文言‘我’，不斥言纣者，为尊亲讳。”用，因、由于。沈，王引之曰：“沈之言淫也，沈酗，犹淫酗也。”酗，醉而发怒，俗称发酒疯。⑤乱，淫乱。德，指高祖成汤之德。下，指现在。 ⑥罔不小大，曾运乾说：此句倒装，应作“大小罔不”。大小指群臣及小民。 ⑦草窃，盗贼类。草、钞声近假借，《广雅·释诂》云：“寇，钞也。”《释言》云：“钞，掠也。”奸宄，指做坏事。⑧师师，孙星衍疏：“众官。前一师作众解，后一师指官长。师师即众官长。度，法度。 ⑨辜，罪。恒，常。曾运乾云：“犹《诗·瞻卬》曰‘此宜无罪，女反收之，彼宜有罪，女覆说之’也。” ⑩方，与“旁”同，《说文》：“旁，溥也。”相为敌雠，相互攻夺。 ⑪沦，《史记》作典，皮锡瑞《今文尚书考证》引钱大昕谓：“典读为殄。典丧者，殄丧也。”一说沦作典，形之误，沦，没也，亦通。津，渡口。涯，水边岸地。⑫丧，亡。越至于今，马融曰：“越，于也，于是至矣，于今到矣。” ⑬狂，《史记·宋微子世家》作往。孙星衍疏：“当为廷。《说文》云：‘廷，远行也。’言我当出行远去。”亦通。 ⑭吾家，即我家。甲骨文有“贞，我家旧臣无壱”（《殷虚书契前编》4·15·4）。我家，指我商国，我商王朝。杨树达《卜辞琐记》谓：“知我家、吾家之称，真殷人语也。”《毛公鼎铭》有“命汝辪我邦我家”及“弘我邦我家”二语，皆述周王命辞，甲骨文直至周金文和《尚书》，“我家”就是我邦、我国，与卿大夫之家无涉。耄（mào 冒），年甚老曰耄，此处有昏乱之意。逊，遁逃。荒，荒野。此句是说：我商王朝已年老昏乱，我只有避灭亡之祸于荒野。 ⑮指，同“旨”，指想法和建议。 ⑯颠，最高处叫颠。跻（jī 鸡），坠落。颠跻连语，犹颠坠也。若之何，如何、怎么办。其，语词。《史记·宋微子世家》：“微子度纣终不可谏，欲死之。及去，未能自决，乃问于太师、少师。”故孙星衍疏曰：“欲太师以己意告之，言若不以意告我，将仆坠于地。”从上文的决心出走，到这里是走是留，心神不安，欲听取太师、少师的意见，反映了微子当时的矛盾心态。真可谓欲留不能，欲走不忍。

【译文】

微子说：“父师、少师，难道殷商不能治理好天下四方吗？我们的祖先成汤过去成就了许多伟大的功业。现在，我们的君王因沉湎于酒，淫乱而败坏成汤的德政。殷商上自群臣，下到民众，无不热衷于抄掠偷盗，作奸犯乱，卿士及众官员上行下效藐视法度。对于有罪的人，也没有惩罚的法律。民众一齐兴起，相互攻击。现在，殷商恐怕要灭亡了，就好像涉渡大水，茫茫水中找不到渡口和岸边一样危险。殷商就要灭亡，现在到时候了。”

微子又说：“父师，少师，我将要出行远去，我们的殷商已经年老昏乱，我只有逃遁到荒野以躲避灭亡之祸。如果你们现在不告诉我你们的建议，殷商就要灭亡了，到底该怎么办呢？”

父师若曰：“王子①，天毒降灾荒殷邦②，方兴沉酗于酒③，乃罔畏畏④，咈其耇长，旧有位人⑤。

“今殷民乃攘窃神祇之牺牷牲⑥，用以容，将食无灾⑦。

“降监殷民，用乂雠敛⑧，召敌雠不怠⑨。罪合于一⑩，多瘠罔诏⑪。

“商今其有灾，我兴受其败⑫。商其沦丧，我罔为臣仆⑬。诏王子出迪，我旧云刻子⑭，王子弗出，我乃颠隮⑮。自靖，人自献于先王⑯，我不顾行遁⑰。”

【注释】

①王子，即微子，系商王帝乙之子，故云王子。　②毒，《史记》作“笃”，《说文》：“毒，厚也。”荒，《史记》作“亡”。邦，国也。　③方兴沉酗于酒，《史记》无此句。江声疑此六字为衍文。方，并。兴，起。　④罔，不。畏畏，第二个“畏”读“威”，威严，意指商纣王不畏惧天命。这与《西伯戡黎》中商纣王对天的态度正合。　⑤咈（fú 弗），违。耇（gǒu 苟），老年人。《尔雅·释诂》：“耇，寿也。”孙星衍疏：“似谓不听比干之谏。”比干，纣之诸父，故云耇长。”旧有位人，指在位的贵戚老臣，孙星衍以为似指箕子。箕子，太师。　⑥攘，窃。攘窃，马融曰：“因来而取曰攘，往盗曰窃。”神祇，天曰神，地曰祇。牺牷牲，郑玄注谓：“牺，纯毛。牷，牲体完具。”　⑦用，这里指用刑、处置的意思。容，宽容。用以容，倒装，意思是从宽论处。将，曾运乾《尚书正读》云：“奉持而进之也。”将食无灾，则民将食之，不惧祸。　⑧监，视。乂，杀。雠，同“稠”。敛，赋敛。用乂稠敛，指厚敛民财的意思。　⑨敌雠，敌对、仇恨。怠，懈、缓。　⑩合，《说文》：“亼，三合也，读若集。”一，一人，指商纣王。罪合于一，指所有的罪恶都是商纣王一人造成的。　⑪瘠，疾苦。诏，告。多瘠罔诏，曾运乾说：“流亡疾苦，无所告诉也。”或说受害疾苦，无所申诉。　⑫兴，同。受，商王纣又叫受。败，祸败。　⑬沦

丧,灭亡。罔,不。我罔为臣仆,我不愿为周(敌)臣仆。 ⑭诏,告诉、劝说。迪,行,含有逃的意思。《史记·宋微子世家》云:“于是太师、少师劝微子去,遂行。”我,父师比干。旧,久。云,比干自言。曾运乾引焦循《尚书补疏》、孙诒让《尚书骈枝》说刻子即箕子,此说可从。箕、刻古音近借用。“诏王子出迪,我旧云刻子”一句倒装,犹言我旧云刻子,刻子诏王子出迪也。 ⑮我,指殷商宗祀。颠阶,见上文注,此处可作灭亡、绝祀解。比干劝微子出逃,目的是为保存商人宗祀。因为元子在外,宗社虽亡,宗祀尚可保。 ⑯靖,谋。自靖,各自打主意。献,致。句意谓每个人做的或走或留的决定,都是为了先王,即为了商王朝的利益。 ⑰我,指父师比干。顾,念。行遁,逃匿。

【译文】

父师说:“王子,上帝重降灾祸灭亡殷国,殷国君臣上下都沉湎于酒,却不畏惧天威,不听年高老成的贵戚大臣的劝谏。

“现在,殷国的民众竟然偷盗祭祀神祇的牺牲,还能得到宽容。把牺牲吃掉,也不怕灾祸。

“上帝下来视察殷民,看到的是统治者滥杀民众、厚敛民财,招致敌对仇恨激烈。所有的罪恶都是商王一人造成的,民众有许多疾苦,却无处申诉。

“现在殷商将要有灾祸,我们要一同遭受祸灾。殷商将要灭亡,我不能成为敌国的臣仆。我老早就对刻(箕)子说过,刻(箕)子告诉王子出走远行吧。王子不逃走,我们殷商的宗祀就要绝灭。自己拿定主意吧,每个人做的或走或留的决定,都是为了先王的利益,我是不会考虑逃匿的。”

泰 誓 上

【题解】

《泰誓》属梅赜《古文尚书》,分上、中、下篇,《今文尚书》无此篇。

泰,大。《史记》、《国语》均作太。又以为作大。周武王伐商,大会诸侯于盟津,率各路诸侯誓师,故名《泰誓》。《史记·周本纪》:"十一年十二月戊午,师毕渡盟津,诸侯咸会。曰:'孳孳无怠!'武王乃作《太誓》,告于众庶。"并引《太誓》文。《书序》:"惟十有一年,武王伐殷。一月戊午,师渡孟津,作《泰誓》三篇。"与《史记》说法一致。《汉书·律历志》曾引:"《书序》曰:'惟十有一年,武王伐纣,(作)《大誓》。'八百诸侯会。"是《泰誓》作于武王伐纣之时。然根据考订,汉初伏生所传的二十八篇中没有《泰誓》,汉武帝时,有河间女子献上《泰誓》,合为二十九篇《尚书》。也有人认为是汉宣帝时河内女子发老屋时发现,成为二十九篇《尚书》。孙星衍《尚书今古文注疏》云:"《书序》疏引《别录》曰:'武帝末,民有得《泰誓》书于壁内者,献之,与博士使读说之,数月,皆起传以教人。'又引《后汉史》献帝建安十四年黄门侍郎房宏等说云,宣帝本始元年,河内女子有坏老子屋,得古文《泰誓》三篇。《论衡·正说篇》云:'……而《尚书》二十九篇始定矣。'"事实上,如果《泰誓》真的是武帝末或宣帝时所发现,那么司马迁肯定未见,也就无从论及《泰誓》,这与《史记》记载不符,后汉马融等名家都怀疑武帝以后出的《泰誓》是伪作。东晋梅赜《古文尚书》出后,西汉的《泰誓》便湮没了。先秦百篇《尚书》中有《泰誓》,但它与司马迁所记的《太誓》均早佚。孙星衍对此有考证。孙氏所著《尚书今古文注疏》里的《泰誓》与《古文尚书》不同。

惟十有三年春[①],大会于孟津[②]。

王曰[③]:"嗟!我友邦冢君[④],越我御事庶士,明听誓[⑤]。惟天地万物父母,惟人万物之灵[⑥]。亶聪明作元后,元后作民父母[⑦]。今商王受弗敬上天,降灾下民[⑧],沉湎冒色[⑨],敢行暴虐,罪人以族,官人以世[10]。惟宫室、台榭、陂池、侈服[11]，以残害于尔万姓[12]。焚炙忠良[13]，刳剔孕妇[14]。皇天震怒，命我文考肃将天威，大勋未集[15]。肆予小子发[16]，从尔友邦冢君观政于商[17]，惟受罔有悛心[18]，乃夷居[19]，弗事上帝神祇[20]，遗厥先宗庙弗祀[21]，牺牲粢盛[22]，既于凶盗[23]。乃曰：'吾有民有命！'罔惩其侮[24]。

【注释】

①有，又。十有三年，即十三年。蔡沈《书集传》云："十三年者，武王即位之十三年也。"又云："按汉孔氏言虞芮质成为文王受命改元之年，凡九年而文王崩，武王立，二年而观兵，三年而讨伐，合为十有三年。此皆惑于伪书《泰誓》之文，而误解'九年大统未集'与'夫观政于商'之语也。古者人君即位，则称元年，以计在位之久近，常事也。"然《书序》及《史记》均言十一年。《书·序》云："惟十有一年，武王伐殷。一月戊午，师渡孟津，作《泰誓》三篇。"《史记·周本纪》："十一年十二月戊午，师毕渡孟津，诸侯咸会。曰：'孳孳无怠！'武王乃作《太誓》，告于众庶……"今从《史记》与《书·序》。　②孟津，黄河著名渡口，周武王伐商从这里渡过黄河。其地在今河南孟津县境内。　③王，指周武王姬发。　④冢，大。冢君，指随同周武王伐商的诸侯国君。　⑤越，与。御事，参见下《牧誓》篇注。庶，众。庶士，众官员。明所誓，蔡沈："告以伐商之意，且欲其听之审也。"⑥惟天地万物父母，《孔疏》："万物皆天地生之，故谓天地为父母也。"惟人万物之灵，灵，神也。《孔传》："天地所生，惟人为贵。"　⑦亶（dǎn 胆），蔡沈："诚实无妄之谓。"元，大。后，君。　⑧商王受，即商纣王，受为其名。　⑨沉湎，沉溺于酒。冒，色乱，《孔疏》："冒训贪也。乱女色，荒也。"　⑩族，族诛。《孔传》："一人有罪，刑及父母、兄弟、妻子。"官人，任人以官。世，父死子继的世袭。官人以世，《孔传》："官人不以贤才，而以父兄，所以政乱。"　⑪台榭，《孔传》："土高曰台，有木曰榭。"陂池，《孔传》："泽漳曰陂，亭水曰池。"侈服，《孔传》："侈谓服饰过制，言匮民财力，为奢丽。"　⑫万姓，即万民。　⑬焚炙，焚烧。《孔疏》："焚炙，俱烧也。"指炮烙之类酷刑。《史记·殷本纪》："百姓怨望而诸侯有畔者，于是纣乃重刑辟，有炮烙之法。"《集解》："《列女传》曰：'膏铜柱，下加之炭，令有罪者行焉，辄堕炭中，妲己笑，名曰炮烙之刑。'"忠良，指九侯、鄂侯、比干一类忠臣。　⑭刳（kū 枯）剔，《孔疏》："谓割剥也。"相传纣王剖孕妇之腹以观胎。剔，去人肉至骨。　⑮文考，指周文王。肃，敬。天威，上帝的威罚。勋，功。集，成。　⑯肆，故、因此。予小子发，周武王姬发自称。　⑰观政于商，《孔传》："我与诸侯观纣政之善恶。谓十一年自孟津还时。"　⑱悛，改过、悔改。⑲夷，蔡沈《书集传》："蹲踞也。"《说文》："居，蹲也。"夷居，夷踞而居，即傲慢不

恭敬的样子。 ⑳上帝神祇,上帝百神。 ㉑遗,废、废弃。先,祖先。㉒牺牲,祭祀时所用的牛羊类牲畜。粢(zī 咨)盛(chéng 成),《孔传》:“粢音咨,黍稷曰粢。盛音成,在器曰盛。” ㉓既,尽。凶盗,凶恶盗窃之人。 ㉔有命,有天命。惩,《孔传》以为止。蔡沈则以为惩戒。侮,侮慢。此段史实见《尚书·西伯戡黎》及《史记·殷本纪》记载。商纣对祖尹所言:“我生不有命在天乎!”

【译文】

十三年春,周武王在孟津大会诸侯。

周武王说:“啊!我的友好方国的大君们,以及我的近臣官员们,仔细地听我誓词。天地是万物的父母,人是万物中的精灵。真正聪明的人成为大君,大君就是人民的父母。现在商王纣不恭敬上帝,降灾祸给人民,沉溺于酒,贪好女色,竟敢施行残暴虐杀,用灭族之法惩罚民众,用世袭的办法选拔官吏。大兴宫室、台榭、陂池、服饰的奢侈,以此残害你们万民。用炮烙之刑焚杀忠良之臣,用剖腹剔骨之法残害孕妇。皇天震怒了,命令我先父文王恭奉上帝的威罚,可惜大功未成,先父去逝。所以我小子姬发,和你们这些友好方国的大君观察商朝的政治状况。纣王受没有悔改之心,仍然傲慢不恭,不服事上帝百神,废弃祖先宗庙不行祭祀。连祭祀用的牺牲和器物里的黍稷,也被凶恶的盗贼盗食掉了。他却仍说什么:‘我有臣民,有天赐大命!’没有制止自己侮慢行为的意思。

“天佑下民,作之君,作之师,惟其克相上帝,宠绥四方①。有罪无罪,予曷敢有越厥志②?同力度德,同德度义③。受有臣亿万,惟亿万心④;予有臣三千,惟一心⑤。商罪贯盈,天命诛之⑥;予弗顺天,厥罪惟钧⑦。

“予小子夙夜祗惧⑧。受命文考⑨,类于上帝⑩,宜于冢土⑪,以尔有众,底天之罚⑫。天矜于民⑬,民之所欲,天必从之。尔尚弼予一人,永清四海⑭。时哉,弗可失⑮!”

【注释】

①佑,助。作,立。克,能够。相,辅佐。宠,爱,这里是爱护、保护的意思。绥,安定。 ②有罪无罪,即有罪或无罪。蔡沈:“则夫有罪之当讨,无罪之当赦,我何敢有过,用其心乎?言一听于天而已。”曷,何。越,超过。《孔传》以为:“越,远也。”亦通。 ③同力度德,蔡沈《书集传》:“度,量度也。德,得也,行道有得于心也。”同德度义,“义,宜也,制事达时之宜也。” ④亿,《孔传》:“十万曰亿。”蔡沈:“百万曰亿。”亿万表示极多。人多心杂,比喻纣众叛亲离,人们离心

离德。 ⑤一心,即万众一心。 ⑥贯,通,一以贯之。盈,满。 ⑦顺,顺应。钧,同。平,等、相同的意思。 ⑧夙,早。祗,敬。惧,畏惧。 ⑨受命文考,即武王承受上帝赐予文王的灭商大命。 ⑩类,《孔传》:"以事类告天。"即祭天。 ⑪宜,《孔传》:"祭社曰宜。冢土,社也。" ⑫厎,致。 ⑬矜,《孔传》:"怜也。" ⑭尚,庶几,表示希望。弼,辅佐。予一人,周武王自称。永清四海,《孔传》:"秽恶除则四海长清。" ⑮时,适时。

【译文】

"上帝佑助天下万民,为他们选立了君王,为他们选立了百官,因为他们能够辅助上帝,爱护和安定四方。是否有罪,如何处置,我怎么敢超越上帝的意志呢?同力行道,量度德之所得;共同行德,量度义之所宜。商王纣有臣下亿万,却有亿万条心;我只有臣下三千,却只有一条心。商纣恶贯满盈,上帝命令诛杀他,我若不顺应上帝,我的罪行就和商纣王相同。

"我早晚敬慎畏惧。承受先父文王的灭商大命,祭祀上帝,祭祀社稷,率领你们诸位,奉行上帝的惩罚。上帝怜悯民众,民众的愿望,上帝一定会顺从。希望你们辅助我,永远清洁天下。时机啊,千万不能失去!"

泰誓中

惟戊午，王次于河朔[①]，群后以师毕会[②]。王乃徇师而誓[③]。

曰："呜呼！西土有众，咸听朕言[④]。我闻吉人为善，惟日不足[⑤]；凶人为不善，亦惟日不足[⑥]。今商王受力行无度[⑦]，播弃犁老[⑧]，昵比罪人[⑨]，淫酗肆虐[⑩]。臣下化之，朋家作仇，胁权相灭[⑪]。无辜吁天，秽德彰闻[⑫]。

【注释】

①次，止、停留，这里有驻扎的意思。河朔，黄河北岸。　②群后，即随同周武王伐商的各路诸侯。毕，尽、全部。会，会集。　③徇，循，《孔传》："徇，循也。"循行、巡视。誓，盟誓。　④西土有众，西方的方国诸侯。参见《牧誓》篇注。咸，皆、都。　⑤吉人，善良的人。《孔传》："言吉人竭日以为善。"　⑥凶人，凶恶的人。《孔传》："凶人亦竭日以行恶。"　⑦力行无度，《孔传》："行无法度，竭日不足，故曰力行。"　⑧播，《孔疏》："《传》以播为布，布者遍也。言遍弃之，不礼敬也。"又蔡沈《书集传》："播，放也。"两说皆通，今从《孔疏》。犁，一作黎。王引之《经义述闻》："黎老者，耆老也，古字黎与耆通。"犁老，即老成之臣，指箕子等人，参见《微子》篇注。　⑨昵，亲近。比，亲近。　⑩淫，过度、过分。酗，沉溺于酒。肆，放纵、放肆。虐，恶。　⑪化，同化。朋，朋党。胁，挟持。权，权命、权力。臣下化之三句，蔡沈："臣下亦化讨恶，各立朋党，相为仇雠，胁上权命，以相诛灭，流毒天下。"　⑫无辜，无罪。吁，呼吁。秽，腥恶。彰，显著。蔡沈《书集传》："无辜之人，呼天告冤，腥秽之德，显闻于上。"

【译文】

戊午这一天，周武王率军驻扎在黄河北岸，各路诸侯率领军队全部会合。周武王于是巡视各路军队并与他们盟誓。

他说："啊！西方的将士们，都听我讲话。我听说好人做好事，整天做还觉得时间不够；恶人做恶事，也是整天做还觉得时间不够。现在商王受拚命干坏事，漫无法度，尽弃年高老成的大臣，亲近奸恶小人，过度沉湎于酒，放纵暴虐。臣下效法，各自建立朋党，相互仇敌，依仗权力，彼此诛杀。无罪的人呼天告冤，纣王的腥秽行为显扬，为上帝所知道。

"惟天惠民，惟辟奉天①。有夏桀弗克若天，流毒下国②。天乃佑命成汤，降黜夏命③。惟受罪浮于桀④，剥丧元良⑤，贼虐谏辅⑥，谓已有天命，谓敬不足行，谓祭无益，谓暴无伤⑦。厥鉴惟不远，在彼夏王⑧。天其以予乂民，朕梦协朕卜⑨，袭于休祥⑩，戎商必克⑪。受有亿兆夷人，离心离德⑫；予有乱臣十人，同心同德⑬。虽有周亲，不如仁人⑭。

【注释】

①惠，爱。辟，君王。奉，恭奉。 ②克，能。若，顺。下国，即天下四方。③黜，除，废除。夏命，夏朝的福命、国运。 ④浮，《孔传》："过也。" ⑤剥，《孔传》："伤害也。"丧，丢。蔡沈："古之丢国者为丧。"元良，指微子之类的大善之臣。 ⑥贼，杀。虐，残害。谏辅，谏议的辅臣，指比干之类以死相谏的辅臣。⑦足，值得。此句是商纣答祖伊的话，参见《西伯勘黎》篇和《史记·殷本纪》。⑧鉴，视、镜子，借鉴的意思。古语曰："殷鉴不远，在夏后之世。"即此意。⑨其，表示揣测的语气副词。以，用。乂，治。协，符合。卜，占卜。 ⑩袭，重复。休，美。祥，吉、善。 ⑪戎，兵，代指征伐。克，胜。 ⑫亿兆，言极多，犹今语亿万。 ⑬乱，治。十人，《孔传》："周公旦，召公奭，太公望、毕公、荣公、太颠、闳夭、散宜生、南宫括及文母。"蔡沈："孔子曰：'有妇人焉，九人而已。'"《论语·泰伯》："武王曰：'予有乱臣十人。'孔子曰：'才难，不其然乎？唐、虞之际，于斯为盛。有妇人焉，九人而已。三分天下有其二，以服事殷。周之德，可谓至德也已矣。'" ⑭周，至。周亲，至亲。

【译文】

上帝惠爱民众，君王恭奉上帝。夏王桀不能顺应上帝，传播邪恶给天下四方。上帝于是扶佑赐福命给成汤，降下废除夏朝的命令。商纣王的罪恶超过了夏桀，他伤害、驱逐最善良的大臣，残杀直谏的辅臣，说自己享有上帝的福命，说上帝不值得敬奉，说祭祀没有用处，说暴虐没有害处。纣王的前车之鉴并不太远，就是那个夏王桀。上帝将让我治理民众，我的梦符合我的占卜，梦和卜兆都很吉祥。征伐商纣一定能够胜利。商纣王有亿万臣民，却离心离德；我有治乱大臣十人，但同心同德。商纣王虽然有至亲大臣，不如我有仁义之士。

“天视自我民视，天听自我民听[1]。百姓有过，在予一人，今朕必往[2]。

“我武惟扬，侵于之疆，取彼凶残[3]；我伐用张，于汤有光[4]！

“勖哉夫子[5]！罔或无畏，宁执非敌[6]。百姓。懔懔，若崩厥角[7]。呜呼！乃一德一心，立定厥功，惟克永世[8]。”

【注释】

①自，从。 ②过，《孔疏》以为罪过。然蔡沈说：“过，《广韵》：责也。”含有责备、抱怨的意思。联系上下文，蔡说为佳。 ③武，武力，指伐商的军事行动。扬，《孔传》：“举也。言我举武事。”侵，入。疆，指商王畿的疆域。取，擒拿。凶残，指纣王。 ④张，《广雅·释诂》：“张，施也。”实施。用张，以施。汤，商王成汤。光，光明、光辉。 ⑤勖（xù 序），勉、努力。夫子，《孔传》：“谓将士。” ⑥罔，无。罔或无畏，《孔传》：“无敢有无畏之心。”意思是说不要存有无畏轻敌之心。宁执非敌，蔡沈《书集传》：“宁执心以为非我所敌也。” ⑦懔懔，畏惧不安的样子。若，好像。崩，崩摧。角，额角，额头。《孔传》：“若崩摧其角无所容头。”蔡沈：“懔懔若崩摧其头角然。”又俞越《古书疑义举例·倒句例》中以为当读为厥角若崩，即叩头好像山崩一样，但与“百姓懔懔”意思不甚明了，故仅可备一说。 ⑧乃，你们。一德一心，即上文的同心同德。立，建。克，能。永，长久。

【译文】

“上帝所见，来自我们民众所见；上帝所闻，来自我们民众所闻。民众有责难怨言，是我一人的责任，现在我坚决前往伐商。

“我们的武力要昂扬，进攻到商王畿的疆域，擒拿那凶残的纣王；我们的征伐的进行，也是显扬商王成汤伐桀的光辉。

“努力啊！将士们！不要有无畏轻敌之心，宁可保持一种敌强我弱的思想。人民畏惧不安，好像崩石摧坏额角一样。啊！你们要一心一德，建立自己的功业，就能够永垂后世。”

泰 誓 下

时厥明[①],王乃大巡六师[②],明誓众士[③]。

王曰:"呜呼!我西土君子。天有显道,厥类惟彰[④]。今商王受狎侮五常,荒怠弗敬[⑤],自绝于天,结怨于民,斮朝涉之胫[⑥],剖贤人之心[⑦],作威杀戮,毒痡四海[⑧]。崇信奸回[⑨],放黜师保[⑩],屏弃典刑[⑪],囚奴正士[⑫]。郊社不修[⑬],宗庙不享,作奇技淫巧以悦妇人[⑭],上帝弗顺,祝降时丧[⑮]。尔其孜孜奉予一人[⑯],恭行天罚!

【注释】

①时厥明,《孔传》:"是其戊午明日。"即戊午日第二天。　②六师,蔡沈《书集传》:"古者天子六军,大国三军,是时武王未备六军,《牧誓》叙三卿可见,此曰六师者,史臣之词也。"师的出现,最晚在商王武丁时期。甲骨文有"王作三𠂤,右、中、左。"(《殷契粹编》597)。可见当时已有三师。西周建立后有西六师,后在洛邑组建殷八师。这里所说的六师,就是指西六师。　③众士,《孔疏》:"《牧誓》王所呼者,从上而下至百夫长而止,知此众士是百夫长以上也。"《史记·周本纪》也有记载,依次为冢君、司徒、司马、司空、亚旅、师氏、千夫长、百夫长。④显,明。道,道理。类,法则。彰,显扬。　⑤狎侮,轻忽侮慢、亵渎。五常,《孔疏》:"五常即五典,谓父义、母慈、兄友、弟恭、子孝五者。"荒怠,荒废怠慢。⑥斮(zhuó 浊),斫,砍也。朝,早上。涉,徒步涉水。胫,小腿。《孔传》:"冬月见朝涉水者,谓其胫耐寒,斫而视之。"　⑦剖贤人心,《史记·殷本纪》:比干"乃强谏纣。纣怒曰:'吾闻圣人心有七窍。'剖比干,观其心"。当指此事。　⑧痡(音 pū 铺),病,这里有为害之意。　⑨崇,推崇。回,《孔传》:"邪也。"奸回之人当指费仲、恶来之流。　⑩放黜,即放逐贬退。师保,官员名,所指不详。⑪典,常。刑,法。指先王常法。　⑫囚奴,囚禁奴役。正士,《孔传》:"箕子正谏而以为囚奴。"《史记·殷本纪》:"箕子惧,乃佯狂为奴,纣乃囚之。"　⑬郊社,蔡沈:"郊,所以祭天;社,所以祭地。"不修,不治。　⑭奇技淫巧,蔡沈:"奇技,谓

奇异技能。淫巧,为过度工巧。”指炮烙之刑一类。以悦,用以取悦。妇人,指妲己。 ⑮祝,《孔传》:“断也。”降,下。时,是、这。 ⑯其,表示祈使的语气助词。孜孜,勤勉不怠。奉,辅助。

【译文】

到了戊午日的第二天,周武王大规模巡视检阅六师,与众将士盟誓。

武王说:“啊!我的西方将士们,上帝有明显的法则,他的法则应当宣扬。现在商纣王轻忽侮慢五常,荒废懈怠无所恭敬,自己绝灭于上帝,结怨于民众。他砍断早上徒步涉水者的小腿,剖分贤人的心脏,设立酷刑,杀戮无辜,毒害天下。厚崇信任奸邪的人,放逐师保,屏弃常法,囚禁奴役直谏之士。不举行祭祀天地的礼仪,祖先宗庙也不贡献享物,制造奇异淫巧之物,来取悦女人,上帝厌恶他,断绝其命,降下这些灾祸。你们应该努力辅助我,恭敬奉行上帝的惩罚!

“古人有言曰:‘抚我则后,虐我则雠①。’独夫受洪惟作威②,乃汝世雠③。树德务滋,除恶务本④,肆予小子诞以尔众士,殄歼乃雠⑤。尔众士其尚迪果毅以登乃辟⑥!功多有厚赏,不迪有显戮⑦。

“呜呼!惟我文考若日月之照临,光于四方,显于西土,惟我有周诞受多方⑧。予克受,非予武,惟朕文考无罪⑨;受克予,非朕文考有罪,惟予小子无良⑩。”

【注释】

①抚,抚爱。则,就。后,君主。虐,虐待残害。雠,仇敌。 ②独夫,《孔传》:“言独夫,失君道也。”蔡沈《书集传》:“独夫,言天命已绝,人心已去,但一独夫耳。”孟子曰:“残贼之人,谓之一夫。”洪,大。 ③世雠,《孔传》以为累世之雠。周秉钧《白话尚书》:“世雠,大仇。《左传·桓公九年》经注‘故使其子来朝’疏:‘古者世之与大,字义通也。”可备一说。 ④务,致力。滋,滋长。除,除绝。本,根本。 ⑤肆,故。诞,助词。殄(tiǎn 舔)歼,绝灭。 ⑥尚,庶几。迪,《孔传》:“进也。”蔡沈:“蹈。”果毅,果敢坚毅。登,成、成就。辟,君。以登乃辟,以成就你们君王的功业。 ⑦显戮,蔡沈:“谓之显戮,则必肆诸市朝以示众庶。” ⑧文考,即文王。若,好像。显,显扬。诞,其,助词。受,爱护、亲近。多方,指归附于周的方国。所谓文王时三分天下,周有其二。 ⑨克,胜。武,勇敢。无罪,无过、无辜。 ⑩无良,无善。

【译文】

“古人曾说过:‘抚爱我的就是君王,虐待我的就是仇敌。’失道的独夫商纣王大行威罚,就是你们世代的仇敌。树立德行务求滋长,除绝邪恶务求去根,所以我率你们众多将士,歼灭你们的仇敌。你们诸位将士应该前进,用果敢坚毅的精神来成就你们的君王！立功多的有重赏,不前进的要公开刑杀。

“啊！我父文王像日月照耀,光辉普及天下四方,在西方国家尤其显著。我们周国很爱护归附的众方国。如果我战胜商纣王,不是我勇武,是因为我父文王没有罪过;如果商王纣战胜我,不是我父文王有罪过,是因我没有行善。”

牧　誓

【题解】

牧,古地名,一作坶野,亦作商牧。位于商都朝歌郊外七十里,今河南淇县西南。《史记·周本纪》:"武王朝至于商郊牧野,乃誓。"本篇即周武王灭商前的誓师之词。《集解》引孔安国曰:"癸亥夜陈,甲子朝誓之。"《牧誓》是当时史官记录的誓文。《史记·鲁周公世家》:"十一年,伐纣,至牧野,周公佐武王作《牧誓》。"《书序》:"武王戎车三百辆,虎贲三百人,与受战于牧野,作《牧誓》。"关于武王伐纣一事,文献记载确凿,现在又有陕西临潼发现的《利簋铭文》佐证,为不移史实。但是具体年代,争讼纷纭,至今无定论。

时甲子昧爽①,王朝至于商郊牧野,乃誓②。王左杖黄钺③,右秉白旄以麾④。曰:"逖矣,西土之人⑤!"

王曰:"嗟⑥!我友邦冢君⑦,御事⑧,司徒、司马、司空、亚旅、师氏,千夫长、百夫长,及庸⑨、蜀⑩、羌⑪、髳⑫、微⑬、卢⑭、彭⑮、濮人⑯。称尔戈⑰,比尔干⑱,立尔矛,予其誓。"

王曰:"古人有言曰:'牝鸡无晨⑲,牝鸡之晨,惟家之索⑳。'今商王受㉑,惟妇言是用,昏弃厥肆祀,弗答㉒;昏弃厥遗王父母弟,不迪㉓;乃惟四方之多罪逋逃㉔,是崇是长,是信是使,是以为大夫卿士㉕,俾暴虐于百姓,以奸宄于商邑㉖。今予发,惟共行天之罚㉗。今日之事,不愆于六步、七步,乃止,齐焉㉘。夫子勖哉㉙!不愆于四伐、五伐、六伐、七伐㉚,乃止,齐焉。勖哉夫子!尚桓桓㉛,如虎如貔㉜,如熊如罴㉝,于商郊。弗迓克奔㉞,以役西土㉟。勖哉夫子!尔所弗勖,其于尔躬有戮㊱!"

【注释】

①甲子,即甲子日。《史记·周本纪》作二月甲子。《集解》引徐广曰:"一作

‘正’。此建丑之月，殷之正月，周之二月也。”据此，有人推算出甲子日是周武王十一年二月五日。关于武王克商的年代，歧说不一，有公元前1027年说、公元前1044年说等，近年有不少人主张公元前1046年说。昧爽，马融曰：“未旦也。”即日未出也，大约是黎明时分。　②王，指周武王，姬姓名发，西周第一个王。朝，早晨。至于，到达。商，即商都。商代后期都城在安阳殷墟。但商纣王时，朝歌也成为都城，这里的商郊是指朝歌之郊。《释地》云：“邑外谓之郊，郊外谓之野。”《周礼·地官·载师》注：“杜子春云：‘五十里为近郊，百里为远郊。’”　③杖，拿着。黄钺（yuè月），黄色的青铜大斧。当时左为尊，右为卑，左手把钺示不杀，若右则示杀。见孙星衍疏。　④旄（máo毛），装饰着牛尾的旗。《司马法》曰：“夏执玄戉；殷执白戚；周杖黄戉，右秉白髦。”麾，同挥。　⑤逖（tì替），远。西土之人，即西方的人。周方国远在陕西关中，在商朝之西，故称之为西土，从周武王征伐的方国，也多来自西方。　⑥嗟，感叹词。　⑦冢（zhǒng种），大。友邦冢君，周武王伐纣，率归附于周的方国诸侯联合出兵，故尊称为友邦冢君。⑧御事，以往注家多认为御为治，御事即治事，是管理政务官吏的总称，不确。御，古籍中有迎迓义，常与迓字同用，在甲骨文中，御作[illegible]，隶定作卸。闻宥云：“此‘午’实为声，[illegible]像人跪而迎迓形。[illegible]，道也。迎迓于道是为御。”“其训迓者为朔谊，他训为后起谊。”故王贵民在《说卸史》一文中总结了甲骨文中“卸”字的三种用法：一，用于祭祀。卸祭为迎迓神鬼之祭。二，用于征伐。卸伐仍是迎击。三，用于“卸史”这一词组。史字本即事字。卸史在甲骨文中常用为“呼某人卸史”，“呼某人入卸史”等句式，此卸史即“御事”，亦即迎接事务或接受政务，其意为呼某人为王室政事服务。故“御事”引申为对王室政事服务的官职的一种概括性的称呼。《尚书》周初诸篇中的御事，与庶士、多士、尹氏、百官并列，分别概括一类官职，而不像司徒、司马、司空、少正、虎臣等确指某一官职。御事有时在庶邦君之次，有时在尹、士之后，无非是王室执行职务的官僚群，这些都和甲骨文卸史的情况相同。只有《酒诰》中“相惟御事”句，确是注疏家释“治事”之义，也和甲骨文中的原有用法相同。《甲骨探史录》三联书店1982版此说可从。　⑨庸，古方国名，其地约在今湖北竹山县西南，助周武王灭商。周匡王二年（前611）灭于楚，楚于其地置上庸县。　⑩蜀，古方国名，在今四川西部、成都平原及岷江上游。今四川广汉一带发现三星堆青铜文化遗址，属古蜀文化。古蜀相传在蚕丛时称王、建国。周慎靓王五年（前316年）为秦所灭。　⑪羌，古民族、方国名。甲骨文中有羌方，商人多次征伐，为古代活动于今甘肃、青海、四川、陕西一带的游牧民族，部落众多，与周人关系密切，参加周武王伐商战争。　⑫髳（máo毛），古国名，参加周武王灭商战争，其地望说法不一，或以为在巴蜀，或以为在西南夷，或以为在今豫、陕、鄂一带。顾颉刚师以为在今山西南部滨河地区。　⑬微，古国名，参加周武王灭商的战争。其地望说法不一，或以为在巴蜀，或以为在今四川、云南一带，或以为在汉水流域，或以为在今陕西眉县附近。参见《微子》篇注。⑭卢，古方国名，参加周武王伐商的战争。洪亮吉以为即春秋时的卢戎之国，约在今湖北宜城西南，今人多从之。　⑮彭，古方国名，参加周武王伐商的战争。其地望说法不一，或以为在四川、甘肃，或以为在今湖北房县、谷城之间。　⑯濮，古方国名，一作"卜人"，参加周武王伐商战争。在今湖北郧县和河南邓县之间。春秋时分布于楚国西南。　⑰称，举起。尔，你们。　⑱比，按次序排好。干，《说文》作戟，谓"盾也"。属防御性兵器。　⑲牝（pìn 聘）鸡，母鸡。晨，早晨，指公鸡的晨鸣。此句与下句"惟妇言是用"是说纣王孌于妇人，宠信妲己，荒废政事，淫乐无度。　⑳索，尽，含有破败的意思。　㉑商王受，即商纣王。㉒昏弃，王引之认为即泯弃，犹蔑弃。厥，其，指纣王。肆，祭名，《周礼·春官·大祝》注："肆，享祭宗庙也。"指对先祖的祭祀。弗，不。答，问。　㉓遗：余。王父母弟，泛指纣王的同父异母兄弟，或叔伯兄弟即从父昆弟，如比干、箕子之类。迪，用。　㉔逋，亡。逋逃，逃亡。　㉕崇，尊。长，崇。卿士，即御事。㉖俾，使。奸宄，见前注。商邑，卜辞中有许多"邑"，可分为两类：一是王之都邑，一是国内族邦之邑（陈梦家《殷虚卜辞综述·政治区域》）。此处当指商王都。㉗发，周武王名。共，恭也，敬奉。　㉘愆，超过。止齐，整齐一致，《司马法》云："军以舒为主，虽交兵致刃，徒不趣，车不驰，不逾列，是以不乱。"　㉙夫子，古代对男子的美称。勖（xù 序），勉励。　㉚伐，刺杀，一击一刺称为一伐。㉛桓桓，威武的样子。　㉜貔（pí 皮），豹类猛兽。　㉝罴，一种大熊。㉞迓（yà 亚），迎。又可写为御，见上文注。克，杀。奔，指投奔的倒戈者。㉟役，助。　㊱躬，身。戮，杀。

【译文】

正当甲子日的黎明时刻，周武王率领军队来到商国都城郊外的牧野，率军誓师。武王左手拿着黄色的大斧，右手握着装饰牛尾的白色旗帜，指挥军队。他说："路途多么遥远啊，从西方来的人们！"

武王说："啊！我友好邦国的国君，王室近臣，司徒、司马、司空、亚旅、师氏，千夫长、百夫长，及庸、蜀、羌、髳、微、卢、彭、濮诸国的人们，举起你们的戈，排列好你们的盾牌，竖立起你们的矛，我就要宣誓了。"

武王说："古人有句话说：'母鸡没有早晨打鸣的，如果母鸡早晨打鸣，这个家就要败落了。'现在商王受，只是听从妇人的话，轻蔑地抛弃了对自己先祖的祭祀，不闻不问；轻蔑地抛弃了自己的同父、同宗兄弟，不予任用。却对许多因犯罪而从四方逃来的人，那样地尊重、推崇，那样地信任、使用，任命他们作大夫卿士，使他们残暴地虐害民众，在商都犯法作乱。现在我姬发奉行上帝的惩罚命令。今天的征伐战斗，每前进不超过六步、七步就停下来，整齐一下队形。勇士们，努力啊！刺杀时，不超过四次、五次、六次、七次就停下来，整顿一下队形。勇士们，努力啊！就应该威武雄壮，像虎豹，像貔，像熊，像罴一样，在商都郊外决战。不要杀死前来投奔的人，使他们帮助我们西方国家。努力啊，勇士们！你们如果不努力战斗，你们将会有杀身之祸！”

武　成

【题解】

《武成》属梅赜《古文尚书》,《今文尚书》无此篇。

武,指周武王伐商灭纣的武功。成,成就。武成即是周武王成就了灭商建周的武功。

据《史记·周本纪》记载,周武王灭商后,采取了诸如封商纣子禄父殷之余民,使管、蔡二叔相禄父治殷,以为三监,释箕子之囚,释百姓之囚,散鹿台之财,发钜桥之粟以振贫弱等一系列措施,然后"乃罢兵西归,行狩,记政事,作《武成》"。《书序》:"武王伐殷。往伐归兽,识其政事,作《武成》。"均以为《武成》作于周武王灭商后返回镐京途中。据研究原本《武成》约亡于东汉光武年间,现《史记·周本纪》、《汉书·律历志》(约有八十余字)就保存着《武成》佚文。清魏源《古书微》的《武成补亡下》就是根据《周本纪》所记加以辑佚的。宋人蔡沈研究后认为"按此篇编简错乱,先后失序,今考正其文于后",《书集传》加了《今考定武成》一篇,后人多以为画蛇添足,以不乱为乱,不足为据。

惟一月壬辰,旁死魄①。越翼日癸巳②,王朝步自周③,于征伐商④。厥四月哉生明⑤,王来自商,至于丰⑥。乃偃武修文⑦,归马于华山之阳⑧,放牛于桃林之野⑨,示天下弗服⑩。

丁未,祀于周庙,邦甸、侯卫骏奔走⑪,执豆、笾⑫。越三日庚戌,柴望⑬,大告武成⑭。

【注释】

①一月,《孔传》:"此本说始伐纣时,一月,周之正月。"蔡沈《书集传》:"一月,建寅之月。不曰正而曰一者,商建丑,以十二月为正朔,故曰一月也。"旁死魄,旁,《孔传》:"旁,近也。"魄即霸(pò魄),《说文》:"月始生霸然也。"死魄,即死霸,指农历每月朔日。《汉书·律历志下》:"死霸,朔也;生霸,望也。"《孔传》:"月二日,

旁死魄。" ②越,及。翼日,明日、第二天。 ③朝,早晨。周,周国。这里指武王所都镐京,后也称宗周。 ④于,往。 ⑤哉,《孔传》:"哉,始也。"哉生明,指月亮开始发光。《孔传》:"始生明,月三日,与死魄互言。" ⑥丰,周文王所都。《史记·周本纪》:"(周文王)伐崇侯虎,而作丰邑。自岐下而徙都丰。"在今陕西长安县西北沣水西岸,后武王由丰迁往沣水东岸的镐。 ⑦偃,停止、止息。修,修治。偃武修文,《孔传》:"倒载干戈,包以虎皮,示不用;行礼射,设庠序,修文教。" ⑧华山,旧注以为即西岳华山。然阎若璩认为:"《武成》之华山非太华山,乃阳华山。今商州雒南县东北有阳华山,即武王归马之地,与桃林之野南北相望,壤地相接。"可备一说。阳,山的南面叫阳。 ⑨桃林,《孔传》:"桃林在华山东。"阎若璩认为:"桃林塞为今灵宝县西至潼关广围三百里皆是。" ⑩弗服,不复使用。 ⑪祀,祭祀。周庙,周祖庙,《孔传》:"祭告后稷以下,文考文王以上七世之祖。"邦甸、侯卫,泛指天下远近诸侯(见蔡沈《书集传》)。骏,《孔传》:"大也。"蔡沈则云:"《尔雅》曰:'速也。'"今从蔡说。奔走,指奔走助祭。⑫豆,古代器名,祭祀用。蔡沈说:"豆,木豆。"笾(biān 边),古代器名,祭祀用。蔡沈说:"笾,竹豆。" ⑬柴,祭名。燔柴祭天,望,祭名,望祀山川。 ⑭大告,遍告。

【译文】

一月壬辰日,刚过了初一。到了第二天,癸巳日,周武王早晨从周都镐京出发,前往征伐商朝。

四月,月亮开始发光那一天,周武王伐商归来,到达丰邑。于是停止武备,修治文教,放马归于华山之南,放牛归于桃林之野,向天下表示不再驭使。

丁未日,周武王在周祖庙祭祀,邦甸、侯卫等诸侯急忙赶来助祭,陈设木豆、竹笾等祭器。又过了三天,庚戌日,举行祭祀天的柴祭,祭祀山川的望祭,遍告伐商成功。

既生魄[①],庶邦冢君暨百工[②],受命于周[③]。

王若曰:"呜呼,群后[④]! 惟先王建邦启土[⑤],公刘克笃前烈[⑥]。至于大王,肇基王迹[⑦],王季其勤王家[⑧]。我文考文王[⑨],克成厥勋,诞膺天命[⑩],以抚方夏[⑪]。大邦畏其力,小邦怀其德[⑫]。惟九年,大统未集[⑬],予小子其承厥志[⑭]。厎商之罪[⑮],告于皇天后土[⑯],所过名山大川[⑰],曰[⑱]:'惟有道曾孙周王发[⑲],将有大正于商[⑳]。今商王受无道,暴殄天物[㉑],害虐烝民[㉒]。为天下逋逃主,萃渊薮[㉓]。予小子既获仁人，敢祗承上帝，以遏乱略[24]。华夏蛮貊罔不率俾[25]。恭天成命[26]，肆予东征，绥厥士女[27]。惟其士女篚厥玄黄[28]，昭我周王[29]。天休震动，用附我大邑周[30]！惟尔有神，尚克相予以济兆民，无作神羞[31]！'

"既戊午，师逾孟津[32]。癸亥，陈于商郊，俟天休命[33]。甲子昧爽[34]，受率其旅若林[35]，会于牧野[36]。罔有敌于我师，前徒倒戈，攻于后以北[37]，血流漂杵[38]。一戎衣，天下大定[39]。乃反商政，政由旧[40]。释箕子囚[41]，封比干墓[42]，式商容闾[43]。散鹿台之财，发钜桥之粟，大赉于四海，而万姓悦服[44]。"

【注释】

①既生魄，《孔传》："魄生明死，十五日之后。"即十六日。又《白虎通·日月》："月三日成魄，八日成光。"王国维《观堂集林》有《生霸死霸考》一文，说："既生霸，谓自八九日以下降至十四五日也。" ②庶，众。冢君，大君。暨，和、与。百工，即百官。 ③受命于周，《史记·周本纪》："封诸侯，班赐宗彝，作《分殷之器物》。"蔡沈《书集传》："四方诸侯及百官，皆于周受命。盖武王新即位，诸侯百官，皆朝见新君，所以正始也。" ④后，君，指诸侯。 ⑤先王，这里指后稷。《孔传》："谓后稷也，尊祀，故称先王。"启，开。据《史记·周本纪》：帝舜之时，"封弃于邰，号曰后稷，别姓姬氏。" ⑥公刘，周先公名。后稷曾孙。《史记·周本纪》："公刘虽在戎狄之间，复修后稷之业，务耕种行地宜，自漆、沮度渭，取材用，行者有资，居者有畜积，民赖其庆。百姓怀之，多徙而保归焉。周道之兴自此始，故诗人歌思其德。"《诗·大雅·公刘》有"笃公刘"句。克，能。笃，厚，一说为理。烈，业。 ⑦大王，即太王，古公亶父，王季的父亲，文王的祖父。《史记·周本纪》："古公亶父复修后稷、公刘之业，积德行义，国人皆戴之。"肇，始。肇基，开始。肇基王迹，指古公亶父率周人止于岐下，定都周原，"民皆歌乐之，颂其德"。 ⑧王季，文王的父亲，又称公季。《史记·周本纪》："公季修古遗道，笃于行义，诸侯顺之。"王家，指周国。 ⑨文考文王，周文王。 ⑩勋，功。诞，其。膺，受。 ⑪以抚方夏，《孔传》："以抚绥四方中夏。" ⑫畏，畏惧。力，威力。怀，怀念。 ⑬惟九年，大统未集，《孔传》："言诸侯归之，九年而卒，故大统未就。"集，成功。蔡沈："自为西伯专征，而威德盖著于天下，凡九年崩。" ⑭志，这里指父王统一天下的遗志。 ⑮底，致。商，指商纣王。 ⑯皇，大。后，社。后土，《孔疏》："《昭二十九年左传》称：'句龙为后土。'后土为社是也。"皇天后土，代指天神地祇。《孔疏》："《僖十五年左传》云：'戴皇天而履后土。'" ⑰名山大川，蔡沈说："《周礼·大祝》云：'王过大山川则用事焉。'孔氏曰：'名山，

谓华。大川,谓河。'盖自丰镐往朝歌,必道华山涉黄河也。" ⑱曰,《孔传》:"告天社山川之辞。" ⑲有道,《孔疏》:"自称有道者,圣人至公,为民除害,以纣无道言己有道,所以告神求助,不得饰以谦辞也。"曾孙,《孔疏》:"《曲礼》说诸侯自称之辞,云:临祭祀,内事曰孝子某侯某,外事曰曾孙某侯某。" ⑳正,《孔传》:"大正,以兵征之也。"即《汤誓》"不反不正"之正。一说正为政,大政,大事,指军事。见周秉钧《白话尚书》。 ㉑殄,绝。天物,谓天下百物,鸟兽草木之类。㉒烝,众。 ㉓逋(bū 布),亡。为天下逋逃主:《孔传》:"天下罪人逃亡者,而纣为魁主。"萃,聚。渊薮(sǒu 叟),深水为渊,是鱼聚集的地方;无水之泽为薮,是兽聚集的地方。萃渊薮,这里比喻天下罪人聚集到纣的身边。 ㉔仁人,《孔传》:"谓太公、周、召之徒。"祗,恭敬。承,奉。遏,绝。略,《孔传》:"路也。"蔡沈:"略,谋略也。"皆通。 ㉕华夏,指中原、中国。《孔传》:"冕服采章曰华,大国曰夏。"《孔疏》:"冕服采章对被发左衽则为有光华也。《释诂》云:'夏,大也。'故大国曰夏。华夏,谓中国也。言蛮貊则戎夷可知也。"蛮,古代泛称南方的少数民族为蛮。貊(mò 陌),这里指北方少数民族。俾,从。 ㉖恭,奉。成命,即共同伐商纣的天命。 ㉗肆,故。东征,商在周的东方,伐商是向东征伐,故曰东征。绥,安。士女,对古代男女的称呼。 ㉘篚(fěi 匪),圆形的竹筐。这里名词作动词用,用篚盛物。玄黄,指玄、黄二色的丝帛。蔡沈说:"玄黄,色币也。"可备一说。 ㉙昭,旧说为明。《尔雅·释诂》:"昭,光也。"又:"昭,见也。"是昭可训为见。 ㉚休,善。休命,指胜商之命。周,因此。大邑周,即周国,周人自称。如同商人称大邑商一样。 ㉛克,能。相,相佐、帮助。济,渡。《孔传》:"渡民危害,无为神羞辱。"兆,十亿。古代以此言极多。兆民,即指众多民众。㉜逾,渡过。孟津,一名盟津。周武王伐纣时,盟会诸侯于此渡河。此渡口在今河南省孟津县东北,是古代黄河的重要渡口。 ㉝陈,通阵,布阵。商郊,商都朝歌之郊。俟,等待。俟天休命,《孔传》:"赴敌宜速,待天休命,谓夜雨止毕陈。"㉞甲子昧爽,参见《牧誓》篇注。 ㉟旅,众。这里指军队,甲骨文亦有此字。若林,《孔传》:"言盛多。"《孔疏》:"《诗》亦云'其会如林',言盛多也。"《史记·周本纪》:"帝纣闻武王来,亦发兵七十万人距武王。" ㊱牧野,参见《牧誓》篇注。㊲敌于我师,即以我师为敌。《史记·周本纪》:"纣师虽众,皆无战之心,心欲武王亟入。纣师皆倒兵以战,以开武王。武王驰之,纣兵皆崩畔纣。"前徒,前军。倒戈,掉转矛戈等兵器。后,指后面的军队。北,败走,败逃。 ㊳杵,舂杵。血流漂杵,《孔传》:"血流漂舂杵,甚之言。"犹今语血流成河一类。 ㊴戎,兵。衣,服。一戎衣,一着戎服,指一次用兵。 ㊵乃,于是。反,废除。由,用。旧,指商先王的善政。《孔传》:"反纣恶政,用商先王善政。" ㊶箕子,参见《洪範》篇注。　㊷封,《史记·周本纪·正义》:“谓益其土及画疆界。”比干,商纣王叔父,商代著名贤臣,以死力谏纣王。纣王不听,剖之。比干墓,《括地志》云:“比干墓在卫州汲县北十里二百五十步。”《史记·殷本纪》:“杀妲己,释箕子之囚,封比干之墓,表商容之闾。”　㊸式,同“轼”,车前横木。《孔疏》:“式者,车上之横木,男子立乘,有所敬,则俯而凭式,遂以式为敬名。”商容,商代贤人。《史记·殷本纪》:“商容贤者,百姓爱之,纣废之。”闾,《孔疏》:“《说文》云:‘族居里门也。’武王过其闾而式之,言此内有贤人。式之,礼贤也。”　㊹鹿,一作“廘”。鹿台,商府库名,存钱币用。《史记·周本纪》:“命南宫括散鹿台之财,发钜桥之粟。”《史记·殷本纪·集解》:“如淳曰:‘《新序》曰,鹿台,其大三里,高千尺。’瓒曰:‘鹿台,台名。今在朝歌城中。’”钜桥,商粮仓名。《史记·殷本纪·集解》:“服虔曰:‘钜桥,仓名。’许慎曰:‘钜鹿水之大桥,有漕粟也。’”《索隐》:“邹诞生云:‘钜,大;桥,器名也。纣厚赋税,故因器而大其名。’”赉,赏赐,这里有施舍意。四海,指天下。万姓,指兆民。悦服,心悦诚服。

【译文】

在月亮生出光的一个日子里,众多诸侯国的大君和百官,接受周天子的政命。

周武王这样说:“啊!众位诸侯!我先王后稷建立邦国,开辟疆土,公刘能够增进先王的功业,到了太王古公亶父开始建立王者的基业,王季勤政于王家。我的父亲文王,能够成就先王的功勋,他承受上帝大命,以安抚天下。大国畏惧他的威力,小国怀念他的德政。文王在诸侯归附的第九年辞世,大业尚未成功。我将继承他的遗志,把商纣王的罪行,举报给皇天后土以及所经过的名山大川。我说:‘遵行天道的曾孙周王姬发,将大规模征伐商朝。当今的商纣王不遵天道,残暴绝灭天物,伤害虐杀民众,成为天下罪人逃犯的魁主,商都成为罪人聚集的地方。我得到了一些贤仁之士,愿意恭奉上帝,以断绝动乱之路。中原和四夷无不遵从。恭奉上帝的既定命令,所以我东征商纣王,安定天下的男女众民。这些男女众民用竹筐装着黑、黄二色的丝帛,前来见我。上帝的善德感动了天下,因此归附我大周国,希望你们众神灵,都能够帮助我,救助天下万民,不要使你们神灵蒙羞!’

“不久是戊午日,我们的军队从孟津渡过黄河。癸亥日,在商都郊外排好阵势,等待天亮。甲子日黎明时分,商纣王率领他那多如林木的军队,会战于牧野。但商军没有和我们军队为敌的,前军掉转兵器,攻击后面的军队,导致纣军败退,血流成河,甚至可以漂浮舂杵。

“一次用兵,天下彻底安定。于是废除商纣王的暴政,恢复过去商先王的善政。释放被囚禁的箕子,整修比干的坟墓,礼敬商容居里。散发鹿台府库聚敛的财货,发放钜桥粮仓屯积的粟米,普遍地施舍给天下,万民心悦诚服。”

列爵惟五,分土惟三[①]。建官惟贤,位事惟能[②]。重民五教,惟食丧祭[③]。惇信明义,崇德报功[④]。垂拱而天下治[⑤]。

【注释】

①列爵,即班爵。惟,为。五,指公、侯、伯、子、男五等诸侯。《孔传》:"列地封国,公侯方百里,伯七十里,子男五十里,为三品。" ②建,立。位事,居位理事。 ③五教,《孔传》:"五常之教。"蔡沈《书集传》:"五教,君臣、父子、夫妇、兄弟、长幼,五典之教也。"惟食丧祭,蔡沈说:"食以养生,丧以送死,祭以追远,五教三事,所以立人纪而厚风俗,圣人之所甚重焉者。" ④惇,厚。惇信明义,即惇厚其信,显明其义。崇,尊。报,答。 ⑤垂拱,垂衣拱手。《孔传》:"言武王所修皆是,所任得人,欲垂拱而天下治。"

【译文】

周武王班列爵位为五等,分封土地为三品。选立官员只是任用贤能。重视对民众施实君臣、父子、夫妇、兄弟、长幼五典之教,重视民食、丧死、祭祀三事。惇厚诚信,显明义理,尊崇有德,报答有功。从此,周武王垂衣拱手,天下大治。

洪　範

【题解】

洪,大。範,法。《史记·周本纪》:"武王已克殷后二年,问箕子殷所以亡。箕子不忍言殷恶,以存亡国宜告。武王亦丑,故问以天道。"《宋微子世家》:"武王既克殷,访问箕子。"并引《洪範》全文。《书序》:"武王胜殷,杀受,立武庚,以箕子归。作《洪範》。"也有人认为原文并无周武王访问事,乃后来加上的,其最初的原本当是商代的东西(参见刘起釪《〈洪範〉成书时代考》,载《中国社会科学》1980年3期)。刘起釪还认为,《洪範》原本虽出于商末,但从西周到春秋战国,不断有人给它增加若干新内容。《洪範》是研究古代政治、哲学、文化等方面问题的重要历史资料。

惟十有三祀①,王访于箕子②。王乃言曰:"呜呼,箕子!惟天阴骘下民③,相协厥居④,我不知其彝伦攸叙⑤。"

箕子乃言曰:"我闻在昔鲧陻洪水⑥,汨陈其五行⑦,帝乃震怒,不畀洪範九畴⑧,彝伦攸斁⑨,鲧则殛死⑩,禹乃嗣兴⑪;天乃锡禹洪範九畴⑫,彝伦攸叙。

【注释】

①惟,发语词。有,又。祀,年。十三年,指武王伐商二年后,武王十一年伐商。见《牧誓》篇注。　②访,谋。《史记》作访问。箕子,商纣王的叔父。③骘(zhì至),《孔传》:"定也。"《史记》也作"定"。故骘可通为定。然孙星衍《尚书今古文注疏》认为:《吕氏春秋·君守篇》云:"《洪範》曰:'惟天阴骘下民。'阴之者,所以发之也。"高诱注:"阴阳升骘也,言天覆生下民,王者助天举发,明之以仁义也。"马融曰:"阴,覆也。骘,升也。升犹举也,举犹生也。"王世舜《尚书译注》认为马融的解释比较符合原义。《尔雅·释畜》:"牡曰骘。"《说文》:"骘,牡马也。"可见,"骘"的本义是公马,公马属阳,又《尔雅·释诂》:"骘,升也。"所以高

诱把"阴骘"解释为"阴阳升骘也,言天覆生下民"。据此,"阴骘"在这里含有阴阳相配以生息蕃衍的意思。可备一说。 ④协,和。厥,其,指下民。 ⑤彝,常。伦,理。攸,所。叙,顺序。彝伦攸叙,《汉书·五行志》注:应劭曰:"……言天覆下民,王者当助天居,我不知居天常理所次序也。"意思是天荫覆下民而定其居,视其合于善恶以定之。 ⑥在昔,从前。鲧,见《尧典》篇注。陻(yīn 因),堵塞。 ⑦汩(gǔ 古),乱。陈,列。其,代指天。 ⑧畀(bì 闭),给。畴,种类。九畴,即下文所列举的一,五行;二,五事;三,八政;四,五纪;五,皇极;六,三德;七,稽疑;八,庶征;九,五福、六极。其中以第五畴"皇极"作为君王统治的准则,为全部统治大法的中心,其余各畴大都是为了建立好"皇极"所施展的各种统治手段和方法。 ⑨斁(dù 杜),败坏。 ⑩则,既。殛,诛。鲧的结局有两种说法,一说是诛杀,二说是流放。这里说在流放中死去,为调和之说。⑪禹,相传鲧的儿子,参见《尧典》篇注。嗣,继承。兴,起,这里指禹继承鲧治理洪水。 ⑫锡,赐给。

【译文】

周武王十三年,武王访问箕子,谋划计策,武王说道:"唉,箕子!上帝庇荫安定天下众民,使他们相互和睦地生活在一起,我不知道治理天下常理所规定的秩序。"

箕子回答说:"我听说从前鲧用堵塞的办法治理洪水,扰乱了上帝安排的水、火、木、金、土五行的运行规律,上帝震怒,不给鲧九种大法,治国的常理因此败坏了,后来鲧在流放中死去,禹继承鲧的事业平治水患;上帝就赐给禹九种大法,治理国家的常理就安定了下来。

"初一曰五行①,次二曰敬用五事②,次三曰农用八政③,次四曰协用五纪④,次五曰建用皇极⑤,次六曰乂用三德⑥,次七曰明用稽疑⑦,次八曰念用庶征⑧,次九曰向用五福⑨,威用六极⑩。

【注释】

①五行,即水、火、木、金、土,详见下文。 ②五事,君王的五种行为。③农,勉。八政,八项政务。 ④协,谓符合天时。五纪,五种记时方法。 ⑤建,建立。皇,大。极,至高无上。皇极即下文的君王的五种统治原则。 ⑥乂(yì 异),治。三德,三种治理臣民的方式。 ⑦稽,考。疑,疑问。明用稽疑,运用卜筮进行决策。 ⑧念,考虑。庶,众、多。征,征兆,指几种检验君王行为的征兆。⑨向,通"飨"、"受",引申为奖。向用五福,以五种幸福为奖。 ⑩威,《史记》作"畏"。威用六极,以六种责罚为惩。

【译文】

“第一,五行;第二,恭敬地做好五件事;第三,努力做好八项政务;第四,符合天时的五种记时方法;第五,建立至高无上的统治原则;第六,推行三种治理臣民的方式;第七,运用卜筮考稽疑难进行决策;第八,考虑各种征兆;第九,用五福奖励,用六极惩罚。

“一、五行:一曰水,二曰火,三曰木,四曰金,五曰土①。水曰润下,火曰炎上,木曰曲直,金曰从革,土爰稼穑。润下作咸,炎上作苦,曲直作酸,从革作辛,稼穑作甘②。

“二、五事③:一曰貌,二曰言,三曰视,四曰听,五曰思④。貌曰恭,言曰从,视曰明,听曰聪,思曰睿⑤。恭作肃,从作乂,明作哲,聪作谋、睿作圣⑥。

“三、八政⑦:一曰食,二曰货,三曰祀,四曰司空,五曰司徒,六曰司寇,七曰宾,八曰师⑧。

“四、五纪:一曰岁,二曰月,三曰日,四曰星辰,五曰历数⑨。

【注释】

①五行,即水、火、木、金、土五种物质。最初为物质间自然发生的关系,并没有哲学和术数的意思。 ②润,湿。炎,《说文》:“火光上也。”言其性也。从,顺。革,变革,指金可以按人的要求改变形状。爰,《史记》作“曰”,音近借用。稼穑,种植收获,指农事。咸、苦、酸、辛、甘:物质之用。曾运乾《尚书正读》说:“润下炎上,言其性也。作咸作苦,言其用也。” ③五事,即下文的貌、言、视、听、思。配恭、从、明、聪、睿,作为行为的标准。《洪範》基本上用韵,这与西周的铭文用韵一样,是一种较早期的文风。此五字前四字是东阳合韵,“睿”转元部。④貌,容仪。 ⑤恭,敬。从,顺。言曰从,指说话要合乎道理。聪,远听曰聪。睿,通达。 ⑥肃,心敬也。乂,治。哲,智慧。谋,敏也。睿作圣,郑玄注:“圣于事无不通也。” ⑦八政,八种政务,即下文的食、货、祀、司空、司徒、司寇、宾、师。 ⑧食,郑玄曰:“掌民食之官,若后稷者也。”货,郑玄曰:“掌金帛之官,若《周礼》司货贿者是也。”祀,郑玄曰:“掌祭祀之官,若宗伯者也。”司空,郑玄曰:“掌居民之官。”司徒,郑玄曰:“掌教民之官也。”司寇,郑玄曰:“掌诘盗贼之官。”宾,郑玄曰:“掌诸侯朝覲之官,《周礼》大行人是也。”师,郑玄曰:“掌军旅之官也,若司马也。”《尚书大传》:“八政何以先食?《传》曰:食,万物之始也,人事之所本也,故八政先食是也。”《洪範》的思想是先经济,次宗教神权,再次行政三官,第四

外交,最后军事。与传统的“国之大事,在祀与戎”的思想不符,这可能是《洪範》作者的思想表现。 ⑨五纪,五种记时方法。纪,《广雅·释诂》:“识也。”岁,即三百六旬六日,以闰月定四时成岁也。月,从朔日至晦,大月三十日,小月二十九日。日,一天周而复始。星辰,即二十八宿。历数,历法。

【译文】

“一(第一畴),五行:第一是水,第二是火,第三是木,第四是金,第五是土。水向下面润湿,火向上面燃烧,木可以弯曲或伸直,金可以按人的需要改变形状,土可以生长庄稼。向下润湿的水产生咸味,向上燃烧的火产生苦味,可以弯曲伸直的木产生酸味,可以根据人的需要改变形状的金产生辣味,生长庄稼的土地产生甜味。

“二(第二畴),五种行为标准:一是仪容,二是言论,三是观察,四是听闻,五是思考。仪容要恭敬,言论要合乎道理,观察要明白,听闻要聪敏,思考要通达。仪容恭敬就能严肃,言论合乎道理就能够治理,观察清楚就能智慧不昧,听闻聪敏就能善于谋略,思考通达就能达到圣明。

“三(第三畴),八种政事:一是掌管农业生产的官员,二是掌管财货的官员,三是掌管祭祀的官员,四是掌管居住工程的官员,五是掌管教化的官员,六是掌管司法刑狱的官员,七是掌管诸侯朝觐的官员,八是掌管军事的官员。

“四(第四畴),五种记时方法:一是年,二是月,三是日,四是星辰,五是历法。

“五、皇极:皇建其有极①,敛时五福②,用敷锡厥庶民③。惟时厥庶民于汝极④,锡汝保极⑤。凡厥庶民,无有淫朋⑥,人无有比德⑦,惟皇作极⑧。凡厥庶民,有猷有为有守⑨,汝则念之⑩。不协于极⑪,不罹于咎⑫,皇则受之⑬。而康而色⑭,曰:‘予攸好德⑮。’汝则锡之福⑯,时人斯其惟皇之极⑰,无虐茕独⑱,而畏高明⑲。人之有能有为,使羞其行⑳,而邦其昌㉑。凡厥正人㉒,既富方谷㉓。汝弗能使有好于而家㉔,时人斯其辜㉕。于其无好德㉖,汝虽锡之福,其作汝用咎㉗。无偏无陂,遵王之义㉘;无有作好,遵王之道㉙;无有作恶,遵王之路;无偏无党,王道荡荡㉚;无党无偏,王道平平㉛;无反无侧,王道正直㉜。会其有极㉝,归其有极㉞。曰皇极之敷言㉟,是彝是训㊱,于帝其训㊲。凡厥庶民,极之敷言㊳,是训是行,以近天子之光㊴。曰天子作民父母,以为天下王。

【注释】

①皇,君主、王。皇极,君王的统治准则。 ②敛,聚。时,是、此,代词。五福,谓寿、富、康宁、喜好美德、善终。 ③用,以。敷,遍、布。锡,赐、予。厥,其,指君王。这里作定语用。 ④惟,语助词。于,以。汝,你,指君王。于汝极,是说庶民接受你的准则。又曾运乾《尚书正义》说:时,犹承也。并认为此句语倒,犹云:“惟厥庶民承于汝极。”亦犹云:“惟厥庶民承极于汝也。” ⑤锡,赐、进献的意思。保,遵循的意思。 ⑥淫,游。朋,小团体,朋党。淫朋,即通过游逸,交结成邪党。 ⑦人,杨筠如《尚书覈诂》以为此处是指在位之官员,与庶民有别。比,勾结。《论语》孔注曰:“阿党为比。”比德与淫朋意思相近。⑧惟,只。 ⑨猷,谋。 ⑩念,《说文》:“常思也。”或谓念与“敬”同。⑪协,合。 ⑫罹,与“离”同,陷于、遭受的意思。咎,罪。 ⑬受,容纳,这里有宽容之意。 ⑭第一个而,人称代词,汝、你;第二个而,连词。康,安。色,温润。 ⑮予,我。攸,修。好,美。德,指君王所建立的准则。 ⑯锡,赐。福,福禄。 ⑰斯,王引之《经传释词》:“犹则也,乃也。”惟,思。 ⑱茕(qióng 穷),孤。茕独,指鳏寡孤独,无依靠的人。 ⑲高明,马融谓:“显宠也。”指贵族。 ⑳羞,《尔雅·释诂》:“进也。”一说修、循,亦近。 ㉑其,乃。 ㉒厥,语助词。正,《尔雅·释诂》:“长也。”正人,政人。孙星衍《〈尚书〉今古文注疏》云:“正人谓在位之正长。”即官员。 ㉓富,读为福,《广雅》:“福,备也。”方,并。谷,禄位。既富方谷,既有福又有禄。 ㉔好,善。于,给。而,你。家,指王室。 ㉕辜,罪。 ㉖于,如。其,那些。好,喜好。 ㉗汝虽锡之福,郑玄曰:“无好于汝家之人,虽锡之以爵禄,其动作为汝用悉。谓为天子结怨于民。”其作汝用咎:其,乃。杨筠如说:“作,读酢,《礼记·少仪》注:‘酢或为作。’是其证。”酢,报也。用,以。咎,《广雅·释诂》:恶。 ㉘陂,即颇,不平不正叫颇。义,法。 ㉙好,私好。道,中道。 ㉚党,朋党。荡荡,宽广。 ㉛平平,旧读 pián,形容治理有序。蔡沈《书集传》曰:“平平,平易也。”则读为 píng。㉜无反无侧,马融曰:“反,反道也。侧,倾侧也。”《诗传》云:“反侧,不正直也。”郑玄注《周礼》云:“反侧,犹背违法度也。” ㉝会,聚集。其,那。会其有极,郑玄曰:“谓君也当会聚有中之人以为臣也。” ㉞归,归向。归其有极,郑玄曰:“谓臣也当就有中之君而事之。” ㉟敷,陈也。皇极之敷言,倒装句,犹敷言之皇极。 ㊱彝,法。训,教。 ㊲于,与惟字通。帝,上帝。训,顺。本句犹言惟帝是顺。 ㊳极之敷言,倒装句,是说把上面所述的陈言,当作最高准则。㊴训,顺。行,奉行。近,《说文》:“附也。”或以为近通昕,明也。可备一说。

【译文】

“五(第五畴),君王至高无上的统治准则:君王要建立至高无上的准则。要聚合五种幸福,普遍赐予他的广大民众。这样,民众就会拥护你的准则,进献你遵循准则的方法。凡君王之民众没有结成朋党的,官员没有相互勾结的,只有君王建立的准则。凡是君王之民众,有谋略,有作为,有操守的,君王就要常常牵挂他们。民众的行为不符合君王的准则,又没有陷入罪恶的,君王就要宽容他们。你要和颜悦色地说:“我建立了美好的准则。”你要赐给民众福禄,这样民众才能想着至高无上的准则。不虐待无依无靠的人,也不惧怕显宠的贵族。一个人有能力,有作为,就可以进用他们,使他们施展才能,你的国家才会昌盛。凡是君王之官员,一并赐予福禄。你不能使民众为国家取得功绩,这些人就会怪罪。如果这些人不喜欢君王的准则,你虽然赐给他们幸福,他们却以罪恶来回报你。不要有不平,不要有不正,遵循王的法则;不要有私好,遵循王的中道;不要行邪恶,遵循王的正路;不要有偏心,不要结朋党,王的中道宽广;不要结朋党,不要有偏心,王的中道公平;不要违反,不要倾侧,王的中道正直。聚集那些依法则办事的官员,官员也就归向建立了准则的君王。所以说,陈述君王至高无上的准则,是法律是教导,是顺从上帝的教导。凡君王之民众,陈述君王至高无上的准则,顺从它,奉行它,以临近天子的光辉。所以说,天子作民众的父母,从而成为天下的君王。

“六、三德①:一曰正直,二曰刚克,三曰柔克②,平康正直③。强弗友刚克,燮友柔克④。沈潜刚克,高明柔克⑤,惟辟作福,惟辟作威,惟辟玉食⑥;臣无有作福作威玉食。臣之有作福作威玉食,其害于而家,凶于而国⑦。人用侧颇僻⑧,民用僭忒⑨。

【注释】

①三德:曾运乾《尚书正读》曰:“德者,内得于己、外得于人之谓。三德者,人之气禀不同,有是三者也。” ②正,端正。直,平直。《左传·襄公七年》:“正直为正,正曲为直。”克,胜。刚克,用强硬的办法去战胜。柔克,用软办法去战胜。③平,正。康,和。平康正直,是说人性的中正平和。 ④友,亲近。强弗友刚克,刚强不可亲之性,靠刚胜。燮(音 xiè 谢),和。燮友柔克,态度柔和可亲之性,靠柔胜。 ⑤沈,同“沉”,沈潜与下文“高明”相对为文。沉、潜皆有下的意思。沈潜刚克,意思是对阴伏欲反抗的应当镇压。高明,这里指光明正大的顺从者。高明柔克,对光明顺从的应当怀柔。 ⑥惟,只有。辟,君王。威,指刑罚。惟辟作福,惟辟作威,是说君王独掌赏赐和刑罚大权。玉食,美食。 ⑦其,则。而,你,指君王。家,王室。对古代的君王来说,国与王室是不分的。国,邦国。

⑧用,因。侧,偏、不正。颇,偏颇、不公正。僻,邪、不正。　⑨僭,差。忒与慝同,慝,恶。僭慝,指犯上作乱一类事。

【译文】

"六(第六畴),人有三种禀性:一是端正平直,二是刚强取胜,三是柔顺取胜。中正平和,便能端正平直。刚强不可亲近,靠刚强致胜。柔和可亲,靠柔顺取胜。对阴伏于下欲反抗的,要靠刚强战胜。对光明正大服从的,要靠怀柔安抚。只有君王才有权赏赐幸福,只有君王才有权实行惩罚,只有君王才可以享受美食,臣下没有权利赏赐幸福,实行惩罚,享受美食。假如臣下有权赏赐幸福、实行惩罚、享受美食,则会危害你的王室,祸乱你的国家。百官将因此偏颇不正,民众将因此犯上作乱。

"七、稽疑:择建立卜筮人,乃命卜筮①:曰雨,曰霁,曰蒙,曰驿,曰克,曰贞,曰悔,凡七。卜五,占用二,衍忒②,立时人作卜筮,三人占,则从二人之言③。汝则有大疑,谋及乃心,谋及卿士,谋及庶人,谋及卜筮④。汝则从,龟从,筮从,卿士从,庶民从,是之谓大同。身其康强,子孙其逢吉⑤。汝则从,龟从,筮从,卿士逆,庶民逆,吉。卿士从,龟从,筮从,汝则逆,庶民逆,吉。庶民从,龟从,筮从,汝则逆,卿士逆,吉⑥。汝则从,龟从,筮逆,卿士逆,庶民逆,作内吉,作外凶⑦。龟、筮共违于人,用静吉,用作凶⑧。

【注释】

①稽,《说文》作"卟","卜以问疑也"。问龟曰卜,问蓍曰筮。一般殷人多用龟甲兽骨来占卜,周人多用蓍草来筮卦。《诗·大雅·绵》:"爰始爰谋,爰契我龟。"现在陕西周原已发现西周甲骨,证明周人也曾用卜。顾炎武《日知录》卷一云:"古人求神之道不止一端,故卜筮并用而终以龟为主。"稽疑,用卜筮决定把握不准的事情。卜筮人,占卜的贞人、算卦的筮人。命,教也。　②雨、霁、蒙、驿、克均为龟兆之形。郑玄注谓:雨,"兆之体,气如雨然也"(见《史记·宋微子世家·集解》引)。霁,一作"济",郑玄注:"如雨止之云气在上者也。"蒙,"色泽而光明也。"驿,一作"圛",郑注曰:"气不释,郁冥冥也。"克,郑注曰:"如祲气之色相犯也。"衍忒,忒一作贷,郑玄曰:"内卦曰贞,贞,正也。外卦曰悔,悔之言晦也,晦犹终也。卦象多变,故言衍贷(忒)也。"衍,演也。贷,通"变"。　③立时人,郑玄注:"立是能分别兆卦之名者,以为卜筮人。"即立能通演变的人担任占卜算卦者。三人占,则从二人之言,郑玄注:"卜筮各三人,太卜掌三兆,三易。从其多者,著龟

之道幽微难明，慎之深。”　④则，王引之《经传释词》：“犹若也。”汝则有大疑，谋及乃心，谋及卿士，谋及庶人，谋及卜筮，顾炎武《日知录》卷一曰：“占卜之事，古代皆先人后龟。《诗·大雅·绵》：‘爰始爰谋，爰契我龟。’《易·系辞》曰：‘人谋鬼谋，百姓与能。’皆先人后龟，与此谋及乃心，谋及卿士，谋及庶人，谋及卜筮之说合。”但这与商人的事事必先占卜的重视情况不太符合，周以后占卜的地位逐渐下降，但也有一个过程。故刘起釪说：“实际上周初的占卜算卦仍然有重要地位。这从下面列举的‘一大吉，三中吉，一小吉及动则不吉’的六种情况中，只要是龟和筮都吉的，不论君王、卿士、庶民动向如何，总之都是吉，反之，都是凶。在龟和筮二者中，又以龟为主。文中凡遇到筮逆龟从时，还是从以龟卜的结果为断。……这实际是保存了殷代的特点。文中所表现的精神是对卜筮态度的极端重视。”(《〈洪範〉成书时代考》，载《中国社会科学》1980年3期)　⑤逢，马融云：“大也。”　⑥“汝则从……卿士逆，吉”一段，郑玄注：“此三者皆从多。”⑦汝则从，龟从，筮逆，卿士逆，庶民逆，作内吉，作外凶，郑玄注：“此逆者多，以故举事于境内则吉，境外则凶。”　⑧作，动。龟筮共违于人，用静吉，用作凶，郑玄注：“龟筮皆与人谋相违，人虽三从，犹不可以举事。”

【译文】

“七(第七畴)，用卜筮决断疑问，选择确定占卜筮卦的人，教化他们占卜筮卦：卜筮的征兆有的为雨，像下雨，有的为霁，像雨后天上的云气，有的为蒙，像雾气，有的为驿，像聚散飘忽若有若无的云气，有的为克，像二兆相侵，有的为贞，内卦，有的为悔，外卦，凡此七种。前五种是卜龟甲的兆象，后二种是用筮蓍草的卦象，由此推演变化。确定能推衍变化的人进行卜筮，三个人分别占卜，就应信从两个人的说法。你如果有重大的问题、疑问，自己反复考虑，和卿士商量，和庶民商量，问及卜筮。你如果赞同，龟卜赞同，筮卦赞同，卿士赞同，庶民赞同，这就叫做大同。这样，自己的身体会健康强壮，子孙后代会兴旺大吉。你自己如果赞同，龟卜赞同，筮卦赞同，卿士反对，庶民反对，也算吉祥。卿士赞同，龟卜赞同，筮卦赞同，你自己却反对，庶民反对，也算吉祥。庶民赞同，龟卜赞同，筮卦赞同，你自己却反对，卿士反对，也算吉祥。你自己如果赞同，龟卜赞同，筮卦反对，卿士反对，庶民反对，作国内事吉祥，作国外事就有凶祸。龟卜筮卦都不合人意，那么，采取安静策略就吉祥，有所举动就有凶祸。

“八、庶征[①]：曰雨、曰旸、曰燠，曰寒，曰风[②]。曰时五者来备，各以其叙，庶草蕃庑[③]。一极备，凶；一极无，凶[④]。

“曰休征[⑤]：曰肃，时雨若[⑥]；曰乂，时旸若[⑦]；曰哲，时燠若[⑧]；曰谋，时寒若[9]；曰圣，时风若[10]。

"曰咎征[11]：曰狂，恒雨若[12]；曰僭，恒旸若[13]；曰豫，恒燠若[14]；曰急，恒寒若；曰蒙，恒风若[15]。

"曰王省惟岁，卿士惟月[16]，师尹惟日[17]。岁月、日时无易[18]，百谷用成，乂用明[19]，俊民用章[20]，家用平康[21]。日、月、岁时既易，百谷用不成，乂用昏不明，俊民用微，家用不宁[22]。庶民惟星，星有好风，星有好雨。日月之行，则有冬有夏。月之从星，则以风雨[23]。

【注释】

①庶，众。征，验。　②曰，为，以下皆同。旸，日出、晴天，与雨相对。燠（yù玉），暖、炎热，与寒相对。　③时，是，指示代词，指上述五种现象。各以其叙，各顺其叙，犹今言风调雨顺。庶，多。蕃，生长茂盛。庑，同"芜"，丰。　④一，指上述五种现象中的一种。极，过甚。江声曰："极备，即所谓五恒也。五者之中，一者极备，或者一者极无，皆凶。"　⑤休，美好、善行。征，征兆。　⑥肃，敬。曾运乾《尚书正读》说："时，以时至也。恒，愆阳伏阴，不能调剂也。若，譬况词，位于句末。……犹《孟子》：'言若雨时降也。'下均放此。"　⑦乂，治。　⑧哲，明。⑨谋，考虑问题。　⑩圣，通达事理。　⑪曰咎征，恶行的征兆。　⑫狂，狂妄、倨慢。恒，一直、长久。　⑬僭，差错。　⑭豫，安逸。　⑮蒙，暗。⑯省，察也。《孔传》："王所省职，兼所总群吏，如岁兼四时。"曾运乾《尚书正读》云："卿士惟月者，言卿士分统于王，如月之统于岁。"　⑰师尹惟日：师，众。尹，正。师尹，卿士下面的众官。《孔传》："卿士各有所常，如日月之有。"　⑱易，变，异常。无易，没有发生异常的变化。　⑲用，因。　⑳俊民，有才能的人。章，明、显，提拔任用的意思。　㉑家，指王室。康，安。　㉒微，隐。　㉓庶民惟星七句，马融曰："箕星好风，毕星好雨。"又《周礼·大宗伯》郑玄注云："郑司农云：'风师，箕也。雨师，毕也。'"此谓庶民如星，星好风雨，比喻庶民如星辰附依于天一样依附于君王，需要天（君王）的风雨润泽。郭嵩焘《史记札记》卷四说："月入箕则风，入毕则雨，天之所以发生万物也。而月从星之好以施行之。以喻宣导百姓之欲以达之君。"又说："冬夏者，天之所以成岁功也，而日月之行循乎黄道以佐成岁功。以喻臣奉行君令而布之民。"录以备参。

【译文】

"八（第八畴），众多征兆：为雨，为晴，为热，为寒，为风。一年中这五种现象各根据时序出现，就风调雨顺，百草生长茂盛。这五种现象中的任何一种过多，即为凶灾；任何一种现象太少，也是凶灾。

“众多美好的征兆：为肃，君王恭敬，雨水适时降落；为乂，君王修治，天气适时阳光充足，为哲，君王明哲，气候适时温暖；为谋，君王深谋远虑，天气适时寒冷；为圣，君王通达事理，天气适时刮风。

“众多恶劣的征兆：为狂，君王行为狂妄，天一直降雨；为僭，君王出现差错，天气久旱不雨；为豫，君王贪图安逸，天气炎热不消，为急，君王急躁，天气就寒冷不退，为蒙，君王昏暗，天就大风不停。

“君王视察政事得失，就像岁包括四时；卿士视察政事得失，就像月统于岁；百官视察政事得失，就像日统于月。岁、月、日适时变化，没有异常，庄稼便成熟丰收，政事治理清明，贤能之人提拔任用，国家因此太平安康。岁、月、日发生异常变化，庄稼不能成熟丰收，政治昏暗，贤能的人埋没得不到任用，国家因此不得安宁。民众像星辰依附围绕君王，他们需要君王的风雨润泽。日月按规律运行，就产生了冬夏两季。民众像星星的运行一样，要依附顺从于月亮，这样就会用君王的风雨润泽他们。

“九、五福[①]：一曰寿，二曰富，三曰康宁，四曰攸好德，五曰考终命[②]。六极[③]：一曰凶短折，二曰疾，三曰忧，四曰贫，五曰恶，六曰弱[④]。”

【注释】

①五福，五种福禄。　②攸，语助。好，喜好。考，老。终命，善终、寿终正寝。　③极，惩罚。王先谦云：“汉人说此经，以五福六极为政化美恶之应。”④凶短折，早死。郑玄以为未龀而死为凶，未冠而死为短，未婚而死为折。

【译文】

“九（第九畴），五种幸福：一为长寿，二为富贵，三为健康安宁，四为喜好美德，五为老而善终。六种惩罚：一为早死，二为疾病，三为忧愁，四为贫穷，五为邪恶，六为懦弱。”

分　　器

【题解】

《书序》曰:“武王既胜殷,邦诸侯,班宗彝,作《分器》。”周武王灭商以后,分封诸侯,赏赐宗庙彝器。《分器》讲的就是与此有关的事。它是研究周代分封制的重要史料。今仅存序,无正文。

旅　獒

【题解】

《旅獒》属梅赜《古文尚书》,《今文尚书》无此篇。

《书序》:"西旅献獒,太保作《旅獒》。"西旅,指西方的方国,可能已臣服了西周。獒(áo 熬),大犬。西旅与周交通,故献其特产獒。太保,即召公奭。太保召公以为西旅所献獒不可接受,劝勉武王奋勉慎德,以免玩物丧志,所以作了此篇训政之文。又《孔疏》引郑玄说曰:"熬读曰豪,西戎无君,名强大有政者为酋豪。国人遣其酋豪来献,见于周。"可备一说。

惟克商,遂通道于九夷八蛮①。西旅厎贡厥獒②,太保乃作《旅獒》,用训于王③。

【注释】

①克商,指周武王灭商。通道,开通道路。蔡沈《书集传》:"曰'通道'云者,盖蛮夷来王,则道路自通,非武王有意于开四夷而斥大境土也。"九夷八蛮,蔡沈:"多之称也,《职方》言四夷八蛮,《尔雅》言九夷八蛮,但言其非一而已。"九夷,一般泛指古代东方的少数民族,即东夷。《后汉书·东夷传》:"夷有九种,曰:畎夷、于夷、方夷、黄夷、白夷、赤夷、玄夷、风夷、阳夷。"八蛮,一般泛指古代南方的少数民族,即南蛮。这里泛指周王朝周边的少数民族,即后来所通称的东夷、南蛮、西戎、北狄。《左传·昭公九年》:"我自夏以后稷,魏、骀、芮、岐、毕,吾西土也。及武王克商,蒲姑、商奄,吾东土也。巴、濮、楚、邓,吾南土也。肃慎、燕、亳,吾北土也。"　②西旅,西方的方国,当属西戎一支。厎,至、来。獒,《孔疏》引《尔雅·释畜》:"犬高四尺曰獒。"《左传·宣公二年》记晋灵公有犬谓之獒。　③太保,即召公奭。训,训戒、劝导。

【译文】

周武王灭商以后,便开辟了通往周边少数民族的道路。西方的旅国来进贡大犬，太保召公奭于是作书《旅獒》，用来劝导周武王。

曰：“呜呼！明王慎德，四夷咸宾[1]。无有远迩，毕献方物[2]，惟服食器用[3]。王乃昭德之致于异姓之邦，无替厥服[4]；分宾玉于伯叔之国，时庸展亲[5]。人不易物，惟德其物[6]。

【注释】

①慎德：蔡沈《书集传》：“谨德，盖一篇之纲领也。”四夷，四方少数民族。咸，都、皆。宾，宾服、归顺、服从。　②迩，近。毕，尽、全部。献，贡献。方物，《孔传》：“方土所生之物。”　③惟，只、仅。惟服食器用，《孔传》：“惟可以供服食器用者，言不为耳目华侈。”　④昭，昭示。德之致，蔡沈：“谓上文所贡方物也。”异姓之邦，周王姬姓，周灭商前，三分天下有其二，有许多异姓方国归附。灭商后，又分封了一些异姓诸侯，如齐、武庚禄父及传说中的君王之后等。替，废弃。服，服事，这里指诸侯的职事。蔡沈：“昭示方物于异姓之诸侯，使之无废其职。”⑤伯叔之国，指与周武王同姓的诸侯国。《左传·襄公九年》：“文、武、成、康之建母弟，以蕃屏周。”周武王灭商后，分封了大批同姓诸侯，多为文王之子，武王兄弟。如管、蔡、周公、召公之类。时，是。庸，用。展亲，示亲。蔡沈：“分宝玉于同姓之诸侯，使之益厚其亲。”　⑥易，轻易。蔡沈：“王者以其德所致方物，分赐诸侯，故诸侯亦不敢轻易其物，而以德视其物也。”

【译文】

召公说：“啊！圣明的君王谨慎自己的德行，四方的少数民族都来归顺。不论远近，都会献上地方特产，仅吃穿日常用品而已。天子于是向那些异姓诸侯们分赐贡物，以昭示圣德，使他们不废弃所承担的义务。分赐宝玉给那些姬姓诸侯，以此展示骨肉之情。人们不轻视贡物，而是看这些贡物是否符合德的标准。

“德盛不狎侮[1]。狎侮君子，罔以尽人心[2]；狎侮小人，罔以尽其力[3]。不役耳目，百度惟贞[4]。玩人丧德，玩物丧志[5]。志以道宁，言以道接[6]。不作无益害有益，功乃成[7]；不贵异物贱用物，民乃足[8]。犬马非其土性不畜[9]，珍禽奇兽，不育于国[10]。不宝远物，则远人格[11]；所宝惟贤，则迩人安[12]。

【注释】

①德盛，德盛隆。狎侮，轻忽、侮慢。　②君子，与下文小人相对为文，指有一定地位的人，即统治者。　③小人，指下层民众，即被统治者。《左传·襄公

九年》："大劳未艾，君子劳心，小人劳力，先王之制也。"　④耳目，这里指感官获得声色。百度，百事。《左传·昭公元年》："兹心不爽，而昏乱百度。"杜预注："兹，此也。爽，明也。百度，百事之节也。"贞，正。《孔传》："言不以声色自役则百度正。"　⑤玩，玩弄。　⑥志，《孔传》："在心为志。"言，《孔传》："发气为言。"道，蔡沈："道者，所当由之理也。"宁，安。接，接受。又《朱子语类》："接者，酬应之谓。言当以道酬应也。"又曰："志，我之志；言，人之言。"可备一说。蔡沈："己之志，以道而宁，则不至于妄发；人之言，以道而接，则不至于妄受。"　⑦无益，《孔传》："游观为无益。"　⑧异物，《孔传》："奇巧为异物。"　⑨土性，土生土长。畜，畜养。《孔传》："非此土生不畜，以不习其用。"　⑩不育于国，《孔传》："皆非所用，有损害故。"　⑪宝，这里作以动用法。格，来、至。⑫迩，近。

【译文】

"德行盛隆就不会轻忽侮慢。轻忽侮慢官员，就不能使他们全心全意。轻忽侮悔民众，就不能使他们竭尽全力。不沉湎于歌舞女色，各种事情就办得顺顺当当。玩弄人丧失君德，玩弄物丧失志向。自己的志向合乎道理才能安定，言论合乎道理才能被人接受。不做无益的事情，事业就会成功；不贵重奇巧的东西，不轻贱实用的东西，民众才能富足。犬马等牲畜不是土生土长的不要畜养，珍禽奇兽更不要畜养在国内。不以远方的贡物为宝，那么远方的人就来归附；所宝贵的是贤才，身边的人就安定了。

"呜呼！夙夜罔或不勤①。不矜细行②，终累大德③，为山九仞，功亏一篑④。允迪兹⑤，生民保厥居，惟乃世王⑥。"

【注释】

①或，有。　②不矜，《孔传》释为"轻忽"。蔡沈以矜为矜持之矜。慎重，庄重的意思。细行，细微行为。　③累，连累、损害。　④九仞，《孔传》："八尺曰仞。"篑，盛土的竹筐。　⑤允，信。迪，行、施行。兹，此。即上面的训言。⑥生民，民众。保，安。厥，其。乃，你，指周武王。世王，即世世为王、世代为王。

【译文】

"啊！从早到晚一刻也不能不勤勉。不慎重自己的细微小节，终究会损害大的德行。犹如堆积九仞高的土山，就差一竹筐土，也不能说大功告成。要是真的做到这些，人民安其所居，您就可以世代为王了。"

旅巢命

【题解】

《书序》曰:“巢伯来朝,芮伯作《旅巢命》。”巢伯,郑玄说是“殷之诸侯,伯爵也。南方之国,世一见者。闻武王克商,慕义而来朝”。《旅巢命》就是巢伯来朝见周武王时,大臣芮伯记下的武王赞扬巢伯的诰命之辞。正文已无,今仅存序。

金　縢

【题解】

《金縢》是一篇疑窦颇多，争论较大的文字，如它在《尚书》中的顺序，《今文尚书》中居《大诰》之前，有的说在《大诰》后，也有的认为在《洪範》、《康诰》、《酒诰》之后。其制作时代也有歧说，《书序》："武王有疾，周公作《金縢》。"是作于周公本人。或说作于周公歿后，详见《论衡·感类篇》。也有说是后世史官记周初事所作，详见《尚书今古文注疏》。《书序》之说不可信，周公生前不可能知自己死后的事情。其实，《金縢》制作完成的最后时间，当为战国之时。（参见李民《〈金縢〉及其史料价值》，载《尚书与古史研究》增订本）它原本有一些周初的历史素材，又杂厕了一些传闻资料，流传至于战国，逐步形成一篇文字。

《金縢》主要写武王灭商后二年，患重病，周公祈求先王在天之灵，请求代替武王去死。祝告的册书收藏在用金丝束着的匮中。武王死后，成王幼，周公代政，管、蔡流言惑众，成王怀疑周公，上帝以"大雷电以风"示警，成王打开金縢之匮，发现了册书，了解到周公的忠诚之心，消除了疑虑，天也为之变化，由大灾变成大熟。反映出周初天命观念仍然十分重要，祝册的地位也很高，这是商代思想的影响。

既克商二年[①]，王有疾，弗豫[②]。二公曰[③]："我其为王穆卜[④]？"周公曰："未可以戚我先王[⑤]。"公乃自以为功[⑥]，为三坛同墠[⑦]。为坛于南方，北面，周公立焉。植璧秉珪[⑧]，乃告大王、王季、文王[⑨]。

【注释】

①既，表示过去。既克商二年，即周武王灭商二年后。武王于文王受命十一年灭商，是年应为文王受命十三年。　②王：指周武王。弗豫，豫，《尔雅·释诂》："豫，乐也。"《说文》心部悆字下引豫字作"悆"。于省吾《甲骨文字释林》云："《说文》悆字引《周书》曰'有疾不悆'。悆，喜也。……悆乃豫之古文，豫为后起

的借字。”　③二公,根据《史记》系指太公和召公。　④其,表示商量语气的副词。穆,敬。　⑤戚,忧。　⑥乃,就。功,质,犹今人质。公乃自以为功,周公打算祷告先王让自己代替武王去死。　⑦坛,祭坛。墠(shàn 善),祭祀用的场地。《礼记·祭法》郑玄注:“封土曰坛,除地曰墠。”　⑧植璧秉珪:植同“置”,放的意思。秉,执。璧、珪,美玉,珪的形状上圆下方。古代祭祀时常用珪璧。　⑨乃告,省主语周公。大王,即太王古公亶父,武王、周公的曾祖,是周国的开创者,迁周人于周原。王季,古公亶父的幼子,文王之父,名季历。文王,武王父姬昌。

【译文】

在灭掉商朝二年以后,周武王得了重病,心中不乐。太公、召公说:“我们为武王恭敬地占卜好吗?”周公说:“还是不要使我们的先王忧虑吧。”周公打算祷告先王,让自己为质代替武王去死,他在祭场上筑了三座坛,祭坛放置在南边,面朝着北方,周公站在上边,祭坛上放着玉璧,手捧着珪,于是向太王、王季和文王祷告。

史乃册祝曰[①]:“惟尔元孙某[②],遘厉虐疾[③]。若尔三王,是有丕子之责于天[④],以旦代某之身。予仁若考[⑥],能多材多艺[⑥],能事鬼神。乃元孙不若旦多材多艺,不能事鬼神,乃命于帝庭[⑦],敷佑四方[⑧]。用能定尔子孙于下地[⑨],四方之民,罔不祗畏[⑩]。呜呼!无坠天之降宝命,我先王亦永有依归[⑪]。今我即命于元龟[⑫],尔之许我,我其以璧与珪,归俟尔命[⑬],尔不许我,我乃屏璧与珪[⑭]。”

乃卜三龟[⑮],一习吉[⑯]。启籥见书[⑰],乃并是吉[⑱]。公曰:“体[⑲]!王其罔害。予小子新命于三王,惟永终是图[⑳]。兹攸俟,能念予一人[㉑]。”公归,乃纳册于金縢之匮中[㉒]。王翼日乃瘳[㉓]。

【注释】

①史乃册祝:史,《史记》作内史,即内史官。孙诒让《周礼正义》卷五十二“内史”下有作册,亦内史官。王国维《观堂集林·释史》考史官周初“谓之作册,其长谓之尹氏”。陈梦家《殷虚卜辞综述》对殷周史官作了论述,认为殷代作册发展至西周内作册而作册内史,而作册尹。到西周晚期为尹氏。册祝,或作祝册,《洛诰》:“王命作册逸祝册。”作册,即内史官,册祝是宗教祭祀活动中告神的两种方式。郭沫若《殷契粹编》第一片有“惠册用”与“惠高祖夒祝用”。郭氏释云:“惠册用和惠祝用为对贞,祝与册之别,盖祝以辞告,册以策告也。《尚书·洛诰》‘作册逸祝册’乃兼用二者,旧解失之。”　②元,长。某,讳武王名。　③遘,遇。

厉:危。虐,恶。　④是有丕子之责于天,俞樾云,“丕字,《史记》作负,负子者,诸侯疾病之名。《曲礼正义》引《白虎通》,‘天子病曰不豫’,言不复豫政也。诸侯曰‘负子’,诸侯子民,言忧民不复子之也。三王于殷为诸侯,故称其病为‘负子’。”此说较简明,可从。又曾运乾《尚书正读》:“丕子,史公读负子,言武王见责于天而有疾也。郑君读为不慈,言元子遇疾,若汝不救,是将有不爱子孙之过为天所责也。今按丕子当读为布兹。……《集解》云:‘兹,藉席之名。’据此,则布兹为弟子助祭以事鬼神者之一役。本文意言三王在帝左右,如需执贱役,奉事鬼神,且尤能举其职,故请以旦代某人之身也。”录以备考。　⑤仁,俞樾谓当为“佞”。佞与巧,义相近。《史记·鲁世家》作“旦巧能”。若,当作而,音近借用。考,巧。王引之谓考、巧古时通用。　⑥能,当为衍字。材,材与才通,指才能。艺,才能。　⑦乃命于帝庭,此句倒装,意指在上帝三庭接受任命。　⑧敷佑四方,杨筠如云:“《孟鼎》:‘匍有四方。’古敷与溥通。”《诗·小雅·北山》:“溥天之下,莫非王土。”敷佑四方含有这种意思。　⑨用,因。　⑩罔,不。祗,敬。　⑪坠,失。降,下。宝命,即上文“命于帝庭,敷佑四方”的王天下之命。　⑫即,既。元龟,占卜用的大龟。　⑬之,若。其,则。归,回,指回到三王身边,以身为质,代替武王去死的意思。俟,等候。　⑭屏,弃、除。　⑮三龟,一说指在三王灵前各置一龟,一说指占卜三次。今从前一说。　⑯习,重复。一习吉,指占卜的都是吉兆。　⑰启,开。籥,马融曰:“藏卜兆书管。”书,占卜之书。　⑱并,皆。　⑲体,《周礼·春官·占人》注:“体,兆象也。”又俞樾认为是发语词,表示庆幸,今从前一说。　⑳予小子:周公自称。新命,新受命。图,《尔雅·释诂》:“谋也。”永,长。终,长。惟永终是图,倒语,只是图谋周朝的长久。　㉑兹,这。攸,所。俟,大。予一人,王的专称。此处指武王,或说周公。　㉒縢:封缄用的丝。匮,匣。　㉓翼,同翌。翼日,明日。瘳,病愈。

【译文】

史官同时用策告和辞告的两种方式向先王祷告:“你们的长孙姬发,患了很严重的恶疾,假如你们三王在天,因为有了疾病,需要做子孙的去服侍,担当服侍的责任,那么就让我姬旦来替代他。我善于逢迎,巧于辞令,多材多艺,能够服侍鬼神。而你们的长孙,不像我这样多材多艺,他哪里能服侍鬼神呢?你们直接在上帝那儿承受了天命,拥有天下四方。所以能在人间安定你们的子孙,四方的民众,没有敢不敬畏的。唉!只要上帝降下的亡命不致丧失,我们先王的神灵也就永远有了安居的地方。现在我已经用神龟占卜,如果你们同意我的请求,我就带着璧和珪,回去等候你们的命令。如果你们不同意我的请求,我就把璧和珪丢弃掉。”

于是在太王、王季、文王的灵前各放置了一只龟,进行占卜,结果都是同样的吉兆。打开了藏着卜兆的书籍，翻出占卜之书一看，也都是吉兆。周公说："吉兆呀！武王没有危险了。我小子刚才从太王、王季、文王那里接受的命令，就是图谋国家的长久。这是我们的大事。也是我所考虑的。"周公返回，于是把策告的祷告词安放在用金丝线缠系的匣子里。第二天，周武王的病就痊愈了。

武王既丧，管叔及其群弟乃流言于国，曰："公将不利于孺子①。"周公乃告二公曰："我之弗辟②，我无以告我先王。"周公居东二年③，则罪人斯得④。于后，公乃为诗以贻王⑤，名之曰《鸱鸮》⑥，王亦未敢诮公⑦。

秋，大熟，未获，天大雷电以风，禾尽偃⑧，大木斯拔⑨，邦人大恐。王与大夫尽弁⑩，以启金縢之书，乃得周公所自以为功代武王之说。二公及王乃问诸史与百执事⑪。对曰："信，噫！公命我勿敢言。"

王执书以泣，曰："其勿穆卜⑫。昔公勤劳王家，惟予冲人弗及知⑬。今天动威以彰周公之德，惟朕小子其新逆，我国家礼亦宜之⑭。"

王出郊，天乃雨，反风，禾则尽起。二公命邦人，凡大木所偃，尽起而筑之，岁则大熟。

【注释】

①丧，死。《史记·封禅书》："武王克殷二年，天下未宁而崩。"即武王崩于文王受命十三年。管叔，文王第三子。郑玄曰："管，国名。叔，字。周公兄，武王弟，封于管。群弟：蔡叔，霍叔。"《管蔡世家》："武王同母兄弟十人，母曰太姒，文王正妃也。其长子曰伯邑考，次曰武王发，次曰管叔鲜，次曰周公旦，次曰蔡叔度，次曰曹叔振铎，次曰成叔武，次曰霍叔处，次曰康叔封，次曰冉季载。"又《逸周书·作雒解》云："武王立王子禄父，俾守商祀，建管叔于东，建蔡叔、霍叔于殷，俾监臣。"是群弟即谓蔡叔、霍叔，他们合称周初三监，后勾结武庚禄父发动叛乱。流言，无根之言。孺子，乳子，指成王，当时尚未成年，由周公摄政。　②我之弗辟：此句诠释较多，大致有三：一，《史记·鲁周公世家》曰："周公乃告太公望、召公奭曰：'我之所以弗辟而摄行政者，恐天下畔周，无以告我先王'……"弗辟，不回避或不避嫌之义。二，马融曰，辟为避，"避居东都"。郑玄也持此说。三，《孔传》以辟为法，"辟，法也。告召公、太公言我不以法法三叔，则我无以成周道告我先王"。实为依法惩办管蔡等叛乱者。以上三说，以《孔传》为长。　③居东，即东征。《史记·鲁周公世家》："宁淮夷东土，二年而毕定。"是说周公东征讨伐东方叛乱。

西周灭商后，还都镐京，原商朝的故土在周的东面，故称东土，东方，周公平定叛乱称为东征。皮锡瑞《经学通论》谓：刘歆、郑玄等以“居东”为“东辟”（即避东），是“乱三代之事实”。　④罪人，指参加管蔡叛乱的人。斯，尽。　⑤诗，即《豳风·鸱鸮》，《诗序》云：“《鸱鸮》，周公救乱也。成王未知周公之志，公乃为诗以遗王，名之曰《鸱鸮》焉。”贻，一作诒，遗、赠予。　⑥鸱鸮（chī xiāo 吃消），鸟名，这里用作诗的题目。　⑦诮（qiào 俏），让，有责备的意思。　⑧秋，秋天。以，兴。偃，倒伏。　⑨斯：尽。　⑩邦人，即国人，一般指奴隶主和平民。弁，朝礼之服。　⑪诸史，诸位史官。百执事，众执政官员。　⑫穆，敬。曾乾运曰：“其勿穆卜者，先启金縢，欲取宝龟以稽天变。今事既大白，故云其勿穆卜也。”　⑬惟，只。予冲人，周成王自称。冲人，年幼的人，有时为王的自谦。⑭惟：发语词。新逆，马融作亲迎。本文是史官追记周公死后，成王启金縢事。所以“亲迎”不是周成王亲迎周公返回都城，而是成王欲亲自主持周公改葬时的“迎神”之礼。古人葬与改葬都有“迎神”之举。（参见李民《〈金縢〉及其史料价值》，载《〈尚书〉与古史研究》增订本）

【译文】

武王死了以后，管叔和他的几个弟弟在国内散布谣言，说：“周公将做不利于年幼的成王的事情。”于是，周公对太公、召公说道：“我现在如果不依法惩办管叔等叛乱者，我就不能稳定周王朝的统治，告慰我们的先王。”周公东征平叛二年，参加叛乱的罪人都受到了惩罚。后来，周公做了一首诗送给成王，诗名叫《鸱鸮》，成王也就不敢责备周公。

（周公死的）那一年的秋天，丰收在望，还没有收获，忽然天上电闪雷鸣，刮起大风，把庄稼都吹倒了，大树也连根拔起。国人非常恐慌。成王和王公大臣都穿礼服、戴礼帽，来打开金线封固的匣子，于是得到了周公以自亡做人质请求代替武王去死的祷告策书。太公、召公和成王就询问史官和众多执事官员。他们回答说：“是的。唉！周公命令我们保密，我们哪里敢说呢。”

成王捧着策书，流着眼泪说：“我们用不着恭敬地占卜了。周公以前替周王朝辛勤操劳，这是我这个年幼的人全然不知的。现在上帝发怒，来惩罚我们，表彰周公的德行，我应当亲自去迎接周公遗体改葬，这与我们国家的礼仪是相适宜的。”

成王迎出郊外，天就下起雨，风向也变了，倒伏的庄稼又都吹站了起来，太公、召公命令国人，凡是被吹倒的大树都扶起来，用土培根加固。这一年依然是大丰收。

大诰

【题解】

诰,告戒、劝勉,一般上对下用诰。大诰即普遍告喻。《史记·周本纪》:"初,管、蔡畔周,周公讨之,三年而毕定,故初作《大诰》,次作《微子之命》,次《归禾》,次《嘉禾》,次《康诰》、《酒诰》、《梓材》,其事在周公之篇。"《鲁周公世家》:"管、蔡、武庚等果率淮夷而反。周公乃奉成王命,兴师东伐,作《大诰》。"可见《大诰》是周公所作在《尚书》中较早的一篇诰词,成书在周公摄政、管蔡叛乱之后。《书序》:"武王崩,三监及淮夷叛,周公相成王,将黜殷,作《大诰》。"和司马迁说法不同,应在周公东征之初。结合《大诰》内容来看,《书序》可从。

《大诰》文字诘屈聱牙,十分接近周代金文,是一篇西周初期的珍贵作品,史料价值极高。在诰词中,周公向各诸侯国国君及他们的官员们,反复强调平定叛乱,进行东征的重要意义,希望他们同心同德,顺应天意,随从平叛,除恶务尽。

王若曰①:"猷②!大诰尔多邦③,越尔御事④。弗吊⑤!天降割于我家⑥,不少延!洪惟我幼冲人⑦,嗣无疆大历服⑧。弗造哲迪民康⑨,矧曰其有能格知天命⑩?

"已⑪!予惟小子若涉渊水,予惟往求朕攸济⑫。敷贲⑬,敷前人受命⑭,兹不忘大功!予不敢闭于天降威⑮,用宁王遗我大宝龟⑯,绍天明⑰,即命曰⑱:'有大艰于西土,西土人亦不静⑲。'越兹蠢⑳。殷小腆诞敢纪其叙㉑。天降威,知我国有疵㉒,民不康,曰:'予复㉓。'反鄙我周邦㉔。今蠢,今翼日,民献㉕。有十夫予翼㉖,以于敉宁、武图功㉗。我有大事㉘,休㉙!朕卜并吉㉚!

【注释】

①王若曰,陈梦家以为由史官或大员代王宣命称"王若曰"。于省吾《王若曰

释义》(载《中国语文》1966 年 2 期)引王引之说,"王若曰"当作"王如此说"。凡王直接命令臣属从来不称"王若曰",凡史官宣示王命臣或王呼史官册命臣某而称"王若曰"者,多在一篇之首或一篇的前一段,以下复述时都称为"王曰"。于氏以为《多方》的"周公曰王若曰"系周公宣示王如此说的语例。《大诰》、《多士》的"王若曰"皆蒙前与此例相同,其余各篇参见上释。 ②猷(yōu 忧),发语词。③诰,周代把天子对臣下的训诰、宣示叫诰。尔,你、你们。多邦,分封的诸侯和归附的方国。 ④越,连词,与、和。御事,为王室政事服务的官职的一种概括性的称呼。参见《牧誓》篇注。 ⑤弗,不。吊,通"淑",善也。 ⑥割,《广雅·释诂》:"害也。"我家,意思与《盘庚》"乱越我家"、《微子》"吾家耄逊于荒"的我家、吾家相同,指王室。 ⑦洪惟,周语常用的发语词,无义。幼冲人,周成王自称。 ⑧嗣,继。疆,界限;无疆,有永恒的意思。历,数。服,服事。大历服,指天子的职责,职位。 ⑨弗,不。造,遭,古时造、遭通用,遭逢。哲,明智。迪,道、导。康,安。句意谓没有遇到明智的人,引导人民达到安康。 ⑩矧,况。格,推究。 ⑪已,感叹词。 ⑫予惟小子,即予小子,周公自己的谦称。攸,王引之曰:"犹,所以也。"济,渡。 ⑬敷,布、摆开的意思。贲,大龟名。《尔雅·释鱼》:"龟三足,贲。"故章太炎《古文尚书拾遗》训贲为龟。《盘庚》有"非敢违卜,用宏兹贲"。敷贲,把占卜的龟兆拿出来给大家看。商周时代用占卜以决大事。 ⑭敷,周秉钧《尚书易解》说:"当读为辅,佐也,敷辅同声,例得通用。"⑮闭,壅塞、关闭。 ⑯宁王,孙诒让最早指出当作文王,古文字中文宁字形相近致误。 ⑰绍,曾运乾说:"绍读为卲,《说文》:'卲,卜问也。'"天明,即天命。⑱即,则。命曰,指卜辞。 ⑲西土,指西周。西土人,周人自称。东方原殷商故土反叛,周人东征,故称西土,西土人。 ⑳越,于是。兹,指示代词,这,指参加叛乱的人。蠢,动。 ㉑殷小腆,殷小主,指发动叛乱的武庚禄父。腆,主。诞,其。纪,理。叙,与"绪"同,指叙统。纪其叙,指武庚理其已灭亡的商朝叙统。㉒威,灾害一类的惩罚。疵,病,喻周武王之死及周公见疑于群弟,政局不稳定。㉓予,我。复,复国。这是周公引述武庚的话。 ㉔鄙,鄙视、瞧不起。周邦,周王朝。周原是商之方国,自称小邦周,灭掉大邑商,故商人有鄙视不服之言。一说鄙为图。 ㉕翼,俞樾曰:"《说文》:'翼,飞貌。'"日,杨筠如以为可能是曰字之误。曰,于也。民献,颜师古《汉书·翟方进传》注引孟康曰:"民之表仪,谓贤者。"此句中,蠢以虫喻,翼以鸟喻,形容武庚蠢动(叛乱)后,淮夷纷纷响应,参加叛乱的人很多。 ㉖有十夫予翼,《孔传》:"四国人贤者有十夫来翼佐我周。"予翼,即翼我,辅助我。 ㉗于,往。敉(mǐ 米),王国维以为古弥、敉声近,当读为弥。弥,《诗传》:"终也。"宁、武,文王、武王。图功,王引之谓大功也,古图、大声近。　㉘大事，国之大事，在祀与戎。这里指东征大事。　㉙休，美、善。联系上下文当指祈求得到吉兆。　㉚并，都、皆。

【译文】

周王这样说："啊！我现在便告诉你们这些诸侯和你们这些办事的官员们。不幸啊！上天给我们周王朝降下的灾祸，近来一直没有间歇过。年轻幼稚的我继承了这份永世长存的王业，只因为没有遇到贤哲的人，引导我的民众达到安康，我怎么可以说自己已经能推究认识了天命呢？

"唉！年轻的我好像一个站在岸边准备渡过深渊的人，我必须寻求怎样渡过的方法。因此，我应当把占卜大龟的卜兆公布出来，再把我先王接受天命的事实讲出来，这样才可以不失掉先王所创建的大功！我不敢把上帝降下灾祸这一重要的事情掩盖起来，我要用文王传给我们的大宝神龟来卜问上帝的命令。命辞上说：'有很大的灾祸降临到周朝来，就是周朝内部也有人不安静。'于是这些叛乱分子蠢蠢欲动。殷人的小王武庚禄父竟敢妄想复辟他们已灭绝的王统。在上帝向我周朝降下惩罚的时候，他们知道我们国内有凶丧，民众也不安康，就叫嚷：'我们光复商朝的时候到来了！'他们鄙视并反叛我们周朝。现在正蠢蠢欲动地发动叛乱，许多地方的人们响应叛乱。现在叛乱国家里有十余位贤者归顺辅佐我们，和我们一起去完成文王和武王谋求的功业。现在，我准备出兵东征了，占卜吉利吗？我的占卜全都得到了吉兆！

"肆予告我友邦君[①]，越尹氏、庶士、御事[②]，曰：'予得吉卜，予惟以尔庶邦[③]，于伐殷逋播臣[④]。'尔庶邦君越庶士、御事罔不反曰[⑤]：'艰大，民不静[⑥]。亦惟在王宫、邦君室[⑦]，越予小子考翼[⑧]，不可征，王害不违卜[⑨]？'

"肆予冲人永思艰[⑩]，曰：呜呼！允蠢鳏寡[⑪]，哀哉！予造天役[⑫]，遗大投艰于朕身[⑬]，越予冲人不卬自恤[⑭]。义尔邦君，越尔多士、尹氏、御事，绥予曰[⑮]：'无毖于恤[⑯]，不可不成乃宁考图功[⑰]。'

"已！予惟小子[⑱]，不敢替上帝命[⑲]。天休于宁王，兴我小邦周[⑳]，宁王惟卜用[㉑]，克绥受兹命[㉒]。今天其相民[㉓]，矧亦惟卜用[㉔]。呜呼！天明畏，弼我丕丕基[㉕]！"

【注释】

①肆，故。友邦君，指臣服于周的方国和所分封的诸侯。　②越，与、和。尹氏，内史别称，内史即史官，甲骨文、金文中的作册。庶士，众多大臣。御事，见

上文注。 ③予，我。惟，谋。以，率领。庶邦，众多诸侯国。 ④于，往。逋播，逃散。 ⑤反，反对。 ⑥艰大，即大艰。民不静，指周朝内部的民众也不安定，情况十分危险。 ⑦惟，有。指民不静是因为有管叔、蔡叔这些在王宫、诸侯国中的人从内部响应武庚叛乱。 ⑧越，语助词。予小子，庶邦君等的谦称。考，思虑深远。翼，敬慎。 ⑨害，读作“曷”。曷，何、为什么。 ⑩肆，故。予冲人，指成王。永，长久。思，考虑。艰，指上文的大艰。 ⑪允，信。蠢，动。鳏，失去妻子的人。寡，失去丈夫的人。允蠢鳏寡，曾运乾说：“言今起师旅，扰动鳏寡，实可哀哉。” ⑫造，遭。役，同“疫”，灾难。天役，上天降下的灾难。 ⑬遗、投，降给的意思。遗大投艰于朕身，天给我周朝降下了大灾难。 ⑭越，语助词。卬，身，指我自身。恤，忧，劝诫周成王不要仅仅为自身的安危忧虑。 ⑮义，宜、应该。越，和、与。绥，告诉。 ⑯毖，劳。恤，忧虑。 ⑰成，成就。乃，你。考，父。宁考，文考，指文王。图，图谋。功，功业。 ⑱予惟小子，即予小子。惟，助词。此段是成王的话。 ⑲替，废。 ⑳休，美、善，有嘉奖的意思。一说休，树荫，引申为庇护。《汉书·外戚传下》有：“依松柏之余休。”亦通。宁王，文王。小邦周，周原是归附于商的西土方国，灭商后仍谦称小邦周。 ㉑惟，语助词。卜，占卜。宁王惟卜用，文王采用占卜的旨意。 ㉒克，能够。绥，杨筠如说读为绥(ruí 蕤)，绥的借字。《尔雅·释诂》：“绥，继也。” ㉓相，助。今天其相民，《孔传》云：“民献十夫，是天助民。” ㉔矧，王引之《经传释词》：“犹又也。” ㉕天明，天命。畏，读作威。弼，辅佐。丕，大。基，基业。

【译文】

“因此，我要告谕我的诸侯以及史官、政务官和王室近臣说：‘我已经得到了吉利的卜兆，我要带着你们众多诸侯国的军队去讨伐那些殷人的亡命的叛臣。’但是，你们许多国君和百官、王室近臣却都反对说：‘局势如此严重，周朝内部的民众又不安宁。有些响应者就在我们王室内部和诸侯公室内，我们这些小人反复考虑认为，不能征讨，王呀！你为什么不可以违背占卜呢？’

“所以，我深思熟虑地斟酌了这些困难，我想：唉！军队东征讨伐，确实会扰乱天下孤苦无依的民众，多么哀痛啊！我不幸遭受了上帝的责罚，并且将这样的大灾难降临到我身上。我这个年轻的王不能仅仅为自身的安危荣辱而忧虑。你们这些国君以及诸多官员、史官、王室近臣应该劝谏我说：‘您不要劳神忧自身，不该不去完成您的先人文王谋求实现的功业。’

“唉！我这个年轻的王，决不敢废弃上帝的命令。上帝嘉美文王，才使我们小小的周国兴盛起来。文王遵循着占卜的旨意行事，所以能够继承天命。现在，上帝又要援助我的民众了，况且，这也是按占卜的旨意行事。啊呀！天命威严，帮助我成就伟大的功业吧!”

王曰[①]:“尔惟旧人[②],尔丕克远省,尔知宁王若勤哉[③]? 天閟毖我成功所[④],予不敢不极卒宁王图事[⑤]。肆予大化诱我友邦君[⑥],天棐忱辞[⑦],其考我民[⑧],予曷其不于前宁人图功攸终[⑨]? 天亦惟用勤毖我民[⑩],若有疾[⑪],予曷敢不于前宁人攸受休毕[⑫]?”

【注释】

①王曰,即王若曰,见前注。　②尔,你们。惟,乃。旧人,指曾辅佐过文王、武王的老臣。　③丕,大。克,能够。省,察视、回顾。若,如何。　④閟,读作“秘”,慎也。毖,告诫。所,所在,可引申为办法、方法。　⑤极:王引之《经义述闻》:“读为亟,速也。”卒,终、完成。　⑥肆,故。诱,诱导。　⑦棐,读作“匪”,辅。忱,诚。忱辞,即教导、诰教之辞。　⑧其,助词。考,成。⑨曷,何、为什么。其,语助词。前宁人,顾颉刚师《〈尚书·大诰〉今译(摘要)》认为即前之人,犹言先文王。(载《历史研究》1962年4期)攸,用也。对于此句,杨筠如《尚书覈诂》说:“此文注与《洪範》‘于帝其训’同,言予曷不惟前宁人图功是终耳。”　⑩亦,也。惟,语助词。用,因此。勤,劳,意指征伐,见戴钧衡《书传补商》。　⑪若,好像。有,王引之谓“犹为也”,杨筠如认为“有,治疗的意思”。⑫攸,所。休,美、善。毕,孙诒让《尚书骈枝》:“禳除疾病。”

【译文】

王说:“你们有许多人是先人文王、武王的旧臣,你们可以回顾思考那时的情况,你们知道,文王是多么的勤劳呀! 现在上帝慎重地给我们指出了成功的道路,我实在不敢不快速地去完成文王谋求的功业。所以,我非常恳切地劝诫我的诸侯国君们,上帝真诚地帮助、告诫我们,为的是要成就我的民众,那么,我为什么不去完成先人文王所谋求的最终大业呢? 现在,上天又要动用我们的民众了,这就好像辛苦地治疗疾病似的,我哪敢不为先人文王所承受的上天禄命而坚决地除去这些疾病呢?”

王曰:“若昔朕其逝[①],朕言艰日思[②]。若考作室[③],既底法[④],厥子乃弗肯堂[⑤],矧肯构[⑥]? 厥父菑[⑦],厥子乃弗肯播[⑧],矧肯获[⑨]? 厥考翼其肯曰[⑩]:‘予有后,弗弃基[⑪]。’肆予曷敢不越卬敉宁王大命[⑫]? 若兄考,乃有友伐厥子[⑬],民养其劝弗救[⑭]?”

【注释】

①若,句首语助词。逝,往。这句话是周公回顾随武王伐纣的往事。　②言,

犹于。艰,艰难。日,天天。 ③若,其。考,父,指先辈。室,指房子。 ④既,已经。厎,定。 ⑤厥,其。肯,能。堂,推土作为宅基。 ⑥矧,况。构,建造房屋。 ⑦菑(zī 资),第一年耕种的土地叫菑,指开垦土地。 ⑧播,播种。 ⑨获,收获。 ⑩翼,当读为意,犹或也。其,杨树达读为岂。 ⑪予有后,弗弃基,郑玄谓:"我有后,子孙不废我基业乎?" ⑫肆,故。越,在。卬,我。越卬,即在我、及身的意思。越卬(在我)以下有省略,有"执掌大位期间"的意思。敉,完成。 ⑬若,假若。兄,指武王。考,终。兄考,兄死。友,群。伐,攻伐。厥子,其子,指成王。 ⑭养,长。民养,即民长,泛指上文的友邦君等。劝,劝止。弗救,不劝救。金履祥曰:"伐救之喻,责邦君御事。"

【译文】

王说:"过去我曾经有过跟随周武王伐纣灭殷的经历,所以我天天考虑这次艰难的东征。这可用造房子作个比喻,父亲在造房子时,他已经制定好了规划,他的儿子连堆土打地基的劳力都不肯出,更何况去搭柱装椽盖房子呢?父亲已经耕好了田地,他的儿子连播种的事都不肯干,更何况去收获庄稼呢?这种情况下,父亲怎能够说:'我有了后代,他不会抛弃我的基业。'所以我怎么敢不在执掌大位期间去实现文王所承受的天命?像现在这样,兄长武王死了,就有群弟攻伐他的儿子,作为统治国家的官员。能不站出来劝阻并救助他吗?"

王曰:"呜呼!肆哉①,尔庶邦君越尔御事。爽邦由哲②。亦惟十人迪知上帝命③,越天棐忱④,尔时罔敢易法⑤。矧今天降戾于周邦⑥,惟大艰人⑦,诞邻胥伐于厥室⑧。尔亦不知天命不易⑨!

"予永念曰⑩:天惟丧殷。若穑夫,予曷敢不终朕亩⑪?天亦惟休于前宁人⑫,予曷其极卜,敢弗于从⑬,率宁人有指疆土⑭?矧今卜并吉⑮,肆朕诞以尔东征⑯。天命不僭⑰,卜陈惟若兹⑱。"

【注释】

①肆,肆力、尽力。《三国志·魏书·钟毓传》:"开荒地,使民肆力于农。"曾运乾《尚书正读》说:"上明邦君御事当相救助,故此以肆哉勉之。" ②爽,《说文》:"明也。"爽邦,意指国家政治清明。哲,智。 ③惟,只。十人,《论语》:"武王曰:'予有乱臣十人。'"郑玄以为指文母、周公、太公、召公、毕公、荣公、太颠、闳夭、散宜生、南宫括。顾颉刚师认为十人是一个集体名词,不是整整的十个人,见《〈尚书·大诰〉今译(摘要)》,此可备一说。迪,导。 ④越,语首助词。棐,辅助。忱,诚。 ⑤尔,你们。时,是。罔,不。易,轻慢。法,天法,指上天

意旨。　⑥矧，况。戾，罪。　⑦大艰人，大罪人，指发动叛乱的管蔡、武庚。⑧诞，当读为“延”，延纳，这里有勾结的意思。邻，指周初三监与武庚禄父，他们都受封于商王朝故地。胥，相。这里是说管蔡勾结殷人同室操戈。　⑨易，改变，变化。　⑩永，长时间。念，考虑。　⑪若，譬如。穑夫，农民。要像穑夫把种田的事情搞好一样完成丧殷之事。故孙星衍疏曰：“师古曰：‘啬夫治田，志除草秽。’……此言我长念曰，天思丧殷矣，我如啬夫主藏谷之事，当终治我田亩，方有收获以顺天心也。”　⑫休，美、善。前宁人，先文王，见前注。　⑬极，《仪礼·大射礼》“赞设决朱极三”注曰：“极，犹放也。”故“极”有放弃的意思。敢弗于从，即敢弗从于。于，或以为是卜之讹。可备一说。　⑭率，《释诂》云：“循也。”遵循。指，即旨，美也。　⑮矧，况。并，皆、都。　⑯肆，故、因此。诞，其，将也。以，率领。　⑰僭，差错、过失。　⑱卜陈，卜兆陈列。若，顺。若兹，占卜习语，犹言顺哉。

【译文】

王说：“啊呀！努力吧，你们诸位国君以及你们这些近臣官员们。如果要把国家治理好，必须任用圣明的人。现在我们也有十个贤人，他们都引导我们了解上帝的旨意和上帝真诚帮助我们的情况，你们是不敢轻慢废弃上帝旨意的，更何况现在上帝又要降罪于周朝。那些发难叛乱的大罪人勾结相邻的殷人，同室操戈，伐我周朝，难道你们不知道上帝赐予周朝的禄命是不会改变的！

“我在长时间考虑后认为：上帝决定灭绝殷朝。我们受命以后，就好像农夫似的，怎敢不像完成农事一样去灭殷呢？上帝决定降禄命给先文王，为什么要放弃占卜，敢于不遵从占卜的吉兆，遵循与守卫文王所有的美好疆土呢？何况现在占卜都已得到了吉兆，因此，我将率领你们东征平叛。上帝的命令没有差错，占卜的兆象清楚地呈现在这里。”

微子之命

【题解】

《微子之命》属梅赜《古文尚书》,《今文尚书》无此篇。

《史记·殷本纪》云:“纣愈淫乱不止。微子数谏不听,乃与大师、少师谋,遂去。”《宋微子世家》说:“周武王伐纣克殷,微子乃持其祭器造于军门,肉袒面缚,左牵羊,右把茅,膝行而前以告。于是武王乃释微子,复其位如故。”可见微子在武王灭商后归顺了周人。武王死后,成王初立,周公摄政,管叔、蔡叔勾结武庚作乱,被周公平息,“乃命微子开代殷后,奉其先祀,作《微子之命》以申之,国于宋。微子故能仁贤,乃代武庚,故殷之余民甚戴爱之。”金德建《司马迁所见书考》认为现在《尚书》中的《微子》就是司马迁所见古时候《尚书》里的《微子之命》,不确。《微子》讲的是微子逃跑前后的情况,《微子之命》则是周成王分封微子,建立宋国时的命令,不是一回事。《书序》亦云:“成王既黜殷命,杀武庚,命微子启代殷后,作《微子之命》。”

王若曰①:“猷,殷王元子②!惟稽古崇德象贤,统承先王③,修其礼物④,作宾于王家⑤,与国咸休⑥,永世无穷。

“呜呼!乃祖成汤克齐圣广渊⑦,皇天眷佑,诞受厥命⑧。抚民以宽,除其邪虐⑨。功加于时,德垂后裔⑩。

“尔惟践修厥猷⑪,旧有令闻⑫。恪慎克孝,肃恭神人⑬。予嘉乃德,曰笃不忘⑭。上帝时歆⑮,下民祗协⑯,庸建尔于上公⑰,尹兹东夏⑱。

【注释】

①王若曰,见《大诰》篇注。　②猷,语气助词。殷王,这里指帝乙。元子,长子,此指微子。　③稽,考、察。稽古,稽考古代。参见《尧典》篇注。崇,尊

崇。象,效法。蔡沈《书集传》:“崇德,谓先圣王之有德者,则尊崇而奉祀之也。象贤,谓其后嗣子孙,有象先贤而奉其祀也。”先王,指商朝先代贤王。 ④礼,典礼。物,文物。蔡沈:“殷之典礼,微子修之。” ⑤宾,蔡沈:“以客礼遇之也。”王家,指周王朝。 ⑥咸,皆、都。休,美。 ⑦克,能。齐圣广渊,《孔传》:“言汝祖成汤能齐德、圣达、广大、深远,泽流后世。”蔡沈《书集传》云:“齐,肃也。齐,则无不敬;圣,则无不通。广,言其大;渊,言其深也。” ⑧眷,顾、念。诞,乃。一说大。 ⑨抚,抚爱。宽,宽政。除,除去。邪,邪恶。虐,残害。蔡沈说:“抚民以宽,除其邪虐,即伊尹所谓‘代虐以宽,兆民允怀’。” ⑩时,此时、当时。德垂后裔,蔡沈:“言其所传远也。后裔,即微子也。” ⑪尔,指微子。践,履。修,行。猷,蔡沈:“道也。” ⑫旧,过去。令闻,善誉。《孔传》:“汝微子言能践汤德,久有善誉,昭闻远近。” ⑬恪,恭敬。慎,谨慎。克,能。肃,严。恭,敬。 ⑭笃,厚。 ⑮歆,飨、享受。周秉钧《白话尚书》说:歆是享受祭祀的香气。 ⑯祗,敬。协,和。 ⑰庸,用。建,立、封立。上公,蔡沈《书集传》:“王者之后称公,故曰上公。” ⑱尹,治。兹,此。东夏,《孔传》:“东方华夏之国,宋在京师东。”宋都在今商丘一带,是传统的东方地区。

【译文】

周成王这样说:“唉,殷王帝乙的长子!考察古代殷商的历史,尊崇圣德,效法贤人。继承殷人先王的传统,完善他们的典礼文物。作王家的宾客,和国家共同荣耀,世世代代没有穷尽。

“唉!你的祖先成汤,能够敬德、圣明、广大、深远,伟大的上帝顾念佑助他,于是承受上帝赐予的大命。以宽政抚爱民众,除掉那些邪恶残害之徒,他于当时建立功勋,圣德流传子孙后代。

“你履行成汤的事业,过去就有好名声,恭敬能孝,严谨地尊敬神灵和民众。我欣赏你的美德,可以说纯厚不可忘怀。上帝时常享受你的祭祀,天下的人民恭敬和睦,因此封立你为上公,统治东方这一地区。

“钦哉①!往敷乃训②,慎乃服命③,率由典常,以蕃王室④。弘乃烈祖⑤,律乃有民⑥,永绥厥位⑦,毗予一人⑧。世世享德,万邦作式,俾我有周无斁⑨。

“呜呼!往哉惟休⑩!无替朕命⑪。”

【注释】

①钦,敬。 ②往,前往。敷,布。乃,你的。训,训戒、教诰。 ③服,职位、职事。命,使命。服命,蔡沈《书集传》:“上公服命也。宋,王者之后,成汤之庙当

有天子礼乐，虑有僭拟之失，故曰‘谨其服命’。” ④率，循。由，用。率由典常，《孔传》：“循用旧典，无失其常。”蕃，近藩、屏障。王室，指周王室。 ⑤弘，大。烈祖，事业显赫、有功绩的祖先，成汤一类。 ⑥律，法律、法度。律乃有民，《孔传》：“以法度齐汝所有之人。” ⑦永，长久。绥，安。厥，其。 ⑧毗，辅弼。予一人，周成王自称。 ⑨万邦，天下四方。式，楷模、榜样的意思。俾，使。又《尔雅·释诂》：“俾，从也。”服从的意思，可备一说。斁（yì 谊），厌。蔡沈：“即《诗》言‘在此无斁’之意。” ⑩休，美。 ⑪替，废。

【译文】

“慎重啊！前去发布你的教诰，要谨慎履行你的职事和使命，遵循常法，成为周王室的屏障。弘扬你显赫先祖的功绩，用法律约束你的人民，长久安定你的上公之位，辅弼我。这样，你的子孙就可以世世代代享受你的功德，天下四方会以你为楷模，服从我们周朝而毫无厌倦。

“啊！前去吧，一切顺利，不要废弃我的教命。”

归　禾

【题解】

《书序》曰:“唐叔得禾,异亩同颖,献诸天子。王命唐叔归周公于东,作《归禾》。”唐叔是周成王的弟弟。这篇文字是说,唐叔得到一种(或株)各生一垄却共生一穗的禾,将其献给成王,成王又命他去馈赠给正在东方平叛的周公。此事相当于今天的奇珍异闻。正文已无,今仅存序。

嘉　禾

【题解】

《书序》说:“周公既得命禾,旅天子之命,作《嘉禾》。”本篇是《归禾》篇的续文,说的是周公收到成王赐给的禾,宣布周成王赐禾的诰命。今仅存序,正文已无。

康　诰

【题解】

根据《史记·卫康叔世家》记载:"卫康叔名封,周武王同母少弟也……周公旦以成王命兴师伐殷,杀武庚禄父、管叔,放蔡叔。以武庚殷余民封康叔为卫君,居河淇间故商墟。周公旦惧康叔齿少,乃申告康叔曰,必求殷之贤人君子长者,问其先殷所以兴所以亡,而务爱民。"武王母弟八人,康叔为司寇。《左传·定公四年》载:"分康叔以大路、少帛、绮茷、旃旌、大吕,殷民七族……命以《康诰》,而封于殷虚。皆启以商政,疆以周索。"《书序》:"成王既伐管叔、蔡叔,以殷余民封康叔,作《康诰》、《酒诰》、《梓材》。"

惟三月哉生魄①,周公初基作新大邑于东国洛②,四方民大和会③。侯甸男邦,采卫百工④,播民和见⑤,士于周⑥。周公咸勤⑦,乃洪大诰治⑧。

王若曰:"孟侯⑨,朕其弟⑪,小子封⑪。惟乃丕显考文王⑫,克明德慎罚⑬,不敢侮鳏寡,庸庸⑭,祗祗⑮,威威⑯,显民⑰。用肇造我区夏⑱,越我一二邦,以修我西土⑲。惟时怙冒闻于上帝⑳,帝休㉑,天乃大命文王殪戎殷㉒,诞受厥命越厥邦厥民㉓。惟时叙㉔,乃寡兄勖㉕,肆汝小子封在兹东土㉖。"

【注释】

①惟,句首助词。哉,始。魄,《说文》作霸。马融说:"魄,朏也。谓月三日始生兆,朏,名魄。"朏(fěi 匪,又读 pèi 配),月光。王国维《生霸死霸考》说:"古人记时,月分四期:一曰初吉,二曰既生霸,三曰既望,四曰既死霸。又有哉生霸,旁生霸,旁死霸三名。"具体划分是:每月的一日至七、八日叫初吉;每月的二日或三日又名哉生霸,三日以后也可以称作哉生霸,所以哉生霸也可以有每月的五日或

六日；旁生霸谓月之九日或十日；旁死霸谓月之二十四日或二十五日，亦各可有五日或六日也。哉生魄即月初。又《汉书·律历志》："《三统》云：死霸，朔也；生霸，望也。"望日，在月之十五十六日。　②基，谋。洛，洛水。新大邑即东都洛邑，详见《洛诰》注。　③四方民大和会，指四方诸侯朝觐周天子的会同之礼，和同大会。　④侯甸男邦，即侯邦、甸邦、男邦。采卫，承上邦字指采邦、卫邦；与前述三邦都是西周诸侯国的各种称呼，不一定有严格的等级划分。百工，百官。⑤播民，随诸侯来觐见的臣民。一说为殷之遗民。　⑥士，与"事"通用，事，服。士于周，表明了在西周分封制下，天子与诸侯之间存在着一定的权利和义务关系。　⑦咸，都、皆。勤，劳、慰劳。　⑧洪，代替。郑玄注曰："洪，代。言周公代成王诰。"治，治邦之道。以上四十八字，与下文内容似不相属，自古就有异义。苏轼以为是《洛诰》序，蔡沈将其移至《洛诰》之首，金履祥认为是《梓材》之首，但都缺乏确凿的根据。　⑨孟侯，《汉书·地理志》云："周公封弟康叔号曰孟侯，以夹辅周室。"师古注曰："孟，长也，言为诸侯之长。"曾运乾《尚书正读》云："按管蔡既诛，康叔先封为州牧，故称孟侯。"　⑩朕，我，指周公。其，王引之《经传释词》谓："之也。"　⑪小子，古代对年轻人的称呼。封，康叔的名字。⑫惟，只。乃，你。丕，大。显，明。　⑬克，能。明德慎罚，尚德谨刑。　⑭庸庸，庸通用，前一个庸字是动词，任用；后一个庸字是指应受任用的人。庸庸，即庸可庸。　⑮祗（zhī 支），敬。祗祗，即敬可敬。　⑯威，罚。威威，即威可威。⑰显，显示。显民，即显示于民，意思是让人民了解。　⑱用，因此。肇，始。肇造，创造、初建。区，别也。杨筠如《尚书覈诂》云："盖区以别之，则有小意。然则用肇造我区夏，犹《大诰》'兴我小邦周'矣。"夏，中国，这里指周朝。　⑲修，治。西土，见《牧誓》篇注。　⑳时，是，指示代词。怙，大。冒，勉；又王引之说读为勖，也作勉力解。怙冒，勤勉，大功。　㉑休，美、善，引申为高兴的意思。㉒殪（yì 易），灭亡。戎，大。戎殷，即如周人对商王朝大邑商一类的尊称。　㉓诞，大。厥，其，指殷商。越，与、和。　㉔时，承。叙，基业。王引之认为时叙犹承叙。承叙，承顺也。　㉕寡，读为"嘏"，大也。寡兄，大兄，即周武王。勖，勉。武王承顺文王之业，伐商而有天下。　㉖肆，故。兹，这。东土，周王朝的东方，这里指商王畿的故地，周公东征后将弟弟康叔封分封在这里。

【译文】

三月初，周公开始谋划在东方的洛水边营建新的大都城，四方诸侯大会于此朝觐。侯、甸、男、采、卫邦国诸侯，以及百官，殷商遗民等都来会见，服事于周王室。周公慰劳了所有的人，然后代替成王发表训词，宣告治理国家的大道理。

王这样说："诸侯之长，我的弟弟，年轻的封呀！只有你那伟大显赫英明的父亲文王，能够崇尚德教而谨慎地使用刑罚，不敢欺侮那些无依无靠的人，任用应当任用的人，尊敬应当尊敬的人，威罚应当威罚的人，并让民众了解这些。这样，才造就了我们小小的周国，和我们的友邦一起来治理好我们西方。这些大功绩被上帝知道，上帝非常高兴，就命令文王灭掉大殷国，代替殷国接受上帝赐予的大命，并统治它的国家及其民众。继承文王的事业，你的长兄武王勤勉不止，因此，才将你这年轻的封，分封在东方。"

王曰："呜呼！封，汝念哉！今民将在祇遹乃文考①，绍闻衣德言②。往敷求于殷先哲王③，用保乂民④。汝丕远惟商耇成人⑤，宅心知训⑥。别求闻由古先哲王⑦，用康保民⑧。弘于天若，德裕乃身⑨，不废在王命⑩。"

王曰："呜呼！小子封，恫瘝乃身⑪，敬哉！天畏棐忱，民情大可见，小人难保，往尽乃心，无康好逸豫，乃其乂民⑫。我闻曰：'怨不在大，亦不在小。惠不惠，懋不懋⑬。'

"已⑭！汝惟小子，乃服惟弘⑮。王应保殷民⑯，亦惟助王宅天命⑰，作新民⑱。"

【注释】

①在，《释诂》："察也。"祇，敬。遹（yù 豫），遵循。乃，你，指康叔。文考，文王。　②绍，孙星衍《尚书今古文注疏》曰："继也。"闻，指旧闻。衣，同"依"，依照。孙星衍疏曰："《学记》：'不学博依。'依或为衣。言今之人，将在敬述文王，继其旧闻，依其德言。"可从。又曾运乾《尚书正读》释曰："衣，当为殷。《中庸》：'壹戎衣。'注：衣读为殷，声之误也。齐之言殷声如衣。言今民将察汝之敬述乃文考，绍文考所闻殷之德言与否也。"又杨筠如《尚书覈诂》："衣，《白虎通》：'衣者，隐也。'古衣、隐同声。《无逸》：'则知小人之依。'即知小人之隐也。此文依亦为隐。隐德之隐，与昭闻正相对成文也。"曾、杨二说均录以备考。德言，德教。　③敷，遍、布。哲，圣明。殷先哲王，指商朝圣明先王的治国之道。　④保，安。乂，治。⑤丕，大。惟，思，引申为考虑。商，一般均认为是殷商。商耇成人，指商朝的遗老贤人。耇（gǒu 苟），寿、老。孙星衍疏曰："谓东土本商邑，故告以求商王善政贤人也。"然而，一般周代的文献中，称商皆为殷，不单独称商，这里称商，是否是特例，或另有含义。我们以为商即赏，奖赏、褒奖的意思。　⑥宅，度、揣度。训，教，意思是说考虑如何才能教导殷民。　⑦别，另外。古先哲王，这里指传说中的除殷商以外的古代先贤哲王之后，西周分封了古代帝王之后为诸侯。　⑧用康

保民,即保民用康的倒装语,保民以安康的意思。 ⑨弘,大。天,即上天、上帝。甲骨文常有"帝若"、"帝弗若"(例见《殷虚文字乙编》570+594),若即允诺、允许。旧注释"顺",意思也算接近。德裕,德政。 ⑩废,废弃。王命,天命,指周的统治受命于天。 ⑪恫,痛。瘝(guān 官),病。句意谓殷地的病疾忧虑缠绕着你。 ⑫天畏,天威、天命。棐,辅助。忱,诚。康,安。豫,乐。乃其,王引之《经传释词》以为复语。此句,孙星衍疏曰:"天威之明,惟诚是辅,验之民情,大可见矣。小民不易安也,汝往尽心,毋苟安而好佚乐,乃治民之道。"大致符合文意。 ⑬惠,顺服。懋,勉力。此句孙星衍疏曰:"此申'小人难保'之义,言民之怨不在大,亦不在小,恒起不意,当顺扰其不顺者,懋勉其不勉者。"可供参考。 ⑭已,感叹词。 ⑮服,服事,含有责任的意思。惟,是。 ⑯应,受。王应保殷民,指承受王命去安置统治殷民。 ⑰宅,度,图度。 ⑱作新民,使殷民成为周的新臣民。卫地的殷民被商纣统治日久,故戒以作新人。

【译文】

王说:"啊!封呀,你要深思啊!现在殷民都将考察你是否恭敬地遵循文王的传统,继续以文王的德教来治理国家。前往殷人的故土,要广泛地访求殷商圣明先王的治国之道,以此来安定治理民众。你要大大地奖赏年长的圣贤者,考虑如何教导殷民。此外,还应该寻求并了解古代圣明君王的治国之道,利用它们安定殷民。弘扬了上帝的旨意,自己实行德政,我们统治天下的大命就不会被废弃了。"

王说:"唉!年轻的封,殷地的病疾忧虑缠绕着你,谨慎呀!上帝辅助诚信的人,民情大致可以看出,民众难以安定。到了那里,一定要全力以赴,不要贪图安乐享受,这样,你才能治理好民众。我听说:'民怨不在于大,也不在于小。要使不顺服的人顺服,要使不努力的人努力。'

"唉!你这个年轻人,你的责任是重大的。你接受王命就应该保护好殷地的民众,也就是帮助周王按照上帝的命令,使殷民成为周朝的新臣民。"

王曰:"呜呼!封,敬明乃罚①。人有小罪,非眚②,乃惟终③,自作不典④,式尔,有厥罪小⑤,乃不可不杀。乃有大罪,非终,乃惟眚灾⑥,适尔,既道极厥辜,时乃不可杀⑦。"

王曰:"呜呼!封,有叙时⑧,乃大明服⑨,惟民其敕懋和⑩。若有疾,惟民其毕弃咎⑪。若保赤子⑫,惟民其康乂⑬,非汝封刑人杀人,无或刑人杀人,非汝封又曰劓刵人,无或劓刵人⑭。"

王曰:“外事[15],汝陈时臬,司[16],师兹殷罚有伦[17]。”又曰:“要囚[18],服念五六日,至于旬时,丕蔽要囚[19]。”

王曰:“汝陈时臬,事罚[20],蔽殷彝[21],用其义刑义杀[22],勿庸以次汝封[23]。乃汝尽逊[24],曰时叙[25],惟曰未有逊事[26]。

“已!汝惟小子,未其有若汝封之心,朕心朕德,惟乃知[27]。”

【注释】

①敬,恭谨。明,严明。敬明乃罚,慎重刑罚的意思。《孔传》:“凡行刑罚,汝必敬明之,欲其重慎。”朱熹曰:“盖言用刑之权,正在康叔,不可不谨之意耳。” ②眚,悔过的意思。 ③乃,你,指有过失、错误的人。终,始终。 ④典,法。不典,做不合法的事。 ⑤式,《尔雅·释言》:“用也。”尔,如此。式尔,故意这样做的意思。罪小,即小罪。 ⑥非终,与上文“惟终”意思相反。灾,哉。灾、哉通用。 ⑦适尔,蔡沈《书集传》曰:“适偶,如此。”时,是,代词,这的意思。 ⑧有叙时,杨筠如《尚书覈诂》说:“有犹能也。《礼记》:‘知止而后有定,定而后能静。’有能对文,其谊同也。”叙,顺。时,是。 ⑨服,顺服。乃大明服,曾运乾《尚书正读》说:“民明于心而诚服也。” ⑩惟,王引之谓“则也”。敉,《尔雅·释诂》:“劳也。”这里指劳作。懋,勉。和,和顺。 ⑪有,杨筠如谓:“读为为,治也。”惟,则。毕,尽。弃,抛弃。咎,罪。 ⑫赤子,无知的小孩。 ⑬康,安。乂,治。 ⑭无或,不一定。劓(yì 异),割鼻,古代五刑之一,见下《吕刑》篇注。刵(ěr 耳),割耳朵。又王引之谓刵当作刖,形近而讹。 ⑮外事,江声云:“听狱之事也。听狱在外朝,故云外事。”《周礼·地官·稟人》郑玄注云:“外朝,司寇听狱蔽讼之朝也。”又杨筠如《尚书覈诂》说:“外事与外正同,正与事,皆谓官也。”可备一说。康叔为司寇,故王以外事呼之。 ⑯陈,陈列、公布。时,是、这。臬(niè 聂),准则、法度。司,事。 ⑰师,众,指众民。兹,斯、这样。伦,理。《荀子·正名》曰:“刑名从商。”杨倞注:“是言殷刑之允当。”《左传》所谓“启以商政,疆以周索”,周人在殷地采用了商朝的法律制度。 ⑱要,王国维读为幽,古要、幽同音。囚,犯人。 ⑲服,思也。旬,十日。时,一年四时,一时三月。丕,乃。蔽,断、裁决。 ⑳陈,陈列。事,从事。事罚,处罚。 ㉑彝,法。 ㉒义,宜,合适的意思。用其义刑义杀,按罪犯应受到的刑罚用刑,即合理量刑。 ㉓勿庸,不用。次,即、就。此句孙星衍《尚书今古文注疏》:“当用刑杀之合义者,勿以就汝之意。又,次汝封,犹言咨汝封,谓顺如其心。” ㉔乃,若。逊,顺。 ㉕叙,顺。曰时叙,含有顺从上帝旨意的意思。杨筠如谓:“曰时叙,犹言惟时叙也。时叙者,承顺也。”意思相近。 ㉖未,无。 ㉗未,无。其,语助词。若,顺。此句孙星衍疏云:(康叔)“用兹义刑义杀,勿以顺汝之心,我

以顺汝之心,我心我德,亦惟汝知之。"

【译文】

王说:"唉!封,慎重严明地使用刑罚。一个人犯了小罪,但不肯悔过,始终一错再错,故意这样做,虽然犯的罪很小,也不能不把他杀掉。一个人犯了大罪,不再坚持罪恶,能够悔过,这样偶尔犯罪,但已经把自己的罪行交待清楚,这样的人不可以杀掉。"

王说:"唉!封,能按照这样的道理去做,民众就会心悦诚服,他们就会努力辛劳,和睦相处。就像医治疾病一样,使民众完全地去除罪恶。就像保护幼稚的孩子,使民众达到康安,不是你封惩罚人杀人,也不一定要惩罚人杀人。不是你封又命令用劓刑刵刑惩罚人,也不一定要用劓刑刵刑惩罚人。"

王说:"处理诉讼案件,你要陈列公布有关的法律,约束民众,这样殷商的法津就显得合理公允。"王又说:"对幽禁的犯人,要反复考虑五六天,甚至十天,才能对他们作出判决。"

王说:"你要陈列公布有关的法律,从事判罚。判决要依据殷商的法律,给予适宜合理的刑杀判决,不要以你封个人的意志为准。假如你完全顺着你的意志,就说是顺从上帝的旨意,那么就不能说是断案顺利。

"唉!你这个年轻人呀,不可顺从你封的意志。我的想法我的德政,只有你知道。"

"凡民自得罪①:寇攘奸宄②,杀越人于货③,暋不畏死④,罔弗憝⑤。"

王曰:"封,元恶大憝⑥,矧惟不孝不友⑦。子弗祗服厥父事⑧,大伤厥考心⑨;于父不能字厥子⑩,乃疾厥子⑪。于弟弗念天显⑫,乃弗克恭厥兄⑬;兄亦不念鞠子哀⑭,大不友于弟。惟吊兹⑮,不于我政人得罪⑯,天惟与我民彝大泯乱⑰。曰:乃其速由文王作罚⑱,刑兹无赦⑲。

"不率大戛⑳,矧惟外庶子、训人㉑,惟厥正人越小臣、诸节㉒。乃别播敷㉓,造民大誉㉔,弗念弗庸㉕,瘝厥君㉖。时乃引恶㉗,惟朕憝㉘。已!汝乃其速由兹义率杀㉙。

"亦惟君惟长㉚,不能厥家人㉛,越厥小臣外正㉜。惟威惟虐,大放王命㉝,乃非德用乂㉞。汝亦罔不克敬典㉟,乃由裕民㊱,惟文王之敬忌㊲,乃裕民㊳。曰:'我惟有及㊴。'则予一人以怿㊵。"

【注释】

①自,周秉钧《尚书易解》谓:"由也。"自得罪,由此事得罪,指下文所言。　②寇,贼。攘,夺。奸宄,泛指作乱。　③越,抢劫。于,取。货,财物。杀越人于货,因抢劫财物而杀人。　④暋(mǐn 敏),强、强横。　⑤罔、弗,都是否定副词。憝(duì 对),《说文》:"怨也。"　⑥元,首。元恶与大憝,词义相近,都是罪大恶极的意思。　⑦矧,王引之《经传释词》说:"犹亦也。"惟,是。孝,善父母。友,善兄弟。　⑧祗,敬。服,治。厥,其,代指儿子。　⑨考,父。⑩于,俞樾谓"为也"。字,爱。厥,其,代指父亲。　⑪疾,恶。　⑫于,为。天显,王世舜《尚书译注》说:"古语,《尚书》中常用的词汇,意谓上帝的明确的命令,译作上帝的权威。"不确,其实天显就是天命。　⑬克,能。恭,恭敬。⑭兄,前省"于"字,于兄,为兄。鞠子,稚子。哀,《广雅》:"痛也。"王引之谓古音哀如依。依,隐也。隐,痛。　⑮吊,至。兹,这,指示代词,指上文那些不孝不恭、不友不爱的现象。　⑯政人,掌握政权的官员。得罪,获得而惩罚。周秉钧释此句及下句曰:"惟至于此,若不由我行政之人获而罪之,则天与我民之常法大乱矣。"　⑰彝,法。泯,灭。泯乱,破坏。　⑱乃,你。其,将,副词。由,用。文王作罚,文王制定的刑法。　⑲刑,惩罚。兹,这,指示代词。　⑳率,遵循。戛(jiá 夹),通"楷",法也。　㉑矧,亦。惟,是。外庶子,孙星衍疏曰:"《燕义》云:'古者周天子之官,有庶子官。庶子官职诸侯、卿、大夫、士之庶子之卒,掌其戒令,与其教治。'郑氏注《周礼·叙官》云:'诸子,主公、卿、大夫、士之子者,或曰庶子。'是也。"曾运乾《尚书正读》说:"天子诸侯皆有庶子、训人,此指侯国言,故称外。"训人,师也。《周礼·天官·太宰》:"师,以贤得民;儒,以道得民。"可见外庶子、训人都是古代掌管教化的官员。外庶子专门负责贵族子弟的教育。　㉒惟,与。厥,其,指上述官员。正人,即政人,行政官员。越,与。小臣,官名,甲骨文多见,商、西周初期奉王命从事占卜、祭祀、田猎或征伐的朝廷官员。西周中期以后指职位低下的小吏。诸节,掌握符节的官。　㉓乃,就。别,另外。播敷,宣布。乃别播敷,指另外宣布一套措施。　㉔造民,造谣惑众。《周礼·地官·大司徒》:"以乡八刑纠万民,……七曰造言之刑。"郑注:"造言,讹言惑众。"　㉕念,考虑。庸,指执行大法。　㉖瘝,病。君,国君。　㉗时,是、这。引,延、助长。　㉘惟,是。憝,厌恶。　㉙由,根据。兹,这,指上述罪行。义,合宜,申引为应该。率,法。率杀,依法杀之。　㉚惟,是。君,诸侯国君。长,执政官员。　㉛能,亲善。　㉜越,与和。厥,其,代指上文的君、长。小臣,见上文注。外正,谓在外的正长。　㉝大放王命,放命古成语,即方命。方,逆也。《史记》作负,废、弃。　㉞乃,则。用,读为犹,可也。乂,治。

㉟罔，无。克，能。典，法。 ㊱乃，你。由，同猷，图谋。裕，《方言》云："道也。" ㊲敬忌，古成语。忌，畏。敬忌，敬畏。 ㊳裕，道，诱导。 ㊴及，通"汲"，努力。 ㊵怿（yì 易），乐、高兴。

【译文】

"凡是有人因这些事犯罪的——盗窃，抢掠，内外作乱，因抢劫财物而杀人，强横不怕死，没有人不怨恨他们。"

王说："封，首恶罪大之人，也是不孝不友之人。做儿子的不恭敬地服事自己的父亲，深深伤害自己父亲的心，做父亲的不能爱自己的儿子，反而厌恶自己的儿子。做弟弟的不能顾念上帝的天命，便不能尊敬自己的兄长；做兄长的不能顾念小弟弟的痛苦，对自己的弟弟极不友善。如果发生这种情况，不为我们的执政者捕获而惩罚，上帝赋予我们统治人民的法律就会破坏殆尽。所以说：你要赶快采用文王制定的刑法，惩罚罪人，不要赦免。

"不遵循国家大法的，也有诸侯国掌管教化的外庶子、训人，以及正人、小臣、诸节等。他们另搞一套，发布政令，造谣惑众，欺骗人民，获取声誉，对于国家的大法根本不放在心上，危害自己的君主。这就助长了邪恶，我厌恶他们。唉！你要迅速根据上述罪行，依法把他们杀掉。

"也有一些诸侯国君和他们的执政官员，不能亲善，教化自己的家人以及自己的近臣和在外的官员，只图作威作福，完全违背了国王的命令，对这些人就不是用德政可以治理好的。你对国家的大法无不敬重，你图谋教导人民，只有像文王那样心怀敬畏地教导人民，才可以说：'我只是在努力继承文王。'那么，我就高兴了。"

王曰："封，爽惟民迪吉康[①]。我时其惟殷先哲王德[②]，用康乂民作求[③]。矧今民罔迪不适[④]，不迪则罔政在厥邦[⑤]。"

王曰："封，予惟不可不监[⑥]，告汝德之说于罚之行[⑦]。今惟民不静[⑧]，未戾厥心[⑨]，迪屡未同[⑩]。爽惟天其罚殛我[⑪]，我其不怨。惟厥罪无在大，亦无在多[⑫]，矧曰其尚显闻于天[⑬]。"

王曰："呜呼，封，敬哉！无作怨，勿用非谋非彝[⑭]，蔽时忱[⑮]。丕则敏德[⑯]，用康乃心[⑰]，顾乃德[⑱]。远乃猷裕[⑲]，乃以民宁[⑳]，不汝瑕殄[㉑]。"

王曰："呜呼！肆汝小子封[㉒]，惟命不于常[㉓]，汝念哉！无我殄享[㉔]。明乃服命[㉕]，高乃听[㉖]，用康乂民[㉗]。"

王若曰："往哉，封！勿替敬[28]，典听朕告[29]，汝乃以殷民世享[30]。"

【注释】

①爽惟，王引之曰："发声也。爽惟民迪吉康，爽惟天其罚殛我，皆是。凡《书》言爽惟、不惟、洪惟、诞惟、迪惟、率惟，皆词也。"迪，道、引导。吉，善。迪吉康，引导走上正道。　②时，是。惟，思。哲王，圣明的君王。此句是说我这是思念殷商圣明君王之德。　③用，因。康，安。乂，治。作，及。求，终。《尔雅·释诂》郝懿行义疏："求者，索之终也。索训尽，尽亦终也。"用康乂民作求，以把人民治理好，达到康安，作为最终的目的。　④矧，况、何况。罔，不。迪，道、导。适，善。　⑤罔，不。罔政，政治搞不好的意思。　⑥监，视。　⑦于，与。　⑧不静，不安。是说殷民尚未安定。　⑨戾，安、定。厥，其，指上文的殷民。　⑩迪屡，当作屡迪。屡次教导。未同，没有一心，即不服从统治。⑪爽惟，见上文注。其，将，副词。殛，诛或惩罚。　⑫惟厥罪无在大，亦无在多，即不管罪的大小、多少。　⑬矧，何况。尚，上。　⑭无作怨，不要招怨于民的意思。非谋，不善之谋。彝，法。　⑮蔽，塞。时，是、这，指示代词。忱，诚。　⑯丕则，王引之《经传释词》谓："犹言于是。"敏德，《周礼·地官·师氏》："以三德教国子，……二曰敏德，以为行本。"郑玄注："敏德，仁义顺时者也。"一说勉行德教。　⑰用，以。康，安。　⑱顾，念，有回顾、反省的意思。⑲远，深远。猷裕，治民之道。　⑳以，与。　㉑瑕，疵，喻指过失、错误。殄(tiǎn 舔)，灭绝。　㉒肆，《尔雅·释诂》："今也。"　㉓于，有。命，天命，大命，指自己的统治。　㉔无我殄享，即无殄我享。享，指祭祀。殄享，灭绝祭祀，即统治被推翻、国家灭亡的意思。　㉕明，勉。服，行。服命，行使职责。㉖高，《广雅·释诂》："敬也。"　㉗用康乂民，见上注。　㉘替，废弃。㉙典，常。　㉚汝乃以殷民世享，康叔受封于殷地，所以只有依靠殷民把殷地治理好，才能世代享祀封国。

【译文】

王说："封啊，引导民众走上正道，才会安定。这里我们要思考殷商圣明先王的德政，以治理民众达到安康作为最终目的。何况现在殷民不引导就不会从善，不引导你们国家的政治就搞不好。"

王说："封啊，我们不可以不看清这一点，我要告诉你如何施用德政和如何施用刑罚。现在殷人还没有安定，我们也没有使他们心悦诚服，虽然屡屡教导，但仍不能同心同德。上帝将要惩罚我们，我们也不能怨恨。罪恶无论大小，也无论多少，都应受到惩罚，何况这些罪恶已经显扬而被上帝知道了呢。"

王说："唉呀！封，要谨慎呀！不要引起民众怨恨，不要使用不好的计谋，不要违背国家的大法,那样会闭塞你的诚心。要努力施行德政,以安定民众的心,眷顾他们的德行。治理百姓的方法要深谋远虑,才能使民众安定下来,你也就没有过失,不会遭到灭绝之灾。”

王说:“啊呀!现在告诉你,年轻的封,统治天下的大命不是永恒的,你要记住啊!不要断绝了我们祖先的祭祀。努力行使你的职责,谨慎地对待你的听闻,治理民众,达到安康。”

王说:“去吧,封!不要丢掉谨慎的作风,经常听取我的忠告,你就可以和殷民世代享有你的封国。”

酒诰

【题解】

《史记·太史公自序》:“申以商乱,酒材是告。”《史记·卫康叔世家》:“周公旦惧康叔齿少,……告以纣所以亡者,以淫于酒。酒之失,妇人是用,故纣之乱自此始。……故谓之《酒诰》以命之。”《周本纪》:“初,管、蔡畔周,周公讨之,三年而毕定,故初作《大诰》,次作《微子之命》,次《归禾》,次《嘉禾》,次《康诰》、《酒诰》、《梓材》,其事在周公之篇。”《书序》以《康诰》、《酒诰》、《梓材》三篇合用一序。

本篇的内容,都与戒酒有关,故名《酒诰》,是周公命康叔在殷商故地卫国宣布戒酒的诰词。诰词中,不仅说明了戒酒的重要性,而且还从正反两个方面总结了商初戒酒兴国和商末酗酒亡国的历史经验教训,最后颁布了严厉的禁酒令。由此可见商末周初社会风气的一斑。

王若曰:“明大命于妹邦①。乃穆考文王②,肇国在西土③。厥诰毖庶邦庶士越少正、御事朝夕曰④:祀兹酒⑤。惟天降命⑥,肇我民⑦,惟元祀⑧。天降威⑨,我民用大乱丧德⑩,亦罔非酒惟行⑪,越小大邦用丧⑫,亦罔非酒惟辜⑬。

“文王诰教小子有正有事⑭,无彝酒⑮。越庶国⑯,饮惟祀⑰,德将无醉⑱。惟曰我民迪小子⑲,惟土物爱⑳,厥心臧㉑。聪听祖考之彝训㉒,越小大德㉓,小子惟一㉔。

“妹土㉕,嗣尔股肱㉖,纯其艺黍稷㉗,奔走事厥考厥长㉘。肇牵车牛㉙,远服贾㉚,用孝养厥父母㉛。厥父母庆㉜,自洗腆,致用酒㉝。

“庶士有正越庶伯君子㉞,其尔典听朕教㉟。尔大克羞耇惟君㊱,尔乃饮食醉饱。丕惟曰㊲:尔克永观省㊳,作稽中德㊴。尔尚克羞馈祀㊵,尔乃自介用逸㊶。兹乃允惟王正事之臣㊷,兹亦惟天若元德㊸,

永不忘在王家[44]。”

【注释】

①王若曰，见前注。明，昭告、宣布。大命，即天命，指周人代替殷人统治天下。妹邦，《孔传》：“妹，地名，纣所都朝歌以北是。”《诗·鄘风·桑中》孔颖达疏引郑玄《酒诰》注云：“妹邦，纣之都所处也。于《诗》，国属鄘。故其《风》有‘沬之乡’，则‘沬之北’，‘沬之东’，朝歌也。”其民尤化纣，嗜酒。妹即古沬，原为殷都所在，故曰妹都。后为康叔所封之卫地，在今河南淇县境内。 ②乃，汝，指康叔。穆，美称，《诗·文王》：“穆穆文王。”孙星衍疏案：“自始祖后稷计之，文王当次穆。《诗·载见》云：‘率见昭考。’《传》云：‘昭考，武王也。’”然昭穆制度起源于何时，尚不清楚。杨筠如说：“《诗》、《书》所称昭穆，皆美先王之辞。”较符合实际。 ③肇，开始。肇国，引申为创立国家。周人先祖主要活动地区在陕西渭水流域，地处商朝的西边，故称西土。 ④厥，其，指文王。毖，慎。诰毖，《孔疏》：“告敕使之敬慎。”犹告诫、教训。庶邦，指当时附属于周的方国首领。庶士，众士，泛指一般官员。越，与、和。少正，官名。杨筠如说：“与《康诰》小臣略同，谓庶子之长，非秉正之大臣。”御事，为王室政事服务的官员的总称。参见前注。 ⑤祀，祭祀。兹，则。曾运乾《尚书正读》说：“祀兹酒，犹云祀则酒，即下文诰教小子饮惟祀也。” ⑥降，下。天降命，与下文天降威相对成文，有德助福祐的意思，即天降福命。 ⑦肇，立。 ⑧元，大。 ⑨天降威，与天降命相对成文。威，惩罚。 ⑩用，因。大乱，犯上作乱。丧德，丧失德行。 ⑪罔，无。非，不。此句是说无不都是因为饮酒而干的恶行。 ⑫越，及。用，因。丧，灭亡。⑬辜，罪。 ⑭小子，指文王的姬姓子孙。正，通“政”，有正，指执政大臣。有事，指治事小臣，泛指内朝的百官。 ⑮彝，常。 ⑯越，语助词。庶国，指附属于周的方国，此为外服。 ⑰惟，只、只有。 ⑱德，道德。将，扶持。德将，以德扶持。德将无醉，是说祭祀时也要用德来要求自己，少饮酒，不致醉。⑲惟，发语词。迪，道，导。我民迪小子，犹云小子迪我民也，倒装句。 ⑳惟，思。土物，土所生之物，即庄稼。惟土物爱，孙星衍疏：“谓酒以糜谷，当爱惜也。”㉑厥，其。臧，善。 ㉒聪，感觉敏锐。聪听，专心致志聆听。祖考，祖先，这里指文王。彝，常理。彝训，尊长对后辈教诲的话。 ㉓越小大德，指所有的人都要以德为尚，即在戒酒这一件事上，不分大小。 ㉔惟一，同一，亦即一同。小子惟一，姬姓子孙不论年龄大小，都要一视同仁地戒酒。 ㉕妹土，即沬土。见上注。 ㉖嗣，今后。尔，你们，指殷民。股，大腿；肱，臂之自肘至肩部分。股肱，比喻得力的辅助者。 ㉗纯，专一。其，代词，指沬地。艺，种植。黍稷，泛指庄稼。 ㉘事，服事。长，兄长。 ㉙肇，《尔雅·释言》：“敏也。”敏，迅

疾,犹言“赶快”。　㉚服,从事。贾(gǔ古),泛指贸易活动。《白虎通·商贾篇》:“行曰商,止曰贾。”　㉛用,以。厥,其。　㉜庆,喜、高兴。　㉝洗,洁、鲜。腆,《说文》:“设膳腆腆多也。”丰也。洗腆,古语,丰盛的意思。自洗腆,指亲自准备丰盛的饮食。致,得到。　㉞庶士,见前注。有正,见前注。越,与、和。庶伯,众长官。君子,古时在位士人的尊称。　㉟其,表希望的祈使副词。典,经常。　㊱克,能。羞,一作馐,献。耇,老,指父兄。惟,与。君,指诸侯国君。　㊲丕,语气助词。惟,乃。　㊳省,反省。　㊴作,举动。稽,止。中,合乎。　㊵尔,你们,指官员。尚,常。馈祀,《仪礼·士虞礼》郑玄注:“馈,犹归也。”贾公彦疏:“祭祀于神而言馈。”这里指国君所举行的祭祀。郑玄注谓:“助祭于君。”　㊶乃,就。介,求。于省吾《尚书新证》说:“介应读丐。丐,乞也。《诗·七月》:‘以介眉寿。’《楚茨》:‘以介景福。’《不娶簋》:‘用丐多福。’《召叔山父簠》:‘用丐眉寿。’介、丐同声相假。旧训介为助,非也。”《诗·大雅·文王》“自求多福”句式同。逸,乐,指饮酒之事。　㊷允,信,惟,是。正,政,指执政的官长。事,指执事的僚属。　㊸天若,即帝若,天命。元德,大德。　㊹王家,指周王朝。

【译文】

王说:“康叔,到殷商的旧都沬地宣布重大命令。你那尊敬的父亲文王,在西方创造了国家。他曾经从早到晚告诫附属的诸侯国君及其各级官吏和近臣说:‘只有在祭祀的时候,才可以用酒。’上帝降下福命,兴旺我国民众,只有举行重大祭祀时才用酒。上帝降下惩罚,是因为我国臣民犯上作乱,丧失德行,究其原因,无不是饮酒乱行。那些大大小小的诸侯国之所以灭亡,无不是因为饮酒而造成的罪过。

“文王告诫教导他的子孙和王朝各级官员,不要经常饮酒。各诸侯国,只有祭祀时才能饮酒,这时饮酒也要以德约束自己,不要喝醉。姬姓子孙们要教导臣民懂得爱惜地里生长的庄稼,使他们心地善良。专心致志地聆听祖先的教诲,姬姓的子孙不论年龄大小,一概要戒酒行德。

“沬土的遗民们,从今以后你们要努力辅助我们,专心致志种好庄稼,为你们的父兄奔走效劳。在农事完毕之后,赶快牵着牛车,到外地进行贸易活动,以此孝敬赡养你们的父母。你们的父母高高兴兴,亲自准备丰盛的饮食款待你们,这时你们可以饮酒。

“诸位官长和士人们,希望你们经常聆听我的教诲。只要你们能够充分进献酒食给父兄长辈和君主,你们就能够吃饱喝足。你们要能长久地反省自己,行为举止合乎道德。你们能进献祭品,参加国君的祭祀,你们就可以自己求得饮酒行乐的机会。这是因为你们是王的各级官员,这也是天命大德,永远不会被我周王朝所忘记。”

王曰:“封!我西土棐徂邦君、御事、小子①,尚克用文王教②,不腆于酒③。故我至于今,克受殷之命④。”

王曰:“封!我闻惟曰:在昔殷先哲王迪畏天显小民⑤,经德秉哲⑥。自成汤咸至于帝乙⑦,成王畏相⑧,惟御事厥棐有恭⑨,不敢自暇自逸⑩,矧曰其敢崇饮⑪?越在外服⑫,侯甸男卫邦伯⑬;越在内服⑭,百僚庶尹惟亚惟服,宗工越百姓里居⑮,罔敢湎于酒⑯,不惟不敢,亦不暇。惟助成王德显⑰,越尹人祗辟⑱。

“我闻亦惟曰:‘在今后嗣王酣身⑲,厥命罔显于民⑳,祗保越怨㉑,不易㉒,诞惟厥纵,淫泆于非彝㉓,用燕丧威仪㉔,民罔不衋伤心㉕。惟荒腆于酒㉖,不惟自息乃逸㉗。厥心疾很㉘,不克畏死㉙。辜在商邑㉚,越殷国灭㉛,无罹㉜。弗惟德馨香祀㉝,登闻于天㉞,诞惟民怨㉟,庶群自酒,腥闻在上,故天降丧于殷㊱。罔爱于殷,惟逸㊲。天非虐㊳,惟民自速辜㊴。’”

【注释】

①徂,训往,引申为往日。棐徂,犹言往昔。与下“故我至于今”相对成文。邦君、御事、小子,见前注。 ②尚,常。 ③腆,丰厚。不腆于酒,引申为不多饮酒。 ④克,能。克受殷之命,能代殷受天命。 ⑤惟,有。在,察,引申为稽古。哲王,圣明的国王。迪,助词。天显,即天明、天命也。周秉钧《尚书易解》谓:“畏天显者,天命不常也;畏小民者,小民难保也。” ⑥经,行。秉,执。哲,敬。 ⑦成汤,商代的第一代国王。帝乙,殷纣的父亲,商代倒数第二个王。咸,《尔雅·释诂》:“皆也。”江声云:“咸、遍义同,言自成汤遍数之于帝乙。”曾运乾释为覃,“覃,延也”。亦通。然而刘起釪有新解,他说:“《酒诰》中此咸当以释为汤名较妥,我们将循此进一步研究论证它。”(参见《尚书学史》,中华书局1989年版)他引证。《竹书纪年》:“汤有七名。”《殷虚文字乙编》6654、5290、1877等号著录有“咸伐亦雨”,2293等片有“咸宾于帝”,此咸极可能是汤名号之一。此可备一说。 ⑧成,成就。王,王的事业。又汤亦称成汤,成王,对成汤的赞美称呼。相,省视。于省吾《尚书新证》说:“畏相,言畏敬省察,谓克己之功。” ⑨御事,治事。棐,辅。恭,敬,此处当指恭谨王命尽职尽力。 ⑩暇,闲。逸,安乐。⑪矧,况、何况。崇,聚。 ⑫越,发语词。服,事。外服,指附属于商朝的方国

诸侯首领。商朝时期,政治结构由中央王室和地方方国诸侯两大系统组成。中央王室称内服,或叫王畿,地方诸侯叫外服。此段可由《大盂鼎》铭文印证。铭文曰:周康王云:“我闻殷坠令,隹殷边侯甸与殷正百辟,率肆(肄)于酒,故丧师已。”边侯甸即侯甸男卫邦伯之属,外服之官。　⑬侯甸男卫邦伯,统指方国诸侯,是商王畿之外的“外服”,旧注五服之说不确。　⑭内服,指王室的百官,朝内官吏。　⑮庶,众。尹,正。惟,与。亚,次。服,事。宗,宗人。工,官。越,与。百姓,百官或谓贵族成员。居,王国维云是君之误字。以上均指百官及贵族宗室,即《大盂鼎》铭文中的“殷正百辟”。　⑯湎,沉溺。　⑰惟,只。成王,成就王业;一说指汤王。　⑱越,与、和。尹,正,在官之人。祇,敬。辟,君主。⑲惟,有。在,察。嗣王,继帝乙之后的王,即纣王。酣,饮酒不醒不醉曰酣。⑳命,天命。厥命罔显,不能显天命于民。　㉑保,安。越,于、以。祇保越怨,(对劝谏者)以怨报德。　㉒易,改变。　㉓诞,大。吴世昌以为旧说为大,非也,当作“其”。(参见《释〈书〉〈诗〉之诞》,载《罗音室学术论著》)可备一说。惟,为。纵,乱。淫,游。泆,乐。彝,法。　㉔用,以。燕,安乐。　㉕衋(xì戏),《说文》:“伤痛也。”　㉖惟,只。荒,大。腆,善、厚。　㉗惟,思、考虑。息,止。乃,其。逸,安乐;一说过,亦通。　㉘疾,害。很,戾。　㉙克,能。不克畏死,是说商纣王恃天命,不知祸将至。　㉚辜,罪。辜在商邑,在商都作恶、犯罪。　㉛越,及。　㉜罹,忧。　㉝弗,不。惟,有。馨(xīn心)香,芳香,祭祀时的香味。　㉞登,升。　㉟诞,其(采吴世昌说)。　㊱庶群,当为《大盂鼎》中的“殷边侯甸与殷正百辟”。自,杨筠如释为甘:“故甘酒又可作为嗜酒也。”“甘之言酣也,应劭谓不醒不醉曰酣。”腥,臭恶。结合上文“诞惟民怨”,是说纣王只有民怨及与群臣嗜酒的臭恶升闻上天,所以上天降下了灭亡殷商的灾祸。　㊲罔,不。惟,只。逸,过度享乐。　㊳虐,暴虐。　㊴惟,是。民,指商纣一类人。速,招致。辜,罪、惩罚。

【译文】

王说:“封啊!我们西方过去的诸侯国君、王室近臣、同姓子孙,常常能够遵循文王的教导,不多饮酒。所以我们今天能够代替殷商的大命。”

王说:“封啊!我听到有这种说法:考察过去,殷商的先圣明王畏惧天命和民众,施行德政,持守恭敬。从成汤历数到帝乙,成就王的事业就是要能够敬畏并能自我省察,治理国家恭敬王命尽力尽责,不敢自己安闲逸乐,更何况说胆敢聚众纵饮呢?王畿以外的诸侯国,侯、甸男、卫之类的诸侯;王畿以内的中央朝廷,百僚、庶尹、亚、服、宗工之类各级官员和宗室贵族,都不敢沉湎于酒,不只是不敢,也没有闲暇时间。他们只是辅助成就王的大业显扬王的德政,在位的官员们恭敬自己的君王。

“我也听到有这种说法：‘考察现在，纣王继承王位，自身饮酒过量，酣睡不醒。他不能显扬天命于民众，对劝谏者以怨报德，不肯改悔，自己大肆纵欲，游乐过度，不遵法度。由于贪图安乐而丧失威仪，臣民无不痛心疾首。纣王只是大肆饮酒，根本不想停止自己的安乐生活。他的心性乖戾恶毒，竟然不惧怕死，他在殷商的都邑里作恶犯罪，到殷商灭亡的时候，还无忧无虑。纣王臭名远扬，没有芳香的祭祀升到天上让上帝知道，而只有民众的怨恨，百官群臣纵乐饮酒的腥味升到天上让上帝知道，所以，上帝降下丧亡的灾祸给殷国。上帝不喜欢殷国，就是因为他们过度淫乐。不是上帝暴虐，而是殷的臣民自己招来了罪罚。’”

王曰：“封！予不惟若兹多诰①。古人有言曰：‘人，无于水监②，当于民监。’今惟殷坠厥命③，我其可不大监抚于时④？

“予惟曰⑤：汝劼毖殷献臣⑥，侯甸男卫⑦，矧太史友，内史友⑧，越献臣百宗工⑨。矧惟尔事⑩，服休服采⑪，矧惟若畴⑫，圻父薄违⑬，农父若保⑭，宏父定辟⑮，矧汝⑯，刚制于酒⑰。

“厥或诰曰：‘群饮。’汝勿佚⑱，尽执拘以归于周⑲，予其杀⑳。又惟殷之迪㉑，诸臣惟工乃湎于酒㉒，勿庸杀之㉓，姑惟教之㉔。有斯明享㉕，乃不用我教辞，惟我一人弗恤，弗蠲乃事㉖，时同于杀㉗。”

王曰：“封！汝典听朕毖㉘，勿辩乃司民湎于酒㉙。”

【注释】

①惟，思。若兹，如此。诰，训诫。　②监，与鉴义通。《史记·殷本纪》引《汤征》：“汤曰：‘人视水见形，视民知治不。’”　③厥，其。命，这里指国运。④其，同岂。监，鉴殷。抚，据。时，是，指示代词。　⑤曰，同“谓”。　⑥劼（jié 节），慎戒。毖同“必”，敕也。献臣，指卫地叛乱后又归附的殷民。　⑦侯甸男卫，外服官，指归附的东方诸侯国。当时东方参加叛乱的诸侯很多。　⑧矧，与。太史、内史，均是官名，属于史官类，参见《大诰》“作册”注。两个友字，意为左右。古文友与左、右形体相近，以致误写成友。史籍载，“左史记言，右史记事”，或反之，“右史记言，左史记事”，是说史官在国君身边记录言行。一说即泛指太史官、内史官。　⑨越，与、和。百，非实数，言其多。宗，尊。工，官。宗工，指尊贵的官员。以上指归附的内服官。　⑩矧，与。尔，你、你们。事，指治事的官员。⑪休，息。采，事。郑玄注：“服休，燕息之近臣；服采，朝祭之近臣。”即管理君主游宴休息和朝祭的近臣，属于御事之类。　⑫若，你。畴，同寿。三寿，指下面的

三个官员。若畴，王国维说："若畴，犹言尔辈。"又曾运乾说："矧惟若畴，与上'矧惟尔事'对文。"　⑬圻（qí 其）父，《孔传》司马，掌管军事行政。薄，迫。违，邪行。薄违，意思是对邪行或反叛进行镇压。　⑭农父，司徒，管理农业生产。若，顺。保，安。若保，使农人顺服并安心生产。　⑮宏父，司寇，掌管司法事务。辟，法。　⑯矧，语气助词。汝，你，指康叔封。　⑰刚，强。制，断。⑱或，有。群饮，聚众饮酒。佚，放纵。周初严厉禁群饮，《周礼·地官·司虣》："掌宪市之禁令，禁其……以属游饮食于市者；若不可禁，则搏而戮亡。"　⑲尽，完全。执拘，逮捕。周，指周王都邑镐京或洛邑。　⑳予，我。其，将要。　㉑迪，王引之谓助词，不确。迪又作引导、教导解，此处当引申为归附的百官。　㉒惟，与。诸臣惟工，泛指百官。　㉓庸，用。　㉔姑，暂且。　㉕斯，这。享，劝告教导的意思。孙诒让《尚书骈枝》说："此蒙上殷诸臣众工湎于酒者勿杀而姑惟教之，较之上罚群饮之不教而杀者，独为宽恕，故云'有斯明享'。"　㉖乃，还、仍。不用，不遵从。我一人，即余一人，参见前注。恤，怜悯。蠲（juān 捐），除、赦免。此句大意是，有了这样的宽恕，仍然还不遵从教诰的，我将不怜悯、不赦免这种事。　㉗时，是，指示代词。同，立时。　㉘典，常。毖，教诰。　㉙辩，王引之《经义述闻》："《传》曰：'辩，使也。勿使女主民之吏湎于酒。'家大人曰：'辩之言俾也。'""辩、俾声近而义同。俾，亦使也。"司，治、统治。

【译文】

王说："封啊！我不想如此过多告诫了。古人有句格言：'人，不要只把水当作镜子来观察自己，还应当把民众当作镜子来观察自己。'现在想想殷商已经丧失了上帝赐给他的大命，我们岂能不认真深刻地反省以殷商灭亡的史实为鉴呢？

"我想告诉你：你要慎重地告诫殷商的遗民、侯、甸、男、卫诸侯国君和左右太史、左右内史，以及殷商遗民中的百官、贵族，还有你们的治事官员，管理游宴休息和朝祭的近臣，还有那些主管镇压叛乱的军事长官圻父，主管顺保农人农业生产的长官农父，制定法律的司法长官宏父。你啊，要对他们强行戒酒。

"假如有人报告说：'有人聚众饮酒。'你不要放纵他们，全部捉拿拘押到周朝的都城，我将把他们杀掉。假若殷商遗民归附的诸臣百官，仍然沉湎于酒，不用杀掉他们，暂且教育他们。经过享有这样宽大教育的机会，还不遵从我的教令，我将不再怜悯，不会赦免这种行为，对这些人一样要马上杀掉。"

王说："封啊！你要经常听取我的教诰，不要使你治下的民众官员沉湎于酒。"

梓　　材

【题解】

梓，梓人。《史记·正义》曰："若梓人为材，君子观为法则也。梓，匠人也。"《史记·卫康叔世家》亦曰："周公旦惧康叔齿少……为《梓材》，示君子可法则。"因篇中有"若作梓材"之语，故以《梓材》名篇，并以此比喻治国的良策。此篇是周公教导康叔如何治理殷商故地的训告之词。

关于《梓材》的原来面目，自古以来争论很大。蔡沈认为从"今王惟曰"以下是周公、召公劝谏成王的话，可备一说。今从周秉钧《尚书易解》之说，认为本篇内容前后相属，确为一篇。关于此问题，有待学术界的进一步研究和探讨。

王曰："封！以厥庶民暨厥臣，达大家①；以厥臣达王惟邦君②。汝若恒③，越曰④：'我有师师⑤：司徒、司马、司空、尹旅⑥。'曰：'予罔厉杀人⑦。'亦厥君先敬劳⑧，肆徂厥敬劳⑨。肆往奸宄杀人历人宥⑩，肆亦见厥君事戕败人宥⑪。"

【注释】

①本句为"大家达厥庶民暨厥臣"的倒装。曾运乾《尚书正读》说："倒言之者，周初语气，不与后同。《尚书》此类甚多，不憭其词气，则见为诘屈也。"此说甚确。以，由。暨，与。达，通。大家指卿大夫；臣，指卿大夫下面的官员；庶民，众民。《周礼·地官·载师》郑玄注："家邑，大夫之采地；小都，卿之采地。"又《周礼·夏官·叙官》"家司马"郑玄注："家，卿大夫采地。"是卿、大夫皆可称家。②本句为"以王惟邦君达厥臣"之倒装。王，应指周天子。王国维以为指诸侯，他说："古时天泽之分未严，诸侯在其国自有称王之法。"然观此句，王以下是邦君，邦君就是诸侯国君，所以王应高于诸侯，《周书》中除周王、周公外，无有称王的诸侯，所以这里的王还是以周王为妥。　③若，其。恒，常。　④越，及。⑤师师，前一个师字作众讲，后一个师作长讲，指众长、众官也。　⑧三"司"，

见前注。尹，正、大夫。旅，众。尹旅，即众大夫。　⑦厉，杀戮无辜曰厉。予罔厉杀人，我不能滥杀无辜。杨筠如说："按'予罔厉杀人'以下，系代康叔叙其臣之辞，旧为王言，非也。"　⑧当为"亦先厥君敬劳"之倒装，厥，其。敬劳，尊敬、慰劳。曾运乾说："各邦君长，亦先我而敬劳之。"　⑨肆，极。徂，往。肆徂，犹言赶快去。　⑩肆往，过去、往日。奸宄，见前注。人历，孙诒让、于省吾等认为历即鬲（lì 历），人鬲即奴隶。杀人历人，即杀奴隶的人。宥，宽恕。　⑪肆亦，同肆往。见，同伣，刺探情报。周秉钧《尚书易解》则说：见，露。"见厥君事，谓泄露其君事"。亦通。戕（qiāng 枪），残害人的肢体。

【译文】

王说："封啊！由卿大夫通达至他们的下属官员和民众；由周王和诸侯国君通达至他们的下属官员。你要经常保持这样，并且说：'我有许多大臣：司徒、司马、司空及众大夫。'还要说：'我不能滥杀无辜。'你要先于君王对他们表示尊敬和慰劳，赶快去表示尊敬和慰劳吧。对以前那些内外作乱的人、杀奴隶的人要给予宽宥，对过去那些刺探国君大事的人、残害别人身体的人，也要给予宽宥。"

王启监[①]，厥乱为民[②]，曰："无胥戕，无胥虐[③]，至于敬寡，至于属妇[④]，合由以容[⑤]。"王其效邦君越御事[⑥]："厥命曷以引养引恬[⑦]，自古王若兹监[⑧]，罔攸辟[⑨]。"惟曰[⑩]："若稽田[⑪]，既勤敷菑[⑫]，惟其陈修[⑬]，为厥疆畎[⑭]；若作室家，既勤垣墉[⑮]，惟其涂塈茨[⑯]；若作梓材[⑰]，既勤朴斫[⑱]，惟其涂丹雘[⑲]。"

【注释】

①启，设立。监，治理、统治。即设立诸侯，统治臣民。周初在殷地设置三监，统治殷民。监非监视的意思。《周礼·天官·大宰》："乃施典于邦国，而建其收，立其监。"郑玄注："监谓公侯伯子男各监一国。"　②乱，率的假借字，率，大抵。为，化、教化。　③胥，相。戕，残害。虐，暴虐。　④敬寡，孙星衍疏："即矜寡。《吕刑》'哀敬折狱'，《大传》作'哀矜'，……是敬、矜、鳏音相近，义俱通也。"老而无妻谓之鳏，老而无夫谓之寡。属，《说文》作"媰"，云："妇人妊身也。"即孕妇。属又作"逮"，微也。亲妇之贱者，谓之属妇。杨筠如说："其义似较妊妇之说为长。"译文从之。　⑤合，同。由，道。容，宽。《荀子·非十二子》："遇贱而少者，则修告导宽容之义。"与本句义近。　⑥效，即效，形之讹。效、教古今字。教，教令。邦君，诸侯国君。越，与、和。御事，见前注。　⑦厥，其，指王。曷，何。引，长。恬，安。　⑧若，如。兹，这，指示代词。监，治理、统治。　⑨攸，所。辟，邪僻，指叛乱之类恶事。　⑩惟，语气助词。　⑪若，比如。稽，解释不一，杨筠

如认为是穡的假借字，种也。蔡沈释作治。于省吾认为稽乃籍、耤之同音假借。稽田即籍田。籍田，是古代天子、诸侯亲耕之田，实际上是属于天子、诸侯所有，征用民力以天子诸侯名义耕种的土地。古代有"耤礼"，每逢春耕时，由天子、诸侯执耒耜象征性地三推或一拨，亲耕田地，以示对农业的重视。结合下文，当以耕作治理田地之义为上。 ⑫敷，布、播种。菑（zī 资），新开垦的田地。《尔雅·释地》："田一岁曰菑。" ⑬惟，思。陈，治，陈修、修治的意思。 ⑭疆，界。畎（quǎn 犬），田间水渠。 ⑮垣墉，墙。马融曰："卑曰垣，高曰墉。" ⑯涂，涂塞。塈（xì 戏，又读 jì 既），涂屋顶。茨，以茅草盖屋。曾运乾说："言为国如作室，塈高其垣墉，以防大寇，亦当塞向墐户，以防宵小。" ⑰梓材，材之美者，良材。 ⑱勤，辛勤。朴，去皮但没有制成器具的原材料。斫（zhuó 浊），这里是加工的意思。 ⑲丹雘（huò 获），油漆用的红色颜料。

【译文】

周王封建诸侯，大率为了教化民众。王说："不要相互残害，不要相互暴虐，对于那些鳏夫和寡妇，对于那些低贱的妻妾，同样给予教导和宽宥。"国王要教导诸侯国君和王室近臣："王的大命何以长治久安，自古君王就是这样统治，没有犯上作乱的事情。"王说："就像耕作治理土地，已经辛勤开垦播种了土地，就要考虑整治土地，开挖沟渠；就像建造房屋，已经辛勤筑好高墙矮壁，就要考虑以茅草涂塞好屋顶；就像用优良的木材制作器具，已经辛勤去皮斫削加工，就要考虑用红色颜料漆饰。"

今王惟曰①："先王既勤用明德②，怀为夹，庶邦享作，兄弟方来，亦既用明德③。后式典集，庶邦丕享④。皇天既付中国民越厥疆土于先王⑤，肆王惟德用⑥，和怿先后迷民⑦，用怿先王受命⑧。已，若兹监⑨！"惟曰："欲至于万年，惟王子子孙孙永保民。"

【注释】

①今王，周成王。此处为周公代成王诰语。惟，思。 ②明，勉。 ③怀，《尔雅·释诂》："来也。"夹，辅也。庶邦，诸侯国。享，献，即纳贡。方，方国。兄弟方，盖指姬姓诸侯国。 ④后，君，这里指诸侯国国君。典，常。集，会合。这里指朝会。丕，大。 ⑤皇天，即上帝、上天。付，《说文》："与也。"越，与。先王，指周人祖先。 ⑥肆，今。惟，只。 ⑦怿（yì 易），悦。和怿，心悦诚服。先后，教导。迷，惑。迷民，指殷顽民。 ⑧怿，这里当读为"斁"，终的意思。⑨已，叹词。若兹，如这样。监，统治。

【译文】

当今周王考虑认为:“先王已经辛勤努力地施行德政,招徕远方,辅助王室,各诸侯国进献纳贡,周姓诸侯纷纷前来,也是因为已经努力施行了德政。诸侯国君经常和会朝觐,带来各国的贡享。上帝既然已经把中国的臣民和疆域赐予先王,当今的王只有施行德政,教导殷顽民,使之心悦诚服,以此完成先王所承受的大命。唉,像这样统治吧!”又说:“要想使我们周朝的统治万年长存,周王的子子孙孙就要永远保护安康他的人民。”

召诰

【题解】

召（shào 邵），即召公奭，西周大臣。姬姓，名奭，因食邑在召（今陕西岐山西南），故称召公、召伯，亦作邵公。曾佐周武王灭商，被封于燕，为燕国之始君。成王幼，周公辅政，他任太保，治陕以西地区，有政绩。《召诰》之作，根据《史记·周本纪》记载："成王在丰，使召公复营洛邑，如武王之意。周公复卜申视，卒营筑，居九鼎焉。曰：'此天下之中，四方入贡道里均。'作《召诰》、《洛诰》。"《书序》亦曰："成王在丰，欲宅洛邑，使召公先相宅，作《召诰》。"是作于周公摄政七年还政成王之后，营建洛邑之时。史官记录了当时营建洛邑的情况和召公的诰词，故名《召诰》。诰文通过叙述营建洛邑的重要性，总结夏、商两代的灭亡教训，提出应当敬天、保民，以巩固周朝的统治。这种思想是历史的进步，反映了夏、商天命观在西周已经被"敬天保民"思想所取代。王国维在《殷周制度论》中高度评价这一变化，他说："此篇乃召公之言，而史佚书之以诰天下，文、武、周公所以治天下之精义大法，胥在于此。"

惟二月既望，越六日乙未①，王朝步自周，则至于丰②。

惟太保先周公相宅③，越若来三月④，惟丙午朏⑤。越三日戊申，太保朝至于洛，卜宅⑥。厥既得卜，则经营⑦。越三日庚戌⑧，太保乃以庶殷攻位于洛汭⑨，越五日甲寅，位成⑩。

若翼日乙卯⑪，周公朝至于洛，则达观于新邑营⑫。越三日丁巳，用牲于郊，牛二⑬。越翼日戊午，乃社于新邑，牛一，羊一，豕一⑭。

越七日甲子，周公乃朝用书，命庶殷侯、甸、男邦伯⑮。厥既命殷庶，庶殷丕作⑯。

【注释】

①惟，发语词。惟二月既望，《史记·鲁世家》："成王七年二月乙未。"郑玄

注:“是时周公居摄五年。二月、三月,当为一月、二月。不云正月者,盖待治定制礼乃正言正月故也。”望,《释名》:“月满之名,月大十六日,小十五日。”曾运乾《尚书正读》云:“依三统历及周历,并推得是年二月小,乙亥朔、己丑望。庚寅既望,为月之十六日。越六日为廿一日,得乙未。”参见前注。　②王,周成王。朝,早。步,行。周,镐京,周武王都之,为西周王都。丰,《说文》:“周文王所都,在京兆杜陵西南。”《史记·索隐》:“丰,文王所作邑。后武王都镐,于丰立文王庙。”今考古工作者已在陕西西安附近丰镐遗址,发现许多西周古迹,证明这一带是西周都城。　③太保,官名,辅弼周王。时召公奭为太保。先周公,就是先于周公,在周公之前。相,视。宅,居。　④越若,发语词。来三月,指下一月便是三月,本月为二月。来,表将来,来日犹翌日,来年犹翌年。王引之释为至,不确。⑤惟,语助词。朏(fěi 匪),《说文》:“月未盛之明,从月出。”一般用作阴历每月初三的代称。由上下文知,这天是三月初三,丙午日。　⑥越三日戊申,因三月三日是丙午,逾三日,则为戊申日,即三月五日。洛,洛水一带。孙星衍疏:“丁未至戊申,自丰至洛,行十四日。吉行日五十里,丰至洛七百里也。《周官·太卜》云:‘国大迁则贞龟。’故须得卜,言得吉兆也。”　⑦厥,语首助词。得卜,即得到吉兆。则,就。经,度、营,表其位。经营,即勘测地基,立定位置,建立都城。　⑧庚戌,即三月七日。　⑨庶,众。殷,殷民。攻,治。位,《逸周书·作雒解》:“乃位五宫:太庙、宗宫、考宫、路寝、明堂。”或曰宫庙市朝之位。洛汭,这里指洛水入黄河之处。汭(ruì 锐),河流会合或弯曲处称汭。　⑩甲寅,即三月十一日。位成,即召公卜宅经营之事完成。　⑪若,《经传释词》:“及也。”翼日即翌日,明日,即三月十二日。　⑫达,通。观,视,引申为视察、勘察的意思。营,区域,犹今语工地。　⑬丁巳,即三月十四日。郊,古时祭天地的典礼。《逸周书·作雒解》:“乃设丘兆于南郊以祀上帝,配以后稷,日、月、星辰,先王皆与食。”孙星衍疏:“用牲牛二者,帝牛一,稷牛一也。”　⑭戊午,即三月十五日。社,立设祭土神。《逸周书·作雒解》:“乃建大社于国中,其壝东青土,南赤土,西白土,北骊土,中央亹以黄土。”牛一、羊一、豕一,《礼记·王制》:“天子、社稷皆太牢。”郑玄注《周礼》谓:“三牲牛、羊、豕具,为一牢。”　⑮甲子,即三月二十一日。书,册命之书。孙星衍疏云:“朝用书者,《左传·昭公三十二年》云:‘士弥牟营成周,计丈数,揣高卑,度厚薄,仞沟洫,物土方,议远迩,量事期,计徒庸,虑材用,书餱粮,以令役于诸侯。’盖周公以此等书于册,以命于侯、甸、男之邦伯也。”即周公册命诸侯役助天子营造新都。　⑯殷,殷民。庶,众。丕,乃。作,动工、劳作。承担营建洛邑的主要是迁到这里的殷人。

【译文】

二月十六日以后，又过了六天到二十一日，乙未这一天，周成王早晨从镐京步行，到了丰邑。

太保召公在周公之前去勘察营建基地。下一个月是三月，到了三月初三丙午日，新月露出光辉，到了第三日戊申日，太保召公早晨到达洛地，占卜建都的地方。等得到吉兆后，就开始勘察规划城邑。又过了三日到庚戌日，太保便率领众多殷商遗民在洛水流入黄河之处勘察规划宗庙建筑的位置。到了第五天甲寅日，勘察规划工作结束。

到了第二天乙卯日，周公早晨到达洛地，全面视察了新邑地区。过了三天到丁巳日，在南郊祭祀，用二头牛。过了一天到戊午日，立社祭祀土神，用一头牛，一头羊，一头猪。

又过了七天到甲子日，周公早晨下达诰书，命令殷遗民、和侯、甸、男众位诸侯参加营造洛邑。诰令下达给广大殷遗民后，他们便开始大举动工了。

太保乃以庶邦冢君出取币①，乃复入锡周公②，曰："拜手稽首，旅王若公③。诰告庶殷越自乃御事④：呜呼！皇天上帝，改厥元子兹大国殷之命⑤，惟王受命，无疆惟休，亦无疆惟恤⑥。呜呼！曷其奈何弗敬⑦？

"天既遐终大邦殷之命⑧，兹殷多先哲王在天，越厥后王后民，兹服厥命⑨。厥终，智藏瘝在⑩。夫知保抱携持厥妇子⑪，以哀吁天，徂厥亡，出执⑫。呜呼！天亦哀于四方民，其眷命用懋⑬，王其疾敬德。

【注释】

①以，和、与也。庶邦冢君，诸侯国君。币，鹿皮丝帛之类的礼物。　②锡，献。　③旅，陈、陈述。若，曾运乾说读如那，那可解作"于"。旅王若公，即言旅王于公。意欲周公转达于王也。从《洛诰》的记载看，勘察宗庙宫室的基地时，成王未来洛地。周公这时将要返回宗周镐京，所以召公把向成王陈述的意见告诉周公，请周公转达给成王。　④自，无意义，或以为此为衍字。御事，见前注。⑤改，改变、改革。元子，即天子。元，首也。郑玄注谓："言首子者，凡人皆天之子，天子为之首耳。"兹，杨树达谓读"在"，《尔雅·释诂》："在，终也。"　⑥惟，语助词。休，美。恤，忧。　⑦曷其，与奈何意思相同，这里叠用以加强语气，即"怎么能"。　⑧遐，孙星衍疏云："当读为假，已经的意思。"然杨筠如说："遐，远之，则弃之也。"亦通。　⑨越，与。厥，其。后王，商纣王。后民，殷民。兹，

斯，承接连词。厥，其，指殷先王。　⑩厥，语首助词。终，结果。智，有知识有才能的人。瘝，通“鳏”，病。在，与上文藏对言，指留下的人。　⑪夫，丈夫。知，匹偶，《尔雅·释诂》：“知，匹也。”保，即褓，小儿衣物。妇子，妻属、妻妾之类。⑫吁，呼告。徂，当读为“诅”，音义相同，诅咒。厥，其，指商纣王。执，孙星衍释为胁迫。又裴学海说：出执为槷鼿，不安。今从裴说。　⑬眷，顾。懋，曾运乾说，读“贸”，易也，引申为迁移。其眷命用懋，是指天命由殷易迁于周。

【译文】

太保召公于是和众位诸侯国君出来取出礼物，然后进去献给周公，召公说：“跪拜叩首行礼，请公转陈成王，并告诫广大殷民和王的近臣：啊！伟大的上帝，更换了天子，终止了大国殷商的福命，周王承受了大命，无限美好，也无限忧患。唉！怎么能不谨慎呢？

“上帝早想终止殷商的大命，这个殷商的许多圣明的先王都在天上，殷纣王和他的臣民，开始时还能服事先王的大命。但到后来，有才智的人都躲藏起来，邪恶的人充斥朝廷。丈夫抱着襁褓中的婴儿，携带着妻妾，悲哀地呼告上帝，诅咒纣王灭亡，惶惶不可终日。唉！上帝也哀怜天下民众，他将大命由殷商转移到周，王要赶快敬重施行德政。

“相古先民有夏①，天迪从子保②，面稽天若③，今时既坠厥命④。今相有殷，天迪格保⑤，面稽天若，今时既坠厥命。今冲子嗣⑥，则无遗寿耇⑦，曰其稽我古人之德⑧，矧曰其有能稽谋自天⑨。

“呜呼！有王虽小，元子哉⑩，其丕能諴于小民⑪。今休，王不敢后⑫。用顾畏于民碞⑬，王来绍上帝⑭，自服于土中⑮。旦曰：‘其作大邑，其自时配皇天⑯，毖祀于上下⑰，其自时中乂⑱。王厥有成命治民⑲。’

“今休，王先服殷御事⑳，比介于我有周御事㉑，节性㉒，惟日其迈㉓。王敬作所㉔，不可不敬德。

【注释】

①相，视。有夏，即夏。　②王引之曰：“迪，用也。子当读为慈，古字子与慈通。‘天迪从子保’言天用顺从而慈保之也。”又曾运乾《尚书正读》认为“从子保”为“旅保”两字之讹。其辨说甚详，可备一说。　③面，当读为“勔”，勉也。稽，考。一说稽，《广雅》：“合也，当也。”可备参考。天若，即天命、天帝。④坠，失去。命，天命。　⑤迪，用。格，借为嘉，格保，即嘉保。　⑥冲子，年

幼的人,指成王。嗣,继。　⑦遗,余、留下。寿耇,指年长有德的老成人。⑧曰,语首助词。其,王引之《经传释词》谓“庶几”。　⑨矧,况、何况。稽,考。⑩元子、天子。见前注。　⑪丕,大。諴(xián 咸),和。　⑫休,美。后,迟、延缓,指营建洛邑之事。　⑬用,以。顾、畏同义。嵒,岩的本字。险,指小民难保,民艰民困。这里的民当是殷顽民,曾反叛周,故曰险。　⑭绍,曾运乾《尚书正读》说:“读为卲,卜问也。”　⑮自,用。服,治。土中,即中土、中国,当时的洛邑一带居天下之中,故称土中。　⑯旦,周公旦自称。此为召公进周公之言。大邑,东都洛邑。自,从。时,是、这。自时,犹今语从此。配,配享,指祭天时以周的先祖先王配享。《孝经·圣治》曰:“昔者周公郊祀后稷以配天,宗祀文王于明堂以配上帝。”　⑰毖,谨慎。又杨筠如以为告,毖祀古习语,亦通。上下,上指天神,下指地祇。　⑱自时,见上文注。中乂,居中治理。　⑲厥,其。成命,休命。　⑳服,用。御事,这里泛指殷商的遗臣。　㉑比,《广雅》:“近也。”介,古本介作尔,介当为尔字之讹。尔即迩。比、迩都有靠近、接近的意思。㉒节,节制、限制,引申为改造。性,性情。节性,即限制殷人的反叛习性。　㉓惟,乃。迈,进。　㉔所,处、安。王敬作所,王做该做的事。

【译文】

“看看古代先民中的夏人,上帝因为他们顺从而慈保他们,他们努力寻求上帝的旨意,现在已经丧失了自己的大命。现在看看殷人,上帝嘉保他们,他们努力寻求上帝的旨意,现在已经丧失了自己的大命。现在年幼的成王继位,先王没有留下年长有德的老成人辅政,还没有能寻求我们古代先人的德政,更不必说有能寻求上帝意旨的人了。

“啊!王虽年轻,却是天子,他特别能够和谐民众。现在一切顺利,王不敢延缓营建洛邑的大事。由于顾虑到殷民难以统治,王前往卜问上帝,在中土洛邑统治。周公姬旦说:‘要建大都洛邑,要从此以周的先祖先王配享伟大的上帝,谨慎地祭祀天神地祇,要从此居中治理国家。王已经有美好的福命治理人民。’现在一切顺利,王重视任用殷商的遗臣,使他们亲近我们周朝的治事大臣,节制、改造他们的习性,使他们天天进步。王谨慎地做自己该做的事,不可以不谨慎德行。

“我不可不监于有夏,亦不可不监于有殷[①]。我不敢知曰,有夏服天命[②],惟有历年[③];我不敢知曰,不其延[④]。惟不敬厥德[⑤],乃早坠厥命[⑥]。我不敢知曰,有殷受天命,惟有历年;我不敢知曰,不其延。惟不敬厥德,乃早坠厥命。今王嗣受厥命[⑦],我亦惟兹二国命[⑧],嗣若功[⑨]。

“王乃初服[10]。呜呼！若生子，罔不在厥初生[11]，自贻哲命[12]。今天其命哲[13]，命吉凶，命历年[14]。知今我初服[15]，宅新邑[16]，肆惟王其疾敬德[17]。王其德之用，祈天永命。

“其惟王勿以小民淫用非彝[18]，亦敢殄戮用乂民[19]，若有功。其惟王位在德元[20]，小民乃惟刑用于天下[21]，越王显[22]。

“上下勤恤[23]，其曰[24]，我受天命，丕若有夏历年，式勿替有殷历年[25]。欲王以小民，受天永命[26]。”

【注释】

①监，同鉴。古通用字。有夏、有殷，即夏朝，商朝。　②服，受。敢，谦词，表敬谦语气。下文“敢”同。　③历，久。历年，年代久远。　④不其，古习用语，没有。延，长久。　⑤惟，只、独。　⑥坠，失却。命，天命。　⑦嗣，继。　⑧惟，思。王世舜《尚书译注》说：“‘命’下有省略，意思是说：应当考虑二国为什么会丧失大命。”　⑨若，其。　⑩乃，是、为。初服，开始受天命。指成王开始亲政。　⑪若，好像。生，孙星衍疏：“郑注《周礼》云：‘犹养也。’《说文》云：‘育，养子使作善也。’”又一说生子是十五岁的少年，古代十五岁为太子入学之年。可备一说。句意谓，若养子教之，当在幼年时教养之。王充《论衡·率性篇》：“初生意于善，终以善；初生意于恶，终以恶。”　⑫贻，郑玄谓“传也”。哲，明。　⑬其，将，副词。命，于省吾以为即赐予。命哲，赐予明命。　⑭命，赐予。历，久。　⑮知，知道。初服，见上注。　⑯宅，居住。新邑，指东都洛邑。　⑰肆，故。惟，通唯。疾，速。　⑱其，祈使副词，希望的意思。淫，放纵、过度。彝，法。　⑲亦，曾运乾说：“勿也。亦敢，犹言勿敢。”殄，绝灭。戮，杀。用，以。乂，治。　⑳其，祈使副词，希望的意思。位，立。元，首。德元，以德为先。　㉑惟，语气助词。刑，法。　㉒越，扬。显，显德。　㉓上下，指君臣。恤，忧虑。　㉔其，庶几、差不多的意思。　㉕丕，乃。历，久。式，用。替，废、止。　㉖以，与。

【译文】

“我们不可不以夏代为鉴，也不可不以殷代为鉴。我不知道，夏承受上帝赐予的大命，有多长的时间，我也不知道，夏的大命不会长久。我只知道由于夏不谨慎自己的德行，才过早地丧失了自己的大命。我不知道，殷承受上帝赐予的大命，有多长的时间；我也不知道，殷的大命不会长久。我只知道由于殷不谨慎自己的德行，才过早地丧失了自己的大命。现在王继续承受上帝赐予的大命，我们也应该思考这两个国家为什么会丧失大命，从而继承他们先王的功业。

“王刚刚承受大命，啊！好像教养孩子，没有不在幼年时，就亲自传授明哲的大命。现在上帝赐予大命、赐予吉祥、赐予永年。上帝知道现在我王刚刚亲政，居住在新都，所以王要能赶快恭敬地施行德政。王要施行德政，祈求上帝赐予长久的大命。

“希望王不要因为民众的放纵而破坏法度，不要用滥杀来治理民众，这样才能成就功业。希望王立位以德行为先，这样，民众才会依法度行于天下，显扬王的德政。

“君臣上下勤劳忧虑，就差不多可以说，我们承受上帝赐予的大命，才能像夏代那样长久，超过殷代那样久远。但愿王和民众承受上帝赐予的长久大命。”

拜手稽首曰：“予小臣敢以王之雠民百君子①，越友民②，保受王威命明德，王末有成命③，王亦显。我非敢勤，惟恭奉币，用供王能祈天永命④。”

【注释】

①予小臣，召公自称。犹王自称予一人。以，与。王之雠民，即殷顽民，殷商被周灭亡后，他们与周为仇。百君子，泛指殷商的众多遗臣。 ②越，及、与。友民，与上文的雠民相对而言，指旧附于周的友邦冢君和臣庶。 ③末，终。成命，成就天赐予的使命，即营建迁都洛邑。 ④勤，劳。恭奉，即贡献。币，财货类。

【译文】

召公行跪拜叩头之礼，说：“我这小臣和王的仇敌殷朝的众臣民以及友邦臣民，会安然承受王威严的命令，宣扬王的德政。王终于成就上帝赐予的大命，营建并迁都洛邑，王也更加显赫。我不敢劳驾王，只是贡献礼物，以供王能够祈求上帝赐予永久的大命。”

洛诰

【题解】

《洛诰》的制作时间参见《召诰》题注，作于周公还政成王，营建洛邑之时。本篇诰词的思想与《召诰》相一致，故两者向被视作姊妹篇。篇中主要记录周公和成王的对话，讨论请周公继续居洛，治理东方。周公答应了成王的要求，成王在洛邑宣布了这一决策，史官记录，册诰天下，故名《洛诰》。《书序》云："召公既相宅，周公往营成周，使来告卜，作《洛诰》。"1963 年陕西宝鸡市贾村塬出土了西周青铜器何尊，其铭文记录了周成王五年（周公摄政七年）成王亲临成周（洛邑）视察并告谕贵族宗小子何的事情，正与《洛诰》相互佐证。

关于洛邑的名称，李民有过考辨，兹引证如下："洛邑之名甚早，可追溯到周武王时期，后来周公主建洛邑，洛邑一度被称为'新大邑'、'新邑洛'。不久，周成王亲政，洛邑又始名为成周，终西周之世，洛邑、成周二者并名。及至春秋，'王城'之名又起，但它开始并不独立于成周，而是居于成周之西偏。析言为王城、为成周，统言则仍为成周。直到战国年间，东西两周分治，王城与成周遂分为两地。"（李民《何尊铭文补释》，载《尚书与古史研究》增订本）

周公拜手稽首曰①："朕复子明辟②，王如弗敢及天基命定命③，予乃胤保大相东土④，其基作民明辟⑤。"

"予惟乙卯，朝至于洛师⑥。我卜河朔黎水⑦。我乃卜涧水东，瀍水西⑧，惟洛食⑨。我又卜瀍水东，亦惟洛食⑩。伻来⑪，以图及献卜⑫。"

王拜手稽首曰："公不敢不敬天之休，来相宅⑬，其作周匹休⑭。公既定宅，伻来，来视予卜，休，恒吉⑮。我二人共贞⑯。公其以予万亿年敬天之休⑰。拜手稽首诲言⑱。"

【注释】

①拜手稽首，见《皋陶谟》篇注。　②复，归还。子，指周成王。辟，君王。子与明辟，同指周成王，古人用的复语。　③及，参预。曾运乾《尚书正读》说："王如弗敢，言成王之逊让也。""基，始；定，正也；基命定命，即举行大典也。"④胤，继。保，太保，这里指召公奭。相，视察。东土，这里指洛邑，因其在镐京以东，故称。　⑤其，祈使副词，表示希望。基，谋。明辟，圣明的国君。　⑥乙卯，据《召诰》，知当为成王五年三月十二日。洛师，洛邑。当时有宗周六师，成周八师，故以洛师指代洛邑。　⑦河，古代河一般都是特指黄河。朔，北岸、北方。黎水，未详。有人认为即清《续文献通考》提到的黎水："卫河淇水合流至黎阳故城为黎水，亦曰浚水。"黎阳故城在今河南浚县东北，这里距洛水较远，且证据不足。联系上下文，周公曾在黎水占卜过，估计黎水当在距洛水不远的黄河北岸。⑧涧水，《水经注》以为出新安县南白石山，即发源于今河南渑池县东北的白石山，至洛阳西南入洛水。瀍水，《水经注》以为"出河南穀城县"即发源于今河南孟津县任家岭，向南流经洛阳东而入洛水。卜涧瀍两水之东西，意即所以卜洛。⑨惟，只。食，说解有四：一，《孔传》："必先墨画龟，然后灼之，兆顺食墨。"是食代指兆；二，孙星衍疏曰：食，玉食，犹《洪範》"惟辟玉食"，指玉食此土；三，俞樾云：是食可训用，言食则皆所用也；四，杨筠如说："按食亦事之假，事犹治也。"联系上下文周公在黎、涧、瀍、洛一带占卜，最后确定在洛水，故食为兆，指吉兆比较接近原意。　⑩卜瀍水东惟洛食，周公又在瀍水东占卜，还是洛水边吉兆。西周营造洛邑分二处。营造于涧水东瀍水西者为王城，亦曰郏鄏、东周。古河南县，今洛阳市王城公园一带。营筑于瀍水东者，为成周，亦名下都。郑玄所谓瀍水东既成，名曰成周，今洛阳县是也。遗址在今洛阳白马寺一带。　⑪伻（bēng 崩），使，通"抨"，《尔雅·释诂》云："抨，使也。"　⑫图，谋。献卜，即卜献。曾运乾说："献卜之卜，谓龟兆也。此时尚未定吉凶，献于王以待王占也。"　⑬宅，都邑内的宫殿宗庙基址。　⑭其，代词，指周公。作，营建。周，即西周都城镐京，又称宗周。匹，配。休，美。　⑮来视予卜，即成王来，示成王卜。恒吉，并吉。　⑯贞，马融谓"当也"。共贞，二人共当此吉。　⑰以，与。亿，韦昭注《楚语》云："十万曰亿，古数也。秦始以万万为亿。"　⑱诲，教诲。于省吾则说："吴大徵谓古谋字从言从每，是也。……谋言犹云咨言问言。"可备一说。

【译文】

周公跪拜叩头行礼后说："我把执政大权归还您。王您却谦逊地不敢举行亲政大典，我继太保召公之后视察了东都洛邑，希望您能考虑怎样成为民众的圣明君主。"

“我在乙卯这天早晨到了洛邑。我占卜了位于黄河北岸的黎水一带。我又占卜了涧水以东、瀍水以西的地方,只有洛水一带得到了吉兆。我又占卜了瀍水以东的地方,也只有洛水一带得到了吉兆。于是请您来商量,并献上卜兆。”

成王行跪拜叩头礼后说:“您不敢不尊重上帝所赐予我们的福祥,来洛勘察营建宫室宗庙的基地。您建立洛邑作为与宗周镐京相匹美的都邑。您已经勘定了宫室宗庙的基地,让我来,给我看占卜的卜兆,福祥啊!都是吉兆。我们二人共享上帝所赐予的吉兆。但愿您和我永远敬重上帝所赐予的福命。跪拜叩头,感谢您的教诲。”

周公曰:“王肇称殷礼①,祀于新邑,咸秩无文②。予齐百工,伻从王于周③。予惟曰:‘庶有事④。’今王即命曰:‘记功,宗以功作元祀⑤。’惟命曰:‘汝受命笃弼⑥,丕视功载⑦,乃汝其悉自教工⑧。’

“孺子其朋,孺子其朋,其往⑨。无若火始焰焰⑩,厥攸灼叙弗其绝厥若⑪。彝及抚事如予⑫,惟以在周工往新邑⑬,伻向即有僚⑭,明作有功⑮,惇大成裕⑯,汝永有辞⑰。”

公曰:“已!汝惟冲子惟终⑱。汝其敬识百辟享⑲。亦识其有不享,享多仪,仪不及物,惟曰不享⑳。惟不役志于享㉑,凡民惟曰不享㉒,惟事其爽侮㉓。乃惟孺子颁,朕不暇听㉔。”

“朕教汝于棐民彝㉕,汝乃是不蘉㉖,乃时惟不永哉㉗。笃叙乃正父㉘,罔不若予,不敢废乃命。汝往敬哉!兹予其明农哉㉙。彼裕我民,无远用戾㉚。”

【注释】

①“周公曰”以下为洛邑建成后,周公自洛还镐,告成王之辞。肇,始。称,举。殷,盛。殷礼又称宗礼,是殷见诸侯的大礼。《周礼·春官·大宗伯》:“以宾礼亲邦国,……时见曰会,殷见曰同。”周初王者即位,要举行殷礼。又杨筠如《尚书覈诂》认为殷礼是祭天改元的大礼。　②新邑,即洛邑。咸,皆。秩,秩序。文,王引之谓:“今按文当读为紊,紊,乱也。《盘庚》曰:‘若网在纲,有条而不紊。’《释文》:‘紊,徐音文。’是紊与文古同音,故借文为紊。”王说可从。　③齐,整。工,官。百工即百官。伻,使。周,宗周镐京。此句是说百官在宗周习礼之后跟随成王去洛邑。　④惟,思。庶,庶几。事,指上文的“祀于新邑”一事。　⑤记功:记载功绩。《周礼·夏官·司勋》云:“国功曰功,民功曰庸,事功曰劳,治功曰力,战功曰多。”又云:“凡有功者,铭书于王之大常,祭于大烝,司勋诏之。”是功臣

有配食之礼。宗，宗人，官名，行使礼乐的官。以，率领。功，有功的人。作，举、举行。元，大。元祀，大礼。大祀之年，在成王五年。王国维《周开国年表》："成王即位，周公摄政之初，亦未尝改元。《洛诰》曰：'惟七年。'是岁为文王受命之十八祀，武王克商之七年。成王嗣位，于兹五岁，始祀于新邑，称秩元祀，《经》乃云惟七年，而不云惟十有八祀。" ⑥笃，厚、大。弼，辅助。 ⑦丕，大。视，示。载，《诗传》："事也。" ⑧乃，于是、然后。其，命令副词。悉，尽。教工，教百官司礼仪。 ⑨孺子，长辈称晚辈，这里指成王。朋，杨筠如说："古者称臣或友，或曰朋，或曰畴，或曰匹，其义一也。"此句是说成王带领群臣前往洛邑。 ⑩若，像。焰，微小的火苗。 ⑪厥，其。攸，所。灼，烧。叙，曾运乾《尚书正读》说："叙，读余，……灼余，犹言烬余也。"绝，断绝。厥若，那个。 ⑫彝，语助词。及，汲汲、劳碌的样子。抚，持、主持。抚事，主持政务。 ⑬惟，希望之词。以，及。周工，在宗周的百官。 ⑭向，趋。即，就。有僚，即友僚，群臣百官。⑮明，勉。 ⑯惇，厚。裕，宽。 ⑰辞，旧注都以为是言辞，赞美之辞。又杨筠如考证："有辞，古成语，有辞之义，皆谓罪辞。"然与此文上下文义不合。此文"辞"疑为"嗣"之假字。辞、嗣古同字，即司也。《广雅》："有司，臣也。"汝永有辞，意思是长久地司守。又孙星衍疏曰："辞与词通。……《释名》云：'词，嗣也。'令择善言相嗣续也。" ⑱惟，为也。冲子，幼子。惟，思也。终，竟。 ⑲识，记。百辟，各诸侯国国君。享，享礼，诸侯国国君觐见天子时的贡献之礼。 ⑳享多仪，重视礼仪。仪不及物，谓物有余而礼不足。惟，语助词，无义。 ㉑役，使、用。志，心意。役志，用心。 ㉒惟，语助词。 ㉓惟，则。事，王事。爽，差错。侮，轻慢。 ㉔颁，郑玄注谓："分也。"暇，空闲。听，听政之事。孙星衍疏曰："言听政之事繁多，孺子分其任，我有所不遑也。" ㉕于，以。棐，辅。彝，法。 ㉖乃是，若是。蘉(máng 忙)，勉力。 ㉗乃，你、你的。时，指统治的年数。不永，不能长久。 ㉘笃，厚。叙，顺。正父，孙星衍疏："正者，政人。父者，《说文》：'家长率教育。'是父为长。《诗传》云：'天子谓同姓诸侯，诸侯谓同姓大夫，皆曰父。'"正父即西周宗法制下的嫡长，即大宗。 ㉙兹，这。明，勉力。此句旧注以为周公老而辞官勉力务农，于史无证。杨筠如说："按明农皆勉也，古明勉通，《广雅》：'农，勉也，字假为努。'"甚确。 ㉚彼，指上文的正父。裕，道、教导。无远，犹言极远。戾，至。

【译文】

周公说："王啊，您开始举行殷见诸侯的大礼，在新都洛邑举行祭祀。这些典礼都安排得有条不紊。我整顿百官，率领他们在宗周镐京演习仪礼之后，跟随王前往洛邑。我想：'差不多该有祭祀的事。'现在王就下命令道：'记下功绩，由宗人率领有功的人举行大祀之礼。'又命令说:'您受先王的遗命,全力辅助国家,全面查阅记录功绩的文书,那么您就要尽力教导百官演习仪礼。'

"年轻的王啊!您应该和群臣在一起,您应该和群臣在一起,到洛邑来吧。不要像刚刚开始燃烧的微弱的火苗,不要把柴草烧成灰烬,千万不要断绝添加柴草。希望您就像我一样勤勉地主持政务,希望您和那些在宗周镐京的百官一起前往新都洛邑,使群臣百官共同勤勉地建立功业,淳厚博大,成就宽达的政治,您就可以永久地伺守天命了。"

周公说:"唉!您作为年轻人,要考虑完成先王的事业,要认真观察诸侯们觐见时的贡享,也要记下那些未曾贡享的诸侯。贡享应当重视礼仪。如果贡品丰富却忽略礼仪,也可以说和没有贡享一样。他们没有用心于贡享,所以民众就说他们不遵守贡享之礼,这样王事就会受到轻慢,并出现差错。希望年轻的王赶快前来分担政务,我无暇顾及那么多政事。"

"我教给您辅助民众的常法,您如果不努力去做,您的统治就不会长久啊。厚待您的同姓诸侯,使他们无不像我一样,不敢废弃您的命令。您前往洛邑要恭敬谨慎啊!在这里我们要勤勉努力啊。同姓诸侯教导我们的民众,这样无论多远,民众也会来归附您的。"

王若曰:"公,明保予冲子①,公称丕显德②,以予小子扬文武烈③,奉答天命④,和恒四方民⑤,居师⑥,惇宗将礼⑦,称秩元祀⑧,咸秩无文⑨。惟公德明光于上下⑩,勤施于四方,旁作穆穆⑪,迓衡不迷⑫,文武勤教。予冲子夙夜毖祀⑬。"王曰:"公功棐迪笃⑭,罔不若时⑮。"

王曰:"公,予小子其退,即辟于周⑯,命公后⑰。四方迪乱未定⑱,于宗礼亦未克敉,公功⑲,迪将其后⑳,监我士师工㉑,诞保文武受民㉒,乱为四辅㉓。"王曰:"公定㉔,予往已㉕。公功肃将祗欢㉖,公无困哉㉗。我惟无斁其康事㉘,公勿替刑㉙,四方其世享。"

【注释】

①王若曰,见前注。以下是成王答周公之辞。明,勉力。明保,有勉力辅助之意。郭沫若曾结合金文认为"明保"是周公之子伯禽的名字,并认为这一段文字是《鲁诰》遗文所窜入(参见《中国古代社会研究》,人民出版社1977年版,第268页)。此可备一说。 ②称,扬、显扬。丕,大。显,显赫。德,功德。 ③以,使。予小子,周成王谦称。扬,显扬、发扬。烈,事业。 ④奉,遵奉。答,对,配也。 ⑤和恒,说解甚多,其恒字,有训"常"、"顺"、"偏"、"久"等,依周秉钧

《尚书易解》曰："和恒，双声连语，犹和悦也。"四方民，四方诸侯国的民众。⑥师，京师，这里指洛邑。 ⑦惇，厚。宗，同姓诸侯。将，事。此句是说以礼厚待同宗诸侯。 ⑧称，举。秩，次序。元祀，大礼，指祭祀文王事。元祀之年为成王五年。 ⑨咸，皆。文，借为紊，乱也。 ⑩光，广大。曾运乾说："明光二语，犹《尧典》言'光被四表，格于上下'也。"参见《尧典》篇注。此以下是成王赞美周公的话。 ⑪旁，读为"方"，广大的意思。穆，美。旁作穆穆，形容国家治理得非常好。 ⑫迓，本作"讶"，讶与御通，掌握的意思。衡，权柄。又章太炎说："御从午声，午者逆也……衡与横同……御衡不迷，言遭横逆而心不乱，如《诗·狼跋》所咏是也。"可备一说。 ⑬毖，谨慎。祀，杨筠如说："（毖祀）疑与今言祷告同意。" ⑭棐，辅助。迪，道、教导。笃，厚。公功棐迪笃，当为倒装句，笃是棐迪的状语。 ⑮若，顺。时，是，指示代词。 ⑯退，指成王返回镐京。即，就。辟，君位。实际上是周公归政于成王。周，宗周镐京。 ⑰后，《尚书易解》："犹言后续，继续，谓继续治洛也。"命公后，指成王敕命周公留下镇守洛邑。⑱四方，指周王朝的疆域。迪，犹还。乱，治。 ⑲宗礼，即宗人典礼。宗人是主持礼仪的官员。克，能、胜，成功的意思。敉，读为"弭"，终也，也含有成功的意思。公功，周公欲做的大事，指"四方迪乱未定"、"于宗礼亦未克敉"一类大事。⑳后，继续。 ㉑监，临，居上视下曰临，这里有统率的意思。士、师、工，指各类政务官员。 ㉒诞，乃，从吴世昌说，参见《罗音室学术论著》。保，安。文武，文王武王。 ㉓乱，率领的意思。四辅，在天子身边的辅佐大臣。《尚书大传》释为："古者天子必有四邻，前曰疑，后曰丞，左曰辅，右曰弼。"他们分别帮助天子处理政务。这里泛指周王左右的大臣。 ㉔定，止、留下的意思。公定与公后的意思相同。 ㉕予往已，我返回矣。指周成王返回宗周，即上文"予小子其退"。 ㉖功，事。肃，近"速"，迅速。将，主持。祗，敬。欢，读为劝，勉也。㉗困，固留。哉，当为我，即周成王。 ㉘惟，只。斁（yì 异），《说文》："解也。"懈怠的意思。康，章太炎说读为庚。《说文》："庚，更事也。"康事即更事，即更习吏事。 ㉙替，废、弃。刑，法。

【译文】

成王说："公啊！您努力辅助我这个年轻人，发扬博大显赫的功德，使我能发扬光大文王和武王的事业，尊奉上帝的命令，使四方民众和睦相处，居住在洛邑。以礼厚待同姓诸侯，隆重举行祭祀文王的大礼，这一切都进行得有条不紊。公的功德可以和日月同辉，广照天下，辛勤地治理四方民众，普天之下都治理得十分美好，您掌握国家大权，而能不产生差错，又以文王和武王勤政的事迹教导我。我这个年轻人只有从早到晚谨慎地祭祀罢了。"成王说："公啊！您热情地辅助我，所作所为无不顺乎时宜。"

成王说:"公啊!我就要返回,在宗周镐京亲政,请您留守洛邑。现在四方没有完全治理好,宗人主持的礼仪也没有完成,您的大功还未告成,您还要继续监督我们的百官大臣,安定好文王武王从上帝那儿接受的臣民,统率周朝的辅佐大臣们。"成王说:"公啊!您留下吧,我要回去了,您要迅速恭敬地努力主持大政,您不要再拒绝我了,我只有不懈怠地学习政务,您只有不废弃大法,主持政务,四方民众才会世世代代地朝享我们。"

周公拜手稽首曰:"王命予来承保乃文祖受命民①,越乃光烈考武王弘朕恭②。孺子来相宅,其大惇典殷献民③,乱为四方新辟④,作周恭先⑤。曰其自时中乂⑥,万邦咸休,惟王有成绩。予旦以多子越御事笃前人成烈⑦,答其师⑧,作周孚先⑨。考朕昭子刑⑩,乃单文祖德⑪。"

"伻来毖殷⑫,乃命宁予以秬鬯二卣⑬,曰明禋⑭,拜手稽首休享⑮。予不敢宿⑯,则禋于文王武王。惠笃叙⑰,无有遘自疾⑱,万年厌于乃德⑲,殷乃引考⑳。王伻殷㉑,乃承叙万年㉒,其永观朕子怀德㉓。"

【注释】

①来,指到洛地营建洛邑。文祖,文王。 ②越,与、和。乃,你们。光,光大。烈,威严。弘,大。朕恭,曾运乾以为朕作训,恭读为"共",法也。"弘朕,犹《顾命》言'大训'也。弘恭,犹《商颂》言'大共'也。'越乃光烈考武王弘朕恭'作一句读,犹言光汝烈考之大训及大法也"。是说可从。 ③孺子,指周成王。惇典,镇守的意思。献民即民献、民众。殷献民,指殷顽民。 ④乱,率。辟,君。四方新辟,指四方刚刚受封的诸侯,卫康叔一类。 ⑤恭,敬、谨。先,先导,这里有表率的意思。 ⑥曰,述说前时之言。时,是。乂,治。 ⑦旦,周公名旦。以,与。多子,甲骨文多见多子族。多子族,是指商王同姓贵族。这里的多子可能是周王的同姓贵族,他们是各级官职的主要承担者。越,与、和。御事,见前注,指为王室服务的官员的总称。笃,厚。前人,指先祖先王。烈,功业。 ⑧答,合、符合。师,众。 ⑨孚,信。先,表率的意思。 ⑩考,成。朕,我,指周公。昭子,指周成王昭,美称。刑,法。 ⑪单,杨筠如说:"《说文》:'大也。'谓子能成汝之法度,乃能光大文王之德也。"文祖,即文王。 ⑫伻,使。毖,慰劳。殷,殷遗民。 ⑬宁,安。秬(jù 具),黑黍,可以酿酒。鬯(chàng 畅),祭祀时

所用的香酒。卣(yǒu 友),装酒的器具,形状近似尊。　⑭曰明禋:曰,使者转达成王的旨意。禋(yīn 因),古代一种祭天的仪式,先架柴草焚烧,再加牺牲、玉帛于火焚烧。这里泛指祭祀。　⑮休,美。享,祭祀用的享献。　⑯宿,留。　⑰惠,仁。笃,厚。叙,顺。　⑱遘,遇。此句解说不一,章太炎以为:"自即辠之烂余。"曾运乾《尚书正读》则说:"谦不敢言受福,故言不遇辠耳。"王世舜《尚书译注》以为"'自'作自己解亦可,自与遘,语倒,顺言之则为'不是我遇到疾病',似乎也可以讲得通。"结合上下文当释为自己就不会遇到疾病。　⑲厌,饱。　⑳殷,盛。引考,长寿。　㉑伻,使。殷,殷遗民。　㉒承叙,承顺。　㉓子,指臣民,包括归顺的殷民。

【译文】

周公行跪拜叩头礼后说:"王命令我承担安定您祖父文王从上帝那里接受下来的臣民,并光大您尊严的父亲武王的遗训大法。王来洛邑视察宫室宗庙的基地,极为有利于镇守控制殷顽民,也有利于新分封的四方诸侯。作为周朝百姓敬重的表率,我曾经说过,如果能够身居在天下之中的洛邑治理国家,天下的诸侯国都会感到高兴的。这样,王的大功便告成了。我姬旦跟同姓贵族大臣和王室近臣,忠诚于先王的伟大功业,满足众人的愿望,以诚信作为我周朝人民的表率。我成就了王的大法,您光大了文王的美德。"

"您派使者来洛邑慰劳殷民,又命人送来两樽黍香酒抚慰我,告诉我说,隆重地举行祭祀,跪拜叩头献上最好的贡享。我不敢耽搁,马上以禋礼祭祀文王武王。您这样仁厚孝顺,自己就不会遇到什么疾病,使民众永久地享受您的德泽,殷切地祝福您长寿。这样,王可以使殷民永远地承顺我们,使他们永远像我们的民众一样心怀大德,不起来反叛。"

戊辰,王在新邑烝祭,岁①。文王骍牛一,武王骍牛一②。王命作册逸祝册③,惟告周公其后④。

王宾杀禋咸格⑥,王入太室祼⑥。王命周公后⑦,作册逸诰⑧。在十有二月。

惟周公诞保文武受命,惟七年⑨。

【注释】

①戊辰,即戊辰日。刘歆《三统历》推算为成王七年十二月晦日。烝,冬祀。岁,岁终。　②骍(xīn 辛),赤色。周人尚赤,祭祀时用赤色牛。　③作册,见前注。逸,人名,或说就是史佚。祝册,宣读祷告神灵的册文。　④惟告周公其后,杨筠如说:"谓以周公留守洛邑之事,告之文武也。"　⑤王宾,指前来助祭

的诸侯。杀,杀牲,用作祭品。禋,见上注。格,至。　⑥太室,太庙的中央之室。祼(guàn 贯),以酒灌地而求降神之礼。　⑦后,后续,指继续治洛。⑧诰,诰命。　⑨诞,乃。惟七年,今《何尊》铭文有"惟王五祀",是首次使用的成王纪年,与"惟七年"是一年,只是一个用的是周公执政纪年,一个用的是成王纪年。这也可以反证何尊是成王五年器。(参见李民《何尊铭文补释》,载《〈尚书〉与古史研究》增订本)

【译文】

戊辰这一天,成王在新都洛邑举行冬祭,祈祷先王,当时正值岁终。祭祀文王,武王各用一头赤色牛。成王命史官逸宣读祷告神灵的册文,诰词中将周公将留守洛邑的事报告了文王和武王。

前来助祭的诸侯在杀牲祭祀时都来了。成王步入太室,行灌礼。成王命周公继续治洛,并让史官逸把这一诰命记在典册上。这件事发生在十二月。

周公留守洛邑,承受文王和武王所赐予的大命,这一年是周公执政七年。

多　士

【题解】

关于《多士》的写作时间，概有二说。《史记·周本纪》："成王既迁殷顽民，周公以王命告，作《多士》。"《书序》："成周既成，迁殷顽民，周公以王命诰，作《多士》。"故孔颖达《尚书正义》云："成周之邑既成，乃迁殷之顽民令居此邑。顽民谓殷之大夫士从武庚叛者，以其无知，谓之顽民。民性安土重迁，或有怨恨。周公以成王之命诰此众士，言其须迁之意。史叙其事，作《多士》。"是以《多士》之作，缘于安抚迁徙的殷民，此为第一说。又《史记·鲁世家》云："及七年后，还政成王，北面就臣位……及成王用事，人或谮周公，周公奔楚。成王发府，见周公祷书，乃泣，反周公。周公归，恐成王壮，治有所淫佚，乃作《多士》。"是此篇作于周公被谮出奔，后被迎归之后，此为第二说。今从前说。

本篇从内容上看，是周公代替成王向殷遗民，特别是殷商旧臣发布的诰令。此诰令详细记录了周公借天命强迫殷商遗民迁居洛邑的原因、周王室对他们的政策及他们自己的前途与出路等，对研究周初的社会矛盾及政治斗争有一定参考价值。

惟三月，周公初于新邑洛，用告商王士①。

王若曰："尔殷遗多士，弗吊旻天，大降丧于殷②。我有周佑命，将天明威，致王罚，敕殷命终于帝③。

"肆尔多士④，非我小国敢弋殷命⑤。惟天不畀允罔固乱⑥，弼我。我其敢求位⑦，惟帝不畀。惟我下民秉为，惟天明畏⑧。

"我闻曰：'上帝引逸⑨。'有夏不适逸⑩，则惟帝降格⑪，向于时夏⑫。弗克庸帝，大淫泆有辞⑬。惟时天罔念闻，厥惟废元命，降致罚⑭，乃命尔先祖成汤革夏⑮，俊民甸四方⑯。

"自成汤至于帝乙⑰，罔不明德恤祀⑱，亦惟天丕建⑲，保乂有殷[20]。殷王亦罔敢失帝，罔不配天其泽[21]。在今后嗣王，诞罔显于天，矧曰其有听念于先王勤家[22]。诞淫厥泆[23]，罔顾于天显民祇[24]。惟时上帝不保，降若兹大丧。

"惟天不畀不明厥德，凡四方小大邦丧，罔非有辞于罚。"

【注释】

①三月，即周公摄政七年三月，也即成王改元后的第一年，也是《何尊》中的成王五年。王士，杨筠如《尚书覈诂》说："《逸周书·世俘解》：'癸丑，荐殷俘王士百人。'则王士盖犹言《春秋》王人也。下文'尔殷遗多士'亦即此王士也。"郑玄注谓："成王元年三月，周公自王城初往成周之邑，用成王命告殷之众士以抚安之。"②弗，不。吊，淑，善也。旻天，秋天，在此泛指上天、上帝。《尚书易解》："弗吊旻天指纣，谓纣王不善乎旻天也。"降丧，降下灾祸。　③将，奉。致，送、诣。敕，古与"饬"通，诰。　④肆，现在。　⑤弋，取、篡夺。　⑥畀，给予。允，孙星衍疏："《释言》云：'佞也。'"罔，诬罔。固，曾运乾说："固读为怙，《春秋传》曰：'毋怙乱。'允罔固乱，允为诬罔，终行暴乱者。"乱，暴乱。　⑦其，岂。　⑧秉，执。为，作为、行事。明畏，圣明威严。畏，同"威"。　⑨上帝引逸，古成语，曾运乾说："逸，《说文》：'失也。'注：'奔也。'是也。引，牵引也。引逸者，牵引之使不至于跌也。"不确。引，制引、制止。逸，淫逸、放纵。　⑩有夏，夏。适，节制。　⑪格，当读为"諮"，《玉篇》："諮，教令严也。"　⑫向，劝。时，是、这。　⑬庸，用。泆，通"逸"，淫泆、放纵。有辞，有罪之辞。　⑭惟时，于是。罔，无。天罔念闻，上帝弃之不念不闻。元命，天命、大命。　⑮成汤，商代的第一个王，见《汤誓》篇注。革夏，更夏之命，即灭夏代之。　⑯俊民，指有才能的人。甸，治理。四方，天下。　⑰帝乙，商纣王之父，倒数第二代商王。　⑱罔，无。明，勉。恤，慎。　⑲丕，大。建，建立。　⑳保，安。乂，治。　㉑泽，禄、恩泽。罔不配天其泽，即"其泽无不配天"之倒装。　㉒后嗣王，即商纣王。诞，尚且。显，敬畏。矧，何况。先王勤家，勤劳于家国的先王。　㉓诞，大。泆，逸。淫泆，放纵淫乱。　㉔天显，天命。祇，通"疷"（qí 具）。《诗·小雅·白华》："之子之远，俾我疷兮。"《传》："疷，病也。"

【译文】

（成王五年）三月，周公初往新都洛邑，将周成王的命令告谕商王朝的旧臣。

王这样说："你们这些殷国的旧臣，纣王不敬上帝，上帝便把丧亡的大祸降给你们的殷国。我们周国佑助上帝，奉行上帝圣明而威严的旨意，推行王者的诛罚，宣告你们殷国的福命被上帝终绝。

"现在，告诉你们这些殷国的旧臣，不是我小小的周国胆敢夺取殷国的大命，因为上帝不把大命给予那些诬罔而又暴乱的人,所以辅助我周国。假如上帝不允许,我们岂敢妄求这个王位?上帝是圣明而威严的,我们下民只能秉承上帝的旨意行事。

"我听说:'上帝制止放纵。'夏桀不节制自己的放纵行为,于是上帝便降下威严的教令,劝诫夏桀。但他不愿听从上帝的教导,大肆放纵,并且说了许多侮慢上帝的罪辞。上帝不再眷念顾及他们,于是废除了夏国的大命,降下了惩罚,这样上帝就命令你们的先祖成汤代替夏国的大命,任用有才能的人治理天下四方。

"从成汤到帝乙,殷国的先王没有不努力地施行教化,谨慎地祭祀上帝的,因此,上帝大力帮助建立殷国。殷王也不敢违背上帝的旨意,无不施民于恩泽以配合天意。在帝乙以后的殷王纣,根本不显扬上帝的旨意,更谈不上听从那些勤劳于殷国的先王的教导。大肆放纵淫乱,根本不把天命和民众的疾苦放在眼里,因此,上帝便不再保佑殷国,给殷降下了丧亡的大祸。

"上帝不会赐大命给不努力施行德教的人,凡是天下四方大小国家的丧亡,没有不是因为有罪而招致惩罚的。"

王若曰:"尔殷多士,今惟我周王丕灵承帝事①,有命曰:'割殷②,告敕于帝。'惟我事不贰适,惟尔王家我适③。予其曰:'惟尔洪无度,我不尔动,自乃邑④。'予亦念天即于殷大戾,肆不正⑤。"

【注释】

①丕,大。灵,善。承,接受。事,受天命灭商之事。 ②割,害。割殷,灭殷。 ③惟,只有。适,孙星衍疏曰:"敌也。"是说只是以你们纣王为敌,非与殷多士为敌。 ④尔,你们(指多士)。洪,大。度,法度。不尔动,不动尔之倒语。自乃邑,从你们的居地发动叛乱。 ⑤即,就。戾,罪、祸。肆,故。正,郑玄注《周礼·大司马》云:"正之者,执而治其罪也。"

【译文】

王这样说:"你们这些殷国的旧臣,现在只有我周王很好地恭奉上帝神圣的命令,上帝的命令说:'灭掉殷国,并报告上帝。'我周国灭殷只是与你们的王室为敌,不是与你们殷国的民众为敌。我要说:'是你们无视法度,我们并没有对你们采取行动,是你们在自己所居住的都邑发难的。'我也考虑到上帝仅仅在于降下大祸灭掉殷国,所以就不再惩罚你们了。"

王曰:"猷①,告尔多士,予惟时其迁居西尔②。非我一人奉德不康宁③,时惟天命④,无违。朕不敢有后,无我怨。

【注释】

①猷,发语词。　②迁居西尔,应为"迁尔居西"之倒装。尔,你们,指殷旧臣。因洛邑在殷地(今安阳、淇县一带)之西,故说居西。　③奉,秉。奉德,即根据道德原则办事。指迁殷民之事是奉德而行,实际上是为了维护周王朝的统治。康宁,安静。不康宁,好动。此句是说迁殷民乃不得已而为之,并非无事生非。　④时,是、这。

【译文】

王说:"啊!告诉你们这些殷国的旧臣,我现在把你们迁居到西方。不是我为了周国的利益,使你们不得安宁,这是上帝的命令,不能违背。我不敢怠慢上帝的命令,不要埋怨我。

"惟尔知,惟殷先人有册有典①,殷革夏命。今尔又曰:'夏迪简在王庭②,有服在百僚③。'予一人惟听用德,肆予敢求尔于天邑商④,予惟率肆矜尔⑤。非予罪,时惟天命。"

【注释】

①册,典籍。典,《说文》:"大册也。"册典指记录史实的典籍。　②迪,进用。简,同"拣",择、选拔的意思。　③服,事,犹言服务。僚,官属;百僚,泛指百官。　④予一人,周王自称。肆,故。求,取、招徕的意思。天邑商,即大邑商,甲骨文多见,指商代都城,现今殷墟和朝歌都应包括在内。　⑤率,用。肆,缓也。王引之《经义述闻》引王念孙说云:"谓放赦之也。'予惟率肆矜尔'者,言我惟用肆尔之罪,矜尔之愚而已。"矜,怜。

【译文】

"你们知道,殷人的祖先有记载历史的典册,殷代替了夏的大命,现在你们又说:'当年殷国曾选拔晋用夏国的遗臣,让他们留在朝廷担任各种官职为殷国服务。'我只听从任用有德的人,所以我敢于把你们从商都召来,我只能用赦免你们的罪过来怜悯你们的愚昧无知。这不是我的罪过,这是上帝的命令。"

王曰:"多士,昔朕来自奄①,予大降尔四国民命②。我乃明致天罚,移尔遐逖③,比事臣我宗多逊④。"

【注释】

①朕,周公自称。奄,古国名,《说文》作"郁",其地在今山东曲阜市东。奄是

东方强大方国，曾参加周初反叛，是东方国家叛乱的中心之一。《尚书大传》曰："周公摄政三年，践奄。"告多士在成王五年，摄政七年，故曰："昔朕来自奄。"奄地后来是周公受封之地，鲁国就是在奄地建立起来的。 ②降，下。降命，古成语，有降赐恩德的意思。四国民，指参加叛乱的管、蔡、商、奄四国殷民。 ③移，徙。遐、逖，都是遥远的意思。 ④比，亲。事、臣均作动词用，服务的意思。我宗，周宗室、周王朝。逊，顺。

【译文】

王说："殷国的众臣，从前我从奄地来，我对你们管、蔡、商、奄四国的殷民厚赐恩德，我是奉上帝的命令来征伐你们的，把你们从遥远的地方迁来，使你们亲近我们，更加顺从地服务于我周朝，臣服于我周朝。"

王曰："告尔殷多士，今予惟不尔杀，予惟时命有申①。今朕作大邑于兹洛，予惟四方罔攸宾②，亦惟尔多士攸服奔走③，臣我多逊④。

"尔乃尚有尔土，尔乃尚宁干止⑤。尔克敬，天惟畀矜尔⑥。尔不克敬，尔不啻不有尔土⑦，予亦致天之罚于尔躬⑧。

"今尔惟时宅尔邑，继尔居⑨，尔厥有干有年于兹洛，尔小子乃兴从尔迁⑩。"

【注释】

①时，是。有，又。申，重申。 ②四方，四方诸侯国。攸，所。宾，宾服，朝贡。金履祥说："镐京远在西偏，四方道理不均，无所于宾贡。"洛邑为天下之中，四方诸侯朝贡均方便。 ③服，事，指服务。奔走，奔走效劳。 ④臣，臣服。逊，顺。 ⑤尚，还、仍。宁，安。干，指劳作之事。止，止息。 ⑥畀，予。矜，怜爱。 ⑦不啻，不但。 ⑧躬，身。 ⑨宅，居。居，指正常生活。 ⑩有年，长久。兴，兴盛。

【译文】

王说："告诉你们这些殷国的众臣，现在我不想杀掉你们，我要向你们重申上述命令。现在我在洛地营建了一座大都邑，是为了方便四方诸侯朝贡，也是为了方便你们服务王事，奔走效劳。你们要更加顺从地臣服我们。

"你们仍然可以保有你们的土地，你们也可以安定地劳作和休息。只要你们能恭敬我周国，上帝便会给你们以怜悯。如果你们不恭敬我周国，你们不但不能保有土地，我还要把上帝的惩罚加到你们的身上。

"现在你们要安居在你们的都邑里，继续过你们的日子，这样，你们就能够在洛邑长久地从事劳作。从你们迁来洛邑开始,你们的子孙后代也将发达起来。”

王曰又曰[①]:“时予[②]。乃或言尔攸居[③]。”

【注释】

①王曰又曰:曾运乾《尚书正读》说:“《尚书》各篇惟周公各诰常称又曰,通校各篇,除本篇‘今尔又曰’为引或言外,余皆一语复言。本文又曰,重言‘时予’也。” ②时,承。时予,犹言顺我。 ③或,有。攸,与“悠”通,长也。乃或言尔攸居,段玉裁《古文尚书撰异》认为:“《磨石经》‘或’‘言’之间多一字,谛视是诲字,与《伪传》教诲之言合。”若然,则今本脱一“诲”字。

【译文】

王说:“顺从我。”王又说:“顺从我,我对你们说话,教导你们安于这里的生活。”

无　逸

【题解】

《无逸》,亦作《毋逸》、《无佚》。《史记·鲁周公世家》:"周公归,恐成王壮,治有所淫佚,乃作《多士》,作《毋逸》。"并引《无逸》文,"作此以诫成王"。《书序》:"周公作《无逸》。"是知《无逸》作于周公还政成王以后。"君子所,其无逸"是本篇的宗旨,以此为题,反映了作者的思想观念。篇中周公反复告诫成王,不要贪图安逸,要以殷为鉴,效法周文王勤劳节俭,奋勉为政,"怀保小民",无淫于安逸、游玩、田猎,不要迷乱酗酒而失于德。本篇反映了周初统治者居安思危的思想,对后来的统治者影响很大。因为本篇文字较浅显,不类于《召诰》、《洛诰》诸篇,故有学者认为是春秋末年的作品,此说证据不足。

周公曰:"呜呼!君子所,其无逸①。先知稼穑之艰难,乃逸,则知小人之依②。相小人③,厥父母勤劳稼穑,厥子乃不知稼穑之艰难,乃逸④。乃谚既诞⑤,否则侮厥父母曰:'昔之人无闻知⑥。'"

【注释】

①君子所,其无逸,郑玄注:"所,犹处也。君子处位为政,其无自逸豫也。"逸,安逸、安乐的意思。其,以。　②稼穑:这里泛指农事。乃逸,王念孙谓:"乃逸二字,乃因下文而衍。"若然,则文通字顺,今从之。小人,指从事农业生产劳动的下层民众。依,孙星衍疏曰:"依同衣,《白虎通·衣裳篇》云:'衣者,隐也。'"王引之《经义述闻》云:"谓知小人之隐也。《周语》'勤恤民隐',韦注曰:'隐,痛也。'小人之隐即上文稼穑之艰难,下之所谓小人之劳也。云隐者,犹今人言苦衷也。"　③相,视、观察。　④厥,其,代词,指小人。厥子,小人的儿子。乃,如此、这样。逸,安逸。　⑤谚,同"喭"(yàn 厌),恣睢与粗鲁。既,与。诞,诞妄自大。　⑥否,当作"丕"。否则,乃至于。昔之人,过去的人、老人。

【译文】

周公说："唉！君子做官不应该贪图安逸享乐。先了解耕种收获的艰难，就会知道农人的艰难。看看这些农人，他们的父母辛勤劳苦地耕种收获，他们的儿子却不知道耕种收获的艰难，便贪图安逸享乐起来。他们的行为放肆，举止粗鲁，乃至于轻视侮慢他们的父母说：'上了年纪的人，什么也不懂。'"

周公曰："呜呼！我闻曰：昔在殷王中宗①，严恭寅畏②，天命自度③，治民祗惧④，不敢荒宁⑤。肆中宗之享国七十有五年⑥。其在高宗⑦，时旧劳于外⑧，爰暨小人⑨。作其即位⑩，乃或亮阴，三年不言⑪，其惟不言，言乃雍⑫。不敢荒宁，嘉靖殷邦⑬。至于小大⑭，无时或怨⑮。肆高宗之享国五十有九年。其在祖甲，不义惟王⑯，旧为小人⑰。作其即位，爰知小人之依，能保惠于庶民⑱，不敢侮鳏寡。肆祖甲之享国三十有三年。自时厥后立王⑲，生则逸！生则逸⑳！不知稼穑之艰难，不闻小人之劳，惟耽乐之从㉑。自时厥后，亦罔或克寿㉒，或十年，或七八年，或五六年，或四三年。"

周公曰："呜呼！厥亦惟我周太王、王季㉓，克自抑畏㉔。文王卑服即康功田功㉕。徽柔懿恭㉖，怀保小民㉗，惠鲜鳏寡㉘。自朝至于日中昃㉙，不遑暇食㉚，用咸和万民㉛。文王不敢盘于游田㉜，以庶邦惟正之供㉝。文王受命惟中身㉞，厥享国五十年㉟。"

周公曰："呜呼！继自今嗣王㊱，则其无淫于观、于逸、于游、于田㊲，以万民惟正之供。无皇曰：'今日耽乐㊳。'乃非民攸训，非天攸若㊴，时人丕则有愆㊵。无若殷王受之迷乱㊶，酗于酒德哉㊷。"

周公曰："呜呼！我闻曰：'古之人犹胥训告㊸，胥保惠，胥教诲，民无或胥诪张为幻㊹。'此厥不听㊺，人乃训之㊻，乃变乱先王之正刑，至于小大㊼，民否则厥心违怨，否则厥口诅祝㊽。"

【注释】

①中宗，有二说，一说是太戊，郑玄注谓太戊，商汤的玄孙，太甲之孙，太庚之子，是商代第五世贤王。《史记·殷本纪》说：太戊以前"殷道衰，诸侯不至"，太戊称帝后，"殷复兴，诸侯归之，故称中宗"。一说是祖乙，《太平御览》引《竹书纪年》曰："祖乙月泰即位，是为中宗，居庇。"祖乙为中宗，是商代第七世贤王。杨筠如《尚书覈诂》谓："按卜辞中有'中宗祖乙牛吉'之文，而又每以太甲祖乙同祭，不及

太戊,是中宗当为祖乙。” ②严,同“俨”,严肃庄重的样子。恭、寅都是恭敬的意思。江声曰:“严恭在貌,寅畏在心。” ③度(duó 夺),图度、衡量。 ④祗惧,《史记》作“震惧”,恭敬谨慎的意思。 ⑤荒宁,荒废、安逸。 ⑥肆,故。有,又。 ⑦其,发语词。高宗,即商王武丁,参见《高宗肜日》篇注。⑧时,指武丁做太子时。旧,久。时旧劳于外,郑玄注谓:“武丁为太子时,为其父小乙将师役于外,与小人之故,言知其忧劳也。” ⑨爰,于是。暨,一般多以为是及、与。但周秉钧《尚书易解》释为惠:“暨盖懸之借,《说文》:‘懸,惠也。’古文作懸。爰惠小人,与下文‘惠鲜鳏寡’同意。”周说可从。 ⑩作,及、等到。⑪亮阴,《论语·宪问》作“谅阴”,《礼记·丧服四制》作“谅闇”,《尚书大传》作“梁闇”。孔子曰:“君薨,百官总己以听于冢宰三年。”马融曰:“亮,信也;阴,默也。为听于冢宰,信默而不言。”郑玄注谓:“谅闇转作梁闇,楣谓之梁,闇谓庐也;小乙崩,武丁立,忧丧三年之乱。居,倚庐柱楣,不言政事。”是自孔子到郑玄,多说君王死后,继位者三年不问政事,为君守孝三年。郭沫若则另辟新说,认为殷商时并无三年之丧,“亮阴”是医学上的一种“不言症”。(参见《青铜时代》)《国语·楚语上》曰:“白公曰:昔殷武丁能耸其德,至于神明,以入于河,自河徂亳。于是乎三年默以思道。卿士患之,曰:‘王言以出令也,若不言,是无所禀令也。’武丁于是作书曰:‘以余正四方,余恐德之不类,兹故不言。’”《吕氏春秋·重言》也有相同记述。《史记·殷本纪》记述较详:“帝武丁即位,思复兴殷,而未得其佐,三年不言,政事决定于冢宰,以观国风。……武丁修政行德,天下咸欢,殷道复兴。”通过对以上记载的分析,我们认为,所谓“亮阴”是武丁即位之初,年轻而缺少政治经验,又无干练的辅弼重臣,因而“三年不言”,政事交由冢宰主持,自己去“观国风”,了解国情民情。(参见李民《〈无逸〉“亮阴”“祖甲”辨析》,载《〈尚书〉与古史研究》增订本)在当时并不存在守孝三年的丧礼,否则就不会有“卿士患之”一类的事了。 ⑫雍,和谐。郑玄注:“其不言之时,时有所言,言则群臣皆和谐。” ⑬嘉,善。靖,治、安。嘉靖,安定的意思。 ⑭至于小大,郑玄注:“谓万民上及群臣也。”或曰大小官员,亦通。 ⑮时,是。无时或怨,郑玄注说:“言人臣大小皆无怨王也。” ⑯祖甲,有二说:孔安国、王肃以为即汤孙太甲,马融、郑玄则以为是武丁的儿子帝甲。马融进一步推断:“祖甲有兄祖庚,而祖甲贤,武丁欲立之,祖甲以王废长立少,不义,逃往民间,故曰‘不义惟王’。”从《无逸》文看,帝甲应是有作为的君主,然史籍记载商代自帝甲而衰。《国语·周语下》:“玄王勤商,十有四世而兴。帝甲乱之,七世而陨。”《帝王世纪》也有此类记述。《史记·殷本纪》也说:“帝祖庚崩,弟祖甲立,是为帝甲。帝甲淫乱,殷复衰。”然太甲却是商代名君,《君奭》曰:“在太甲,时则有若保衡。”《殷本纪》说:太甲执政初三年,"不明、暴虐,不遵汤法,乱德,于是伊尹放之于桐宫。……帝太甲居桐宫三年,悔过自责,反善,于是伊尹乃迎帝太甲而授之政。帝太甲修德,诸侯咸归殷,百姓以宁。伊尹嘉之,乃作《太甲训》三篇,褒帝太甲,称太宗。"《汉书·韦贤传》引王舜、刘歆等人《议宗庙礼》曰:"故于殷,太甲为太宗,大戊曰中宗,武丁曰高宗。周公为《毋逸》之戒,举殷三宗以劝成王。"此处当为典籍错简而致中宗、高宗顺序颠倒。不义惟王,即不义之王,可能是太甲即位的最初三年,有不义之举。　⑰旧,久。旧为小人,这里当指伊尹放不义之王太甲于桐宫三年,使其过着小民的生活。　⑱作,及、等到。即位,复位。保,安。惠,爱。　⑲自,从。时,这,指示代词。厥,王引之曰:"犹之也。"自时厥后立王,由于可能出现错简,此处当指武丁以后继位的王。　⑳生则逸,生则逸,曾运乾说:"两言之者,周公喜重言也。"　㉑耽乐,沉湎于享乐之中。　㉒罔或,没有。克,能够。寿,长久。　㉓太王,古公亶父,周先王,文王的祖父,王季的父亲,见《大诰》篇注。王季,周先王,文王的父亲,见《大诰》篇注。　㉔抑畏,谨慎小心。　㉕文王卑服即康功田功,此句较费解。赵光贤《〈尚书·无逸〉"文王卑服即康功田功"解》一文提出新解:卑,马融本作"俾",二字古通用。《荀子·宥坐》:"卑民不迷。"杨倞注:"卑读为俾。"是其证。《尔雅·释诂》:"俾,从也。"可作服从、顺从、遵循解。服,与"俾"义同。又"卑"字音转为"宾",后世多见"宾服",罕见"卑服"。即,完成。康,古音康、庚、赓三字音同义通。康功,即赓功。赓有赓续、继续的意思。功是攻的借字,作"治"理解。下文"功"字训工,"田功"即农事。"康功田功"应当解作继续管理农业,表示文王对农业的关心。(载《周代社会辨析》,人民出版社1980年12月版)是说至确,今从之。　㉖徽,善良。柔,仁慈。懿,美。恭,敬。皆为赞美之词。　㉗怀保,爱护、关怀。　㉘惠,爱。鲜,读为"斯"。惠鲜鳏寡,义同于上文"惠于庶民"。　㉙朝,早晨。日中,中午。昃(zé仄),太阳偏西,黄昏。　㉚遑,闲暇。不遑,没有时间。　㉛用,以。咸,即諴,和也。咸和,和谐。　㉜盘,乐。田,同"畋",狩猎。　㉝以,使。庶邦,众邦,指臣服于周的诸方国。史载文王之时,三分天下有其二。正,政。供,奉。此句是说使诸侯方国政治勤勉。　㉞受命,即受命于天,指作为君王。中身,中年。　㉟享国五十年,相传周文王实际享国五十一年,大致与《无逸》记载相当。　㊱继自今嗣王,指今后继位的王,当指周成王及以后的王。　㊲淫,过度。观,游览。逸,安逸。　㊳皇,汉石经作"兄",兄即况。或说皇为暇,无皇即无暇。　㊴攸,所。训,典式、榜样。一说劝诫。天若,天命。非天攸若,即非用天命。　㊵时,是、这。丕则,于是。愆,过错。　㊶无若,不要像。殷王受,即商纣王,见前注。㊷酗,发酒疯。酗于酒德哉,以酗酒为德。　㊸人,杨筠如说:"人与民相对成文，人谓在位之政人也。”犹，还。胥，互相。 ㊹或，有。诪（zhōu 周）张，欺诳。幻，惑乱。 ㊺此，指上述劝诫之词。厥，其，你。 ㊻训，典式、榜样。㊼正，同“政”，指政治。刑，刑法、法律。小大，大小之刑。 ㊽否则，犹于是。祝，通“咒”，音义同。诅祝即诅咒。

【译文】

周公说：“唉！我听说，过去殷王中宗，严肃庄重，心存敬畏，以天命为标准来度量自己，治理民众，恭敬谨慎，不敢怠惰、贪图安乐，所以中宗享有王位七十五年。到了高宗，他做太子时，曾长期在外服役，惠爱民众。等到他登上了王位，沉默，不语三年，深入民间了解国情民情。因此即便是偶尔谈及国事时，说出来的话都深得大臣们的赞同。他不敢荒废政事、贪图安乐，因此殷国被治理得太平安康。从民众到百官，没有人抱怨。因此，高宗享有王位五十九年。祖甲在位时，因做了许多不义的事情，长期沦落于民间。等到他重新做了君王以后，便能了解民众的疾苦，能够施惠于民众，甚至连那些鳏寡孤独无依无靠的人也不敢轻慢。因此，祖甲享有王位三十三年。从武丁以后继位的君王，生来就贪图安乐了！生来就贪图安乐了！他们不了解耕种收获的艰难，不了解民众的劳苦，只是沉湎于享乐之中。从这以后，殷王也就没有能够长久在位了，他们在位的时间有的十年，有的七八年，有的五六年，有的三四年。”

周公说：“唉！只有我们周国的太王、王季能够谨慎小心。文王遵循太王、王季的事业，继续关心、管理农业生产。他心地善良仁慈、态度和蔼恭谨，关心爱护民众，把恩惠施于那些鳏寡孤独无依无靠的人。从早晨到中午，到黄昏，忙忙碌碌无暇吃饭，为的是使万民和谐地生活。文王不敢沉湎于游逸玩乐，使归附的方国诸侯都勤勉于治理国家。文王虽在中年时接受了上帝赐予的大命，却享有王位五十年。”

周公说：“唉！从今以后继位的王啊，希望你们不要过度地游览、享乐、田猎，要使民众都勤勉于本职。更不要这样讲：‘今天要纵情享乐。’这样，你们就不是万民的榜样，就没有遵从王命，这样的人便有大错了。所以，不要像殷王受（纣）那样迷惑淫乱，以酗酒为德啊。”

周公说：“唉！我听说：‘古代做官的人还互相训诫，互相呵护，互相教诲，民众便没有互相欺诈惑乱。’你们如果不听这些话，官员们就会以此为榜样，甚至于变乱先王的法律，包括大大小小的法令。民众于是就在心中产生怨恨，就在口中发出诅咒。”

周公曰：“呜呼！自殷王中宗及高宗及祖甲，及我周文王，兹四人迪哲①。厥或告之曰：‘小人怨汝詈汝②！’则皇自敬德③。厥愆④，曰：'朕之愆允若时[⑤]。'不啻不敢含怒[⑥]。此厥不听，人乃或诪张为幻。曰：'小人怨汝詈汝！'则信之。则若时[⑦]，不永念厥辟[⑧]，不宽绰厥心，乱罚无罪，杀无辜，怨有同，是丛于厥身[⑨]。"

周公曰："呜呼！嗣王其监于兹[⑩]！"

【注释】

①殷王中宗、高宗、祖甲，参见前注。其间可能是错简，应为殷王祖甲（太甲）、中宗、高宗。迪哲，古成语，即通达明智的意思。　②或，有。詈（lì 利），骂。　③皇，兄，益也。孙星衍疏曰："皇自，熹平石经作'兄曰'，韦氏注《国语》云：'兄，益也。''皇曰敬德'即'益曰敬德'也。"犹今语"更加敬德"。　④厥，其，代指上文四王。愆，过错。　⑤允，信。若，像。时，是、这。　⑥不啻，不但。不啻不敢含怒，郑玄注："不但不敢含怒，乃俗屡闻之，知己政得失之原也。"⑦则，就。若，像。时，是、这。　⑧永，长。辟，法度。　⑨绰，宽。辜，罪。怨有同，周秉钧《尚书易解》："有，盖借为尤，同声通用。怨有同，怨尤会同也。"丛，聚集。　⑩嗣王，指周成王。监，同"鉴"，戒鉴。兹，这，指上述之事。

【译文】

周公说："唉！从殷王祖（太）甲到中宗，到高宗，到我们周国的文王，这四人是通达明智的君主。有人告诉他们说：'民众在怨恨你、咒骂你。'他们便更加恭敬地以德办事。他们有了过错，就坦白地说：'这确实是我的过错。'他们不但不敢怀有怨恨，而且很愿意听，以便检讨自己的得失。不听这些话，百官们就会互相欺诈惑乱。假如有人告诉你：'民众在怨恨你，咒骂你。'你就相信这些话。如果像这样，你不经常把法度放在心上，不敞开自己的胸怀，乱惩罚那些无罪的人，滥杀那些无辜的人。如果这样，民众的怨恨一旦汇合起来，就会集中到你的身上。"

周公说："唉！成王，你要以此为鉴戒啊！"

君　奭

【题解】

《君奭》是周公对召公的答辞。君，周公对召公的尊称。奭(shì 示)，召公的名。孙星衍《尚书今古文注疏》云："君者，《释诂》云：'大也。'君是后辟尊称。奭者，《说文》云：'此燕召公名。'"《史记·燕召公世家》："召公奭与周同姓，姓姬氏。周武王之灭纣，封召公于北燕。"《集解》："谯周曰：'周之支族，食邑于召，谓之召公。'"《索隐》："召者，畿内采地。奭始食于召，故曰召公。"《史记·燕召公世家》说："成王既幼，周公摄政，当国践祚，作《君奭》。君奭不说周公。周公乃称'汤时有伊尹，假于皇天……'于是召公乃说。"是《君奭》作于周公摄政时。然《书序》则云："召公为保，周公为师，相成王为左右。召公不说，周公作《君奭》。"似以此篇作于周公还政成王之后，二说未知孰是，今从《史记》。本篇对周初的天命思想提出了见解，并强调辅臣对商周王朝兴衰的重要意义，希望辅臣团结一致，治理好国家。本篇是研究周初思想史及商周历史的重要资料。

周公若曰："君奭，弗吊，天降丧于殷，殷既坠厥命[①]。我有周既受，我不敢知曰厥基永孚于休[②]。若天棐忱[③]，我亦不敢知曰其终出于不祥[④]。

"呜呼！君已曰时我[⑤]。我亦不敢宁于上帝命，弗永远念天威越我民[⑥]。罔尤违惟人[⑦]。

"在我后嗣子孙，大弗克恭上下[⑧]，遏佚前人光在家[⑨]，不知天命不易。天难谌[⑩]，乃其坠命，弗克经历[⑪]，嗣前人恭明德。

"在今予小子旦非克有正，迪惟前人光，施于我冲子[⑫]。"

又曰："天不可信。我道惟宁王德延，天不庸释于文王受命[⑬]。"

【注释】

①弗，不。吊，善。坠，失。　②厥，其，这里犹言这个。基，基业，指所受之

命。孚,通付,给予。休,美。　③若,语首助词。棐,辅助。忱,诚。一说若天即天若,天命。亦通。　④祥,善。又孙星衍疏曰:“祥与羕俱以羊为声,祥亦永也。《盘庚》:‘丕乃崇降弗祥。’《熹平石经》作‘不永’。”祥亦有长久的意思。联系上下文,以孙说为佳。　⑤君,即君奭,召公奭。已:表示过去的副词。时,是。时我,意思是说召公说自己担当起治国重任。　⑥宁,安。天威,天命。越,与、和。孙诒让说:“此句“当读‘弗永远念天威越我民’为句,越,与也。言不敢不永远念天之威及此下民,犹后文云:予惟用闵于天越民也。”　⑦罔,无。尤,过。违,邪。惟人,惟在于人,即事在人为。　⑧在,察。大,假若。克,能。恭,敬。上下,指天地。　⑨遏,绝。佚,失、弃。前人,指文王、武王等先王。光,指光荣传统。家,指周王朝。　⑩谌(chén 陈),诚、信。天难谌,即天命无常。周人的天命观同殷人相比,已有了变化,不再绝对迷信天命。　⑪历,久。⑫在今,现在。予小子旦,周公自称。正,政,含有表率的意思。非克有正,周公谦词。迪惟,语气助词,犹下文“道惟”。施,延。冲子,即后嗣子孙。　⑬又曰,当为重言。曾运乾《尚书正读》说:“重言之者,意言天不可信,然耶,否耶。下文决辞。”道惟,即迪惟,语气助词。宁王,即文王。庸,用。释,弃。王国维说:“庸释连文,言舍去也。”

【译文】

周公说:“君奭啊!由于商纣王不行善事,上帝便给殷国降下了丧亡大祸,殷国已经丧失了上帝赐予的大命。我们周国已经接受了这个大命,但我不敢明确地说,我们这个大命永远保持美好的前程。虽然上帝诚心地辅助我们,但我还是不敢明确地说,我们的大命终究能否长久。

“唉!你曾经说我能够担起治理国家的重担,但我却不敢安然享受上帝的大命,不敢不始终顾及天命和我们的民众,是否会产生过错和邪恶,都事在人为。

“考察我们的后代子孙,假如不能恭敬上帝保佑民众,绝弃文王、武王为国家所建立的光荣传统,不知道获得天命的艰难,不懂得上帝难以相信,如果上帝坠弃你的大命,你们就不会长久。继承前人的光荣传统,恭敬地奉行明德吧。

“现在,我小子姬旦,不能做大家的表率,只能把前人的光荣传统加以推广,延续到我年轻的国王身上。”

又说:“上帝是不能信赖的。我们只自将文王的美德加以延续,上帝才不会舍弃由文王所接受的大命。”

公曰:“君奭,我闻在昔成汤既受命,时则有若伊尹①,格于皇天②。在太甲时,则有若保衡③。在太戊时,则有若伊陟、臣扈④,格于上帝。巫咸乂王家[5]。在祖乙时,则有若巫贤[6]。在武丁时,则有若甘盘[7]。率惟兹有陈,保乂有殷[8],故殷礼陟配天,多历年所[9]。

"天惟纯佑命[10],则商实百姓王人,罔不秉德明恤[11]。小臣屏侯甸[12],矧咸奔走[13]。

"惟兹惟德称,用乂厥辟[14],故一人有事于四方[15],若卜筮,罔不是孚[16]。"

【注释】

①时,当时。若,王念孙曰:"犹'其'也。"此也。伊尹,商汤时的辅政大臣,名挚,亦称阿衡。原为商汤妃有莘氏之媵臣,受汤重用,佐汤灭夏,建立商朝。后又辅佐外丙、中壬。中壬死后,立太甲为王,述政教,言法度。太甲暴虐,放逐太甲三年,太甲悔过,乃复迎归王位,至沃丁时卒。一说太甲被放逐后,七年返都,杀伊尹。　②格,孙星衍疏曰:"《释诂》云:'升也。'谓汤得伊尹辅助而成功,升配于天也。"杨筠如说:"按格,犹享也。"格于皇天,是说由于功劳很大,祭祀时享配于天。　③太甲,见《无逸》篇注。保衡,官名,王身边的辅助大臣。一般认为保衡就是伊尹。《诗·长发》:"实维阿衡。"《传》:"阿衡,伊尹也。"一说保为官名,衡为伊尹名。　④大戊,商王名,太甲之孙,太庚之子。伊陟,商王太戊的辅政贤臣,相传为伊尹的儿子。臣扈,商王太戊时的辅政贤臣。　⑤巫咸,商代著名贤臣。相传他是用筮占卜的创始者。一说可能即甲骨文中的咸戊,杨筠如《尚书覈诂》:"其名本为咸戊,故或称巫咸,或称巫戊也。"乂,治。王家,即商王朝。⑥祖乙,商代第十四王。《史记·殷本纪》云:"帝祖乙立,殷复兴。"巫贤,祖乙的贤臣。　⑦武丁,即殷高宗,见《高宗肜日》篇注。甘盘,武丁的贤臣。《汉书·古今人表》将甘盘与傅说并列。颜师古注:"甘盘,武丁师也。"　⑧率,大抵。兹,这。陈,孙星衍疏曰:"陈者,《汉书·哀帝纪》注:李斐云:'道也。'言惟此有道之臣,安治有殷。"乂,治。又曾运乾说:"此之有陈,犹《庄子·寓言篇》之陈人,所谓老成人也。"两说皆通,译文采孙说。　⑨陟,登,升。历,久。俞樾《尚书平义》:"谓殷人之礼死则配天而称帝也。《竹书纪年》:'凡帝王之终皆曰陟。'此经陟字,义与彼同。"即享受天命。　⑩佑,福佑。纯佑,杨筠如说:"古成语,金文多作屯右。"　⑪实,杨筠如说:"犹是也,是与之同,古是、之通用。"商实百姓王人,即商之百姓王人。百姓,百官。王人,即王族之人,指商王同姓贵族。甲骨文多见王族、子族,与此同义。秉,奉、持。明,勉。恤,谨慎。　⑫小臣,商、西周时的朝廷官员,西周中期以后则指地位较低的官员。屏,并、列。侯甸,泛指商的方国诸侯。　⑬矧,况且。咸,都。奔走,效劳。　⑭兹,此。指上文的百姓王人、小臣侯甸。称,举。乂,治。厥,其,指上面的百姓王人。辟,君主。　⑮一人,

指天子、君王。一人有事于四方,指天子役使四方诸侯。　⑯若,好像。卜筮,占卜算卦活动。是,这,指天子的号令。孚,符、信。

【译文】

周公说:"君奭啊!我听说过去在成汤的时候,已经接受上帝赐予的大命,当时就有个伊尹辅佐成汤,祭祀时享配于天。在太甲的时候,就有个保衡。在太戊的时候,就有伊陟、臣扈分别辅佐,祭祀时享配于上帝。巫咸辅佐治理殷王朝。在祖乙的时候,就有个巫贤。在武丁的时候,有个甘盘。大概都是因为这些有道的贤臣,安定治理殷国,才使殷王朝诸王死后享受配天的祭祀,已经经历了许多年代。

"上帝福佑大命,商国的百官和同姓贵族没有不奉守正道,努力谨慎服务的。更何况那些朝廷官员和方国诸侯,都往来奔走效劳。

"正因为这些贵族群臣依据德行得到推举,以辅佑他们的君王治理国家,所以一旦君王差役四方诸侯时,四方诸侯没有不相信的,就像相信占卜算卦一样。"

公曰:"君奭,天寿平格①,保乂有殷,有殷嗣,天灭威②。今汝永念,则有固命③,厥乱明我新造邦④。"

【注释】

①寿,久。平,孙星衍疏云:"平与抨通,《释诂》云:'使也。'"格,格人,指通晓天命的人。然周秉钧《尚书易解》说:"寿,使之寿。平格,平康也,语之转。"可从。按:实际上天寿即天命。　②嗣,这里指纣王继位。周秉钧《尚书易解》则说:"嗣,当读为怠。"怠,怠慢。可备一说。威,畏,命也。天威,即天命。天灭威,天灭其命。　③固,定。或说固为大。命,天命。　④厥,发语词。乱,治。新造邦,即刚刚建立的西周王朝。

【译文】

周公说:"君奭,天命平康,安治殷国,而殷国的纣王继位后,上帝丧灭了殷国的大命。现在你若永远记住这些,我们就能固守上帝所赐予的大命,治理并显扬我们这个新建立的国家。"

公曰:"君奭,在昔上帝割申劝宁王之德①,其集大命于厥躬②?惟文王尚克修和我有夏③。亦惟有若虢叔,有若闳夭,有若散宜生,有若泰颠,有若南宫括④。"又曰:"无能往来,兹迪彝教,文王蔑德降于国人⑤。

"亦惟纯佑秉德,迪知天威⑥,乃惟时昭文王迪见冒⑦,闻于上帝,惟时受有殷命。

“哉武王，惟兹四人尚迪有禄[8]。后暨武王诞降天威，咸刘厥敌[9]。惟兹四人昭武王惟冒，丕单称德[10]。

“今在予小子旦若游大川，予往暨汝奭其济[11]。小子同未在位[12]，诞无我责收，罔勖不及[13]，耇造德不降[14]，我则鸣鸟不闻，矧曰其有能格[15]。”

【注释】

①割，读“害”(hé 何)，同“曷”，即为何、为什么。申，重、一再。劝，劝勉。宁王，文王。 ②集，降。躬，身。 ③修，治。有夏，夏，这里指中国，如后来的华夏。 ④虢(guó 国)叔、闳夭、散宜生、泰颠、南宫括，上述五人都是文王的贤臣。关于这五位贤臣的记载主要有：《左传·僖公五年》：“虢仲、虢叔、王季之穆也。为文王卿士，勋在王室。”《国语·晋语》：“文王在傅弗勤，处师弗烦，敬友二虢。其即位也，咨于二虢，度于闳夭，谋于南宫。”《史记·周本纪》：“西伯曰文王，礼下贤者。太颠、闳夭、散宜生、鬻子、辛甲大夫之徒皆往归之。” ⑤又，有。杨筠如《尚书覈诂》说：“凡言有曰，多系假设之辞。”可从。一说又曰为重言。往来，奔走效劳。兹，曾运乾说：“读为孜，勉也。”迪，道、导。彝，常。蔑，旧训无。⑥纯佑，见前注。秉，奉、持。迪，导。天威，天命。 ⑦时，是。昭，相、助。见，现、显示。冒，勉励。 ⑧哉，在。哉武王，犹在武王的时候(本曾运乾说)。郑玄注谓：“武王时虢叔等有死者，余四人也。”迪，犹。有禄，还活着的意思。⑨暨，与、和。诞，乃。降，奉。天威，天命。咸，皆。刘，杀。厥，其。 ⑩丕，大。单，同殚，尽。称，举。 ⑪今在，现在。予小子旦，周公自称。其，王引之《经传释词》谓：“庶几也。” ⑫小子，指成王。同，即侗(tóng 童)，幼稚无知。未，同“昧”，谓不明事理。一说同未即童昧、童蒙也。亦通。 ⑬诞，其。收，俞樾谓：“成也。”勖，勉励。及，至。 ⑭耇，老年人。造，成。降，曾运乾说：“和同也。” ⑮鸣鸟，凤凰的鸣声，古人以凤凰的鸣声为吉祥的征兆。矧，况。格，格知。

【译文】

周公说：“君奭，在过去为什么上帝一再嘉勉文王的美德，而把大命降在他身上呢？这是因为只有像文王这样的人，才能把中国治理好。也因为文王有像虢叔，闳夭，像散宜生、泰颠，像南宫括这样的贤臣。”又说：“如果没有这些贤臣奔走效劳，努力地宣扬教化，文王便不能把美德降给国人了。

“也正因为这些贤臣辅助，奉守道德，引导了解天命，他们辅助文王，使其成绩显著，被上帝知道，正是因为这样，文王才接受替代了殷国的大命。

“在武王的时候，文王的贤臣只有四人还健在。后来他们随武王一道奉行上帝的命令，都辅助武王，参加了伐灭商国、消灭敌人的战争。正是由于这四人努力辅助武王，才使武王成就美德。

“现在我小子姬旦，好像在大河里游渡，我要和君奭你一同涉渡。我们年轻的君王虽居王位，但年幼无知，我们能不担起自己的责任吗？不努力是不会成功的，如果连年长有德的您都不能与我和睦一致，那么我就听不到凤凰的鸣声了，更何况说能够知晓天命呢？”

公曰：“呜呼！君，肆其监于兹[①]，我受命无疆惟休[②]，亦大惟艰。告君乃猷裕我[③]，不以后人迷。”

【注释】

①君，指召公奭。肆，如今、现在。监，视。兹，这，指示代词，即下文的“我受命无疆惟休，亦大惟艰”。　②无疆，无限。休，美。大艰，极度艰难。　③乃，王引之曰：“急词也。”猷裕，教导。以，使。迷，误。又曾运乾说：“猷裕，双声联词，犹宽绰也。”可备一说。

【译文】

周公说：“啊！君奭，你现在应该看到这一点，我们从上帝那里接受大命，虽然无比美好，但也是极度艰难。希望君奭教导我，不要使子孙后代迷惑。”

公曰：“前人敷乃心[①]，乃悉命汝[②]，作汝民极[③]。曰：汝明勖偶王[④]，在亶[⑤]，乘兹大命[⑥]，惟文王德丕承，无疆之恤[⑦]。”

【注释】

①前人，指武王。敷，布。乃，其。敷乃心，有推心置腹的意思。　②悉，详。③极，中、准则，有榜样、楷模的意思。　④明勖，同义词连用，勉励。偶，孙星衍疏：“《广雅·释诂》云：‘耦，侑也。’偶与耦通。”相辅的意思。　⑤亶，诚。⑥乘，载，担当。　⑦此句意即丕承文王之德，无穷之忧。

【译文】

周公说：“武王曾经坦露过他的心思，他曾详尽地告诉你，要求你作民众的表率。武王说：你们应该努力辅佐成王，要诚心诚意担当这一使命，全面继承文王的美德，要有无穷的忧虑。”

公曰：“君，告汝，朕允保奭[①]。其汝克敬以予，监于殷丧大否[②]，肆念我天威[③]。

“予不允惟若兹诰，予惟曰：‘襄我二人，汝有合哉[④]？’言曰：‘在时二人。’天休兹至，惟时二人弗戡[⑤]。其汝克敬德，明我俊民[⑥]。在让后人于丕时[⑦]。

“呜呼！笃棐时二人[⑧]，我式克至于今日休[⑨]，我咸成文王功于不怠，丕冒[⑩]，海隅出日，罔不率俾[⑪]。”

【注释】

①朕，我。允，信。保奭，召公为太保，故称保奭。　②其，表示希望的祈使词。克，能够。以，与。予，我，周公。否（pǐ 丕），王先谦曰：“《易》，天地交为泰，天地不交而万物不通为否。殷之末也，天地闭塞，是大否也。”比喻遭遇天灾人祸。③肆，长。天威，即天命。　④允，语气助词。不允惟，即不但。襄，除掉。合，合德，指品德相合的人。　⑤时，是、这。休，美。兹，通“滋”，益也。戡，胜。⑥明，彰明、显扬。俊民，贤人，才德超群的人。　⑦在，终。让，通“襄”，助、成。于，以。丕时，大美大善。或谓丕时犹丕承也，继承的意思，亦通。　⑧笃，厚。棐，辅助。时，是。　⑨我，指周王朝。式，用。克，能够。休，美、好。　⑩咸，和。丕冒，王引之《经义述闻》说：“丕，大也。冒，懋也，言其功大懋勉也。”　⑪俾，从。二句比喻天下皆服从周王朝统治。

【译文】

周公说：“君奭，告诉你，我相信你太保奭。希望你能恭敬地和我一道，以殷国丧亡的大祸为鉴，长久顾及着天命的威力。

“我不但这样告诉你，我还想说：‘除了我们二人，还有品德相称的人吗？’你会说：‘只有我们二人。’上帝降下的幸福越来越多，这种情况，我们二人是不能胜任的。希望你能尊敬贤德，显扬我们国家有才能的贤人，目的是帮助后人能继承这些美德。

“唉！正是因为我们二人性情笃厚，合力辅助，才使我们周国能够出现今天这样美好的局面，就让我们一同来成就文王的大功而不懈怠，竭尽全力，能使四海之内，凡是太阳照耀到的地方，无不服从我们周国的统治。”

公曰：“君，予不惠若兹多诰[①]？予惟用闵于天越民[②]。”

公曰：“呜呼！君，惟乃知，民德亦罔不能厥初，惟其终[③]。祗若兹，往敬用治[④]。”

【注释】

①惠，惟。不惠即无惟。旧注惠多释为顺。如《孔传》释为“我不顺若此多诰而

已。”惠，殷墟甲骨文有“叀”，作用与惟（甲骨文作“隹”）相近。陈梦家等以为当读为惠（参见《殷虚卜辞综述》第102页）。卜辞占卜后判断卜兆所示之意之辞。以“不惟”与“惠”或“惟”与“不惠”对言。例如：“王固曰：𢦔，惟庚。不惟庚，惠丙。”（《殷虚文字丙编》84）“王固曰：吉，𢦔。惟甲，不惠丁。”（《殷虚文字丙编》42）兹，这。②惟，与上文不惠正好相对为文。闵，忧虑。越，与、和。　③罔，不。初，指一件事的开始。终，指一件事的结束。《诗·大雅·荡》：“靡不有初，鲜克有终。”意思与此句相同。大意是说，事情往往是善始而不能善终。　④祗，敬。兹，这。用，以。

【译文】

周公说：“君奭，我不想这样多多劝告了，我只想我们要忧虑天命和民心。”

周公说：“唉！君奭，你知道民众办事行德，开始时都是不错的，但往往不能坚持到底。我们要谨慎地对待这些，从今以后，以恭敬的态度治理好国家。”

蔡仲之命

【题解】

《蔡仲之命》属梅赜《古文尚书》,《今文尚书》无此篇。

周公平定管叔、蔡叔和武庚发动的叛乱后,杀管叔、武庚,而对蔡叔则从宽发落,《史记·管蔡世家》云:"放蔡叔,迁之,与车十乘,徒七十人从。"后来蔡叔既迁而死,他的儿子胡忠于周成王,"胡乃改行,率德驯善。周公闻之,而举胡以为鲁卿士,鲁国治"。然后周公提请周成王,"复封胡于蔡,以奉蔡叔之祀,是为蔡仲"。此篇是册封时的命令。《书序》云:"蔡叔既没,王命蔡仲,践诸侯位,作《蔡仲之命》。"蔡沈《书集传》说:"按:此篇次序,当在《洛诰》之前。"

惟周公位冢宰①,正百工②,群叔流言③。乃致辟管叔于商④;囚蔡叔于郭邻,以车七乘⑤,降霍叔于庶人,三年不齿⑥。蔡仲克庸祗德,周公以为卿士⑦。叔卒,乃命诸王邦之蔡⑧。

【注释】

①周公,见前注。冢宰,官名,也叫大宰,周代百官之长。《周官》篇:"冢宰掌邦治,统百官,均四海。"周公位冢宰,《孔传》以为"谓武王崩时"。《史记·周本纪》:"成王少,周初定天下,周公恐诸侯畔周,周公乃摄行政当国。" ②正,即统领。百工,即百官。 ③群叔,即管、蔡等人。《史记·周本纪》:"管叔、蔡叔群弟疑周公,与武庚作乱,畔周。"《史记·鲁周公世家》:"管叔及其群弟流言于国曰:'周公将不利于成王。'" ④乃,于是。致辟,《孔传》:"致法,谓诛杀。"《史记·鲁周公世家》:"遂诛管叔,杀武庚,放蔡叔。"商,原商都城一带,今河南安阳、淇县一带。这里是商代殷都和朝歌所在,故称商。《史记·周本纪》:"武王为殷初定未集,乃使其弟管叔鲜、蔡叔度相禄父治殷。"殷,《正义》引《汉书·地理志》云:"河内,殷之旧都。"即商代以都城为中心的王畿之地。这里是叛乱的中心。⑤囚蔡叔,《孔传》:"谓制其出入。"蔡叔,姬姓,名度,又叫蔡叔度,周文王之子、武

王之弟。史载克商后封于蔡(今河南上蔡西南),命与管叔、霍叔同监纣王子武庚。武王死后,成王幼,周公辅政,他与管叔、武庚发动叛乱,周公东征平叛,蔡叔被流放而死。郭邻,《孔传》:"中国之外地名。"其地望不详。实际上是流放远地,仅配以七乘车相从。《史记·管蔡世家》:"周公旦承成王命伐诛武庚,杀管叔,而放蔡叔,迁之,与车十乘,徒七十人从。"二者的车数字不一。 ⑥降,下。霍叔,姬姓,名处,一作武,又作虔。字叔,又称霍叔处。周文王之子,武王之弟。相传武王灭商后封于霍(今山西霍县西)。庶人,众人,相当于平民。《孔传》:"罪轻,故退为众人,三年之后乃齿録,封为霍侯,子孙为晋所灭。"霍叔是否参加叛乱,是否属于周初三监,史家说法不一。我们认为周初三监不包括霍叔,霍叔也未参加叛乱。故《史记》的多处有关记载均未载霍叔叛乱之事。只有管、蔡、武庚叛乱,故此三人为三监无疑。《帝王世纪》以为霍叔封于鄁,为三监之一的说法不确。关于这个问题,详见朱桢王健《从康侯毁铭文说到周初三监》(载《殷都学刊》1988年第3期)。齿,录用。 ⑦蔡仲,即蔡叔度之子胡。克,能。庸,用。祗,敬。卿士,有王室卿士、诸侯卿士,这里指鲁国的卿士,蔡沈《书集传》:"圻内诸侯,孟、仲二卿,故周公用仲为卿,非鲁之卿也。"不确。 ⑧乃,于是。诸,"之于"的合音字。邦,国。蔡沈:"叔卒,即命之王,以为诸侯,以见周公蹙然于三叔之刑,幸仲克庸祗德,则亟擢用分封之地。"或说邦为封,亦通。

【译文】

周公担任冢宰,统领百官,管叔、蔡叔等几个兄弟散布流言,发动叛乱。周公于是率兵征伐,在商都杀了管叔;囚禁蔡叔,把他流放到郭邻,只配了七乘车随从。把霍叔降为庶人,三年不予录用。蔡叔之子蔡仲能够恭敬德行,周公任用他为卿士。蔡叔死后,周公请命于周成王,封蔡仲于蔡国。

王若曰:"小子胡①!惟尔率德改行②,克慎厥猷③,肆予命尔侯于东土④。往即乃封,敬哉⑤!

"尔尚盖前人之愆,惟忠惟孝⑥。尔乃迈迹自身⑦,克勤无怠,以垂宪乃后⑧。率乃祖文王之彝训⑨,无若尔考之违王命⑩!

【注释】

①小子胡,即年轻的蔡仲。 ②尔,你。率,循。惟尔率德改行,《孔传》:"言汝循祖之德,改父之行。" ③克,能。慎,谨慎。猷,道。 ④肆,故。侯,这里做动词用,封为诸侯。东土,《左传·昭公九年》:"及武王克商,蒲姑、商奄,吾东土也。"《史记·管蔡世家》:"于是周公言于成王,复封胡于蔡。"蔡地在今河南上蔡县西南,属于东方,故称为东土。 ⑤往,前往。即,就。封,封国。 ⑥尚,庶

几,表示希望、祈使。盖,掩盖。前人,指蔡叔度。愆,过。惟忠惟孝,蔡沈《书集传》:“蔡叔之罪,在于不忠不孝,故仲能掩前人之愆者,惟在于忠孝而已。” ⑦迈迹,行迹。自,从、以。 ⑧克,能。怠,懈怠。垂,流传。宪,法。乃后,你的后代。⑨率,循。乃祖,你的祖父。彝,常法。训,教导。 ⑩无,毋。若,像。尔考,你的父亲,指蔡叔度。

【译文】

周成王说:“年轻的胡,因为你能遵循祖德,改父之行,能够谨慎你的为臣之道,所以我封你为东方蔡地的诸侯。前往你的封地去吧,要恭敬啊!

“倘若你要弥补前人蔡叔的罪过,只有忠诚和敬孝,你要从自身做起,不断前进,能够勤勉不懈怠,以此给你的后代树立榜样。遵循你的祖先文王的常法和教导,不要像你的父亲那样违抗天子的命令。

“皇天无亲,惟德是辅①;民心无常,惟惠之怀②。为善不同,同归于治③;为恶不同,同归于乱④。尔其戒哉⑤!

“慎厥初,惟厥终,终以不困⑥;不惟厥终,终以困穷⑦。懋乃攸绩⑧,睦乃四邻,以蕃王室⑨,以和兄弟,康济小民⑩。率自中⑪,无作聪明乱旧章⑫;详乃视听⑬,罔以侧言改厥度⑭。则予一人汝嘉⑮。”

王曰:“呜呼!小子胡,汝往哉!无荒弃朕命⑯!”

【注释】

①皇,大。亲,亲近。辅,辅佑。《孔传》:“天之于人无有亲疏,惟有德者则辅佑之。” ②惠,爱。怀,安。《孔传》:“民之于上无有常主,惟爱己者则归之。”③归,归结。治,治理。蔡沈:“善固不一端,而无不可行之善。” ④乱,祸乱。蔡沈:“恶亦不一端,而无可为之恶。” ⑤其,表示祈使的语气副词。戒,警戒、戒备。从“皇天无亲”至“尔其戒哉”一段,蔡沈《书集传》说:“此章与伊尹《申诰》、《太甲》之言相类,而有深浅不同者,太甲、蔡仲之有间也。”可以参阅有关注释。 ⑥慎,谨慎。惟,思。厥,其。初,开始。终,结果。困,困难、困境、困惑。 ⑦困穷,困难窘迫之极。 ⑧懋,勉力。攸,所。绩,功。 ⑨睦,和睦。四邻,指蔡国的四方邻国。 ⑩兄弟,指同姓诸侯国。康,安。济,成。《孔传》:“汝为政当安小民之居,成小民之业。”即,使民众安居乐业。 ⑪率,循。自,用。中,《孔传》:“大中之道。”蔡沈:“中者,心之理,而无过不及之差者也。” ⑫旧章,蔡沈:“旧章者,先王之成法。” ⑬详,审。视听,见闻。 ⑭侧言,蔡沈:“一偏之言也。”厥度,蔡沈:“厥度者,吾身之法度,皆中之所出者。” ⑮予一人,成王自称。嘉,善。汝

嘉,当为嘉汝之倒语。 ⑯荒弃,废弃。命,即上述训命。

【译文】

“伟大的上帝没有特别的亲疏之见,只是辅佑有德的人。民众的忠心也不是固定不变的,只是怀念爱抚他们的君王。行善的方式各不相同,但都能够达到安定治理;做恶的方式各不相同,但都能够造成动乱。你要警戒呀!

“谨慎地对待每件事情的开始,考虑它的结局,结局就不会陷入困境。凡事不考虑结局,结局就会陷入困窘之极的境地。努力去干你的功业,和睦你的四方邻国,以此屏卫周王室,和谐姬姓诸侯国,使民众安居乐业。要循用不偏不倚的大中之道,不要自作聪明扰乱先王成法。要审察你的所见所闻,不要因为片面之词改变你的法度。做到了这些,我就会赞扬你。”

周成王说:“啊!年轻的胡,你去吧!不要废弃我的教命。”

成王政

【题解】

《书序》曰:“成王东伐淮夷,遂践奄,作《成王政》。”成王亲政以后,淮夷和奄又发生叛乱,成王亲自率兵征讨淮夷,并伐灭奄国。这就是本篇的基本内容,对研究周成王时期的社会政治状况有一定参考价值。正文已无,今仅存序。

将蒲姑

【题解】

《书序》云:"成王既践奄,将迁其君于蒲姑,周公告召公,作《将蒲姑》。"此篇与《成王政》内容上相联属,记成王伐灭奄之后,将要把奄君迁到蒲姑,周公将此事告诉另一辅佐大臣召公奭。正文已无,今仅存序。

多　　方

【题解】

《书序》:“成王归自奄,在宗周,诰庶邦,作《多方》。”多方,即众多诸侯方国。关于本篇制作年代,有多种说法,一说是周公摄政三年践奄时作,在《召诰》、《洛诰》之前。一说认为此篇作于周公行政七年,成王长,周公返政之后,与伐诛管、蔡、武康、奄叛乱之事无关。《史记·周本纪》列此篇于《多士》、《无逸》之后,与今本篇次略同。一说根据篇中有“奔走臣我监五祀”之语,疑是周公监洛后五年之事,应即成王即位之十一年。一说摄政三年践奄,至成王七年营洛,适为五年。当是洛邑初成,迁殷顽民之后所作。又杨筠如《尚书覈诂》认为:“疑奄人亦屡叛不服。此篇‘王来自奄’与《多士》‘昔朕来自奄’,当非一事。而此篇似应即在改元后五年也。”即成王即位十一年。我们认为,关于《多方》的制作时代还需要进一步研究,今暂从杨说。

本篇主要是告诫各诸侯国君要服从周王朝的统治,不要叛乱。因为周王朝的建立是天命之所为,任何反叛都是违背天命、大逆不道的作法。

惟五月丁亥,王来自奄,至于宗周①。

周公曰:“王若曰:猷!告尔四国多方惟尔殷侯尹民②,我惟大降尔命,尔罔不知③。

“洪惟图天之命④,弗永寅念于祀⑤。惟帝降格于夏⑥,有夏诞厥逸,不肯感言于民⑦,乃大淫昏,不克终日劝于帝之迪,乃尔攸闻⑧。

“厥图帝之命,不克开于民之丽⑨,乃大降罚,崇乱有夏,因甲于内乱⑩,不克灵承于旅⑪,罔丕惟进之恭⑫,洪舒于民⑬。亦惟有夏之民叨懫日钦⑭,劓割夏邑⑮。天惟时求民主,乃大降显休命于成汤,刑殄有夏⑯。

“惟天不畀纯[17],乃惟以尔多方之义民,不克永于多享惟夏之恭[18],多士大不克明保享于民[19],乃胥惟虐于民,至于百为,大不克开[20]。

【注释】

①惟五月丁亥,即成王改元后五年(成王十一年)五月。王,成王。奄,古国名,见《多士》注。宗周,西周都城镐京,武王始都。在今陕西长安县西南。②猷,叹词。四国,一般以为是指管、蔡、商、奄这四个反叛方国。但杨树达《积微居小学述林》以为:“多方谓多国多邦。”“四国多方乃古人复叠语。”并非具体指上面的四个诸侯国,可备一说。惟,与,和。殷侯,孙星衍以为指中夏诸侯:“《释言》云:‘殷,中也。’……言汝中夏诸侯之正治民者。”不确。尹民,旧说多以为指治理臣民的官长。尹,正。实际上殷侯尹民,即指《大盂鼎》铭文中的殷边侯甸与殷正百辟,也即《酒诰》中的内外服,参见《酒诰》篇注。 ③降命,古成语,下令。命,即天命。 ④洪惟,发语词,是周公代替成王发布命令时常用的发端词。图,度。又王引之《经传释词》谓:“大也。” ⑤寅,敬。祀,祭祀。“国之大祀,在祀与戎。”祭祀活动是国家的大事。 ⑥格,格人,深通天命的人,一般这些人掌握着占卜、祭祀的大权,或说格人是才能超群的人。夏,夏王朝。 ⑦诞,大。逸,放纵。慼,忧。慼言,指安慰之类的话。又杨筠如《尚书覈诂》说:“言,辞之间也,与然字焉字并同。”可训为顾之、眷之,“旧训慼言为忧言,失之”。可备一说。⑧克,能够。劝,劝诫。迪,开导。帝之迪,即上帝开导的话。这些话是由格人一类所传达的。攸,所。 ⑨开,明。丽,通“罹”,苦难。 ⑩崇,充、重。甲,读为“狎”,习常。 ⑪灵,善。旅,祭上帝之尸。不克灵承于旅,有不能按照上帝意旨行事的意思。 ⑫罔丕惟,古习语,意为无不如此,表示肯定。进,曾运乾《尚书正读》说:“进,读为赉,财也。《汉书·高帝纪》曰:‘萧何主进。’注:师古曰:‘进,宜本作赉。’恭读为供,给也。”这里是说夏王朝末期,都在竭力搜刮民财。⑬洪,大。舒,读作“荼”(tú 图)。宋王应麟《困学纪闻》谓舒古文作荼。舒、荼古音同。荼,毒害的意思。 ⑭有夏之民,这里指夏朝的统治者。叨(tāo 涛),贪婪。懫(zhì 至),忿戾。钦,崇尚的意思。 ⑮劓(yì 义),五刑之一,割鼻。劓割,比喻残暴。 ⑯显,光。休,美。殄,绝。 ⑰畀,给予、赐予。纯,大。不畀纯,意思是不赐予大福。 ⑱以,与。义民,贤民,指附属夏朝的多方的较好的官员。与上文的“有夏之民”对言。克,能够。恭,读供,指所供之职位。结合上下文,这句话的大意是说,由于有夏之民的残暴,使天惩罚灭绝夏朝,这样,使你们这些夏朝统治下的多方的好人也受到牵连,因夏朝的灭亡而不能长久保有在夏朝时的禄位了。这句话正反映了夏朝政治地理结构的二元性。即以夏王为中心的

夏王朝中央，和附属于夏朝的方国。这种方国统一体的结构与后来中央集权的政治结构不同。 ⑲明，勤勉。保，安。指夏朝的官员不能努力为民众造福。⑳胥，皆。惟，为。百为，即无所不为。开，开释、解脱的意思。意思是不能把百姓从痛苦中解脱出来。根据曾运乾的解说，“惟天不畀纯……至于百为，大不克开”一段是倒装。结果在前，原因在后。如果通顺读来，应为“多士大不克明保享于民，乃胥惟虐于民，至于百为，大不克开，惟天不畀纯，乃惟以故尔多方之义民，不克永于多享惟夏之恭也”。

【译文】

五月丁亥日，成王从奄地回来，到达宗周镐京。

周公说：“成王说：啊！告诉你们四国和诸侯方国以及你们这些边境戍守官员和百官，我要向你们传达天命，你们不能昏昏不闻。

“夏桀偏重天命，不能长久地恭敬祭祀。于是上帝便给夏国降下了深知天命的人，而夏国却大肆地安逸享乐，不肯慰勉百姓，竟然大肆淫逸昏乱，一天也不能勤勉地按照上帝的教导办事，这些都是你们知道的。

“夏桀虽考虑到了上帝的命令，却不能明白民众的灾难，并把他们从灾难的罗网中解脱出来，上帝便大大降下惩罚，重乱夏国，这是因为夏桀习于在国内为非作歹，又不按照上帝的旨意行事，只知道残暴地搜刮民财，大肆荼毒民众。也因为夏朝的统治者贪婪、忿戾之风日盛，残暴横行于夏都。上帝便寻找可以作民众君王的人，于是便降下了美好的大命给汤，命汤灭掉夏国。

“上帝没有赐予大福给众诸侯。这是因为你们这些原夏朝的四方诸侯，虽然比较善良，但受到牵连，因夏朝的灭亡而不能长久地保持夏朝的禄位，夏朝的官员都只残暴地对待民众，甚至于作恶多端，无所不为，根本谈不上解除民众的痛苦。

“乃惟成汤克以尔多方简①，代夏作民主。慎厥丽，乃劝②。厥民刑，用劝③。以至于帝乙，罔不明德慎罚，亦克用劝④。要囚⑤，殄戮多罪⑥，亦克用劝。开释无辜⑦，亦克用劝。今至于尔辟⑧，弗克以尔多方享天之命⑨。呜呼⑩！

【注释】

①乃惟，古成语。克，能够。尔多方，指归附成汤的四方诸侯。夏桀时，许多方国归顺到成汤一边。简，选择，被选择即受拥戴的意思。 ②慎，谨。厥，其，代指民众。丽，刑律。乃，是、为。劝，劝勉。 ③厥民刑，用劝，意思与上文的“慎厥丽，乃劝”相同。 ④帝乙，商代倒数第二代王，商纣王之父。见前注。⑤要，幽。要囚，幽囚。一说是细察狱辞。 ⑥殄，灭绝。戮，杀。多罪，指罪大

恶极。　⑦无辜,无罪。　⑧尔,你们的。辟,君,指商纣王。　⑨以,与。　⑩呜呼,叹词,放在句末,表示惋惜。

【译文】

"由于成汤受到你们四方诸侯的拥戴,代替夏桀作民众的君王。他谨慎地施行刑律,劝导百姓走上正道。他对犯罪的人使用刑罚,是为了劝诫他们弃恶从善。从成汤到帝乙,没有不是阐明德教,谨慎使用刑罚的,也都是为了鼓励民众走上正道。囚禁罪犯,杀掉作恶多端的罪犯,也是为了劝诫民众。释放那些无罪的人,也是为了劝诫民众。现在,到了你们的君王纣时,不能够和你们四方诸侯永享上帝赐予的大命,实在可悲啊!

"王若曰:诰告尔多方,非天庸释有夏①,非天庸释有殷,乃惟尔辟以尔多方②,大淫图天之命③,屑有辞④。乃惟有夏图厥政,不集于享⑤,天降时丧⑥,有邦间之⑦。乃惟尔商后王逸厥逸⑧,图厥政,不蠲烝⑨,天惟降时丧。

"惟圣罔念作狂,惟狂克念作圣⑩。天惟五年须暇之子孙⑪,诞作民主⑫,罔可念听⑬,天惟求尔多方,大动以威⑭,开厥顾天⑮。惟尔多方罔堪顾之⑯。惟我周王灵承于旅⑰,克堪用德,惟典神天⑱,天惟式教我用休⑲,简畀殷命⑳,尹尔多方㉑。

"今我曷敢多诰㉒,我惟大降尔四国民命。尔曷不忱裕之于尔多方㉓?尔曷不夹介乂我周王㉔,享天之命?今尔尚宅尔宅畋尔田㉕,尔曷不惠王熙天之命㉖?尔乃迪屡不静㉗,尔心未爱㉘,尔乃不大宅天命㉙,尔乃屑播天命㉚。尔乃自作不典㉛,图忱于正㉜。我惟时其教告之,我惟时其战要囚之,至于再,至于三㉝。乃有不用我降尔命,我乃其大罚殛之㉞。非我有周秉德不康宁,乃惟尔自速辜㉟。

【注释】

①庸,用。释,舍、弃。庸释,即弃用。　②惟,只。辟,君王。这里指夏商的桀纣之类。以,与。　③图,图度。　④屑,形容说话时发出的声音。屑有辞,辨罪之辞,振振有辞。　⑤集,就、止。享,祭祀。　⑥时,是、这。时丧,这样的大祸。　⑦有邦,这里指商。间,代替。之,指夏朝。　⑧商后王,即商朝末代王纣。逸厥逸,重复逸,强调,指纣王更加放纵淫乱而不遵法度。　⑨蠲,明、清洁。烝,指祭祀活动。不蠲烝,是说纣王祭祀不清洁,以此比喻纣王由于暴虐商

邑,臭名远扬,没有香馨闻于天。 ⑩惟,虽然。圣,通达明白。念,敬念。指对上帝意旨的尊重。狂,愚狂无知。 ⑪须,等待。暇,宽暇。子孙,指纣王,是成汤的子孙。天惟五年须暇之子孙,是说上帝虽然放宽(延长)了纣王五年时间。孙星衍疏曰:“五年当从文王七年数至武王十一年伐纣也。” ⑫诞,其。民主,君王,天子乃民之主。 ⑬念,敬念。听,听从。 ⑭大动以威,指天降灾异以示警告。 ⑮开,开导。厥,其,当指尔多方。顾天,顾念天威。 ⑯罔,不。堪,胜任。罔堪,不堪、不能胜任。 ⑰灵,神、善。旅,祭上帝之尸。灵承于旅,指周文王、武王能够善承上天所赐予的大命。 ⑱典,主。 ⑲式,用。教,效、致。休,美。 ⑳简,拣选。畀,给予、赐予。 ㉑尹,治理、统治。尔多方,你们四方诸侯。 ㉒曷敢,岂敢。 ㉓忱裕,劝导。尔曷不忱裕之于尔多方,即尔多方曷不忱裕。 ㉔夹介,盖字合音。乂,相,辅助的意思。曾运乾《尚书正读》说:“犹洽比也,亦双声连辞。”洽比,亲附的意思。 ㉕前一个宅作动词,居住的意思;后一个宅是居住之处。畋,治田。 ㉖惠,顺。熙,光。发扬光大的意思。 ㉗乃,竟然。迪,教导。屡,屡次。不静,不安定。 ㉘爱,惠也,《尔雅·释言》:“惠,顺也。” ㉙宅,即度,考虑的意思。 ㉚屑,杨筠如《尚书覈诂》说:“屑与泆通,犹言失也。”一说屑,轻视,亦通。播,弃。 ㉛典,法、常。 ㉜图,企图、图谋。忱,诚、信。图忱,有取信的意思。正,长,指执政长官。 ㉝战,意指用战争讨伐叛乱。要囚,王国维训幽囚。至于再,至于三,指上文的“屡不静”。 ㉞殛,诛。 ㉟康,安。速,召。辜,罪,喻指惩罚。或说辜是分裂肢体的酷刑。《周礼·秋官·掌戮》:“杀王之亲者辜之。”又《韩非子·内储说上》曰:“荆南之地,丽水之中生金,人多窃采金。采金之禁,得而辄辜磔于市。”

【译文】

“成王说:告诉你们四方诸侯,并不是上帝舍弃夏国,也不是上帝舍弃殷国,而是因为你们的君王和你们四方诸侯,大肆淫逸,怀疑天命,还振振有辞地为自己辩护。由于夏桀考虑政务时,不能很好地祭祀上帝,所以上帝降下丧亡的大祸,让殷国代替夏国。也因为你们商的末代君王纵情享乐,政治十分黑暗闭塞,祭祀不洁,商纣王的丑行臭名远扬,为上帝所闻,所以上帝才降下丧亡的大灾。

“虽然自己聪明惠达,但如果不把上帝的旨意放在心上,就是愚狂无知;虽然自己愚狂无知,但如果把上帝的旨意放在心上,就是聪明惠达的人。上帝为了使殷纣悔悟,等待了五年的时间,让他继续做民众的君王,但他仍然没有敬念听从。上帝也以这样的想法来要求你们四方诸侯,降下大灾以示警告,以开导你们顾念上帝,但是你们四方诸侯不能胜任顾念上帝的命令。只有我们周国的君王,善于秉承上帝的旨意，能够广布德教，主持上帝所赐予的大命。因此，上帝就把善美的道路送给我们，选择我们，赐予我们殷国的大命，统治你们四方诸侯。

“现在我岂敢对你们重复说这么多告诫的话，我只是郑重地向你们四国民众传达命令。你们四国诸侯为什么不劝导民众？你们为什么不亲附我们周王，帮助我们周国以共享天命？现在你们仍旧居住在你们原来的地方，耕种着你们原来的土地，你们竟然屡教不改，多次发动叛乱，你们的内心不驯服，你们不认真度量天命，你们竟然抛弃天命，你们自己不遵守法度，却企图取信于我们的执政者。因此我必须教训你们，我要用战争来征服你们，囚禁你们，你们一而再，再而三地叛乱，我就一而再、再而三地讨伐你们。如果你们胆敢不服从我下达的命令，我就要重重地惩罚你们，直至诛杀。这不是我们周国秉奉德教不安静，实在是你们自己招来的灾祸。

“王曰：呜呼！猷，告尔有方多士暨殷多士，今尔奔走、臣我监五祀①。越惟有胥伯小大多正②，尔罔不克臬③。

“自作不和，尔惟和哉④；尔室不睦，尔惟和哉⑤。尔邑克明，尔惟克勤乃事⑥；尔尚不忌于凶德，亦则以穆穆在乃位⑦。克阅于乃邑谋介⑧。

“尔乃自时洛邑，尚永力畋尔田，天惟畀矜尔⑨，我有周惟其大介赉尔⑩，迪简在王庭⑪，尚尔事⑫，有服在大僚⑬。

“王曰：呜呼！多士，尔不克劝忱我命，尔亦则惟不克享⑭，凡民惟曰不享⑮。尔乃惟逸惟颇，大远王命⑯，则惟尔多方探天之威，我则致天之罚，离逖尔土⑰。

“王曰：我不惟多诰，我惟祗告尔命⑱。”又曰：“时惟尔初⑲，不克敬于和⑳，则无我怨。”

【注释】

①有，语气助词。暨，与、和，奔走、效劳的意思。监，侯国称监，此处当为周谦称。犹《多士》言“臣我宗”也。五祀，五年。指成王改元后五年。　②胥，力役。伯，当作赋，即赋税。杨筠如《尚书覈诂》说：“《尚书大传》引此经作‘越维有胥赋小大多政’。维、惟，正、政，古通用。”“而小大多正，当亦指布缕粟米力役诸征，非伪孔传伯长正伯之谓矣。”　③臬，法度。　④和，和睦。惟，思。⑤室：家庭。　⑥尔邑，指尔邑的臣民。克，能够。明，勉、勤勉。　⑦忌，《说文》引此文作“惎”，谋也。忌于凶德，是说谋划干坏事。穆，敬。　⑧阅，同

"悦",高兴。介,善。 ⑨乃,如果。自,甲。时,是,这。永,长。畋,治理,动词。畀,赐、予。矜,怜。又杨筠如说:"畀矜,古语,《多士》'天惟畀矜尔'。一作肆矜,……疑皆夷怜之转语,并谓怜悯之意。"可备一说。 ⑩大介,曾运乾《尚书正读》说:"大介当为夰,一字误为两字也。《说文》:'夰,大也。'"《方言》云:"夰,大也。夰赉,犹《论语》言周有大赉,善人是富。"又杨筠如《尚书覈诂》说:"介与匄古通。《广雅》:'匄,求也。'又曰:'匄,予也。'盖相反为训,因求而予之亦谓之匄。"可备一说。赉,赐予。 ⑪迪,进。简,择。 ⑫尚,戴钧衡《尚书补商》引《公羊传 · 襄公二十九年》注:"尚,犹努力也。"事,职事。 ⑬服,事。僚,官。 ⑭劝,勉。忱,信。享,享受禄位。 ⑮凡,凡是。惟,语气助词。不享,即上文不克享。 ⑯逸,安逸。颇,邪。远,远弃。 ⑰探,取。离逖,郑玄曰:"分离夺汝土也。逖,同逷,远也。离远汝土,谓之流亡。"我则致天之罚,离逖尔土,孙星衍疏曰:"既放而离逖之,则故土非其所有也。" ⑱惟,思。祇,敬。 ⑲时,是。惟,谋划,有改过自新的意思。时惟尔初,从头开始做的意思。⑳于,与。

【译文】

"成王说:唉! 告诉你们四方诸侯和殷国的遗民们,现在你们奔走效劳,臣服我们周国已经五年了。我们向你们征用力役,征收田赋,数量的大小和多寡都合乎标准,你们没有不遵守法规。

"如果你们之间不和睦,你们就应该和睦相处;如果你们的家庭不和睦,你们也应该和睦起来。你们方国的民众勤勉努力,就算你们勤于自己的职守;如果你们不打坏主意,那么你们就能够恭敬地保有你们的禄位。这样,你们方国的民众就能够和睦愉快地生活。

"如果你们能够在洛邑生活,那么你们便可以永远努力经营好你们的田地,上帝就会给你们怜悯,我们周国也会大大地赏赐你们,把你们选拔到朝廷上来,努力地干好你们的本职事务吧,你们就可以担任重要的职务。

"王说:唉! 四方诸侯和殷国遗民们,如果你们不努力信从我的命令,你们就不能享受禄位,所有的民众也会认为你们不能享受禄位。如果你们一味放纵和邪恶,大大地背弃周王的命令,这就是你们四方诸侯自取上帝的威罚,我就要把上帝的惩罚加在你们身上,把你们赶走,剥夺你们的土地。

"成王说:我不想再劝告你们了,我只是恭敬地把上帝的命令告诉你们。"又说:"从头开始谋划着干吧,假如你们不能恭敬天命,和睦相处,就不要抱怨我施行惩罚了。"

立 政

【题解】

《书序》:"周公作《立政》。"《史记·鲁世家》云:"周之官政未次序,于是周公作《周官》,官别其宜;作《立政》,以便百姓,百姓说(悦)。"便,犹辨。百姓即百官,参见《尧典》篇注。王引之《经义述闻》说:"政与正同,正,长也。立政,谓建立长官也。篇内所言皆官人之道,故以《立政》名篇。"对于研究周初官制有重要史料价值。

周公若曰:"拜手稽首,告嗣天子王矣①。"用咸戒于王②,曰:"王左右常伯③、常任④、准人⑤、缀衣⑥、虎贲⑦。"

【注释】

①拜手稽首:参见《皋陶谟》篇注。天子王即周成王。曾运乾《尚书正读》说:"《立政》之作,在周公致政之后,故称告嗣天子王。时王在宗周,公在洛,命使陈言,故称拜手稽首矣。"曾说可从。 ②用,因。咸,杨筠如《尚书覈诂》说:"疑即箴之假字,《左传》杜注:'箴,诫也。'"戒,告戒。 ③左右,指王身边的大臣。常伯,治民的官名,即下文的牧、牧人。 ④常任,治事之官,即下文的事与任人。 ⑤准人,平法之官,即下文的准、准人。以上三者即三事之官,杨筠如说:"疑即三司之别名。下文宅乃事,宅乃牧,宅乃准。又曰:任人,准夫,牧作三事。三事,即三司也。《诗·十月之交》:'择三有事。'又曰三事大夫。三事,谓司徒、司马、司空也。此文下复举三司之名,则此当统三事之属官言之,非专称其长也。""盖以其任事言,谓之三事,三有事;以其居位言,谓之三宅,三有宅;以其才德言,谓之三俊,三有俊:亦名异而实同也。"兹录以备考。 ⑥缀衣,掌衣服之官。孙星衍疏:"疑以缀衣名官,是侍帷幄之臣。"与下文的虎贲皆王的近臣。 ⑦虎贲,武官,王的侍卫武士。

【译文】

周公这样说:"跪拜叩头,报告继承天子大位的王。"周公因而告诫成王说:

“王您身边有常伯、常任、准人、缀衣、虎贲诸多官员。”

周公曰:“呜呼!休兹知恤,鲜哉①!古之人迪惟有夏②,乃有室大竞③,吁俊④,尊上帝迪⑤,知忱恂于九德之行⑥。乃敢告教厥后曰,拜手稽首后矣⑦。曰:宅乃事⑧,宅乃牧⑨,宅乃准⑩,兹惟后矣⑪。谋面用丕训德⑫,则乃宅人⑬,兹乃三宅无义民⑭。

“桀德⑮,惟乃弗作往任⑯,是惟暴德,罔后⑰。

“亦越成汤陟⑱,丕釐上帝之耿命⑲。乃用三有宅⑳,克即宅㉑,曰三有俊㉒,克即俊㉓。严惟丕式㉔,克用三宅三俊㉕。其在商邑,用协于厥邑㉖,其在四方,用丕式见德㉗。

“呜呼!其在受德㉘,暋惟羞刑暴德之人,同于厥邦㉙;乃惟庶习逸德之人,同于厥政㉚。帝钦罚之㉛,乃伻我有夏式商受命㉜,奄甸万姓㉝。

【注释】

①休,美。兹,这。指示代词。恤,忧。休兹知恤,居安思危的意思。鲜,罕。②迪惟,发语词,此处用作句中助词。古之人迪惟有夏,即古代的夏人。 ③乃,代词,指夏朝。有室,指方国诸侯。竞,强。一说敬。 ④吁,呼。俊,长。⑤尊,同“遵”,循。迪,导、教导。 ⑥忱,诚、信。恂,亦信。九德,即《皋陶谟》中的“宽而栗,柔而立,愿而恭,乱而敬,扰而毅,直而温,简而廉,刚而塞,强而义”。行,指行为。 ⑦后,君王。 ⑧宅,度,考虑、图度的意思。事,指政务、常任之职。 ⑨牧,管理的意思。牧人之职。 ⑩准,准则、法度。准人之职。 ⑪兹惟后矣,曾运乾说:“言顾名思义,乃得后称矣。” ⑫谋面,以貌取人的意思。丕,读“不”,大也。训,顺。德,道德规范。 ⑬宅人,即任人唯亲。曾运乾说:“宅事者,验诸行事而事举,宅人者,私诸亲昵而事替。” ⑭三宅,指上文的事、牧、准三事之官。义民,贤人。 ⑮德,升,此处指夏桀即帝位。⑯作,使、起用。往,过去。往任,指过去老成持重的大臣。 ⑰罔后,大命将绝,指夏朝到夏桀便灭亡了。 ⑱越,及、到了。陟,升,指即帝位。成汤陟,与桀德相对为文。 ⑲釐(xī 西),受福。丕釐,大福。耿,光、明。耿命,即明命。⑳三有宅,即上文三宅,杨筠如说是以其居位而言。 ㉑克,能够。即,就。宅,居官。蔡沈《书集传》曰:“言汤所用三宅,实能就是位而不旷其职。” ㉒俊,杨筠如说:“俊谓诚有德。”以其才德而言。曾运乾亦说:“以事、牧、准之科目登进人才,曰‘三有俊’。” ㉓克,能够。即,就。俊,长。 ㉔严,严格。惟,思、念。

丕,大。式,法。 ㉕克用三宅三俊,能够以三宅三俊之法,作为选拔人才的标准。 ㉖协,协和。厥,其。邑,商邑,指商王朝都城。 ㉗用,以。丕式,大法。见,现、显现。 ㉘受,商纣王。德,升,即帝位。受德与上文桀德同义。㉙敃(mǐn 敏),强。羞,进。刑暴德,指性情残暴只知用刑。同,会集。 ㉚庶,众多。习,亲近。逸,失。同,会集。 ㉛钦,崇。钦罚,即重重惩罚的意思。㉜伻,使。有夏,这里不是指夏朝,而是周人自称。周人自称夏人之后,故以有夏称之。《康诰》曰:"用肇造我区夏,……以修我西土。"式,曾运乾说:"读为代。"式商,代替商。 ㉝奄,覆,屈万里《尚书·今注今译》谓:犹言普被。甸,治理。万姓,指天下臣民。

【译文】

周公说:"唉!处在美好的状态而能够知道忧患的人,实在少啊!古代的夏王,拥有非常强大的方国诸侯,但还要招徕贤人,使他们遵循上帝的教导,懂得诚实地相信按照九德的标准行事。然后才敢向自己的君王说:王啊,请接受我们的跪拜之礼吧!接着说:考虑任用好你的常任、常伯、准人之官,这样才称得上君王。以貌取人,不根据道德标准,这样考虑任用官员,那么,你的常任、常伯、准人之官就没有贤人了。

"夏桀即位之后,他不任用老成持重的旧人,只是行为暴虐,终于国家灭亡。

"到了成汤登上帝位,受大福,获得上帝的天命。于是成汤能任用政务、理民、执法三方面的官员,他们都能忠于职守,又在这三方面选拔俊德的人材,他们也都确有德才。成汤严格按照大法选拔人材,所以能够很好地任用三方面的官员。正因如此,这些人供职在商都能使民众和谐相处,供职在天下四方能用大法体现圣德。

"唉!到了殷王受即位,强行进用那些性情残暴,只知用刑的人,这些人充斥在国家里;让那么多亲幸和失德的人,充斥在政务部门。上帝重重地惩罚他,于是就让我们周人代替商人承受天命,治理整个天下的民众。

"亦越文王武王克知三有宅心[①],灼见三有俊心[②],以敬事上帝,立民长伯[③]。立政[④]:任人、准夫、牧,作三事。虎贲、缀衣、趣马小尹[⑤]、左右携仆[⑥]、百司庶府[⑦]。大都小伯[⑧]、艺人[⑨]、表臣百司[⑩]、太史、尹伯[⑪],庶常吉士[⑫]。司徒、司马、司空、亚旅[⑬]。夷微卢烝[⑭]。三亳阪尹[⑮]。

"文王惟克厥宅心[⑯],乃克立兹常事司牧人,以克俊有德[⑰]。

"文王罔攸兼于庶言[⑱],庶狱庶慎[⑲],惟有司之牧夫是训用违[⑳]。

庶狱庶慎，文王罔敢知于兹[21]。

“亦越武王率惟敉功[22]，不敢替厥义德[23]，率惟谋从容德[24]，以并受此丕丕基[25]。

【注释】

①越，及、到了。克，能够。　②灼，明。灼见，明见，看得清楚。三有俊，指才德方面。　③长伯，泛指官员。　④立政，设立官长。　⑤趣马，金文作走马。小尹，江声云：“小尹即圉师之类，趣马即小士，马一匹有圉师一人也。”趣马小尹指负责养马的官。　⑥左右携仆，各家解说不一。江声以为是《周礼》所说的大仆射人。曾运乾《尚书正读》则以为携是提携的意思，并举《礼记·檀弓》记载的“扶君，仆人师扶右、射人师扶左”为证以为即是左右携仆。杨筠如《尚书覈诂》说：携仆，亦应为官名，古携厮同音，《公羊传》有厮役扈养。《汉书·陈馀传》有厮养卒。携仆，疑即厮仆也。王鸣盛云：“左右携持器物之仆，谓寺人、内小臣等也。”从上述四家解释看，虽然所指官员不同，但都是地位不高的近臣，和虎贲、缀衣、趣马小尹属于一类，是国王的内臣，可能属于御事。　⑦百司庶府，泛指各种王室内官，即为国王服务的机构官员，如《周礼》的大府、玉府、内府、外府、泉府一类。百、庶都虚指多。　⑧大都，三公的食邑，小都是卿大夫的采邑。伯，伯长，即官。大都小伯，即大都伯小都伯，都是王畿内的地方官。　⑨艺人，大克鼎铭文有“犹远能釱”。釱，迩。孙诒让《籀高述林》中《克鼎释文》一文，释釱为埶，谓“俗作艺，《书·立政》‘艺人表臣’，艺人亦谓迩臣”。曾运乾说艺人是征收赋税的官。今从孙说。　⑩表臣百司：表臣，与艺人相对，是外臣、远臣，指诸侯国的属官。百司，百官。　⑪太史，指史官。《周礼·春官·大史》：下大夫二人，“掌建邦之六典”。尹伯，泛指各官之长，即各类内朝官之长。如太史为史官之长，大司乐为乐官之长。　⑫庶，众。常，祥。吉，善。庶常吉士，总括上文所举各官，说他们各司职守，吉祥如一。　⑬亚，次；亚旅，次于三公的众卿。⑭夷，泛指古代东方的少数民族，即东夷。微，见《牧誓》篇注。这里泛指南方的少数民族。卢，这里泛指西方的少数民族。烝，《尔雅·释诂》：“君也。”即上述少数民族的君王。　⑮三亳，商人早期都邑称亳。由于商人曾多次迁徙，亳地也较多，三可能是指多的意思。而商汤时的三亳，一般以为是南亳、北亳、西亳，其地望皇甫谧说是蒙为北亳，谷熟为南亳，偃师为西亳。郑玄注三亳是周文王为安排殷商投降者而设的三邑，东为成皋，南为轩辕，西为降谷。此说根据不足。三亳阪尹，孙星衍以为：“阪是山陂之名，尹是正长之称，既分亳为三邑，自必各为立长，其长称阪尹，以居峻险之处。”孙疏以郑注为本，不可从。王夫之《尚书稗疏》云：“三亳者，殷之故地也。阪者，安邑之阪，夏之故都也。武王初定天下，于二代之墟立

王官以尹之,所以安辑之也。”王说较符合史实。　⑯克,能够。厥,其。指上述被任用的内外服官员。宅,度。宅心,指考察他们的行为是否符合九德。　⑰常事司牧人,即上文的三事:常事即常任,常司即准人,牧人即常伯。泛指各类官员。以,用。俊,长。以克俊有德,能用有德才的人为长。　⑱罔,无。攸,所。兼,兼有。庶言,教令。文王罔攸兼于庶言,是说周文王持其大体,而对各种具体教令不包办代替。　⑲庶,众。狱,狱讼,即司法案件。慎,谨慎。庶狱庶慎,谨慎小心地处理司法案件,也即慎罚。　⑳之,助词。训,顺。违,违背。　㉑兹,这,指上文的狱、刑类司法案件。文王罔敢知于兹,是说文王对司法方面的处理不加干预。　㉒越,及、至。率惟,习语,作语助词。敉,终、竟、完成。功,事,指文王的事业。　㉓替,废弃。厥,其,代指文王。义,善。义德,指文王的美德。㉔率惟,习语,语助词。谋,读作“敏”,勉力、顺从。又,谋从,王引之以为并,普遍的意思。可备一说。容,宽。　㉕并受,指文王、武王共同承受。丕丕,复语,伟大的意思。基,基业,指伐商建周的事业。

【译文】

“到了文王、武王时,他们都能够知道三宅之人的选拔标准,明白地看到有才德人的思想,用恭敬的态度侍奉上帝,为民众建立官长。设立了以下的官职:任人、准夫、牧,负责政务、法律、管理民众。虎贲、缀衣、趋马小尹、左右携仆、百司庶府,负责侍奉国君。大都小伯、艺人、表臣百司、太史、尹伯管内外朝官员,他们各司职守,妥善地处理好各种事务。设立了司徒、司马、司空、亚旅等官职。东方的夷、南方的微、西方的卢等少数民族都有自己的君王。在商和夏的旧都设立了官长。

“文王能够十分注意考核官员们的行为标准,所以能任用有德才的人掌管政务、法律、管理臣民等方面的事务。

“文王不兼管各种具体教令。谨慎小心地处理司法案件,都是根据主管官员——准夫、牧夫的意见裁决。对于处理司法狱讼案件,文王不敢加以不适当的干预。

“到了武王,终于完成了文王的大业。武王不敢废弃文王的美德,努力顺从文王宽容的大德,因此,文王、武王共同完成了伐商建周的伟大基业。

“呜呼!孺子王矣①,继自今我其立政②。立事、准人、牧夫。我其克灼知厥若③,丕乃俾乱,相我受民,和我庶狱庶慎④。时则勿有间之⑤,自一话一言,我则末惟成德之彦,以乂我受民⑥。

“呜呼!予旦已受人之徽言,咸告孺子王矣⑦!继自今文子文孙,其勿误于庶狱庶慎⑧,惟正是乂之⑨。

"自古商人,亦越我周文王立政[10],立事、牧夫、准人,则克宅之[11],克由绎之[12],兹乃俾乂,国则罔有[13]。立政,用憸人[14],不训于德,是罔显在厥世[15]。继自今立政,其勿以憸人,其惟吉士,用劢相我国家[16]。

【注释】

①孺子,长辈对年轻晚辈的称呼。在此指周成王。 ②继自今,杨筠如说:"此篇凡四见。盖系当时成语,意谓自今以后也。" ③克,能够。灼,明。厥若,指示代词,指上文立事、准人、牧夫。 ④丕乃,这样。曾运乾说:"丕乃连文,犹斯乃也。下文'兹乃俾乂',与此语例相同,知丕乃即兹乃也。"俾,使。乱,治。相,助。受民,受于天与祖先的臣民。和,平。 ⑤时,是、此。间,代替。《尔雅·释诂》:"间,代也。" ⑥末,终,这里引申为始终。成德,指具备九德。彦,《尔雅·释训》:"美士为彦。"这里指有才德的人。乂,治民。 ⑦予旦,周公自称。已受,当为以前,已、以古通用。徽言,美言。咸告,全部告诉。 ⑧文,美称,善也。误,自误。其勿误于庶狱庶慎:指周王干预具体刑狱司法案件而导致错误。 ⑨惟,只。正,官长。乂,治。之,代指庶狱庶慎。惟正是乂之。只由官长来处理它们。 ⑩越,及、与。 ⑪宅,度、考察的意思。 ⑫由绎,周秉钧《尚书易解》说:"疑即诱掖,同音通用。《诗·衡门》序:'诱掖其君。'笺云:'扶持也。'" ⑬兹乃,如此这样。俾,使。乂,治。有,周秉钧《尚书易解》说:"盖读为尤,过也。罔尤,卜辞作亡尤,常语也。" ⑭憸人,利佞之人。 ⑮训,顺。显,光。在,哉。 ⑯吉士,善、美之士。劢(mài 迈),勉力。相,帮助。

【译文】

"唉!年轻的王啊,从今以后,我们要这样设立官员。设立立事、准人、牧夫。我们要能够明白地了解他们的长处,这样使他们治理政务,帮助我们管理那些受于上帝的民众,谨慎小心地处理司法案件。对这些事务不要包办代替,甚至一句话一个字也不要代替。这样我们周国始终会有才德超群的人,来治理那些受于上帝的民众。

"唉!我姬旦把以前人的美言全部告诉你这年轻的王了!从今以后继位的文王的子孙后代,你们不要误于司法狱讼,不要越俎代庖,要让主管官员去处理。

"从古代的商代统治者,到我们的周文王设立官员,设立立事、牧夫、准人,就能够考察他们,能够扶持他们,这样使他们治理国事就没有失误。设立官员,任用贪利奸佞的人,不遵循正确的德行,这样的君王就不能显耀于世。自今以后继位的君王设立官员,千万不要任用贪利奸佞的人,千万要任用贤明的人,用他们努力帮助我们的国家。

"今文子文孙,孺子王矣。其勿误于庶狱,惟有司之牧夫[①]。其克诘尔戎兵,以陟禹之迹[②],方行天下[③],至于海表,罔有不服。以觐文王之耿光[④],以扬武王之大烈。

"呜呼!继自今后王立政,其惟克用常人[⑤]。"

周公若曰:"太史、司寇苏公[⑥],式敬尔由狱,以长我王国[⑦]。兹式有慎[⑧],以列用中罚[⑨]。"

【注释】

①之,与。　②诘,周秉钧《尚书易解》:"诘,治也。见襄公二十一年《左传》注。"戎兵,戎服兵器,代指军事活动。陟,升。陟禹之迹,循禹之迹的意思。③方,通"旁",遍、敷。方行,遍行。　④觐,见。耿,鲜、明。　⑤常人,吉士贤人。　⑥太史,史官。司寇,三司之一。负责司法诉讼,即本篇中准人。苏公,即苏忿生。《左传·成公十一年》:"昔周克商,使诸侯抚,封苏忿生以温,为司寇。"杜预注:"苏忿生,周武王司寇苏公也。"　⑦式,用。由,读为"修",治也。以长我王国,意思是延长我周王朝之祚。　⑧兹,这。式,法式。有,又、更。⑨列,布。中,适当。一说平。

【译文】

"现在文王的子孙,年轻的王啊,千万不要耽误在具体的各种狱讼之中,只让主管部门和牧夫去处理。您要治理好军事事务,追循大禹的足迹,遍行天下,直到大海,使普天之下没有不服从的。以此来显现文王的光辉,从而发扬武王的伟大事业。

"啊!从今以后继位的君王设立官员,千万只能任用贤明的人。"

周公说:"太史,司寇苏公能谨慎地处理狱讼,使我们周王朝长治久安。要效法苏公,更加谨慎地处理狱讼,依照法律,适当地实施处罚。"

周　官

【题解】

《周官》属梅赜《古文尚书》，《今文尚书》无此篇。

《史记·鲁周公世家》："成王在丰，天下已安，周之官政未次序，于是周公作《周官》，官别其宜。"《书序》云："成王既黜殷命，灭淮夷，还归在丰，作《周官》。"司马迁所说的《周官》，是周公所作，早佚；《书序》所云《周官》是周成王所作。本篇记录了周成王向百官阐述周王朝设官、分职、居官的法则，对于研究古代职官制度的流变，有一定参考价值。

惟周王抚万邦①，巡侯甸②，四征弗庭③，绥厥兆民④。六服群辟，罔不承德⑤。归于宗周⑥，董正治官⑦。

【注释】

①周王，周成王。抚，安抚。万邦，泛指天下诸侯方国。　②巡，巡行。侯甸，侯服、甸服，泛指诸侯国。　③四，四面。四征，四面征讨。庭，《孔传》以为直，弗庭即弗直。又庭通"廷"，蔡沈《书集传》："庭，直也。葛民曰：'弗庭，弗来庭者。'"弗庭即不廷，不来廷见、朝见，故以不庭代指反叛朝廷的诸侯。今从后者。④绥，安。兆民，《孔传》："十亿曰兆，言多。"　⑤六服，蔡沈："六服，侯、甸、男、采、卫，并畿内为六服也。《禹贡》五服通畿内。周制五服在王畿外也。《周礼》又有九服，侯、甸、男、采、卫、蛮、夷、镇、蕃，与此不同。"群辟，众多君主，指诸侯。承，顺。　⑥宗周，蔡沈："宗周，镐京也。"然《孔疏》认为："序云：'还归在丰。'知宗周即丰也。周为天下所宗，王都所在皆得称之，故丰镐与洛邑皆名宗周。"是丰邑也可称为宗周。丰邑为文王所都。　⑦董，督。《孔疏》："《释诂》云：董、督，正也。是董得为督，督正治理职司之百官，下戒敕是董正也。"治官，治事之官。

【译文】

周成王安抚天下四方，巡行诸侯国，四面征讨反叛朝廷的诸侯，安定亿万民众。

各方诸侯没有不承顺周王的德教。周成王返回宗周丰京，督导戒敕治事的官员。

王曰："若昔大猷[①]，制治于未乱，保邦于未危[②]。"

曰："唐虞稽古，建官惟百[③]。内有百揆四岳[④]。外有州牧侯伯[⑤]。庶政惟和，万国咸宁[⑥]。夏商官倍，亦克用乂[⑦]。明王立政，不惟其官，惟其人[⑧]。今予小子祗勤于德，夙夜不逮[⑨]。仰惟前代时若[⑩]，训迪厥官[⑪]。

"立太师、太傅、太保，兹惟三公[⑫]。论道经邦，燮理阴阳[⑬]。官不必备，惟其人[⑭]。

"少师、少傅、少保，曰三孤[⑮]。贰公弘化[⑯]，寅亮天地[⑰]，弼予一人[⑱]。

"冢宰掌邦治[⑲]，统百官，均四海[⑳]。司徒掌邦教，敷五典，扰兆民[㉑]。宗伯掌邦礼，治神人，和上下[㉒]。司马掌邦政，统六师，平邦国[㉓]。司寇掌邦禁，诘奸慝，刑暴乱[㉔]。司空掌邦土，居四民，时地利[㉕]。六卿分职，各率其属，以倡九牧，阜成兆民[㉖]。

"六年，五服一朝[㉗]。又六年，王乃时巡，考制度于四岳[㉘]。诸侯各朝于方岳[㉙]，大明黜陟[㉚]。"

【注释】

①若，顺。猷，道、法。若昔大猷，《孔传》："言当顺古大道。"　②制，制定。治，《孔疏》："谓政教。"保，安。邦，国、国家。《孔疏》："治有失则乱，家不安则危。恐其乱则预为之制，虑其危则谋之使安。"　③曰，追述前代之法，故更加一曰。参见《孔疏》。唐，唐尧。虞，虞舜。参见《尧典》篇注。稽，考。建，立。官，官职。百，一百左右。　④百揆，《孔疏》："百揆，揆度百事，为群官之首，立一人也。"相当于周代的冢宰。四岳，泛指尧舜部落联盟里的四方部落首领。他们在部落联盟内参政议事，称四岳，参见《尧典》篇注。　⑤州牧，即州的长官。相传当时天下分十二州，禹时有九州。侯伯，《孔传》："五国之长。"《孔疏》补充："各监其所部之国。"这就相当于一些主持一方的大诸侯，代表尧舜，控制若干小部落（诸侯）。商末纣王曾命姬昌为西伯，代商控制西方诸侯。蔡沈："州牧，各总其州者。侯伯，次州牧而总诸侯者也。"不确，当时州牧不一定比侯伯大。实际上州牧侯伯泛指归附尧舜部落联盟的诸侯方国，并没有等级差别。　⑥庶，众。庶政，即众多的政事。万国，泛指天下方国部落。咸，皆、都。　⑦官倍，官数比唐虞时增

加一倍。克,能。乂,治。　⑧立政,设立官长,参见《立政》篇注。蔡沈《书集传》:“明王立政,不惟其官之多,惟其得人而已。”　⑨予小子,成王自谦称。祗,敬。夙,早。逮,及。　⑩前代,古代。指周以前的尧舜、夏商时代。时,是。若,顺。　⑪训,《孔疏》:“若与训俱训为顺也。”迪,蹈。训迪厥官,《孔疏》:“顺蹈其前代建官而法则之。”　⑫太师、太傅、太保,均为辅助天子的官。《孔传》:“师,天子所师法;傅,傅相天子;保,保安天子德义者:此惟三公之任佐王。”蔡沈《书集传》:“三公非始于此,立为周家定判,则始于此。贾谊曰:‘保者,保其身体;傅者,傅之德义;师者,道之教训。’此所谓三公也。”　⑬论,讲明、阐明。经,治理。燮,和。阴阳,古代把事物分为正反对立的两个方面,以阴阳名之。如以天为阳,地为阴。蔡沈《书集传》:“论者,讲明之谓。经者,经纶之谓。燮理者,和调之也。”　⑭官不必备,惟其人,《孔传》:“三公之官不必备员,惟其人有德乃处之。”　⑮少师、少傅、少保,古代官名,地位比三公低。《孔传》:“此三官名曰三孤。孤,特也。言卑于公,尊于卿,特置此三者。”蔡沈:“三少虽三公之贰,而非其属官,故曰孤。”　⑩贰,副。这里有协助的意思,非三公属官。弘,大。化,道化。　⑰寅,敬。亮,明。天地,即天地之教。蔡沈:“寅亮者,敬而明之也。”《孔传》训亮为信。　⑱弼,辅。予一人,周成王自称。蔡沈:“公论道,孤弘化;公燮理阴阳,孤寅亮天地;公论于前,孤弼于后。公、孤之分如此。”　⑲冢,大。宰,治。冢宰,官名,仅次于天子的百官之长(相当于后来的宰相)。邦,国。邦治,即治邦。　⑳统、均,蔡沈:“百官异职,管摄使归于一,是之谓统。四海异宜,调剂使得其平,是之谓均。”《孔传》:“天官卿称太宰,主国政治,统理百官,均平四海之内邦国。”　㉑司徒,官名,掌国家教化。敷,布。五典,即五常之教,蔡沈以为是君臣、父子、夫妇、长幼、朋友五者之教。一说是父义、母慈,兄友,弟恭,子孝五种常法。《孔传》:“地官卿司徒,主国教化,布五常之教以安和天下众民,使大小皆协睦。”　㉒宗伯,官名,掌宗庙祭祀礼仪。《孔传》:“春官卿,宗庙官长,主国礼,治天地神祇,人鬼之事及国之吉、凶、宾、军、嘉五礼以和上下尊卑等列。”㉓司马,官名,掌管军事征伐。《孔传》:“夏官卿,主戎马之事,掌国征伐,统正六军,平治王邦四方国之乱者。”六师,《孔疏》:“天子六军,军、师之通名也。”周初只有师,宗周六师,成周八师。军,《周礼·夏官·司马》:“凡制军,万有二千五百人为军,王六军,大国三军,次国二军,小国一军。”平,蔡沈:“谓强不得陵弱,众不得暴寡,而人皆得其平也。”　㉔司寇,官名,掌管司法刑律。《孔传》:“秋官卿,主寇贼法,禁治奸恶,刑强暴作乱者。夏司马讨恶助长物,秋司马刑奸顺时杀。”诘,查究、治办。慝,(tè特),邪恶、恶念。　㉕司空,官名。《孔传》:“冬官卿,主国空土,以居民士农工商四人,使顺天时,分地利授之土,能吐生百谷故曰土。”蔡沈

《书集传》:“按:《周礼·冬官》则记考工之事,与此不同。盖本阙《冬官》,汉儒以《考工记》当之也。” ㉖倡,倡导。九牧,九州牧伯。阜,大、厚。成,成就。或说为定。 ㉗五服,《孔传》:“侯、甸、男、采、卫。六年一朝会京师。”五服之制是战国以后人的设想。这里当泛指四方诸侯。朝,朝会、朝觐。 ㉘巡,巡视天下。《孔传》:“周制,十二年一巡守。春东、夏南、秋西、冬北,故曰时巡。考正制度、礼法于四岳之下,如虞帝巡守然。”四岳,东岳泰山、南岳衡山、西岳华山、北岳恒山。 ㉙方岳,即四岳。 ㉚黜,降。陟,升。

【译文】

成王说:“顺从古代的治政大道,制定政教要在国家还没有出现动乱的时候,安定国家要在国家还没有出现危机的时候。”

成王说:“唐尧、虞舜考察古代的历史,设立官职一百左右。内有百揆、四岳,外有州牧、侯伯。各种政事和顺,天下四方得到安宁。夏代、商代官员数量增加了一倍,也能用来治理。明智的君王设立官长,不在于官职多少,而在于任用贤人。现在年轻的我,恭敬勤劳于德政,从早到晚地干都赶不上。仰慕古代,顺从古人,像他们那样建立官职。

“设置太师、太傅、太保这三公。讲明道理,治理国家,调和阴阳。三公不必齐备,关键在于用有德的人。

“少师、少傅、少保,称为三孤。协助三公弘扬道化,敬明天神地祇,辅弼我。

“冢宰主管治理国政,统领百官,协调天下四方。司徒主管国家教化,传播五常之教,安定民众。宗伯主管国家礼仪,处理神与人关系的祭祀事务,协调上下尊卑关系。司马主管国家军政,统领六师,安定国家。司寇主管国家司法,查办奸恶之徒,惩罚暴乱者。司空主管国家土地,安置士农工商四类人,顺应天时,以获得地利。上述六卿分掌职事,各自统率自己的属官,以倡导天下四方的诸侯,使天下百姓富足安康。

“每隔六年,四方诸侯来朝觐一次。再过六年,天子按季节分别巡视天下四方,在四岳考察诸侯的礼法制度。各方诸侯前往四岳朝觐天子,天子对所有诸侯公开进行升降赏罚。”

王曰:“呜呼!凡我有官君子,钦乃攸司①。慎乃出令,令出惟行,弗惟反②。以公灭私,民其允怀③。学古入官,议事以制,政乃不迷④。其尔典常作之师⑤,无以利口乱厥官⑥。蓄疑败谋,怠忽荒政⑦。不学墙面,莅事惟烦⑧。

“戒尔卿士,功崇惟志,业广惟勤⑨。惟克果断,乃罔后艰⑩。位不期骄,禄不期侈[11]。恭俭惟德,无载尔伪[12]。作德心逸日休,作伪心劳日拙[13]。居宠思危,罔不惟畏,弗畏入畏[14]。推贤让能,庶官乃和,不和政庬[15]。举能其官,惟尔之能[16];称匪其人,惟尔不任[17]。"

王曰:"呜呼!三事暨大夫[18]:敬尔有官,乱尔有政,以佑乃辟[19]。永康兆民,万邦惟无斁[20]。"

【注释】

①有官君子,即在位的官员。《孔传》认为指大夫以上官员。钦,敬。乃,你们的。攸,所。司,职事。 ②反,蔡沈:"反者,令出不可行而壅逆之谓。" ③允,信。怀,安、安服。 ④蔡沈:"学古,学前代之法也。"学古入官,《孔传》:"言当先学古训,然后入官治政。"制,蔡沈:"裁度也。"迷,蔡沈:"错谬也。" ⑤其,表示祈使的语气副词。典常,《孔传》以为是"旧典常故事",蔡沈则说:"典章,当代之法也。国家典常,皆文武周公之所讲画,至精至备。"未知孰非。师,师法。 ⑥利口,喋喋不休的辩言、巧言。乱,扰乱、纷乱。 ⑦蓄,积。蓄疑败谋,《孔传》:"积疑不决,必败其谋。"怠,懈怠。忽,疏忽。荒,废。 ⑧莅,临。《孔传》:"人而不学,其犹正墙面而立,临政事必烦。" ⑨戒,申戒。卿士,治事大臣。崇,高。志,志向。 ⑩克,能。后艰,后日艰难。 ⑪位,居位、在位。《孔传》译位为贵,译禄为富:"贵不与骄期而骄自至,富不与侈期而侈自来。" ⑫恭,恭敬。俭,俭节。载,事。伪,奸伪。 ⑬日,天天。休,美。作德心逸日休,《孔传》:"为德直道而行,于心逸豫而名且美。"蔡沈:"作德,则中外惟一,故心逸而日休休焉。"作伪心劳日拙,《孔传》:"为伪饰巧百端,于心劳苦而事日拙,不可为。" ⑭宠,贵宠。惟,思。畏,畏惧。蔡沈《书集传》:"居宠盛,则思危辱,当无所不致其祗畏。苟不知畏,则入于可畏之中矣。" ⑮庶,众。和,和谐、和睦。庬(máng盲),杂乱。 ⑯举,推举、选拔。能,有才能的人。《孔传》:"所举能修其官,惟亦汝之功能。" ⑰称,举。匪,非。《孔传》:"举非其人,亦惟汝之不胜其任。" ⑱三事,即《立政》篇的三事:任人、准夫、牧作,参见《立政》篇注。暨,与、和。 ⑲乱,治。佑,辅助。乃,你的。辟,君王。 ⑳康,安。兆民,亿万民众。万邦,天下四方。斁(yì译),厌、厌弃。

【译文】

成王说:"啊!凡是我周朝在位的官员们,恭敬你们所主管的职事,慎重对待你们发布的政令,政令一出只能实行,不能违逆。用公心消除私欲,民众就将心悦诚服。先学古代成法,再做官治政。商议政事后再行裁度,政事就不会出现错误。希望你们用已有的典常作为法则,不要以辩言巧语扰乱那些官员。积疑不决,必败坏谋略,懈怠轻忽,必荒废政事,人不学习,犹如面墙而立,一无所见,临事就会烦乱。

“告诫你们诸位卿士大臣,功高在于立志,业广在于勤勉,遇事能够果断,就不会有后来的艰难。居官不当骄傲,享禄不当奢侈。恭敬俭节就是美德,不要干奸伪之事。行德,内心逸乐日日休美;作伪,内心劳苦日日笨拙。身居宠位而忧患思危,没有什么不应当畏惧的。假如不知畏惧,就会进入可畏的境地。推举贤人,谦让能人,官员们就能和睦相处,不和睦政事就杂乱无章。推举的人能称其官职,是你们的贤能。推举的人不称其官职,是你们不能胜任。”

成王说:“啊!任人、准夫、牧作三司和大夫们,恭敬你们的职守,治理好你们的政事,以此辅弼你们的君王。长久安定亿万民众,天下四方就不会厌弃周朝了。”

贿肃慎之命

【题解】

《书序》曰："成王既伐东夷，肃慎来贺，王俾荣伯作《贿肃慎之命》。"本篇是成王赠给北方诸侯国肃慎财物的命书。成王亲政后，东方发生叛乱，成王亲往平叛。由《书序》显见，此时，叛乱已被平息，故肃慎国前来庆贺。成王赐以财物，使卿大夫荣伯作策书以命肃慎国。今仅存序，正文已无。

亳　姑

【题解】

《书序》曰:“周公在丰,将没,欲葬成周。公薨,成王葬于毕,告周公,作《亳姑》。”成王东征期间,周公在丰地病重,希望死后把自己葬在成周之地,以“明吾不敢离成王”(《史记·鲁周公世家》)。周公死后,成王把他安葬在近于丰、镐的毕地,并祭告周公在天之灵已按周公之意将奄君迁往亳姑(又作蒲姑)。这就是本篇的主要内容,从一个侧面反映了周公在周初国家政治生活中的重要地位。今仅存序,正文已无。

君　陈

【题解】

《君陈》属梅赜《古文尚书》,《今文尚书》无此篇。

蔡沈《书集传》说:"君陈,臣名。唐孔氏曰:'周公迁殷顽民于下都,周公亲自监之。周公既殁,成王命君陈代周。'此其策命之词,史录其书,以君陈名篇。"是君陈乃成王大臣,继周公之后在洛邑监治殷顽民。又郑玄《礼记·坊记》注说:"盖周公之子,伯禽弟也。"今从郑说。《书序》云:"周公既没,命君陈分正东郊成周,作《君陈》。"本篇是成王策命之词,希望君陈遵循周公成法,施行德政,继续感化殷民。

王若曰:"君陈,惟尔令德孝恭①。惟孝友于兄弟,克施有政②。命汝尹兹东郊③,敬哉!昔周公师保万民,民怀其德,往慎乃司④。兹率厥常⑤,懋昭周公之训⑥,惟民其乂⑦。

【注释】

①令,善、美。恭,敬。孝恭,《孔传》:"善事父母,行己以恭。"蔡沈《书集传》:"事亲孝,事上恭。"　②友,《尔雅·释训》:"善兄弟为友。"《孔传》:"言善父母者必友于兄弟,能施有政令。"克,能。施,移。蔡沈:"孔子曰:'居家理,故治可移于官。'"　③尹,正、治理。兹,此。东郊,即西周东都雒邑的东郊。《孔疏》:"东郊者,郑玄云:'天子之国,五十里为近郊。今河南洛阳相去则然。'是言成周之邑为周之东郊也。"即东郊指成周而言。周公所营雒邑有二城,一是王城,一是成周。　④师,师教。保,保安。怀,念。蔡沈:"周公之在东郊,有师之尊,有保之亲。师教之,保安之,民怀其德。"往,前往。慎,谨慎。司,所主之事、职事。⑤兹,此。率,循。厥,其。常,常法。　⑥懋,勉励。昭,明、明扬。训,教。⑦乂,治。

【译文】

周成王说:"君陈!只有你有孝顺恭敬的美德。你孝顺父母,友爱兄弟,就能够移来从政了。我命令你治理东都洛邑的东郊成周，要恭敬呀！从前周公在成周教诲安抚民众，民众怀念他的德政。你前去，要慎重对待你的职事呀！遵循周公的常法，努力宣扬周公的教导，民众就能够得到治理。

“我闻曰[①]：至治馨香，感于神明；黍稷非馨，明德惟馨[②]。尔尚式时周公之猷训[③]，惟日孜孜，无敢逸豫[④]！凡人未见圣，若不克见[⑤]；既见圣，亦不克由圣[⑥]。尔其戒哉！尔惟风，下民惟草[⑦]。图厥政，莫或不艰[⑧]；有废有兴，出入自尔师虞[⑨]，庶言同，则绎[⑩]。尔有嘉谋嘉猷[⑪]，则入告尔后于内，尔乃顺之于外[⑫]，曰：‘斯谋斯猷，惟我后之德[⑬]。’呜呼！臣人咸若时，惟良显哉！”[⑭]

【注释】

①我，指成王。　②至治，政治之至者，即治政所达到的最高境界。馨香，芬芳香气。感，感动、闻达。神明，神灵。蔡沈：“至治馨香以下四语，所谓周公之训也。”　③尚，庶几，表示祈使的语气副词。式，用。一说法，亦通。时，是。猷，道。训，教。　④惟，思。日，天天、每天。孜孜，勤勉、努力，惟日孜孜。无，毋。逸豫，宽暇娱乐。　⑤人，指人们，一般的人。圣，圣道。未见圣，《孔传》：“此言凡人有初无终，未见圣道，如不能得见。”　⑥克，能。由，用。既见圣，亦不克由圣，《孔传》：“已见圣，亦不能用之，所以无成。”　⑦惟，为。蔡沈《书集传》：“君子之德，风也；小人之德，草也。草上之风必偃。君陈克由周公之训，则商民亦由君陈之训矣。”　⑧图，图谋。莫或，没有，指小事大事无不是。　⑨出入，反复。师，众。尔师，指你们众人。虞，度、谋划。蔡沈：“有所当废，有所当兴，必出入反覆，与众共虞度之。”　⑩庶言，众言、众人言论，即大家的意见。绎，追究、深思。蔡沈：“众论既同，则又紬绎而深思之而后行也。盖‘出入自尔师虞’者，所以合乎人之同。‘庶言同则绎’者，所以断于己之独。孟子曰：‘国人皆曰贤，然后察之。国人皆曰可杀，然后察之。’庶言同则绎之谓也。”　⑪嘉，善。谋，同“猷”，猷，道。蔡沈：“言切于事谓之谋，言合于道谓之猷。”　⑫后，君王。⑬斯，此、这。　⑭臣人，人臣、君王之臣。咸，都。时，是。若时，如果这样。显，显扬。惟良显哉，《孔传》：“是惟良臣则君显明于世。”蔡沈：“良以德言，显以名言。”

【译文】

“我听说这样的话：天下大治之世的馨香，能感动神灵；黍稷没有这种香气，明德才有这种香气。你应该效法周公的德教，每天思考，孜孜不倦，不敢安逸享乐！

凡人没有坚持到底，见到圣道，好像不能见到一样；已经见到圣道，又不能遵行圣道，你要引以为戒呀！因为你是风，民众是草，草随风动。谋划统治殷民的事，没有不艰难的。有废除，有兴办，要反复同你手下的人商讨，大家的意见相同，才能三思而后行。你有好谋略、好主意，就要进宫告诉你的君王，你还要在外面顺从君王，说：'这样的好谋略，好主意，是我们君王美德的体现。'啊！臣下都像这样，就是大臣贤良，君王显扬啊！"

王曰："君陈！尔惟弘周公丕训[1]！无依势作威，无倚法以削[2]。宽而有制，从容以和[3]。殷民在辟[4]，予曰辟，尔惟勿辟[5]；予曰宥，尔惟勿宥[6]；惟厥中[7]。有弗若于汝政[8]，弗化于汝训[9]，辟以止辟，乃辟[10]。狃于奸宄，败常乱俗，三细不宥[11]。尔无忿疾于顽[12]，无求备于一夫[13]。必有忍，其乃有济[14]；有容，德乃大[15]。简厥修，亦简其或不修；进厥良，以率其或不良[16]。

"惟民生厚，因物有迁[17]，违上所命，从厥攸好[18]。尔克敬典在德，时乃罔不变[19]。允升于大猷[20]，惟予一人膺受多福[21]，其尔之休，终有辞于永世[22]。"

【注释】

①弘，弘扬。丕，大。　②依，凭借、倚恃。无依法以削，《孔传》："无倚法制以行刻削之政。"　③宽，宽容。制，制度。从容，举止行为。和，和谐。《孔传》："宽不失制，动不失和，德教之治。"蔡沈《书集传》："然宽不可一于宽，必宽而有其制；和不可一于和，必从容以和之，而后可以和厥中也。"　④辟，法、刑法。殷民在辟，《孔传》："殷人有罪在刑法者。"　⑤辟，刑之于法。　⑥宥，赦宥。⑦惟厥中，《孔传》："惟其当以中正平理断之。"　⑧若，顺。政，政令。　⑨化，变化。训，教。　⑩辟，法、刑法，这里作处以刑罚讲。《孔传》："刑之而惩止犯刑者，乃刑之。"《孔疏》："刑罚一人可以止息后犯者，故云犯刑者乃刑之。"　⑪狃（niǔ 纽），习。奸宄，犯法作乱，在内为奸，在外为宄。败，败坏。常，典常，即五常之道。俗，风俗。三细，指犯上面奸宄、败常、乱俗三者中的小罪。《孔传》则说："罪虽小，三犯不赦。"亦通。　⑫顽，顽固不化。　⑬求备，求全责备。⑭济，成。《孔传》："为人君长，必有所含忍，其乃有所成。"故如孔子所说："小不忍，则乱大谋。"　⑮有容，有所包容。　⑯简，选择、鉴别。《孔传》："简别其德行修者，亦别其不修者。"进，进用。良，贤良、善良。《孔传》："进显其良者，以率勉其有不良者，使为善。"修，善。蔡沈《书集传》："王氏曰：'修，谓其职业。良，

谓其行义。职业有修与不修,当简而别之,则人劝功。进行义之良者,以率其不良,则人励行。'" ⑰生,通性。厚,敦厚。迁,变化。《孔传》:"言人自然之性敦厚,因所见所习之物有迁变之道,故必慎所以示之。" ⑱攸,所。好,喜好。《孔传》:"人之于上,不从其令,从其所好,故人主不可不慎所好。" ⑲克,能。敬典在德,蔡沈:"敬典者,敬其君臣、父子、兄弟、夫妇、朋友之常道也。在德者,得其典常之道,而著之于身也。"时乃,是乃。 ⑳允,信。猷,道。 ㉑予一人,成王自称。膺,受。多福,指上帝赐予的福命。 ㉒休,美。有辞,言辞。这里指赞扬之辞。永,长。蔡沈:"如是,则君受其福,臣成其美,而有令名于永世矣!"

【译文】

成王说:"君陈!你应当弘扬周公的伟大教导。不要倚恃势力作威作福,不要倚恃法权行苛刻的统治,要宽容而有法制,从容而又和谐。殷民有罪当受刑罚的,我说惩罚,你不要惩罚;我说赦宥,你也不要赦宥;要考虑公平合理地判罚。有人不顺从你的政令,不接受你的教化,惩罚他如果可以制止别人犯罪,可以惩罚。习惯于犯奸作乱,破坏常法,败坏风俗,只要有这三项罪行,那怕是犯很微小的罪过,也不能宽宥。你不要忿恨顽固不化的愚钝者,不要对每个人求全责备。一定要有所忍耐,事才能有成;有所包容,德才算是大。鉴别修行善良的,也鉴别修行不善良的;进用那些贤良的人,来勉励那些有不良行为的人。

"殷民本性敦厚,又依外界事物的影响而有变迁,以至违背君王的教命,放纵自己的喜好。你能够敬重常法并从常法中获得美德,殷民就没有不能改变的。让诚信上升到大道的境地,我将享受上帝赐予的福命,这样你的美名终将永远受到赞扬。"

顾命

【题解】

《史记·周本纪》曰:“成王将崩,惧太子钊之不任,乃命召公、毕公率诸侯以相太子而立之。成王既崩,二公率诸侯,以太子钊见于先王庙,申告以文王、武王之所以为王业之不易,务在节俭,毋多欲,以笃信临之,作《顾命》。”《书序》云:“成王将崩,命召公、毕公率诸侯相康王,作《顾命》。”马融曰:“成王将崩,顾念康王,命召公、毕公率诸侯辅助之。”

本篇详细地叙述了周成王的丧礼和周康王登基的典礼,是研究周代礼制不可多得的史料。

惟四月哉生魄①,王不怿②。甲子,王乃洮颒水③,相被冕服,凭玉几④。乃同召太保奭⑤、芮伯、彤伯、毕公、卫侯、毛公⑥、师氏⑦、虎臣⑧、百尹⑨、御事⑩。

王曰:“呜呼!疾大渐⑪,惟几⑫,病日臻⑬。既弥留⑭,恐不获誓言嗣⑮,兹予审训命汝⑯。昔君文王武王宣重光⑰,奠丽陈教⑱,则肄肄不违⑲,用克达殷集大命⑳,在后之侗,敬迓天威,嗣守文武大训,无敢昏逾㉑。今天降疾,殆弗兴弗悟㉒。尔尚明时朕言㉓,用敬保元子钊,弘济于艰难㉔,柔远能迩,安劝小大庶邦㉕。思夫人自乱于威仪㉖,尔无以钊冒贡于非几兹㉗。”

既受命,还,出缀衣于庭㉘。

【注释】

①惟四月哉生魄,郑玄注谓:“此成王二十八年。”关于成王在位年数和周公摄政年代,说法颇多,一般认为周公摄政七年还政成王,成王在位二十八年而崩。惟,句首助词。哉生魄,见《康诰》篇注。　②王,周成王。不怿(yì 异),即不豫。

《汉书·律历志》引《顾命》:"王有疾,不豫。"不豫,见《金滕》篇注。 ③甲子,曾运乾《尚书正读》说:"哉生魄之翌日。"洮(táo 桃),洗头发。颒(huì 汇),洗脸。④相,郑玄注谓:"正王服位之臣,谓太仆。"即负责天子衣服和座位的太仆。被,披,动词。冕,皇冠。服,衮服,天子的礼服。凭,依。 ⑤同召,同时召集。太保,官名。奭,召公名。 ⑥芮伯、彤伯、毕公、卫侯、毛公,都是成王时代重要的大臣和诸侯,与召公共称六卿。其中召公、毕公、毛公以三公兼领卿职。 ⑦师氏,武官名。 ⑧虎臣,即虎贲,天子的卫戍官。 ⑨百尹,百官之长。⑩御事,为王室服务的近臣,见前注。 ⑪渐,剧。或曰进。 ⑫惟,语气助词。几,危险。 ⑬臻,至。 ⑭弥留,临终将死之际。 ⑮誓,以言约束。嗣,嗣王,指康王。 ⑯审,详、慎。汝,指上文被召集的顾命大臣。 ⑰宣,显。重光,重明,《周易·离卦·象辞》:"明两作离,大人以继明照于四方。"就是重光的意思。两,指日月。作,起。离,明。作离,意谓日月更相照耀,详参阅曾运乾《尚书正读》。 ⑱奠,奠定。丽,法律。陈,列。教,教令。 ⑲肄肄,曾运乾《尚书正读》释为愓愓、畏惧的意思,或说肄肄是勤奋的意思。以曾说为佳。⑳用,因而。克,能够。达(tà 榻),挞伐。集,成就。 ㉑侗,通"僮",幼童。这是成王自谓。迓,迎。天威,天命。 ㉒殆,几乎。兴,起。悟,与寤同。 ㉓明,勉、努力。时,承受。朕言,指下面的话。 ㉔元子钊,即太子钊,周康王名钊。弘,大。济,渡过。 ㉕小大庶邦,即指大小诸侯国。 ㉖夫人,众人。乱,治。威仪,礼法。 ㉗以,使。冒,冒触,犹言碰壁。贡,马融作赣,陷覆的意思。冒、贡两字词义相近,迭用。几,是机的假借字,机,理,非机即非理。兹,哉。此句是说你们不要使太子钊陷于非理。 ㉘受,当为授,授命者成王也。还,从顾命的地方返回路寝处。一说是群臣受成王托命,退朝返还。亦通。今从前说。缀衣,曾运乾说:"缀衣,龙衮。即上文所被之冕服。"庭,朝位。

【译文】

四月,月初的一天,成王得了重病,心中不快。第二天甲子日,成王用水沐发洗脸,太仆为他戴上王冠,穿好衣服,靠在玉几上。于是,把太保召公奭、芮伯、彤伯、毕公、卫侯、毛公、师氏、虎臣、百官之长和王室近臣们一同召集来。

成王说:"唉!我的病大大加重了,已经十分危险,病情还在恶化。已经到了临终时刻,恐怕你们得不到我的遗言去约束嗣王,所以现在我详细地训告你们。从前,文王和武王交相辉映,制定了法律,颁布教令,并怀着畏惧的心情奉行不悖,因此才能够伐灭殷国,成就上帝赐予的大命。武王以后,我当时是年幼无知的稚子,但我能恭敬地侍奉上帝赐予的大命,继承并遵守文王、武王的伟大教导,不敢昏乱逾越。现在上帝降下疾病,使我几乎已病重不起。你们要努力接受我的话,以此恭敬地保护我的太子钊,彻底度过艰难困苦的时期。柔服远方,亲善近邻,安抚劝导众多大小诸侯国。我想众人的自我整饬要靠礼法的约束,你们千万不要使太子钊陷于非礼啊。"

成王传授告命后,便返回了,把君王的王冠和礼服留在朝位上。

越翼日乙丑,王崩①。

太保命仲桓、南宫毛俾爰齐侯吕伋②,以二干戈,虎贲百人逆子钊于南门之外③。延入翼室,恤宅宗④。丁卯,命作册度⑤。越七日癸酉,伯相命士须材⑥。

狄设黼扆缀衣⑦。牖间南向⑧。敷重蔑席⑨,黼纯⑩,华玉仍几⑪。西序东向⑫,敷重底席⑬,缀纯⑭,文贝仍几⑮。东序西向,敷重丰席⑯,画纯⑰,雕玉仍几⑱。西夹南向⑲,敷重笋席⑳,玄纷纯,漆仍几㉑。

越玉五重,陈宝㉒,赤刀、大训、弘璧、琬琰在西序㉓。大玉、夷玉、天球、河图在东序㉔。胤之舞衣㉕,大贝、鼖鼓在西房㉖。兑之戈、和之弓、垂之竹矢在东房。

大辂在宾阶面㉗,缀辂在阼阶面㉘,先辂在左塾之前㉙,次辂在右塾之前㉚。

【注释】

①翼日,明日,第二天。上一日为甲子。　②太保,官名,即召公奭。仲桓、南宫毛,大臣名。俾,从。爰,与。齐侯吕伋,太公吕尚的儿子,齐国国君。　③以,用。二干戈,即仲桓、南宫毛二人所执,他们可能是负责宫廷的戍卫长官。虎贲,即戍卫卫士,由二干戈率领。逆,迎。子钊,成王太子钊,即康王。南门,一说是宗庙的门,《史记》云:"二公率诸侯以太子钊见于先王庙。"曾运乾说庙门本称毕门。一说是路寝门,《孔传》持此说。江声曰:"王既崩,世子犹在外,世子盖以王未疾时奉使而出,比反而王崩。忧危之际,故以兵迎之于南门之外云。"　④延,请。翼,左右两旁之谓,翼室即侧室。江声云:"路寝旁室也。"可备一说。恤,忧。宅,居。宗,主。忧居以为丧主,即居此主持丧事。　⑤作册,即史官名,见前注。度,商讨。　⑥伯相,一说为毕公,因为当前毕公与召公是左右二伯,召公称太保,故此处伯当指毕公。一说仍指召公。须,江声谓须字当为"颁"字之误。材,指下文所陈列的各种器物。命士须材,指命令官员们分别负责管理各种器物。⑦狄,旧说狄为翟,《礼记·祭统》:"翟者,乐吏之贱者也。"曾运乾则认为是担任周的守祧之官,掌守先王先公之庙祧,其遗衣服藏焉。设,陈设。黼,与"斧"通,

斧纹。扆(yǐ 椅)通"衣"。黼衣指设在门窗之间饰有斧形花纹的屏风。缀衣,王的礼服。 ⑧牖,窗户。牖间,指门窗之间。 ⑨敷,布置。重,指几层。篾席,即竹席。 ⑩纯,现在叫做花边。黼纯,古时以黑色和白色的丝织品间杂制成。 ⑪华玉,指五色玉。仍,因,谓因其质而别无装饰。几,几案。 ⑫序,堂上的东西墙叫序,在西者叫西序,在东者叫东序。东向,西墙以东。 ⑬底席,孙星衍疏:"此底席当亦以竹为之。名曰底者,加细致也。" ⑭缀纯,以画缯为缘。 ⑮文,花纹。文贝,指有花纹的贝壳。曾运乾说:"此席在西阶上,盖为嗣王设。" ⑯丰席,莞席。莞(guān 关),是一种多年生的草类,种在水田中,又名水葱,茎高五六尺,可织席。 ⑰画纯,指席上饰画有云气的边缘。 ⑱雕,刻镂的意思。 ⑲西夹,西堂的夹室。 ⑳笋席,以青竹皮织成的席子。 ㉑玄纷纯,以黑色的丝缀点席子的边缘。漆,漆器。曾运乾谓:"此席在黼扆之西,盖为太史迓王策命之席也。" ㉒越玉,马融曰:"越地所献玉也。"五重,五层。陈,陈列。宝,宝器。陈宝,即将国家的宝器陈列出来。平时这些宝器是秘藏于宫的,遇有国家重大典礼时,陈列出来,以烘托典礼的庄严隆重。此句陈宝当在越玉五重之前,下面都是陈列的宝器。 ㉓赤刀,郑玄注谓是武王伐纣时用的刀。大训,郑玄注云:"谓礼法,先王德教,《虞书》典谟是也。"弘璧,大玉璧。琬琰,玉圭。西序,即上文"西序东向"之席。 ㉔大玉,华山出产的玉器。夷玉,东北少数民族所贡的美玉。天球,雍州一带所贡的美玉。也有说是浑天仪一类的东西,不可信。河图,相传伏羲所得河图洛书,即八卦之书。东序,与西序相对之席。 ㉕胤,人名,负责制作舞衣。下文的兑、和、垂分别是负责制作戈、弓、竹矢的人名。 ㉖大贝,大贝壳,《尚书大传》谓是散宜生在江淮间得到的大贝壳。鼖(fén 坟),大鼓。 ㉗大辂,郑玄以为是玉辂,天子用的车辆。据《周礼》记载,天子有五辂,即玉辂、金辂、象辂、革辂、木辂。其中革辂用于兵戎,在这次典礼中不用。大辂即玉辂。宾阶,宾客所站立的台阶,为西阶。 ㉘缀辂,较大辂为次者,即金辂。阼阶,为东阶。 ㉙先辂,较金辂次者,即象辂。塾,门侧之堂。 ㉚次辂,接上文先辂之次,是为木辂。在塾之前即右门侧之堂,与上文左塾之前相对。

【译文】

第二天乙卯日,成王逝世了。

太保命令仲桓、南宫毛引导齐侯吕伋,二人各执干戈,率领卫士百人,在南门外迎接太子钊。丁卯日,命令太史们商讨丧礼。又过了七天,到了癸酉日,毕公命令官员们分别管理各种器物。

掌管守卫宗庙的官员摆设好饰有斧形花纹的屏风和先王的礼服。门窗间朝南的位置，铺设了几重竹席，席子镶着黑白色的丝织花边，五色玉未加装饰地摆在几案上。在西墙朝东的位置，铺设了几重细致的竹席，席子镶着有图画的花边，带有花纹的贝壳摆在几案上。在东墙朝西的位置上，铺设了几重莞席，席子镶着绘有云气的花边，雕刻的玉器未加装饰地摆在几案上。在西墙朝南的位置上，铺设了几重青竹席子，席子镶着黑色丝缀点的花边，漆器未加装饰地摆在几案上。

国家的宝器陈列出来了，越地进献的玉摆了五层，红色的大刀、先王的典谟遗训、大玉璧、玉圭，摆在西墙朝东的地方。华山进献的玉器、夷人进献的玉器、雍州进献的美玉、河图洛书，摆在东墙朝西的地方。胤制作的舞衣、大贝壳、大鼓陈列在西房。兑制作的戈、和制作的弓、垂制作的竹箭头陈列在东房。

王的玉车放在宾客所走的西阶上，金车放在主人所走的东阶上，象车放在门左侧堂屋前，革车放在门右侧堂屋前。

二人雀弁[①]，执惠[②]，立于毕门之内[③]。四人綦弁[④]，执戈上刃，夹两阶戺[⑤]。一人冕[⑥]，执刘[⑦]，立于东堂。一人冕，执钺[⑧]，立于西堂。一人冕，执戣[⑨]，立于东垂[⑩]，一人冕，执瞿，立于西垂[⑪]，一人冕，执锐，立于侧阶[⑫]。

王麻冕黼裳[⑬]，由宾阶阶[⑭]。卿士邦君麻冕蚁裳[⑮]，入即位[⑯]，太保、太史、太宗皆麻冕彤裳[⑰]。太保承介圭[⑱]，上宗奉同瑁[⑲]，由阼阶阶[⑳]，太史秉书，由宾阶阶[㉑]，御王册命[㉒]，曰："皇后凭玉几，道扬末命[㉓]。命汝嗣训[㉔]，临君周邦，卒循大卞[㉕]，燮和天下[㉖]，用答扬文武之光训。"王再拜，兴，答曰："眇眇予末小子，其能而乱四方，以敬忌天威[㉗]。"

【注释】

①弁，帽子。雀弁，是天子卫士所戴的一种礼帽，其色赤而略带黑色。②惠，三隅矛。一说为斜刀。　③毕，同"跸"，毕门就是非路门。这种门，门前不准行人随便往来，以示庄重。这里的毕门是指庙门，下文有"诸侯出庙门俟"，且当时康王正在祖庙里行大礼受策命，故毕门必是庙门。　④綦弁，是一种较雀弁次一等的礼帽，颜色是青黑色的。　⑤夹，站在道路两旁叫夹，犹今仍称站在道路两旁为夹道。戺(shì 士)，砌，即堂廉下的台阶。　⑥冕，冠，比雀弁高一等的礼帽。　⑦刘，斧钺一类的兵器。　⑧钺，大斧。　⑨戣(kuí 奎)，三锋矛。　⑩垂，堂廉。古代称堂的旁边叫做垂。　⑪瞿，与"戣"同，三锋矛。　⑫锐，亦是矛一类的兵器。侧阶，曾运乾《尚书正读》说："侧，特也，侧

阶,北堂北下阶也。北下阶无东西之别,故云特阶。” ⑬王,指康王。麻冕,一种麻制的礼帽。黼裳,缀有斧形花纹的礼服。麻冕黼裳,是一种丧礼服。 ⑭宾阶,即西阶,宾客所走的台阶。由于康王此时尚未正式即位,太保召公奭摄成王居之位,故康王由宾阶上,以示谦逊礼让。 隮,升、登。 ⑮卿士,指周王朝的内朝官,即中央高级官员。邦君,指诸侯国国君,属外朝(地方)官系列。蚁裳,色黑如蚁,故名蚁裳,亦是一种丧礼服。 ⑯位,中庭左右叫做位;入即位,郑玄注谓:卿士向西面而立,诸侯向北面而立。 ⑰太宗,即上文宗伯,指毕公。太保、太史、太宗的地位要高于卿士邦君,故麻冕彤裳。彤裳,红色的礼服。 ⑱此时召公摄居成王主位,是册命典礼的主持者。承,奉、捧着。介圭,大圭。《尔雅·释器》:“圭大尺二寸谓之玠。”玠、介古通。此大圭为天子所守,这时太保捧着它,用来奠祭成王的神位。 ⑲上宗,即太宗,毕公,他是太保的助手。同,酒杯。瑁,也是一种玉器。《考工记》:“天子执瑁四寸以朝诸侯。”即天子召见诸侯时所用的礼器。 ⑳阼阶,东阶,与上文宾阶相对,是主阶。此时太保摄成王主位,故由主阶登上。 ㉑书,策书。上面写着成王的遗命。由于嗣王由宾阶登上,所以太史也从宾阶登上把成王的遗命策书授给新王。 ㉒御,读作“迓”(yà 亚),迎。册命,即成王的遗命。 ㉓皇后,指成王。后,君。扬,道。道扬,同义叠用,讲述、称说的意思。末命,指临终时的遗命。 ㉔嗣,继,遵循的意思。训,这里指先王,即文王、武王的遗命。 ㉕卒,完全。循,遵守。卞,法度。大卞,即大法。 ㉖燮,和、治理。 ㉗兴,起。眇眇,微小,此为康王谦称。予末小子,即予小子,康王自称。其,岂。乱,治。敬忌,即敬畏。

【译文】

二名戴着赤黑色礼帽的卫士,手持三隅矛,站在祖庙大门里面。四名戴着青黑色礼帽的卫士,手持戈,戈刃向上,站立在堂外台阶两边。一名戴礼帽的卫士,手持斧,站在东堂前。一名戴礼帽的卫士,手持钺,站在西堂前。一名戴礼帽的卫士,手持三锋矛,站在东堂外面。一名戴礼帽的卫士,手持三锋矛,站在西堂外面。一名戴着礼帽的卫士,手持矛,站在北堂北面的台阶下层。

康王戴着麻制的礼帽,穿着绣有斧形花纹的丧礼服,从宾客所走的台阶上来。卿士和诸侯戴着麻制的礼帽,穿着黑色的丧礼服,进入中庭,站在左右两旁。太保、太史、太宗都戴着麻制的礼帽,穿着红色的礼服。太保捧着大圭,太宗捧着酒杯和瑁,从主人所走的台阶上来。太史拿着策书,从宾客所走的台阶上来,迎接新王接受成王的遗命,太史说:“成王靠着玉几,传授他的临终遗命。命令您继承文王武王的大命,亲自治理周国,完全遵循大法,治理天下,以此报答文王、武王,显扬他们光荣和大命。”康王再次施礼,起身回答说:“我是个微不足道的小子,岂能治理好天下四方，敬畏天命呢？”

乃受同瑁[①]，王三宿[②]，三祭[③]，三咤[④]。上宗曰飨。太保受同，降，盥[⑤]，以异同秉璋以酢[⑥]，授宗人同，拜，王答拜。太保受同，祭哜宅[⑦]，授宗人同，拜，王答拜。太保降[⑧]，收[⑨]。诸侯出庙门俟。

【注释】

①乃受同瑁：王国维《观堂集林·周书顾命考》说：“受同者王，授之者太宗也，下句有王字，受疑当作授为是。授同者何，献王也。太宗奉同，太保拜送，王拜受。” ②宿，读作“肃”，郑玄谓：“徐行向前曰肃，进也。” ③祭，洒酒至地。④咤（zhà 诈），郑玄谓：“却行曰咤。”却行即后退。 ⑤同，酒杯。降，下阶。盥（guàn 灌），洗手。 ⑥异，不同。璋，即璋瓒，酒杯名，为祭祀时大臣所用。不同于天子所用的酒杯（同）圭瓒（瑁），故称“异同秉璋”。酢，自酌。此句大意是太保授命完毕之后，以臣礼行事。 ⑦哜（jì 剂），口尝，是说既祭之后的赐酒，入口至齿，方饮而实不饮。宅同“咤”，后退的意思。 ⑧降，下阶。王国维《周书顾命考》说：“此云大保降，知大保自酢在堂上也，不言王与大宗、大史降者，略也。” ⑨收，彻，即撤，礼毕而撤礼器诸物。

【译文】

于是康王接受了酒杯和瑁，慢慢地向前行进三次，行洒酒至地祭礼三次，后退三次。太宗说：“请喝酒。”太保接受了酒杯和瑁，走下台阶，洗手，用另外的酒杯行礼后喝酒，又授给宗人酒杯，行礼，康王行礼回拜。太保接受酒杯，祭酒，浅尝，后退，又授给宗人酒杯，行礼，康王行礼回拜。太保走下台阶，礼毕。诸侯从祖庙中走出，恭候康王。

康王之诰

【题解】

《康王之诰》是康王即位时的诰词。《书序》云:"康王既尸天子,遂告诸侯,作《康王之诰》。"《史记·周本纪》亦云:"康王即位,遍告诸侯,宣告以文、武之业以申之,作《康诰》(即《康王之诰》)。"本篇主要记载了在登基大礼之后,康王和群臣之间以文、武之王业相互勉励的话。

一些本子将其与《顾命》合为一篇,如欧阳及大小夏侯本,但多数采用伏生本,二者各自独立成篇。今从后者。

王出在应门之内,太保率西方诸侯入应门左,毕公率东方诸侯入应门右,皆布乘黄朱①。宾称奉圭兼币②,曰:"一二臣卫③,敢执壤奠④。"皆再拜稽首。王义嗣德答拜⑤。

【注释】

①应门,《尔雅·释宫》:"正门谓之应门。"《诗传》:"王之正门曰应门。"曾运乾说:"周制,天子五门,其外为皋门,次为库门,次为雉门,内为应门,最内为路门。"布乘,《白虎通·绋冕篇》作"黻黼",即礼服。"天子朱绋,诸侯赤绋。"皆布乘黄朱,是说诸侯都穿着黄红色的礼服,详见孙星衍《今古文尚书注疏》。 ②宾,孔广森谓:"当读为摈。"摈者谒,谒犹告。天子见诸侯,皆摈者传辞。称,告。宾称,谒者传辞。奉,献。 ③臣卫,诸侯自称之词。 ④敢执,客套话。奠,贡献。壤奠,指自己国土上的特产。 ⑤义嗣,黄式三《尚书启蒙》曰:"义嗣,礼辞也。经传言礼辞者,以礼辞之,不坚辞也。辞词古通用,转写作嗣。"故嗣非继承之义。又:"德,升也。此当训升。谓王既礼辞,升位答拜也。"黄说可从。《孔传》释为"以义继先人明德",可备一说。

【译文】

康王走出祖庙,来到应门内,太保率领西方诸侯入应门立于左侧,毕公率东方诸侯入应门立于右侧，他们都穿着黄红色的礼服。谒者传令进献命圭和贡物，诸侯进贡说："我们这些王的护卫臣子，斗胆向王进献本地的土产。"他们再次向康王行跪拜叩头之礼。康王依礼谢辞，升位答拜。

太保暨芮伯咸进相揖[①]，皆再拜稽首曰："敢敬告天子，皇天改大邦殷之命，惟周文武诞受羑若[②]，克恤西土[③]。惟新陟王毕协赏罚[④]，戡定厥功，用敷遗后人休[⑤]。今王敬之哉。张皇六师[⑥]。无坏我高祖寡命[⑦]。"

王若曰："庶邦侯甸男卫，惟予一人钊报诰[⑧]。昔君文武丕平富[⑨]，不务咎[⑩]，厎至齐，信用昭明于天下[⑪]。则亦有熊罴之士，不二心之臣，保乂王家，用端命于上帝[⑫]。皇天用训厥道，付畀四方[⑬]，乃命建侯树屏，在我后之人[⑭]。今予一二伯父尚胥暨顾[⑮]，绥尔先公之臣服于先王[⑯]。虽尔身在外，乃心罔不在王室。用奉恤厥若[⑰]，无遗鞠子羞[⑱]。"

群公既皆听命，相揖，趋出，王释冕[⑲]，反，丧服[⑳]。

【注释】

①暨，与、和。咸，都、皆。　②诞，大。羑(yǒu 有)，《说文》："进善也。"含有诱导的意思。若，读作"诺"。羑若，指上帝的诱导或成命。杨筠如谓："羑疑为久，久与厥，古字极相同，羑若与厥若当为一语。《康王之诰》有：'用奉恤厥若。'"厥若即那个。可备一说。　③克，能够。恤，忧。　④陟、升，借喻为帝王之死。新陟王当指刚故去的成王。毕，尽。协，合乎法规。　⑤戡，通"堪"，能够。厥，其，代指成王。敷，布、普。休，美。　⑥张皇，整顿。六师，周代天子有宗周六师，驻镐京。每师按《周礼》为一万二千五百人，另有成周八师，驻洛邑，均由周天子直辖。或以为周礼，王六军，六师即六军。　⑦坏，毁弃。寡，大。　⑧予一人，康王自称。钊，康王名。报，答复。　⑨君，君王。文武，文王、武王的合称。丕，大。平，成。富，郑玄注谓："备也。"　⑩务，致力。咎，罚。不务咎，意为省刑罚。　⑪厎，至、达到的意思。齐，适中。用，因。　⑫端，正。命，即天命。⑬畀，给予、赐予。付、畀，同义词叠用。　⑭建侯，分封诸侯。树，立。屏，屏障。建侯树屏，即分邦建国，以卫周室。在，照顾、辅助的意思。　⑮伯父，孙星衍疏引《仪礼·觐礼》云："天子呼诸侯之礼，同姓大国曰伯父，异姓曰伯舅；同姓小邦曰叔父，异姓曰叔舅。"但也有通称叔父，如《国语·周语》中的周襄王称晋文公为叔父。尚，还。胥，相。暨，与、和。顾，念。　⑯绥，即绥，《尔雅·释诂》

云："绥，继也。" ⑰奉，助。厥若，古成语，犹今语那个，代指王室。 ⑱鞠，幼稚。鞠子，康王谦称。 ⑲释冕，意为脱去举行即位大典时所穿戴的礼帽礼服。 ⑳反，同"返"。反丧服，重新穿上丧服，返回到守丧的地方。

【译文】

太保和芮伯同时上前，互相作揖施礼，一同向康王再次行跪拜叩头之礼，他们说："恭敬地禀告天子，皇天更改了大国殷的大命，周文王、武王完全承受大命，他们能够关怀西方的民众。刚刚升天的成王赏罚公平合宜，能够成就自己的功业，把幸福广布给子孙后代。如今的王要谨慎呀。要整顿好宗周六师军队。不要毁坏我们先辈高祖的大命。"

康王说："诸位封国的侯甸男卫国君们，我姬钊回答你们的教导。从前我们的君王文王、武王非常完美，省刑罚，尽可能做到公平适当；以信义昭明于天下。所以就有像熊罴一样勇敢的将士，忠贞不二的大臣，保卫治理我们周国，从上帝那里承接天命。皇天用大道来教导先王，把天下交给先王，先王命令分封诸侯，树立藩卫，眷顾我们这些子孙后代。现在我的一些伯父辈的诸侯还能相互顾念，继续像你们先公臣服于先王那样。虽然你们身处王畿之外的诸侯国，但你们的心无不顾念着王室。要辅助关怀王室，不要使我这幼稚的小子留下羞辱。"

诸侯大公都已听完康王的诰命，相互作揖施礼，快步退出，康王脱去礼帽，返回居丧的侧室，重新穿上丧服。

毕　命

【题解】

《毕命》属梅赜《古文尚书》，《今文尚书》无此篇。毕，毕公高，周文王之子，武王灭商后，受封于毕（今陕西长安西北），故以毕为氏，历武、成、康三王，有四朝老臣之誉。康王时，他与召公共同辅政，《史记·周本纪》："康王命作策毕公，分居里，成周郊，作《毕命》。"《书序》亦云："康王命作册毕，分居里，成周郊，作《毕命》。"《史记》所记《毕命》早佚。本篇记录康王命毕公继承周公、君陈治理成周的经验，完成治理殷人的大事。又蔡沈《书集传》引唐孔氏曰："汉《律历志》云：'康王《毕命丰刑》曰：惟十有二年，六月庚午朏，王命作册书《丰刑》。'此伪作者传闻旧语，得其年月，不得以下之辞，妄言作《丰刑》耳。亦不知《丰刑》之言何所道也。"录以备考。

惟十有二年六月庚午，朏①。越三日壬申②，王朝步自宗周，至于丰③，以成周之众，命毕公保厘东郊④。

【注释】

①有，又。十有二年六月庚午，即周康王即位十二年六月庚午日。朏（fěi匪），新月初放光明。　②越，经过。　③王，这里指康王。朝，早晨。宗周，镐京。丰，丰邑，文王时的都城，有文王庙。《孔传》："丰，文王所都。"　④成周，西周东都洛邑，周公营建，有二城，即王城、成周。成周，殷民所在。成周之众，当指殷民。保，安。厘，一作釐，理、治理。东郊，成周在王城的东郊，故也称成周为东郊。

【译文】

周康王十二年六月庚午日，新月初放光明。过了三天到壬申日，周康王早晨从镐京出发，到达丰邑，把成周的殷民，命令由太师毕公安定治理于洛邑东郊。

王若曰："呜呼！父师[①]。惟文王、武王敷大德于天下，用克受殷命[②]。惟周公左右先王[③]，绥定厥家[④]，毖殷顽民[⑤]，迁于洛邑，密迩王室[⑥]，式化厥训[⑦]。既历三纪，世变风移[⑧]，四方无虞，予一人以宁[⑨]。道有升降[⑩]，政由俗革[⑪]，不臧厥臧[⑫]，民罔攸勤[⑬]。惟公懋德[⑭]，克勤小物[⑮]，弼亮四世[⑯]，正色率下，罔不祗师言[⑰]。嘉绩多于先王[⑱]，予小子垂拱仰成[⑲]。"

【注释】

①父师：蔡沈《书集解》："毕公代周公为太师也。"故称毕公为父师。 ②敷，布。用，因。克，能。受殷命，代替殷商承受上帝的大命。 ③左右，辅佐。④绥，安。家，王家，指周王朝。 ⑤毖，告诫。殷顽民，指参加武庚叛乱的殷人。 ⑥迩，近。 ⑦式，用。化，教化、感化。训，教。 ⑧既历，已经经历。纪，《孔传》："十二年曰纪。"三纪，即三十六年。世，《孔传》："父子曰世。"风，风俗。 ⑨四方，指天下。虞，忧虞。予一人，周康王自称。宁，安。 ⑩道，世道。升降，有盛衰、治乱的意思。 ⑪由，用。俗，民俗、风俗。革，变革。《孔传》："政教有用俗改更之理。" ⑫臧，善。不臧厥臧，即不善其善。前一个臧，作动词，有褒奖的意思；后一个臧，作名词，善良。 ⑬罔，无。攸，所。劝，劝勉、劝慕。 ⑭公，指毕公。懋，勉力、努力。 ⑮小物，小事，即微细的行为。⑯弼亮，辅佐、辅导。弼亮四世，《孔传》："辅佐文、武、成、康四世。" ⑰正色，指仪态风采。率下，统率臣下。祗，敬。师言，指毕公的训教。蔡沈："风采凝峻，表仪朝著，若大若小，罔不抵服师训。" ⑱嘉绩，善功。蔡沈："善多于先王之时矣。"又周秉钧《白话尚书》："多，重视。多于先王，被先王所重视。"可备一说。⑲予小子，周康王自称。垂拱仰成，蔡沈："垂衣拱手以仰其成而已。"

【译文】

周康王说："啊！父师。文王、武王遍行大德于天下，因此能够代受殷商的福命。周公辅助先王安定我们周朝，告诫殷商参加叛乱的顽民，把他们迁徙到洛邑，使他们靠近周王室，因而他们被周公的教训感化了。自从迁徙以来，已经历了三十六年。人世变化，风俗迁移，四方没有忧患，我因而感到安宁。世道有起有落，有盛有衰，政教也因风俗而改变。若不能褒奖善良，民众将无所劝勉仰慕。毕公您努力行德，能忧劳小事，辅助四代周王，以庄重的仪态风采，率领臣下，臣下没有人不敬服太师的训教。您在先王时就有许多嘉功善绩，年轻的我只能垂衣拱手仰视您的成就。"

王曰："呜呼！父师。今予祗命公以周公之事，往哉①！旌别淑慝②，表厥宅里③，彰善瘅恶，树之风声④。弗率训典，殊厥井疆⑤，俾克畏慕⑥。申画郊圻⑦，慎固封守⑧，以康四海⑨。政贵有恒，辞尚体要⑩，不惟好异⑪。商俗靡靡⑫，利口惟贤⑬，馀风未殄⑭，公其念哉⑮！

"我闻曰：'世禄之家，鲜克由礼⑯。'以荡陵德，实悖天道⑰。敝化奢丽，万世同流⑱。兹殷庶士，席宠惟旧⑲，怙侈灭义，服美于人⑳。骄淫矜侉，将由恶终㉑。虽收放心，闲之惟艰㉒。资富能训，惟以永年㉓。惟德惟义，时乃大训㉔。不由古训，于何其训㉕？"

【注释】

①祗，敬。周公之事，指当年周公迁殷民，教化殷顽民之事。往，前往。②旌别，识别。淑，善。慝（tè 特），恶。　③表，标记。宅，居。宅里，即居里。《孔传》："表异其居里。"蔡沈《书集传》："表异善人之居里，如后世旌表门闾之类。"古代对忠孝节义的名人，用立牌坊、赐匾额之类的方法，在其门闾立作标志，以褒奖显扬。　④彰，显扬。瘅（dàn 旦），病，引申为憎恨。风，风气、风俗。声，名声。蔡沈："显其为善者，而病其为不善者，以树立为善者风声，使显于当时，而传于后世，所诣旌淑也。"　⑤率，循。训，教、教导。典，常。殊，异、别。井，井里。疆，界。蔡沈："其不率训典者，则殊异其井里疆界，使不得与善者杂处。《礼记》曰：'不变移之郊，不变移之遂。'即其法也。"　⑥俾，使。克，能。畏，畏惧。慕，羡慕。俾克畏慕，蔡沈："使能畏为恶之祸，而慕为善之福，所谓别慝也。"⑦申，申明。画，规划、划分。郊，邑外称郊。圻（qí 其），通"畿"，国都周围。《孔疏》："郊圻，谓邑之境界。"泛指以国都及周围构成的统治中心，一般比较大，所谓邦畿千里。《孔传》："郊圻虽旧所规划，当重分明之。"　⑧慎，谨慎。固，坚固。封守，封疆之守。蔡沈："封域之险，昔固有守矣，曰谨云者，戒严王畿。"　⑨康，安。蔡沈："王畿安，则四海安矣。"　⑩恒，久、持久。辞，言辞。尚，崇尚。体要，《孔疏》："体实要约。"要约，精当。蔡沈《书集传》："对暂之谓恒，对常之谓异，趣完具而已之谓体，恒体所会之谓要。"　⑪好，喜好。异，奇异。　⑫商俗，商人风俗。靡靡，奢丽、浮华。商者即为靡靡之音。　⑬利口，能言善辩。⑭殄，绝。　⑮公，毕公。念哉，顾念。　⑯世禄，世代有禄位的卿大夫贵族。鲜（xiǎn 险），少、极少。克，能。由，用。　⑰荡，放荡、骄荡。陵，欺蔑。悖，违背、违逆、悖乱。　⑱敝，敝俗、陋俗。化，风化。敝化，蔡沈："敝坏风化。"奢丽，奢靡华丽。万世同流，《孔疏》："虽相去万世，而共同一流。"　⑲兹，此。殷庶士，殷朝众士，《孔疏》："此殷众士皆是富贵之家。"席，居。宠，宠势、宠位。旧，久。

蔡沈《书集传》引吕氏曰:"殷士凭借光宠,助发其私欲者,有自来矣。"　⑳怙(hù 户),凭仗、凭恃。侈,奢侈。服美于人,《孔传》:"服饰过制,美于其民,言僭上。"蔡沈《书集传》则说:"徒以服饰之美,侉之于人,而身之不美,则莫之耻也。"　㉑骄淫,骄恣过制。侉(kuā 夸),通"夸"。矜侉,自我夸大,自我夸耀。由,用、以。将由恶终,《孔传》:"将以恶自终。"　㉒放心,放纵之心。闲,御、约束。艰,难。蔡沈:"洛邑之迁,式化厥训,虽已收其放心,而其所以防闲其邪者,犹甚难也。"　㉓资,资财。训,顺。永年,长命。《孔传》:"以富资而能顺义,则惟可以长年命矣。"　㉔时,是。训,教。蔡沈:"然训非外立教条也,惟德义以为训而已。"　㉕前一个训,教;后一个训,通"顺"。《孔传》:"若不用古训典籍,于何其能顺乎?"

【译文】

康王说:"啊!父师。我现在恭敬地命令毕公您施行周公的事业,前往吧!识别善恶,标志善人所居之处,表彰善良,憎恨邪恶,树立良好的风气。对不遵循教道和常法的,就标异他的井里田界,使人们能够畏惧邪恶敬慕善良。又要申明划出都邑外郊圻的境界,谨慎加固封疆的守备,以安定天下。为政贵在有常法,言辞崇尚精要,不为喜好奇异。商人风俗奢丽浮华,以巧辩阿谀为贤,遗风还没有断绝,毕公您要考虑啊!

"我听说:'世代享有禄位的卿大夫贵族,很少能够遵守礼法。'他们以放荡来欺蔑有德的人,实在是悖乱天道。奢丽浮华这类陋俗风化,万世相同。这些殷商众士,处在宠位已经很久,凭仗富贵奢侈,泯灭德义,服饰华美过人。他们骄恣过度,矜能自夸,终将会以恶自终。现在虽然收敛了放纵之心,但防备他们还是艰难的事情。资财富足而能接受教训,可以长寿。行德行义,这是最重要的教诲。如果不用古代的教诲,对于他们来说,如何能顺从呢?"

王曰:"呜呼!父师。邦之安危,惟兹殷士①。不刚不柔,厥德允修②。惟周公克慎厥始③,惟君陈克和厥中④,惟公克成厥终⑤。三后协心,同厎于道⑥,道洽政治,泽润生民⑦。四夷左衽,罔不咸赖⑧,予小子永膺多福⑨。公其惟时成周,建无穷之基,亦有无穷之闻⑩。子孙训其成式,惟乂⑪。呜呼!罔曰弗克,惟既厥心⑫;罔曰民寡,惟慎厥事⑬。钦若先王成烈,以休于前政⑭!"

【注释】

①殷士,指殷商遗民。　②允,的确。修,好。　③克,能。慎,谨慎。始,开始、最初,这里指周公平定殷民叛乱,迁殷顽民至成周教化一事。　④中,

指周公之子君陈继周公之后，继续在成周教化殷民。　⑤终，指毕公最终在成周完成对殷民的教化。　⑥三后，三君，指周公、君陈、毕公。厎，致、达到。道，教导。　⑦洽，融洽。治，治理。生民，民众。　⑧四夷，古代对周边少数民族的称呼，即北狄、东夷、南蛮、西戎之类。衽，衣襟。左衽，我国古代少数民族，大多过着逐水草而居的游牧生活，由于便于马上骑射，故前襟向左掩（左衽），而主要过着农耕生活的华夏族则前襟向右掩（右衽）。故用左衽代称少数民族。咸，皆、都。　⑨予小子，周康王谦称。膺，受。　⑩公，毕公。其，表示希望的祈使副词。时，周秉钧《白话尚书》："善、治好。"旧训为是。建，立。基，基业。闻，令闻，指好名声闻于后世。　⑪子孙，后世子孙。训，顺。式，法。成式，成法。乂，治。　⑫罔，毋。弗克，不能。既，尽。惟既厥心，《孔传》："惟在尽其心而已。"　⑬寡，少。慎，谨慎，《孔传》："无曰人少不足治也，惟在慎其政事，无敢轻之。"　⑭钦，敬。若，顺。先王，指康王以前的周王：文王、武王、成王。成，盛。烈，功业。休，美。前政，前人之政，这里当指周公、君陈在成周对殷顽民的教化治理。

【译文】

周康王说："啊！父师。国家的安危，就系于这些殷商众士。不刚不柔，那样的德教的确很好。开始，周公能够谨慎对待殷民；中间，君陈能够使他们和睦；最终，毕公您当能够完成教化。三君同心协力，共同致力于教化，教化融洽了，政事得到治理，就如同春风化雨般润泽民众。四方被发左衽的少数民族，没有不信赖我们的，年轻的我也会永久承受福命。毕公您当治理好成周，建立无穷的基业，您也因此会有无穷的美名。后世子孙顺从这些成法，天下就安定了。啊！不要说不能胜任，要竭尽自己的心力；不要说民众少不足治，要慎行政事，恭顺先王的大业，使它比前人治理得更加美好！"

君　牙

【题解】

此篇属梅赜《古文尚书》,《今文尚书》无此篇。

君牙,相传为周穆王的大臣,《君牙》是周穆王任命君牙为大司徒时发布的策命之文。《书序》:"穆王命君牙为周大司徒,作《君牙》。"篇中,穆王希望君牙为己分忧,宣扬五常之教,像他的祖、父那样尽忠于君王。

王若曰①:"呜呼!君牙。惟乃祖乃父,世笃忠贞②;服劳王家,厥有成绩,纪于太常③。惟予小子,嗣守文、武、成、康遗绪④,亦惟先王之臣克左右乱四方⑤。心之忧危,若蹈虎尾,涉于春冰⑥。

【注释】

①王,周穆王,名满,周康王孙,周昭王子,在位五十五年。　②乃,你的。祖,祖先。笃,厚、纯厚。贞,正。　③服,服事。王家,指周王朝。纪,铭记、记录。太常,《孔传》:"王之旌旗画日月曰太常。"蔡沈《书集传》云:"《周礼·司勋》云:'凡有功者,铭书于王之太常。'《司常》云:'日月为常。'画日月于旌旗也。"　④予小子,周穆王谦称。嗣,继。文、武、成、康,为周之有功绩的先王。这里不提穆王之父昭王,因为《史记·周本纪》载:"昭王南巡狩不返,卒于江上。……王道衰微。"绪,业、统绪。　⑤亦,也。惟,思。先王之臣,当指周公、召公、君陈、毕公之类。克,能。左右,辅佐。乱,治。　⑥忧危,忧虑危惧。蹈,踩、踏。若蹈虎尾,《孔传》:"畏噬。"涉,徒行。春冰,春天的薄冰。涉于春冰,《孔传》:"畏陷。"

【译文】

周穆王这样说:"啊!君牙。你的祖父和你的父亲,世代纯厚忠正;服事勤劳于周王室,他们有功绩,记录在画有日月的太常旗上。年轻的我继守文、武、成、康的遗业,也想让先王的臣下能够辅助我治理四方。我心里的忧虑畏惧,就像踩着虎尾、就像走在春天的薄冰上。

"今命尔予翼，作股肱心膂[①]。缵乃旧服，无忝祖考[②]！弘敷五典[③]，式和民则[④]。尔身克正，罔敢弗正[⑤]；民心罔中，惟尔之中[⑥]。夏暑雨，小民惟曰怨咨[⑦]；冬祁寒，小民亦惟曰怨咨[⑧]。厥惟艰哉[⑨]！思其艰以图其易，民乃宁[⑩]。呜呼！丕显哉，文王谟[⑪]。丕承哉，武王烈[⑫]。启佑我后人，咸以正罔缺[⑬]。尔惟敬明乃训，用奉若于先王[⑭]。对扬文武之光命[⑮]，追配于前人[⑯]。"

王若曰："君牙！乃惟由先正旧典时式[⑰]，民之治乱在兹[⑱]。率乃祖考之攸行[⑲]，昭乃辟之有乂[⑳]。"

【注释】

①予翼，即翼予之倒语。翼，辅。股，大腿。肱(gōng 工)，手臂从肘到肩的部分。股肱，与手足、耳目同义，比喻为王不可缺少的辅助之臣。膂(lǚ 旅)，背。心膂，与股肱同义。　②缵(zuǎn 纂)，继。乃，你的。旧服，指君牙的祖先忠贞服劳之事。忝，辱。祖考，指君牙的祖先。　③弘，大。敷，布。五典，即五常之教：君臣、父子、夫妇、长幼、朋友。一说是父义、母慈、兄友、弟恭、子孝。　④式，用。则，法则。蔡沈："则，以民彝言，故曰式和。此司徒之教也。"　⑤尔身，你自身。克，能。正，中，指无邪行。蔡沈："然教之本，则在君牙之身。正也，中也，民则之体，而人之所同然也。正，以身言，欲其所处无邪行也。"　⑥中，指无邪思。蔡沈："中，以心言，欲其所存无邪思也。孔子曰：'子率以正，孰敢不正。'"　⑦惟，只是。怨，叹。咨，嗟。　⑧祁，大。亦，也。　⑨厥，其。艰，难。　⑩图，谋。易，改变。蔡沈《书集传》："易者，衣食之易。司徒敷五典，扰兆民，兼教养之职。"乃，才、于是。宁，安。周秉钧《白话尚书》训为："治理，这里指治理的方法。"亦通。　⑪丕，大。显，明扬。谟，谋。《孔疏》："文王未克殷始谋造周，故美其谋。"　⑫承，承受。烈，功业。《孔疏》："武王以杀纣功成业就，故美其业。"蔡沈："文显于前，武承于后，曰谟曰烈，各指其实而言之。"　⑬启，开。佑，佑助。咸，皆、都。正，中，参见上文注。蔡沈："咸以正者，无一事不出于正。咸罔缺者，无一事不致其周密。"　⑭乃训，指上文的五常之教。用，以。若，顺。　⑮对，答、答谢。扬，颂扬、显扬。光命，即明命、福命。　⑯配，匹配。前人，指君牙的祖、父。　⑰乃，你的。由，用。先正，即前人，指君牙的祖、父。时，善。式，法。⑱兹，此。民之治乱在兹，蔡沈："法则治，否则乱也。"　⑲率，循、遵循。祖考，祖、父。攸，所。　⑳昭，旧训显。周秉钧《白话尚书》训赞助，可从。乃辟，你的

君王,指穆王。乂,治。

【译文】

"现在我命令你辅助我,作我的心腹近臣,要继续像你祖先过去一样服事周王室,不要辱没你的祖先!广泛传布五常之教,用作和谐民众的准则。你自身能正,就没有人敢不正;民众心中没有中道的标准,只能以你的行为作为标准。夏天炎热多雨,民众只是嗟叹;冬天严寒,民众也只是嗟叹。他们艰难呀!想到他们的艰难,因而谋求改变的办法,民众才会安宁。啊!光大显扬啊,文王造周的谋略;大力继承啊,武王伐商的功业。他们可以启示佑助我们后人,凡事都要出于正道,无所偏缺。你当恭敬地宣扬你的五常之教,以此恭顺先王,来报答颂扬文王、武王所传授的福命,追求匹配于你的祖先。"

周穆王说:"君牙!你要奉行你祖先的旧常善法,治理民众关键就在这里。遵循你祖先的德行,襄助你的君王,天下就能得到治理。"

冏命

【题解】

《冏命》属梅赜《古文尚书》,《今文尚书》无此篇。

冏(jiǒng 窘),即伯冏,周穆王的贤臣,《史记·周本纪》作“伯臩”(jiǒng 窘),《汉书·古今人表》作“伯㷡”。《史记·周本纪》记载:“穆王即位,春秋已五十矣。王道衰微,穆王闵文武之道缺,乃命伯臩,申诫太仆国之政,作《臩命》。复宁。”《史记》所记《臩命》早佚。太仆,《集解》引应劭曰:“太仆,周穆王所置。盖太御众仆之长,中大夫也。”《正义》引《尚书序》云:“穆王令伯臩为太仆正。”《书序》:“穆王命伯冏为周太仆正,作《冏命》。”考太仆与太仆正是否为一官二名,或正为太仆之长,不甚明了,《孔疏》认为《周礼》没有太仆正。我们以为太仆正就是太仆,所司之职如应劭所云。从《史记》中可以看出,伯冏担任太仆后对周朝的复兴起过积极作用。本篇中周穆王认识到君王身边的侍御臣属对君王的影响很大,而作为掌管侍御的太仆责任重大,“后德惟臣,不德惟臣”。只有任用贤臣,杜绝行贿,用德行和常法去辅助君王。古代君王是家天下,君王身边的侍御位卑权高,他们的行为直接影响到国家的政治,当时周朝的“王道衰微”可能与此有关。这可能是较早的有关内臣(或宦官)当权的记载,值得进一步研究。

王若曰①:“伯冏!惟予弗克于德②,嗣先人宅丕后③,怵惕惟厉④,中夜以兴⑤,思免厥愆⑥。

“昔在文武⑦,聪明齐圣,小大之臣,咸怀忠良⑧。其侍御仆从罔匪正人⑨,以旦夕承弼厥辟⑩,出入起居,罔有不钦⑪,发号施令,罔有不臧⑫。下民祗若,万邦咸休⑬。

【注释】

①王,这里指周穆王。　②克,能够。　③嗣,继。先人,前人,指昭王。穆王是昭王之子。宅,居。丕,大。后,君。丕后,即大君。　④怵,惊惧。惕,

警惕。惟,思。厉,危险。怵惕惟厉,《孔传》:"言常悚惧惟危。" ⑤中夜,午夜、半夜。兴,起。 ⑥愆,咎、过失。思免厥愆,《孔传》:"思所以免其过悔。" ⑦文武,文王、武王。 ⑧小大之臣,指凡臣不论尊卑。咸,皆、都。 ⑨侍,左右服侍者。御,车御之官。仆从,蔡沈《书集传》:"太仆群从,凡从王者。"罔,无。匪,非、不是。正人,《孔传》:"中正之人。"即正直的人。 ⑩旦夕,早晚。承,承顺。弼,辅助。辟,君王。 ⑪钦,敬。 ⑫臧,善。 ⑬祗,敬。若,顺。万邦,天下四方诸侯。休,美。一说善,亦通。

【译文】

周穆王这样说:"伯冏!我在德行方面不能胜任。继承先人居处大君之位,戒惧警惕危险,甚至半夜起来,思考怎样避免过失。

"从前的文王、武王,他们聪明、通达、圣明,大小臣下都怀着忠良之心。他们左右的侍御仆从,没有不是正直的人,他们从早到晚侍奉自己的君王,所以君王出入起居,没有不恭敬的,发号施令,没有不善的。民众恭敬顺从,天下四方都喜欢。

"惟予一人无良[①],实赖左右前后有位之士[②],匡其不及,绳愆纠谬[③],格其非心,俾克绍先烈[④]。

"今予命汝作大正[⑤],正于群仆侍御之臣[⑥]。懋乃后德[⑦],交修不逮[⑧]。慎简乃僚[⑨],无以巧言令色[⑩]、便辟侧媚[⑪],其惟吉士[⑫]。仆臣正,厥后克正[⑬];仆臣谀,厥后自圣[⑭]。后德惟臣,不德惟臣[⑮]。尔无昵于憸人[⑯],充耳目之官[⑰],迪上以非先王之典[⑱]。非人其吉,惟货其吉[⑲]。若时,瘝厥官,惟尔大弗克祗厥辟[⑳];惟予汝辜[㉑]。"

王曰:"呜呼,钦哉[㉒]!永弼乃后于彝宪[㉓]。"

【注释】

①予一人,周穆王自称。无良,不善。 ②左右前后,指身边近臣、股肱耳目。有位之士,有职位的官员。 ③匡,正。蔡沈:"匡,辅助也。"绳,直,亦是纠正的意思。《孔传》:"弹正。"《孔疏》:"木不正者,以绳正之,绳谓弹正。"愆,过。纠,正。谬,错误。 ④格,《孔疏》:"谓检括。"端正的意思。非心,《孔疏》:"非理枉妄之心。"蔡沈:"非僻之心也。"俾,便。克,能。绍,继承。先烈,先王的功业,这里当指文武之道。 ⑤汝,指伯冏。大正,即太仆正。正,长,太御众仆之长。 ⑥正,这里有领导的意思。群仆侍御,《孔疏》:"案《周礼》:太驭,中大夫,掌御玉辂;戎仆,中大夫,掌御戎车;齐仆,下大夫,掌驭金辂;道仆,上士,掌驭象辂;田仆,上士,掌驭田辂。群仆谓此也。"故蔡沈《书集传》云:"群仆,谓祭仆、

隶仆、戎仆、齐仆之类。” ⑦懋，勉力、努力。后，君王。 ⑧交，全部、共同。《尚书·禹贡》：“庶士交正。”《孔传》：“交，俱也，众士俱得其正。”修，修行。逮，及。交修不逮，蔡沈：“而交修其所不及。” ⑨慎，谨慎。简，择、选择。僚，《孔传》：“僚属侍臣。” ⑩巧，好。巧言，花言巧语之类。令，善。令色，蔡沈：“善其色，外饰而无质实者也。” ⑪便，蔡沈《书集传》：“顺人之所欲。”辟，蔡沈：“避人之所恶。”侧，蔡沈：“奸邪。”媚，蔡沈：“谀说小人也。”即阿谀奉承的奸佞小人。 ⑫吉士，君子，指吉良中正之士。 ⑬正，即吉良中正。 ⑭谀，谀媚。自圣，自以为圣。 ⑮后，君。后德惟臣，不德惟臣，《孔传》：“君之有德惟臣成之；君之无德惟臣误之。言君所行善恶专在左右。” ⑯尔，你。昵，亲近。憸（xiān 先）人，小人。 ⑰耳目之官，指君王心腹、股肱之类左右近臣。⑱迪，导、引导。非，表示否定。上，君王。典，常，指五常之教之类的法典。⑲其，乃。惟，只。货，财货。蔡沈《书集传》：“戒其以货见有任群仆也。言不于其人之善，而惟以货贿为善，则是旷厥官。”又周秉钧《白话尚书》：“其，通綦，极、最。《说文解字叙》‘庶业其繁’段注：‘其，同荀卿书之綦，极也。’这两句大意是：不以贤人最善，只以货财最善。”可从。 ⑳若时，若是、如果是这样。瘝，病，引申为败坏。 ㉑汝辜，当为辜汝之倒。辜，罪，引申为惩罚。 ㉒钦，敬。㉓弼，辅助。于，以。彝，常。宪，法。彝宪，常法，指先王之典。

【译文】

“我没有善行，实在要依赖左右前后有职位的官员，匡正我的不到之处，纠正过失错误，端正我的非理枉妄思想，使我能够继承先王的功业。

“现在我任命你作太仆长，统领群仆、侍御等近臣。劝勉你的君王敬修德行，共同修行以补充不够的地方。你要谨慎选择你的属员，不要任用巧言令色、阿谀奉承的人，要任用贤良中正之士。侍御仆从等近臣中正了，他们的君王才能中正；侍御仆从等近臣谄媚，他们的君王就会自以为圣明。君王之有德，在于臣下成全；君王之失德，也在于臣下误导。你不要亲近小人，使其充当心腹之官，引导君王违背先王常法。不以贤人最善，只以货财最善，如果这样，就会败坏自己的官职，就是你大大地不能恭敬你的君王，我将惩罚你。”

周穆王说：“啊！要谨慎呀！要永远用常法辅助你的君王。”

吕 刑

【题解】

《史记·周本纪》："甫侯言于王，作修刑辟。""命曰《甫刑》。"郑玄注曰："周穆王以甫侯为相。"《国语·周语》韦昭注："谓周穆王之相甫侯所作《吕刑》也。"《书序》："吕命穆王训夏赎刑，作《吕刑》。"今文作甫，古文作吕。《孔疏》云："《扬之水》为平王之诗，云：'不与我戍甫。'明子孙改封为甫侯。……穆王时未有甫名，而称为《甫刑》者，后人以子孙之国号名之也，犹若叔虞初封于唐，子孙封晋，而《史记》称《晋世家》然。"

本篇是西周穆王告诫诸执法官要勤政慎罚，注重德政，"明于刑之中"的诰词，因其主要体现了当时之相吕侯的法律思想，故名《吕刑》。《吕刑》是我国历史上现存最早的较为系统的刑法专著，对于研究西周时期的法律制度、法律思想有极其重要的意义。

惟吕命[1]，王享国百年[2]，耄[3]，荒度作刑[4]，以诘四方[5]。

王曰："若古有训，蚩尤惟始作乱[6]，延及于平民。罔不寇贼，鸱义奸宄[7]，夺攘矫虔[8]。苗民弗用灵[9]，制以刑，惟作五虐之刑曰法[10]。杀戮无辜，爰始淫为劓刵椓黥[11]，越兹丽刑并制[12]，罔差有辞[13]。

"民兴胥渐[14]，泯泯棼棼[15]，罔中于信[16]，以覆诅盟。虐威庶戮，方告无辜于上[17]。上帝监民[18]，罔有馨香德，刑发闻惟腥[19]。皇帝哀矜庶戮之不辜，报虐以威，遏绝苗民，无世在下[20]。乃命重黎绝地天通[21]，罔有降格[22]，群后之逮在下，明明棐常[23]，鳏寡无盖[24]。

"皇帝清问下民[25]，鳏寡有辞于苗[26]。德威惟畏，德明惟明。乃命三后恤功于民[27]：伯夷降典[28]，折民惟刑[29]；禹平水土，主名山川[30]；稷降播种，农殖嘉谷[31]。三后成功，惟殷于民[32]，士制百姓于刑之中[33]，以教祇德。

“穆穆在上[34]，明明在下，灼于四方，罔不惟德之勤。故乃明于刑之中[35]，率乂于民棐彝[36]。典狱非讫于威，惟讫于富[37]。敬忌罔有择言在身[38]，惟克天德[39]，自作元命，配享在下[40]。”

王曰：“嗟！四方司政典狱[41]，非尔惟作天牧？今尔何监[42]？非时伯夷播刑之迪[43]？其今尔何惩[44]？惟时苗民匪察于狱之丽[45]？罔择吉人，观于五刑之中，惟时庶威夺货[46]，断制五刑以乱无辜。上帝不蠲[47]，降咎于苗。苗民无辞于罚，乃绝厥世。”

王曰：“呜呼！念之哉。伯父、伯兄、仲叔、季弟、幼子，童孙，皆听朕言，庶有格命[48]。今尔罔不由慰日勤[49]，尔罔或戒不勤。天齐于民，俾我一日[50]，非终惟终在人[51]。尔尚敬逆天命，以奉我一人。虽畏勿畏，虽休勿休[52]。惟敬五刑[53]，以成三德[54]。一人有庆[55]，兆民赖之[56]，其宁惟永。”

【注释】

①惟：句首助词。吕，吕侯，又作甫侯，周穆王的大臣。吕侯所封之地吕，在今河南南阳市一带。命，受命。吕命，即吕侯受命，即上文郑注“周穆王以甫侯为相”。　②王，周穆王。王享国百年，根据《史记》记载，穆王即位时年已五十，即位长达五十五年。所谓享国百年，恐怕是指穆王的实际年岁而言。或说百年为虚数，是形容在位年代长久。　③耄，年老。《礼记·曲礼上》：“八十、九十曰耄。”若享国百年，周穆王年岁在百岁以上，这里的耄形容年岁很大。　④荒，大。度，考虑、谋划。　⑤诘，谨。四方，天下诸侯国。按《史记》的说法，当时诸侯不睦，甫侯提出了修刑律的建议。　⑥蚩尤，旧注多以为是古代南方苗族的首领。经徐旭生等人考证，实为东夷部落集团的首领。是九黎君少昊之后，活动在今山东、河南一带。（参见《中国古史的传说时代》）后与西方的黄帝、炎帝在中原发生战争，被打败。在舜、禹时代，蚩尤部落与舜、禹发生过冲突。　⑦寇，侵犯、攻击。贼，害。鸱，鸱枭，一种恶鸟。鸱义，王引之说：“鸱者，冒没轻儳；义者，倾邪反侧也。”奸宄，见前注。　⑧夺，强取。攘，窃取。矫虔，《国语》韦昭注：“称诈作矫，强取为虔。”夺攘矫虔，两词义近叠用。　⑨苗民，当为九黎之后，属东夷集团。灵，当作令，《礼记·缁衣》引《甫刑》作“苗民匪用命”，注：“命，谓政令也。”古命、令通用。　⑩制，制服、折服。虐，杀。　⑪爰，句首助词。淫，过度。劓（yì 亦），割鼻，古代五刑之一。刵（èr 二），割去耳朵之刑，一说为刖，断足之刑，亦是古代五刑之一。椓（zhuó 浊），宫刑，男子割去生殖器，女子幽闭宫

中，五刑之一。黥（qíng 情），在脸上刺字，染以黑色，作为标记。也作“墨”，五刑之一。 ⑫越兹，于是。丽，郑玄注：“施也。”异，《庄子·天运篇》“至贵国爵异焉”注：“除弃之谓也。”制，周秉钧《尚书易解》说：“制度法令也。” ⑬罔，无、没有。差，择。辞，申述情由。 ⑭兴，起。胥，相。渐（jiān 奸），欺诈。王引之《经义述闻》：“《盘庚》中云‘暂遇奸宄’。暂读曰渐，渐，诈欺也。” ⑮泯泯棼棼（fēn 焚），纷乱的样子，同义叠用。《孔传》：“泯泯为乱。”《孔疏》：“棼棼，扰攘之状。” ⑯罔，没有。中，公平。于，与。覆，《诗传》云：“反也。”诅盟，誓约，大事曰盟，小事曰诅。 ⑰方，通“旁”，溥、普。方告，大家一起上诉。上，上帝。⑱监，视。监民，考察民情。 ⑲腥，《孔疏》：“腥臭无馨香。” ⑳皇帝，即上帝。遏，遏制。绝，杀尽。苗民，即九黎之民。世，嗣、子孙后代。下，指人世间。㉑乃命重黎绝地天通，《国语·楚语》：“昭王问于观射父曰：‘《周书》所谓重、黎寔使天地不通者何也？若无然，民将能登天乎？’对曰：‘非此谓之也。……及少昊之衰也，九黎乱德，民神杂糅，不可方物。夫人作享，家为巫史。无有要质。民匮于祀，而不知其福。烝享无度，民神同位。民渎齐盟，无有严威。神狎民则，不蠲其为。嘉生不降，无物以享。祸灾荐臻，莫尽其气。颛顼受之，乃命南正重司天以属神，命火正黎司地以属民。使复旧常，无相侵渎，是谓绝地天通。’”绝地天通，不让民众直接与天沟通，而由祭祀人员代替。 ㉒格，升。 ㉓群后，指颛顼以后的君王。明，勉。棐，辅。棐常，指恢复旧制，矫正民神杂糅的风气。 ㉔盖，害，声近假借。 ㉕清，马融云：“讯也。”清问，讯问。或说清通“亲”，清问即亲问。然于省吾谓清问当为静闻之假，可备一说。 ㉖有辞，指有怨言。有辞于苗，即于苗有怨言。 ㉗三后，指下文的伯夷、禹、稷。恤，忧。恤功于民，蔡沈《书集传》曰：“恤功，致忧民之功也。” ㉘伯夷：见《皋陶谟》篇注。降，立下。典，法典。 ㉙折，制。《尚书大传》云：“伯夷降典礼，折民以刑。”折民惟刑，谓有礼然后有刑。 ㉚禹平水土，主名山川，见《禹贡》篇注。 ㉛稷，后稷，见《皋陶谟》篇注。相传后稷是古代教民种植五谷的官，为周人先祖。农，《尔雅·释诂》：“勉也。”殖，种植。嘉，美好。 ㉜殷，正。 ㉝士，旧注说是皋陶。孙星衍疏案：“士伯举刑官，亦不必指皋陶也。”士，士师，主刑狱的官。制，制御。士制百姓于刑之中，意思是制御百官，不让他们犯法。 ㉞穆穆，美好。上，天子。 ㉟明，明察。刑之中，即用刑适中。 ㊱率，句首助词。乂，治。棐，辅。彝，法。 ㊲典，《说文》主也。典狱，主持断狱。讫，止，竟、终的意思。富，仁厚，《说文》：“富，厚也。” ㊳忌，戒。择，王引之《经义述闻》谓：“读为殬，败也。”择言，坏话。《孝经》：“口无择言，身无择行。” ㊴惟，只。克，引申为自任、肩负，犹今语负起责任。天德，上帝立下的道德标准。 ㊵元，大。元命，

《孔疏》:"长久大命。"配享在下,即配天享禄。 ㊶司、典,均是主持、负责的意思。四方司政典狱,指主持政狱大事的四方诸侯。 ㊷惟,为。牧,治民。监,通"鉴",借鉴、效法。 ㊸时,是、这。播,通"譒",《说文》:"譒,敷也。"原意为散布言论。这里播刑之迪,是说宣讲刑法的道理。迪,道。 ㊹惩,惩戒,犹今语教训。 ㊺匪,不,否定副词。丽,施。 ㊻吉人,善人。观,示。中,平。惟时,因此。庶威,盛为威虐者。夺货,掠夺财货、财产。 ㊼蠲(juān 捐),除,引申为赦免。 ㊽庶,庶几。格,王引之《经义述闻》谓通"嘏",大也。格命,即大命、天命。 ㊾由,用。杨筠如《尚书覈诂》云:"由,通繇,喜也。"亦通。慰,宽慰。 ㊿齐,整齐、整治。俾,《尔雅·释言》:"职也。"使司职。 51终,成。在,有"事在人为"的意思。 52休。王引之以为可释作喜,与畏相对。 53惟敬五刑,谨慎地使用五刑。 54三德,即《洪範》所说的正直、刚克、柔克,参见《洪範》篇注。 55一人,指天子、君王。庆,善。 56兆民,广大臣民。赖,利。

【译文】

吕侯受命辅佐周穆王,这时,周穆王享有王位已经很久了,他的年纪大约八九十岁。他命令吕侯充分考虑当时的社会状况,制定刑法以禁束四方诸侯。

穆王说:"古代有过教训,那时蚩尤开始作乱。波及到广大平民,人们无不相互攻击杀戮,冒没邪僻,内外作乱。偷窃抢夺,诈骗强取。苗民不服从政令,就用刑罚来制服他们,于是制作了五种酷刑作为法律。杀戮无罪的人,开始滥用劓、刵、椓、墨等刑罚。施行刑罚,毁弃制度法令,不论是否有罪,也不区分具体案情。

"苗民中相互欺诈的风气逐渐兴起,社会混乱不堪,没有公平和信义,以至于违背信誓旦旦立下的誓约。酷虐的刑罚使许多人遭到戮辱。大家一起向上帝申诉自己清白无罪。上帝(这里指颛顼)考察民情,没有芳香的德政,只有酷刑所散发的腥气。上帝哀怜众多被杀戮的无辜民众,以威罚回答滥杀的人,遏制并杀尽那些作乱的苗民,不让他们的子孙后代留在人世间。于是命令重和黎分主天神和地民之事,隔绝天神与民众的直接联系。天和民众之间不再能上下沟通。后来继位的君王,勉力辅助旧制常道,这样,连鳏寡无依的人也不再受到侵害。

"上帝亲自询问天下民众,连鳏寡无依的人都对苗民有怨言。于是,选用有德的人,有德之人所惩罚的,则民众都畏服;用有德的人明察是非,则民众都是非清楚。上帝就命令三位方国君主为抚恤民众建立功业。伯夷制定法典,依靠刑法统治民众;禹平治水土,主持为山川定名;稷教民众播种,努力种好庄稼。三位君主都取得了成功,民众的风气大正。主刑狱的士师用刑法制约百官,教导人们敬重德行。

“天子具有美德，臣下能够明察，政治清明，光照四方，没有人不勤勉于德政，所以能够明察而用刑适中，治理民众辅用常法。主持断狱，不能始终依靠刑罚，更要靠仁厚。恭敬、畏惧地办事，自己不说不好的话。只要能够符合上帝立下的道德标准，自己就能够获得长久大命，配享上帝赐下的福禄。”

王说：“啊！主持天下政狱大事的四方诸侯们，不就是你们为上帝统治民众吗？现在你们要效法谁呢？难道不是伯夷宣讲传播的刑法吗？现在你们要以什么作为教训呢？难道不正是苗民不明察狱事而滥施刑罚吗？由于不能选择善良的人，考察五刑是否用得合适公正，所以那些极具暴虐的人便掠夺财产，滥用五刑以惩治无罪的人。上帝不能赦免他们，给苗民降下灾祸。苗民没有理由逃脱惩罚，所以上帝灭绝了他们的后代。”

王说：“唉！记住这个教训吧。伯父、伯兄、仲叔、季弟和年幼的子孙们，你们都要听从我的话，这样就差不多可以享有天命。现在你们无不用自我安慰的态度说自己很勤劳，你们没有人能警戒自己懒惰。上帝为了统治下民，使我们现在执掌权力。成功与否完全是事在人为。你们应当恭敬地对待天命，拥戴我。即使遇到可怕的事，也不要畏惧；即使遇到喜事，也不要太高兴。谨慎地使用五刑，以成就三德。天子做了善事，亿万民众都能受益。这样，国家就能长治久安。”

王曰：“吁！来，有邦有土，告尔祥刑[①]。在今尔安百姓，何择非人？何敬非刑？何度非及[②]？

“两造具备[③]，师听五辞[④]，五辞简孚[⑤]，正于五刑[⑥]。五刑不简，正于五罚[⑦]。五罚不服，正于五过[⑧]。五过之疵[⑨]，惟官、惟反、惟内、惟货、惟来。其罪惟均，其审克之[⑩]。

“五刑之疑有赦[⑪]，五罚之疑有赦，其审克之。简孚有众[⑫]，惟貌有稽[⑬]，无简不听，具严天威[⑭]。

“墨辟疑赦，其罚百锾[⑮]，阅实其罪[⑯]。劓辟疑赦，其罚惟倍[⑰]，阅实其罪。剕辟疑赦，其罚倍差[⑱]，阅实其罪。宫辟疑赦，其罚六百锾，阅实其罪。大辟疑赦，其罚千锾，阅实其罪。墨罚之属千[⑲]，劓罚之属千，剕罚之属五百，宫罚之属三百，大辟之罚，其属二百，五刑之属三千[⑳]。

“上下比罪[㉑]，无僭乱辞[㉒]。勿用不行[㉓]，惟察惟法，其审克之。

“上刑适轻，下服。下刑适重，上服[㉔]。轻重诸罚有权。刑罚世轻世重[25],惟齐非齐[26],有伦有要[27]。

"罚惩非死,人极于病[28]。非佞折狱,惟良折狱,罔非在中[29]。察辞于差,非从惟从[30]。哀敬折狱,明启刑书胥占[31],咸庶中正[32]。其刑其罚,其审克之。狱成而孚[33],输而孚[34]。其刑上备,有并两刑[35]。"

【注释】

①有邦,一般指王畿外诸侯国。有土,指王畿内有采邑的大臣。有邦有土,泛指诸侯大夫。祥,善。祥刑,谓不靠惩罚而注重德教,所以叫善刑。 ②度,谋、审议。及,周秉钧《尚书易解》说:"及,《史记》作宜,当从之。《说文》'日'部(当为"晶"部)'叠'字注曰:'扬雄说以为古理官决罪,三日得其宜,乃行之。'是度刑贵宜之证。" ③造,一作遭。钱大昕认为两遭犹两曹,《说文》:"曹,狱之两曹也。" ④师,指士师,即刑官。听,郑玄解作平治。听五辞,即五听,《周礼·秋官·小司寇》:"以五声听狱讼,求民情:一曰辞听,二曰色听,三曰气听,四曰耳听,五曰目听。" ⑤简,引申为检查、核对。孚,信,引申为验证。五辞简孚,经检查验证五辞诚信。 ⑥正,治。五刑,通常所说的墨、劓、剕、宫、大辟。正于五刑,即按五刑的法律来处理案件。原则上是尽量从轻发落,这是穆王所说的祥刑的宗旨的体现。下面就是从轻的具体表现。 ⑦五罚,五等罚金。 ⑧五罚不服,达不到五罚之罪。五过,五种过失。 ⑨疵,病、弊,即下文所说的官、反、内、货、来。官,依仗威势的意思。反,乘机报恩报怨。内,害怕高位强权,因而暗中受到牵制,影响秉公执法。货,勒索财物、受贿。来,马融本作"赇"(qiú 求),《说文》:"赇,以财物枉法相谢也。"行贿及贪赃枉法。 ⑩其,代指犯有上述五过之疵的刑官。罪,即犯了上述过错。均,等。克,《汉书·刑法志》作"核",检查、核实。 ⑪五刑之疑有赦,对处以五刑有怀疑的,可以减等从轻处罚。⑫简孚,检查验正。简孚有众,《周礼·秋官·小司寇》:"以三刺断庶民狱讼之中:一曰讯群臣,二曰讯群吏,三曰讯万民。"故孙星衍疏:"盖欲其诚信有众,必用三讯之法,与官民共治之也。" ⑬貌,《说文》引《周书》作緢,细微的意思。稽,考查。惟貌有稽,指上文的"师听五辞"。 ⑭无简不听,没有经过核查的案件不听。具,共。严,敬。 ⑮墨,墨刑,五刑之一,见上文注。辟,罪。墨辟疑赦,按墨刑治罚者尚有可疑,就减罪赦免。锾(huán 环或 yuán 援),《说文》:"锊也。从金爰声,《书》曰罚百锾。"古时重量单位,马融、王肃等以为重六两,贾逵、郑玄等以为重六两又大半两。 ⑯阅,杨筠如《尚书覈诂》说:"当为说。《诗·小弁》:'我躬不阅。'《左传》阅作说,是其证。说,即古脱字也。实与寘同,通作置。《周易·坎》《释文》:'寘,姚本作置。'是其证也。《说文》:'置,赦也。'则阅实,犹言脱赦也。"杨说极是。 ⑰其罚惟倍,较上面的墨刑罚金加倍,即二百锾。劓

刑重于墨刑。 ⑱倍差,倍之又半。剕刑重于劓刑,其罚金是劓刑的一倍半,即五百锾。剕,《史记》作膑,膑,剔去膑骨之刑。 ⑲属,条目、条文。 ⑳五刑之属三千,《周礼·秋官·司刑》:“掌五刑之法,以丽万民之罪。墨罪五百,劓罪五百,宫罪五百,刖罪五百,杀罪五百。”合为二千五百条。而《孝经》曰:“(孔)子曰:‘五刑之属三千。’”江声据此认为,墨刑的条目为《司刑》的二倍,宫与大辟的条目比《司刑》的规定少。轻于《周礼》,这便是周穆王所谓“祥刑”的体现。孙星衍疏案:“罪之条目必有定数者,恐后世妄加之。” ㉑上下比罪,上、下指刑罚的轻重。比,例。《礼记·五制》说:“凡听五刑之讼……必察大小之比以成之。”郑玄注:“大小犹轻重,已行故事曰比。”故小大即上下。孙星衍疏曰:“言上下之罪,律有成事,及条目所无,比附而行之,勿增其条于三千之外。” ㉒僭,差错。乱,与僭义近。辞,指纠纷难理之辞。 ㉓不行,孙星衍以为是蠲除之法。《晋书·刑法志》引《春秋保乾图》:“王者三百年一蠲法。”勿用不行,是说对已蠲除即赦免的,不再用惩罚。 ㉔上刑,重刑。适,宜。下服,以下刑(轻刑)处置。㉕世,时,指当时的社会状况。世轻世重,指刑罚的轻重要根据当时的社会情况来决定。孙星衍疏:“世轻谓平世,世重谓乱世。”《周礼·秋官·大司寇》:“掌建邦之三典,……一曰刑新国用轻典,二曰刑平国用中典,三曰刑乱国用重典。”郑玄注:“新国者,新辟地立君之国,用轻法者,为其民未习于教。平国,承平守成之国也,用中典者,举行之法。乱国,篡弑叛逆之国,用重典者,以其化恶,伐灭之。”㉖齐,同、整齐。江声解释说,上刑适轻,下刑适重,叫做非齐。轻重可以随世制宜,灵活掌握,叫做齐非齐。 ㉗伦,理。要,求。有伦有要,指道理、要求。㉘极,剧。极于病,深困于病。 ㉙佞,指巧言令色。良,善。 ㉚差,谓供辞中参差矛盾之处。从,顺、承。 ㉛启,开。胥,相。占,揣度。 ㉜咸,皆。庶,幸、希望之词。中正,正确适当。 ㉝狱成,是说狱词中所说的都已经确定下来。孚,信。 ㉞输,与上文成相对为文,意思正好相反。王引之解释说:“成与输相对为文,输之言渝也,谓变更也。《尔雅》:‘渝,变也。’《广雅》:‘输,更也。’狱词或有不实,又察其曲直而变更之,后世所谓平反也。狱辞足而人信之,其有变更而人亦信之,所谓民自以为不冤也。”是说至确。 ㉟其刑上备、有并两刑,曾运乾《尚书正读》说:“其刑上备者,轻重同犯,以轻罪并入重罪,不复科其轻。有并两刑者,两罪俱发,则但科以一罪,不复责其余,皆取宽厚之意也。”

【译文】

王说:“唉!来吧,诸侯大夫们,我告诉你们不用惩罚而注重德教的办法。现在你们安定民众,要选择什么,难道不是贤人吗?要谨慎对待什么,难道不是刑罚吗?要思考度量什么,难道不是审议案件适宜公正吗?

“诉讼的双方都来了，法官根据辞听、色听、气听、耳听、目听五个方面来考察断案。从这五个方面考察核实，如果罪行符合五刑的条文，便根据五刑的法律来判决。如果用五刑惩治得不到核实，便根据五等罚金来处理。如果达不到五等罚金处理标准，就根据五种过失来处理。在用五种过失处理时，会产生弊端，即法官依仗权势随意处理，乘机报恩报怨，畏惧高位强权，不敢秉公执法，勒索财物，接受请托，贪赃枉法。法官有上述弊端者，要同犯罪者一样受到惩罚，必须审查、核实。

“按五刑判决有疑问的，可以从轻，减等按五罚处理。按五罚处理有疑问的，可以从轻，减等按五过处理，但一定要审查核实，即使是细微的情节也要调查清楚。没有经过这样审核的案件就不能判决，大家都来恭敬执行上帝的威罚。

“判处墨刑有疑问的，减等按罚金一百锾处罚，然后赦免他的罪过。判处劓刑有疑间的减等按罚金二百锾，然后赦免他的罪过。判处剕刑有疑问的，减等按罚金五百锾处罚，然后赦免他的罪过。判处宫刑有疑问的，减等按罚金六百锾处罚，然后赦免他的罪过。判处死刑有疑问的，减等按罚金一千锾处罚，然后赦免他的罪过。关于墨刑的处罚条文有一千条，劓刑的处罚条文有一千条，剕刑的处罚条文有五百条，宫刑的处罚条文有三百条，死刑的处罚条文有二百条，五刑的处罚条文共有三千条。

“刑律条文上没有的，按罪行的轻重，比照有关条文处罚，不要使判辞出现差错和混乱，已经赦免的，不要重新处罚，一定要明察事实，依法办事，一定要审查核实案情。

“犯了重罪，宜于从轻发落的，用轻刑处罚。犯了轻罪，宜于从重发落的，用重刑处罚。惩罚犯罪的轻重可以灵活掌握。刑罚的轻重可以根据当时的社会状况来决定，平世用重刑，乱世用轻刑，是轻是重，因时制宜，灵活调整。但要有道理，有目的。

“刑罚虽然没有置罪犯于死地，但受刑罚的人已陷入惩罚的困苦之中。主持断狱不要靠巧言善辩来折服犯人，应当靠善良公正来折服犯人，务使判决准确无误。善于审查犯人供辞中的矛盾之处，就会使不服罪的人折服。主持断狱要怀着哀怜的态度处理案件，当场打开刑书仔细斟酌，使案件的处理都能做到公正适当。对那些按五刑或五罪惩处的案件一定要审查核实、犯人的供词确信无疑，判决后才能令人信服，若是供词不实，查实后改变判决，也能令人信服。如果有人同时犯有轻重二种罪行，轻罪并入重罪，按重罪的惩罚，如果犯有二种同样轻重的罪行，只惩罚其中的一种罪行。”

王曰：“呜呼！敬之哉，官伯族姓[1]，朕言多惧，朕敬于刑，有德惟刑。今天相民,作配在下[2]。明清于单辞[3],民之乱[4],罔不中听狱之两辞[5]。无或私家于狱之两辞[6]。狱货非宝[7],惟府辜功[8],报以庶尤[9]。永畏惟罚,非天不中,惟人在命[10]。天罚不极,庶民罔有令政在于天下[11]。"

王曰:"呜呼!嗣孙,今往何监?非德[12]?于民之中,尚明听之哉[13]!哲人惟刑[14]。无疆之辞,属于五极[15],咸中有庆[16]。受王嘉师,监于兹祥刑[17]。"

【注释】

①官伯,主司政典的诸侯。族姓,同族人,指上文的伯父伯兄之类。 ②相,助。作,为。配,两事或两人相称叫做配,这里指天上的上帝与地上的君王相配,即周王受命以配上帝。 ③明清,明察。单辞,一面之辞。 ④乱,治。 ⑤中听,平听,不偏听一面之辞。狱之两辞,即诉讼双方的供词。 ⑥私,曾运乾说:"自营为私。"家,孙星衍疏云:"读如《檀弓》'君子不家于丧'之家。"无或私家于狱之两辞,即不谋私利于任何一方。 ⑦狱货,审理诉讼时接受的财货。 ⑧府,聚集。辜功,罪事。 ⑨报,判决。庶,众。尤,訧、罪过。曾运乾《尚书正读》说:"庶尤,众过。言国家惩贪墨之吏,报以众过。" ⑩永畏惟罚,曾运乾说:"言大罚可畏也。"中,执中、公平。在,终。在命,自终其命。 ⑪天罚,即天威。极,至。令政,善政。此句是说若不加罪处之,则天下庶民没有善政。 ⑫今往,自今往后。非德,难道不是美德吗。 ⑬中,狱讼之成。 ⑭哲,王引之曰:"当读为折,折之言制也,折人惟刑,言制人民者惟刑也。" ⑮无疆,无穷无尽,形容供词繁多。属于五极,意思是说这些供词都关系到五刑的诛罚。五极,五刑。 ⑯咸,皆。中,这里指狱讼的处置公平适当。曾运乾《尚书正读》认为:"'中'字为全篇立旨。……凡八用中字。得此中道,守而弗失,庶几其祥刑矣。"曾说极有见解。庆,善、福泽。 ⑰嘉,善。师,众。监,视。孙星衍疏:"言受王之善众而治之,当视此哲人之祥刑也。"

【译文】

王说:"啊!要谨慎地对待刑狱呀,主持政狱的诸侯以及同宗父老兄弟子孙们。我的话多是畏惧之词,我谨慎地对待刑狱,实行德政也必须具有刑罚。现在上帝帮助民众,在人间设立了君王作配。办案时要明察一面之辞,不可偏听偏信,对民众的治理,无不是法官公正地听取诉讼双方的供词的结果,不要为私利而偏袒诉讼的任何一方。办案时收受的财货不是宝物,那只是在聚集罪恶,将会招致民众的怨恨,国家也会惩治你。这种严厉的惩罚永远是令人畏惧的,这不是上帝对你们不公平,而是你们自绝其命。上帝如果对这些贪赃枉法的人不加以严惩,那么,天下的民众就不能享有善政了。”

王说:“啊!继嗣的子孙们,从今往后,以什么来监督你们办案呢,难道不是德政吗?判决民众的案件时,一定要明察审听啊!治理民众要依靠刑罚。许许多多的供词,都关系到五刑的判决。如果案件都能处理得公正适当,就是行善事,造福泽。你们从我这里承担治理善良民众的重任,一定要明察我上面所说的善德之刑。”

文侯之命

【题解】

《书序》:"平王锡晋文侯秬鬯、圭瓒,作《文侯之命》。"

《文侯之命》作于何时,关键是确定谁是晋文侯,历来有两种说法:一,《史记·晋世家》曰:"(晋文公五年)五月丁未,献楚俘于周,驷介百乘,徒兵千。天子使王子虎命晋侯为伯,赐大辂,彤弓矢百,玈弓矢千,秬鬯一卣,珪瓒……晋侯三辞,然后稽首受之。周作《晋文侯命》。"是此篇作于公元前632年晋楚城濮之战后。又《周本纪》记载晋文公帮助周襄王平定王叔带叛乱,周王赐河内南阳之地予晋。故司马迁与刘向《新序·善谋》都认为此篇作于晋文公时。二,《书序》则认为《文侯之命》作于周平王东迁之时。西周灭,周室东迁,《国语·晋语》云:"平王东迁,晋郑是依。"是晋文侯仇保护周平王东迁洛邑有功。平王赐晋文侯秬鬯圭瓒,作《文侯之命》。《左传·昭公二十六年》疏引《竹书纪年》云:"平王奔西申,而立伯盘以为大子,与幽王俱死于戏。先是,申侯、鲁侯及许文公立平王于申,以本大子,故称天王。幽王既死,而虢公翰又立王子余臣于携,周二王并立。二十一年,携王为晋文公所杀,以本非適,故称携王。"伯盘即褒姒之子伯服。许文公当为晋文侯之误。又结合文中的父义和,义,经考证,当为晋文侯仇也。故现在多数学者认为本篇最初作于周平王时,即春秋初期,是周平王表彰晋文侯功绩的册书。今从此说。

王若曰[①]:"父义和[②],丕显文武,克慎明德[③],昭升于上[④],敷闻在下[⑤],惟时上帝,集厥命于文王[⑥]。亦惟先正克左右昭事厥辟[⑦],越小大谋猷罔不率从,肆先祖怀在位[⑧]。

"呜呼!闵予小子嗣[⑨],造天丕愆[⑩]。殄资泽于下民[⑪],侵戎我国家纯[⑫]。即我御事,罔或耆寿[⑬],俊在厥服,予则罔克[⑭]。曰:'惟祖惟父其伊恤朕躬[⑮]。'呜呼!有绩予一人,永绥在位[⑯]。

“父义和，汝克绍乃显祖⑰。汝肇刑文武⑱，用会绍乃辟⑲，追孝于前文人⑳。汝多修扞我于艰㉑，若汝，予嘉。”

王曰：“父义和，其归视尔师㉒，宁尔邦。用赉尔秬鬯一卣㉓，彤弓一，彤矢百，卢弓一㉔，卢矢百，马四匹。父往哉！柔远能迩，惠康小民，无荒宁。简恤尔都㉕，用成尔显德。”

【注释】

①王，指周平王。 ②父，周天子对上辈周姓诸侯的尊称。义和，郑玄注谓：“义，读为仪，仪、仇皆匹也，故名仇字仪。”《孔传》云：“文侯同姓，故称曰父。义和，字也。称父者非一人，故以字别之。” ③慎，谨慎。明，勉、努力从事的意思。 ④昭，明。上，指上帝。 ⑤敷，布。闻，声望。下，指民间。 ⑥惟时，惟是、因此。集，下。文王，《晋世家》作“文武”，联系上文“丕显文武”，当为文武。 ⑦先正，郑玄注：“先臣，谓公卿大夫也。”左右，言在先王之左右。昭，通“绍”，助也。厥，其。辟，君王。 ⑧猷，谋。率，循。肆，故。怀，安。 ⑨闵，《诗笺》云：“悼伤之言也。”予小子，平王自称。小子，是晚辈谦称。嗣，继承。 ⑩造，遭。丕，大。衍，过、祸。造天丕衍，即遭天降大祸，指西周灭亡，平王被迫东迁洛邑。《史记·周本纪》对此事记载颇详，兹录以参考：“幽王以虢石父为卿，用事，国人皆怨。石父为人佞巧，善谀好利，王用之。又废申后，去太子也。申侯怒，与缯、西夷犬戎攻幽王，幽王举烽火征兵，兵莫至。遂杀幽王骊山下，虏褒姒，尽取周赂而去。于是诸侯乃即申侯而共立故幽王太子宜臼，是为平王，以奉周祀。” ⑪殄，绝。资，财货。泽，禄位。 ⑫侵戎，侵伐，指兵祸。纯，《尔雅·释诂》：“大也。”孙星衍《尚书今古文注疏》：“古屯、纯通字，盖言兵侵者为我国家屯难也。” ⑬即，今也。御事，见前注，这里指周王室的近臣。罔，无。或，有。耆，年老。耆寿，老年人、老成人。 ⑭俊，孙诒让曰：“当读为骏，《尔雅·释诂》云：骏，长也。”服，事、位。克，胜、能。 ⑮其，祈使副词，表示希望。伊，你们。一说同维。恤，忧。朕躬，我自身，平王自谓。 ⑯绩，成。予一人，周王平自称。绥，安。 ⑰绍，继，有发扬光大的意思。乃，你、你的，指晋文侯。显祖，这里当指晋之先祖周成王之弟叔虞，西周初年受封于唐，故称唐叔。 ⑱肇，始。刑，法，这里有效法的意思。 ⑲用，以。会，会合。绍，助。辟，君王，指周平王。据《竹书纪年》记载，“平王元年，王东迁洛邑，晋侯会卫侯、郑伯、秦伯以师从王入于成周。”《国语·晋语》云：“平王东迁，晋郑是依。” ⑳追孝，杨筠如《尚书覈诂》说：“追孝，古成语。《祭统》：‘祭者所以追养继孝也。’是追孝之本义。引申为能继前人之志之意。”文人，《孔传》：“文德之人。”指文武王。一说指唐叔虞。㉑多，指战功。修，长、远。扞，《左传·文公六年》注：“卫也。”艰，难也。指上文

晋文侯“用会绍乃辟”。 ㉒其,表示希望的祈使副词。归,返回晋国。师,军队。视师,整顿军队。 ㉓赉(lài 赖),赏赐。秬鬯(jù chàng 巨唱),祭祀用的香酒。卣(yǒu 友),古代的一种酒器,多为椭圆形,肚大口小,有盖和提梁。 ㉔卢,黑。 ㉕简,大。恤,抚恤。都,国都,此指晋国的都城。据史载,当时晋国发生了殇叔争国的内乱,周平王希望晋文侯迅速返回,平定内乱。

【译文】

周平王这样说:“伯父义和啊!伟大显赫的文王和武王,能够谨慎努力地贯彻德行,美德明升于上天,声望广布在臣民之中,因此上帝把大命降到了文王、武王身上。也因为先前的公卿大夫能够在文王、武王身边辅佐,对于先王的大小谋略无不遵从,所以先祖能够安然在位。

“唉!不幸当我继承王位时,遭遇上帝降下的大灾祸。断绝了臣民的财货和禄位,我们国家又遭到侵伐的大兵祸。现在我的身边的近臣,没有老成持重的能人,也没有长期在位的大臣,我真是不堪重负了。我恳求:‘我的祖辈和父辈诸侯大臣们,希望你们能够为我分忧。’唉呀!成就我吧,使我能够永远平安地保住王位。

“伯父义和,你能够发扬光大你显赫的先祖唐叔的功业。你现在开始效法文王和武王,以会合诸侯的办法辅助你的君王,继承先文王武王的德行。你战功卓著,在我落难的时候保卫了我,像你这样,我要褒奖。”

王说:“伯父义和啊!希望你整顿军队返回国去吧,安定你的国家。现在我赏赐给你黑黍香酒一卣,红色的弓一张,红色的箭簇一百支,黑色的弓一张,黑色的箭簇一百支,马四匹。伯父,你回去吧!安抚僻远,亲善近邻,爱护安定民众,不要荒废政事,贪图安逸。大力抚恤你的国都,以此成就你显赫的德行。”

费　誓

【题解】

费（bì 闭），古地名，在今山东费县西北。又作肸、肹、粊、鲜、狝。《孔传》曰："费，鲁东郊之地名。"誓，誓师诰戒之词。《费誓》是鲁国国君率师征伐淮夷、徐戎时的誓师词。《孔传》："鲁侯征之于费地而誓众也。"关于此篇的制作时代，有多种说法。《史记·鲁周公世家》："伯禽即位之后，有管、蔡等反也，淮夷、徐戎亦并兴反。于是伯禽率师伐之于肸，作《肸誓》，曰……作此《肸誓》，遂平徐戎，定鲁。"是《史记》以为作于周初三监叛乱之时。但此说与历史有矛盾，管蔡之乱发生在伯禽即位之前。清人孙星衍《尚书今古文注疏》即指出按《史记》的说法"是伯禽先伐淮夷，在管、蔡以殷畔之时，周公伐淮夷，在归政践奄之后也。但伯禽封鲁，据《洛诰》经文'命公后'及'惟告周公其后'，则在七年归政之时，此云即位之后有管、蔡、淮夷等反，殊不可解。"此说极确。《书序》则说："鲁侯伯禽宅曲阜，徐、夷并兴，东郊不开，作《费誓》。"《孔疏》因此称作于周公归政后，曾运乾《尚书正读》申其说："考《序》云伯禽宅曲阜，经云鲁人三郊三遂。若在管、蔡时，伯禽方就国，其郊遂区划，恐尚未臻完善也。当以成王初元说为当。"曾说亦未必当，因为前述伯禽封鲁，在周公归政之时，三郊三遂未臻，何以断定此篇作于成王初元之时呢？实际上，两周之际，徐戎、淮夷一直与周王朝有矛盾，时叛时服，不能认定徐、淮叛乱一定是响应管、蔡叛乱的那一次。且《费誓》中也没有此说。近人余永梁考证此篇是春秋鲁僖公所作（前 659—前 627 在位），有一定道理。（参见《古史辨》二，《〈粊誓〉的时代考》）

公曰："嗟！人无哗[①]，听命！徂兹，淮夷徐戎并兴[②]。

"善敹乃甲胄[③]，敿乃干，无敢不吊[④]！备乃弓矢，锻乃戈矛，砺乃锋刃，无敢不善！

"今惟淫舍牿牛马[⑤]，杜乃擭[⑥]，敜乃阱，无敢伤牿[⑦]。牿之伤，汝则有常刑。

"马牛其风[⑧],臣妾逋逃[⑨],勿敢越逐[⑩]。祗复之[⑪],我商赉尔[⑫]。乃越逐,不复,汝则有常刑。无敢寇攘,逾垣墙,窃马牛,诱臣妾[⑬],汝则有常刑。

"甲戌,我惟征徐戎,峙乃糗粮[⑭],无敢不逮,汝则有大刑[⑮]。鲁人三郊三遂[⑯],峙乃桢榦[⑰]。甲戌,我惟筑,无敢不供,汝则有无余刑,非杀[⑱]?鲁人三郊三遂,峙乃刍茭[⑲],无敢不多[⑳],汝则有大刑。"

【注释】

①哗,喧哗。　②徂,读为"且",今也。兹,此。淮夷、徐戎,为当时鲁国南面今江淮一带的少数民族。西周时期他们曾建立政权,进攻西周,强盛一时。从《诗·鲁颂》看,春秋鲁僖公时也曾征伐过淮夷徐方。　③敹(liáo 聊),王世舜《尚书译注》说:"缝缀,现在方言中仍然把缝衣服的绽破处叫敹。"甲,甲衣,穿在身上护身用的防御兵器。胄,头盔,亦属防御性兵器。　④敿(jiǎo 矫),系结。干,盾牌一类的防御性兵器。《方言》:"盾,自关而东,或谓之干。"吊,淑、善。⑤淫,大。舍,放置,引申为放牧。淫舍,《孔传》:"言军所在,必放牧也。"牿(gù 固),《说文》:"牛马牢也。"郑玄注曰:"牿为梏梏之梏,施梏于牛马脚,使不得走失。"即脚绊,这里用牿指代牛马。　⑥杜,闭塞。擭(huò 获),捕兽的工具,又名柞鄂。《周礼·秋官·雍氏》:"春,令为阱擭沟渎之利于民。"注:"擭,柞鄂也,坚地阱浅则设柞鄂于其中。"疏:"柞鄂者,或以为竖柞于中,向上鄂鄂然,以载禽兽,使足不至地,不得跃而出,谓柞鄂也。"　⑦敜(niè 聂),填塞。阱,陷阱,郑玄注云:"山林之田,春始穿地为阱,或设擭其中以遮兽。"阱是用来捕野兽的。平时须闭擭塞平,以防伤害牛马。　⑧马牛其风,此句颇费解,历来说法不一。《左传·僖公四年》有:"君处北海,寡人处南海,唯是风马牛不相及也,不虞君之涉吾地也!何故?"一般认为"风马牛不相及",与本篇的"马牛其风"意思应当相同。　⑨臣妾,这里指随军的奴隶,男曰臣,女曰妾。逋(bū 布),逃亡。臣妾逋逃,大概是指男女奴隶像马牛一样分散奔逃。　⑩越逐,逾越、脱离。勿敢越逐,是说不要脱离军队去追逐逃跑的奴隶。　⑪祗,敬。复,还。　⑫商,旧注多释为度量、考虑的意思,不确。清人刘心源云:"商用为赏,古刻通例……不见雅训,惟《费誓》云:'我商赉汝。'仅存古文。后儒不识通假,乃以商度解之,非也。"于省吾《尚书新解》申述之:"金文赏每作商。"故杨筠如《尚书覈诂》说:"商,当为賁之渻。金文赏字皆作賁。《俎子鼎》:'王賁伐阑见二朋。'《小盂鼎》:'王命賁盂。'皆其例也。……则商赉,即赏赉矣。"赉,赐。　⑬诱,引。　⑭峙,通庤(zhì

至),储备。糗(qiǔ 秋),炒熟的米、麦等谷物。糗粮,即干粮。 ⑮逮,及。大刑,死刑。 ⑯三郊三遂,西周地方制度称乡遂制度。城外近处曰郊,远处曰遂。三,这里指城外采邑等次。孙星衍《尚书今古文注疏》引《左传·成公元年》疏:"天子六军出自六乡,大国三军出自三乡,其余公邑、采邑之民不在三军之数。古者用兵,天子先用乡,乡不足取遂,遂不足取公卿采邑及诸侯邦国。若诸侯出兵,先尽三乡、三遂,乡、遂不足,然后总征境内之兵。"《周礼·夏官·大司马》:"凡制军,大国三军。"鲁国是当时的大国,故有三军。三郊三遂,指鲁国调集了大量兵力。 ⑰桢榦(gān 干),筑墙的工具。桢,筑墙时立在两端的木板。榦,立在两边的木板。 ⑱汝则有无余刑,曾运乾《尚书正读》说:"本意言非杀尚有余刑无?犹上下文汝则有大刑,特变文以取曲折耳。"又孙诒让谓:"(馀)字为舍之借字。《说文》馀从余声,舍亦从余省声,……故余舍二字得相通借。舍,释也。"郑玄注曰:"无余刑非杀者,谓尽奴其妻子,不遗其种类,在军使给厮役,反则入于罪隶舂稾,不杀之。"联系上下文,当以曾说为确。 ⑲刍(chú 除)茭(jiāo 交),喂牛马的干草。 ⑳无敢不多,《史记·鲁世家》作"无敢不及"。多,即及。及与上文"无敢不逮"的"逮"同义。句式亦同。

【译文】

鲁公说:"喂!大家不要喧哗,听我发布命令!现在淮夷、徐戎都起来叛乱。

"缝好你们的甲衣和头盔,系好你们的盾牌,不能不准备好!准备好你们的弓箭,锻造好你们的戈矛,磨好你们兵器的锋刃,不能不准备好!

"现在要大放带着脚绊的牛马,关闭你们的捕兽工具,填塞你们的捕兽陷阱,不要伤害那些牛马,假如伤害了这些牛马,你们就要受到法律惩罚。

"像在风中的牛马分散背向奔逃一样,如果随军出征的男女奴隶分散逃跑,你们不要脱离自己的队伍去追赶。如果得到逃跑的奴隶,能恭敬地送还原主,我将赏赐你们。假如离开队伍去追赶而又不归还原主,你们就要受到法律的惩罚。不许抢夺掠取,若是翻越围墙,偷盗马牛,诱骗男女奴隶,你们就要受到法律的惩罚。

"甲戌日这一天,我要征伐徐戎。准备好你们的干粮,不能不按时达到,如果不能按时到达,你们就要受到死刑。鲁国都城外的郊遂地区的人,准备好你们的筑城工具。甲戌日这一天,我们要修筑营垒,不能不供给,如果敢不供给,你们就将逃不掉惩罚,除了死刑,还能有别的吗?鲁国都城外郊遂地区的人,准备好你们喂马的草料,不能不充足,如果不充足,你们要受到死刑。"

秦誓

【题解】

《秦誓》作于何时，自古有二种说法。一，《史记·秦本纪》："三十六年，缪公复益厚孟明等，使将兵伐晋，渡河焚船，大败晋人，取王官及鄗，以报殽之役。晋人皆城守不敢出。于是缪公乃自茅津渡河，封殽中尸，为发丧，哭之三日。乃誓于军曰。"是《秦誓》作于秦穆（缪）公三十六年，公元前624年。二，《书序》曰："秦穆公伐郑，晋襄公帅师败诸崤。还归，作《秦誓》。"即《秦誓》作于秦晋殽之战之后，即公元前627年。阎若璩《四书释地又续》从《书序》说。杨树达在《积微翁回忆录》中说："《书·秦誓》，《史记》属之王官之役以后，今按《公羊传》、《荀子》并称穆公善变，即指《秦誓》言之，自当在殽之役失败以后耳。若王官之役秦人胜利，何必直悔而变也？知亦当从《书序》，不当从《史记》。"由于史料阙失，二说均可通，到底《秦誓》作于何时，尚待进一步研究，今暂从《书序》。

本篇表达了秦穆公深深的悔过之意。从文中可以看出，秦穆公已认识到，决定军国大事必须依靠老臣，治政必须能好贤容善，这在当时是非常难能可贵的。

公曰："嗟！我士，听无哗，予誓告汝群言之首[①]。古人有言曰：'民讫自若是多盘[②]，责人斯无难，惟受责俾如流，是惟艰哉[③]。'我心之忧，日月逾迈[④]，若弗云来。

"惟古之谋人，则曰未就予忌[⑤]；惟今之谋人姑将以为亲[⑥]。虽则云然，尚猷询兹黄发，则罔所愆[⑦]。

"番番良士[⑧]，旅力既愆[⑨]，我尚有之[⑩]。仡仡勇夫[⑪]，射御不违，我尚不欲[⑫]。惟截截善谝言[⑬]，俾君子易辞[⑭]，我皇多有之[⑮]。

"昧昧我思之[⑯]，如有一介臣[⑰]，断断猗无他技[⑱]，其心休休焉，其如有容[⑲]。人之有技，若已有之；人之彦圣[⑳]，其心好之，不啻如自其口出[21]。是能容之,以保我子孙黎民,亦职有利哉[22]!人之有技,冒疾以恶之[23];人之彦圣,而违之俾不达[24],是不能容,以不能保我子孙黎民,亦曰殆哉[25]!

"邦之杌陧[26],曰由一人,邦之荣怀[27],亦尚一人之庆[28]。"

【注释】

①我士,《史记》作士卒。我士,犹今语我全军将士。故郑玄注谓:"誓其群臣,下及万民,独云'士'者,举帅言之。"哗,喧哗。群言之首,开头的话,犹今语开场白。 ②讫,止、终。若,顺。是,这,指示代词。盘,俞樾谓:"当作般。盘般通,《说文》:'般,辟也。'多般,犹云多辟。《诗·板》篇'民之多辟'笺曰:'民之行多为邪辟。'此言民尽自顺其意,故多辟也。" ③俾,使。俾如流,从谏如流水之顺,犹今语从谏如流。 ④逾,越、迈、行。逾迈,过去。 ⑤古,故。谋人,臣。忌,王引之谓当作諅,作意志解。 ⑥姑,姑且。 ⑦然,如此、这样。猷,谋,这里指军国大计。询,征询。黄发,老人发白复黄,代指年老的人,此处隐指蹇叔那样的年老忠厚之臣。殽之战前,蹇叔曾再三劝阻秦穆公不要劳师远伐,但秦穆公不听。这是战败后,秦穆公的追悔之言。愆,过失、错误。 ⑧番,读为"皤"(pó 婆),《说文》:"皤,老人发白貌也。"良士,善士。 ⑨旅,同"膂",膂力即体力。愆,读作"骞",亏、损,指年老体弱。 ⑩有,通友。有之,王念孙认为是亲之的意思,见《经义述闻》。《左传·昭公二十年》:"是不有寡君也。"杜预注:"有,相亲有。" ⑪仡(yì 易)仡,勇壮貌。 ⑫射,射箭。御,驾车。违,失误。欲,喜欢。 ⑬截截,巧辩貌,《孔疏》:"明辩便巧之意。"谝(pián 骈),《说文》:"便巧言也。" ⑭俾,使。易,轻忽。辞,《春秋公羊传·文公十二年》引文作"怠",王引之《经义述闻·通说》:"怠,疑惑也,言使君子易为其所惑也。"曾运乾《尚书正读》说:"古音辞读如怠也。" ⑮皇,通"况",《春秋公羊传·文公十二年》引文作"况",皇况古同音。有,亲近。我皇多有之,这句话是秦穆公自责之语,是说我况且还更加亲近那些人。 ⑯昧,暗。昧昧我思之,指内心自省。 ⑰介,即个。《殷契粹编》第12片"帝五丰臣",郭沫若云:丰,读介。即《秦誓》"若有一介臣"。一介臣词意实由甲骨文而来。《礼记·大学》引作"个"。⑱断,《广雅》:"诚也。"猗,《大学》引作"兮",语中助词。技,能。此句是说诚实专一没有其他技能。 ⑲其,乃。休休,宽容。 ⑳彦,美士。圣,道德高尚。彦圣,指有才有德的人。 ㉑不啻,不但。自,从。 ㉒职,《大学》引文作"尚"。《说文》:"尚,庶几也。" ㉓冒,郑玄注谓作媢(mào 貌),妒。冒疾,妒忌。恶(wù 误),讨厌、厌恶。 ㉔违,《大学》郑玄注:"戾也。"俾,使。不达,不达于君,有得不到重用的意思。 ㉕以,用。殆,危。 ㉖杌陧(wù niè 误涅),

不安。　㉗曰,通“聿”,语首助词。荣怀,光荣与安宁。　㉘尚,王引之《经义述闻》:“尚:主,‘尚’与‘由’相对,言主一人之庆也。”

【译文】

秦穆公说:“唉!我全军将士们,听着,不要喧哗!我要向你们发表誓言。古人有话说:‘人要是总随心所欲,就会出现问题,责备别人是不难的,但是要做到受到责备却能从谏如流,这就很难很难啊!’我内心忧虑,时间飞逝,不会再回来。

“过去的谋臣,我认为不能顺从我的意志;现在的谋臣,我姑且要把他们当作亲近的人。虽说是这样,军国大计还是要咨询那些年老忠厚的大臣,这样才不会发生失误。

“白发苍苍的善良老臣,虽然身体衰弱,我还是要亲近他们。健壮勇敢的武士,射箭、驾车的本领都很高,我还是不太喜欢。那些花言巧语的小人,使君子轻易迷惑,我竟然很亲近他们。

“我暗暗地思量,如果有一个大臣,诚实忠贞而没有别的本领,他的心胸宽广,能够宽容待人。别人有本领,就像自己有本领一样;别人有才有德,他从内心里喜欢,而且像自己嘴上常常称道的那样。这样能够宽容大度,是可以保护我的子孙和民众,这是有利的事啊!别人有本领,就妒忌而厌恶;别人有德有才,就阻挠使他不能上达君主,用这样不能宽容别人的人,是不能保护我的子孙和民众,也可以说是危险的啊!

“国家危险不安,往往由于一人,国家繁荣安宁,也主要由于一人的善良得当。”

主要参考书目

《尚书大传》（汉）伏生　陈寿祺校注　《四部丛刊》本
《尚书注》(简称《马注》)（汉）马融　《玉函山房辑佚书》本
《尚书注》(简称《郑注》)（汉）郑玄　《丛书集成》本
《尚书注》(简称《王注》)（三国魏）王肃　《玉函山房辑佚书》本
《尚书孔氏传》(简称《孔传》即伪《孔传》)（汉）孔安国　《十三经注疏》中华书局影印本
《尚书正义》(简称《孔疏》)（唐）孔颖达　《十三经注疏》中华书局影印本
《书经集传》(简称《书集传》、《蔡传》)（宋）蔡沈　《新刊四书五经》本　中国书店 1994 年版
《书集传》(简称《陈传》)（宋）陈大猷　宋刻本
《尚书表注》(简称《金注》、《书经注》)（元）金履祥　光绪五年(1879)陆心源刻《十万卷楼丛书》本
《尚书古文疏证》（清）阎若璩　《续皇清经解》本
《禹贡锥指》（清）胡渭　学海堂本
《尚书地理今释》（清）蒋廷锡　《皇清经解》本
《古文尚书考》（清）惠栋　《续皇清经解》本
《尚书集注音疏》（清）江声　《皇清经解》本
《尚书后案》（清）王鸣盛　《皇清经解》本
《禹贡三江考》（清）程瑶田　《皇清经解》本
《尚书义考》（清）戴震　刘氏聚学轩丛刊本
《古文尚书撰异》（清）段玉裁　《皇清经解》本

《尚书今古文注疏》　(清)孙星衍　《十三经清人注疏》丛书本　中华书局1986年版
《尚书注疏校勘记》　(清)阮元　《十三经注疏》本　中华书局影印本
《尚书今古文集解》　(清)刘逢禄　《续皇清经解》本
《书序述闻》　(清)刘逢禄　《续皇清经解》本
《尚书谱》　(清)宋翔凤　《续皇清经解》本
《禹贡锥指正误》　(清)丁晏　《续皇清经解》本
《今文尚书经说考》　(清)陈乔枞　《续皇清经解》本
《尚书欧阳夏侯遗说》　(清)陈乔枞　《续皇清经解》本
《书传补商》(简称《补商》)　(清)戴钧衡　道光末自刻本
《尚书启幪》(简称《启幪》)　(清)黄式三　光绪间家刻本　杭州局本
《尚书平议》　(清)俞樾　《群经平议》　《续皇清经解》本
《尚书故》(简称《吴故》)　(清)吴汝纶　光绪间刻《桐城吴先生遗书》本
《尚书集注述疏》(简称《简疏》)　(清)简朝亮　光绪间自刻本
《尚书孔传参正》　(清)王先谦　虚受堂本(1915年)
《尚书古文辨》　(清)朱彝尊　《学海类编》本
《尚书骈枝》(简称《骈枝》)　(清)孙诒让　瑞安陈氏印本(1929年)
《今文尚书考证》　(清)皮锡瑞　中华书局1989年版
《尚书微》　(清)魏源　《续皇清经解》本
《禹贡说》　(清)倪文蔚　《续皇清经解》本
《古文尚书拾遗》　章太炎　北平章氏丛书续编(1933年)
《古文尚书拾遗定本》(简称《拾遗》)　章炳麟　1937年章氏国学讲习会印本
《尚书研究》　三册　顾颉刚　景山书社(1932年)
《尚书辨》　顾颉刚　景山书社(1933年)
《尚书研究讲义》　(铅印本)　顾颉刚

《双剑誃尚书新证》 于省吾 虎坊桥大业印刷厂石印本(1937 年)
《尚书引论》 张西堂 陕西人民出版社 1958 年版
《尚书覈诂》 杨筠如 陕西人民出版社 1959 年版
《尚书说》 杨树达 载《积微居读书记》中华书局 1962 年版
《尚书正读》 曾运乾 中华书局 1964 年版
《禹贡新解》 辛树帜 农业出版社 1964 年版
《尚书今注今译》 屈万里 台北台湾商务印书馆 1969 年版
《尚书释义》 屈万里 台北市中国文化学院出版部 1980 年版
《尚书史话》 马雍 中华书局 1982 年版
《尚书译注》 王世舜 四川人民出版社 1982 年版
《尚书与古史研究》(增订本) 李民 中州书画社 1983 年版
《禹贡释地》 李长傅遗著 中州书画社 1983 年版
《吕刑今释》 茅彭年 群众出版社 1984 年版
《尚书易解》 周秉钧 岳麓出版社 1984 年版
《尚书通论》 陈梦家 中华书局 1985 年版
《〈尧典〉新义》 姜亮夫 杭州大学古籍研究所编《文史新探》上海社会科学出版社 1988 年版
《尚书综述》 蒋善国 上海古籍出版社 1988 年版
《尚书学史》 刘起釪 中华书局 1989 年版
《白话尚书》 周秉钧 岳麓书社 1990 年版
《今古文尚书全译》 江灏、钱宗武译注 周秉钧审校 贵州人民出版社 1992 年版
《尚书译注》 顾宝田 吉林文史出版社 1995 年版

《诗经》 上海古籍出版社 1979 年版
《国语》 上海古籍出版社 1988 年版
《竹书纪年》 方诗铭、王修龄《古本竹书纪年辑证》 上海古籍出版社 1981 年版
《逸周书》 《丛书集成》本
《史记》 (汉)司马迁 中华书局标点本 1959 年版

《方言》　(汉)扬雄　《四部丛刊》本
《释名》　(汉)刘熙　《四部丛刊》本
《汉书》　(汉)班固　中华书局标点本 1962 年版
《说文解字》　(汉)许慎　《四部丛刊》本
《帝王世纪》　(晋)皇甫谧　《丛书集成》本
《玉篇》　(梁)顾野王　《四部丛刊》本
《水经注》　(北魏)郦道元　《永乐大典》本戴震校本
《经典释文》　(唐)陆德明　《四部丛刊》本
《朱子语类》　(宋)朱熹　(宋)黎靖德编　殿本
《困学纪闻》　(宋)王应麟　道光乙酉余姚守福堂刊本
《四书释地又续》　(清)阎若璩　《皇清经解》本
《说文解字注》　(清)段玉裁　上海古籍出版社 1981 年版
《十三经注疏》　(清)阮元　中华书局影印本
《广雅疏证》　(清)王念孙　学海堂本　中华书局 1980 年影印本
《经义述闻》　(清)王引之　江苏古籍出版社 1985 年版
《经传释词》　(清)王引之　岳麓书社 1985 年版
《尔雅义疏》　(清)郝懿行　武昌局本
《古书疑义举例》　(清)俞樾　载《古书疑义举例五种》　中华书局 1956 年版
《经义考》　(清)朱彝尊　雅雨堂刻本
《经学通论》　(清)皮锡瑞　中华书局 1954 年版
《诸子集成》　中华书局 1954 年版
《积微居金文说》　杨树达　科学出版社 1952 年版
《积微居小学述林》　杨树达　科学出版社 1954 年版
《古书虚字集释》　裴学海　中华书局 1954 年版
《积微居小学金石论丛》　杨树达　科学出版社 1955 年版
《殷虚卜辞综述》　陈梦家　科学出版社 1956 年版
《观堂集林》　王国维　中华书局 1959 年版
《殷契萃编》　郭沫若　科学出版社 1965 年版
《甲骨文字释林》　于省吾　中华书局 1979 年版

《甲骨文合集》 郭沫若主编 中华书局1980—1982年版
《卜辞通纂》 郭沫若 《郭沫若全集·考古编》二 科学出版社1982年版
《古史辨》 顾颉刚等编著 上海古籍出版社1982年版
《夏商史探索》 李民 河南人民出版社1985年版
《词诠》 杨树达 中华书局1954年版
《古史续辨》 刘起釪 中国社会科学出版社1991年版